KB187783

이성의 다양한 목소리

현대철학연구소 편

이성의 다양한 목소리

현대철학연구소 편

철학과현실사

머리말

진리를 찾기 위해 기나긴 시간 동안 노역의 시간을 견뎌 온 인류가 다양하게 축적해 온 지식들, 지식들의 통합적 체계, 그리고 체계들의 상호작용으로 인해 현대인은 다양한 형태의 풍요로움을 누리게 되었다. 특히 경제와 과학이 낳은 풍요로움은 사이버공간과 같은 전적으로 새로운 세계를 형성하였고 인간의 삶의 양식을 현격하게 바꿔 놓고 있다.

삶의 양식의 변화는 사유의 틀과 체계에 직간접적으로 영향을 미치면서 새로운 외연을 지니는 철학이론을 양산해 내고 있다. 삶의 변화는 철학적 사유의 변화를 주도하며 그래서 기존 철학이 이성적 사유 가운데서 간과하거나 은폐했던 '이성의 틈새'가 드러나고, 현대인은 사유체계를 재구성해야 한다는 시대적 요구에 직면하게 된다. 그러나 이와 달리 세계 정신사를 이끌어 온 철학적 사유는 단순히 삶의 변화나 현대적 추세에 의해 재단된다고만 할 수 없는 고유의 독자성을 지니며, 그 사유의 깊이와 다양성은 현대적 삶의 양식에 의해 좌우되기보다는 오히려 삶에 영향을 미치면서 풍요로움을 산출한다는 반론도 만만치 않게 존재한다.

과거 철학사의 흐름을 거슬러 올라가면 현대사회가 직면하는 새로운 철학적 사유의 틀이 잠재해 있으며, 이성적 사유체계 이외에도, 이성의 틈새를 다층적으로 보여주면서 동시에 현대적 삶의 근간이 되는 요소들이 은폐된 채, 그리고 철학적 관심의 중심 주제로 부각되지는 않지만 새로운 사유의 틀로서 암묵적으로 변화를 준비하고 있기도 하다. 삶의 양식을 변화시킬 만한 사유의 근거를 철학사적 전통으로 거슬러 올라가 과거 철학 안에서 회귀적으로 찾아내려고 할 때, 이성의 틈새와 관련된 반론 내지 이와 연관된 개념과 문제의식이 발견된다.

소위 가상공간은 전적으로 새로운 철학적 지평을 창출했다기보다는 '본질과 현상의 관계', '보편과 특수의 관계'라는 이미 익숙한 철학적 주제를 새롭게 해석할 만한 여지를 넓혀 주었다. 이와 관련하여 플라톤, 칸트, 헤겔, 그리고 헤겔 이후의 비판적 대안들인 해석학과 프랑크푸르트학파 등의 전통 철학자들에게서도 이미 나타나는 가상과 현상의 관계, 가상과 실재의 관계, 존재와 존재자의 관계들은 현대적 사유를 예견하는 기반이 된다. 서로 상충하고 조화될 것 같지 않은 개념들의 성좌를 만드는 가운데, 이성과 감성, 이성과 오성, 형식적 이성과 변증법적 이성, 이것들의 구분과 연관성, 이성의 합리성 비판, 이성의 다층적 의미의 통합 가능성 등이 사유의 전통 안에서 발견된다.

물론 가상공간에서 특히 부각되는 이미지, 환상, 상상력의 역동성에 주목하고, 이성이 아니라 감성적, 감각적 차원을 현실계와 실재계의 본질적 요소처럼 간주하고, 더 나아가 이성과 비이성의 경계를 해체하고 본질과 비본질의 구분을 전복하려는 시도들이 현대사회의 중요한 철학적 주제로 떠올랐다. 이것들이 기존의 이성적 사유의 존재론적 위계와 가치를 반전시키기 때문에 상상력과 감성에 대한 새로운 위상과 가치를 부여하는 철학이 확산되고 있다. 이 속에서 이성의 의미의 재규정이 요구되며, 이성을 넘어서서 사유의 지평을 확장하는 가운데서 만들어지는 새로운 철학적 지평이 어느 시기보다도 풍요롭게 사유의 외연을 만들어 내고 있다.

특히 감성과 상상력이 활성화되는 이성의 주변부에서 감각을 소비하고, 합리적 이성보다는 자유로운 감정에 기초하여 미적 감정, 신화적 감정, 외경심, 숭고의 감정 등을 통해 참된 세계를 창출하고자 하며, 이런 태도들이 인간성에 대한 새로운 관심과 그에 걸맞은 삶의 형태를 창출하거나 정당화하는 데로 나아가고 있다. 이제 이성적 사유에 의해 은폐되거나 굴절되지 않는 참된 인간성이 무엇인가라는 질문은 현대인의 삶에서 또다시 제기되어야 하며, 이성적 사유에 기초하는 철학을 현대적 삶과 접목시키기 위해 인간성과 양심에 대한 실천적 문제의식을 이성적 철학의 전통과 관련하여 탐구해야 한다. 현대인이 누리는 경제와 과학의 풍요로움과 더불어 사유의 풍요로움이 낳은 철학적 문제의 그 근원을 거슬러 가면 철학적 패러다임의 전환과 인간성을 긴밀하게 맞물려서 시대에 부합하는 대안이라 할 수 있는 것들이 또다시 발굴되기를 기다리고 있다.

이때 발굴과 전환의 축은 결과적으로 이성과 비이성 내지 반이성의 관계를 어떻게 조명하느냐에 좌우된다. 이성적 사유와 이성의 틈새 간의 분열이 이성과 비이성, 이성과 반이성이라는 대립으로 나타나고, 이것들이 오늘날 이성의 해체를 통해 이성의 의미를 재규정하거나 확장시키거나 반전시킬 것을 요구하고 있다. 최근 한국사회에서 나타나는 철학적 논쟁도 오랫동안 이성과 이성의 해체라는 포스트모더니즘의 연장 속에 있었고, 그것은 이성과 비이성 내지 반이성과의 관계의 다른 모습이기도 하다. 시대적 논쟁과 철학의 세계사적 변화를 고려할 때 모든 논쟁의 핵심은 '이성'으로 압축할 수 있다.

이성의 의미와 역할을 재조명하기 위해 이성의 능력과 외연이 어떠한지를 파악하는 것은 그리 간단하지가 않다. 이성의 존재론적 우위와 가치를 주장하는 철학자들 안에서도 이성의 의미에 대한 다양한 목소리들이 존재하기 때문이다. 헤겔은 기존의 이성이 지닌 형식성과 한계를 비판하면서 사변 이성을 주장하는데, 이를 통해 변증법적 학적 체계를 정립하는 자신의 시대에 이르러서야 비로소 인류는 '사유의 시대'로 진입했다고 진단한다. 그가 속한 근대는 사유의 시대이며, 곧 철학이 주도하는 시대라고 할 수 있다.

헤겔이 말한 사유의 시대, 곧 철학의 시대를 이해하려면 헤겔 이전의 근대 철학자로 거슬러 가서 이를 통해 형식적 이성의 정립과 그에 대한 비판을 통관하고, 이것을 기반으로 하여 사변 이성을 비판하는 헤겔 이후의 해석학적 입장과 독일 프랑크푸르트학파로 논의를 거슬러 내려올 때, 이성의 틈새와 해체의 근원이 더 명료하게 밝혀질 수 있다. 이렇듯 철학사적 전문성과 개방성을 지니고서 이성의 다양한 목소리를 파악할 때만이 현대사회가 지니는 삶의 변화와 새로운 사유의 틀을 포괄적으로 이해할 수가 있다.

그래서 이 책은 인류를 사유의 시대, 철학의 시대로 진입시키는 근간이 되는 근대 이성의 정립을 토대로 하여, 다양한 층위의 이성과 이성의 틈새를 보여주고, 이성의 한계에 대한 비판과 재비판 과정을 통해 소위 비이성, 반이성에 기초하는 이성의 해체가 현실적 삶과 인간 이해에 어떻게 접목되는지를 보여주고자 한다.

이를 위해 제1부에서는 사유와 철학의 시대에 부합하는 근대적 이성의 정립을 설명하고자 데카르트와 헤겔의 이성 개념의 형성과 그 지평을 살펴보고, 이것이 후대 철학자들에 의해 어떻게 비판되며 이성의 해체를 통한 재구축이 가능한가를 보여주면서 이성의 다층적 측면을 열어 보이고자 한다.

제2부에서는 사유의 시대가 구축하는 이성의 의미와 외연을 더 확장하기 위해 이성과 비이성 내지 반이성의 측면으로서 감정과 상상력 문제를 집중적으로 조명한다. 데카르트에게서 나타나는 이성이

감정과 어떻게 긴밀하게 연관되며, 데카르트적 이성 이해가 칸트 이후에 이르기까지 철학 이념과 이성 이념을 정립하는 데 어떻게 연관되는지를 이성과 감성의 존재론적 관계의 정립을 통해 조명하고자 한다. 미의 감정과 숭고 감정은 여기에서 중요한 분석틀로 사용된다.

이성과 비이성의 관계를 연구함으로써 제3부에서는 이성을 통한 철학의 이해가 인간의 실천적 측면, 그 핵심이 되는 내면적 욕구와 의지 문제, 특히 사회관계를 형성하는 데 가장 중요하게 작용하는 인정과 양심 문제에서 어떤 역할을 하는지를 조명하고, 이를 근간으로 하여 현대사회에 걸맞은 인간성과 철학적 인간형을 찾아보고자 한다. 이성적 사유와 이성의 틈새 가운데서 현대사회에 걸맞은 인간 이성과 인간성을 그려 보고자 한다.

이성의 틈새를 비이성 내지 반이성이라는 부정적 표현으로 접근하든, 아니면 감성, 감정과 상상력의 존재론적 위상과 가치의 정립이라는 긍정적 표현으로 접근하든 간에, 이성에 대한 포괄적이고 개방적인 이해는 이성의 해체적 재구성과 이성으로 환원되지 않는 틈새, 이 모두와 관련하여 현대철학의 핵심이면서 동시에 아킬레스건이 되고 있다.

이 책에서 이성의 의미를 둘러싸고 펼쳐지는 다양한 논의와 철학사적 체계화, 그리고 이성과 다른 이해 능력 간의 관계로서 이성의 틈새 읽기라는 하나의 일관된 주제를 최초로 구상했을 뿐만 아니라 전체를 꿰뚫는 원동력과 힘으로 작용한 것은 근현대 철학, 특히 유럽 철학을 중심으로 하여 철학적 사유와 삶의 깊이를 평생 넓혀 오신, 그리고 그 연구 성과를 후학들에게 헌신적으로 전수해 주신 박순영 교수님으로부터 나온다. 그래서 교수님의 학문적 열정과 교육에 대한 헌신을 계속해서 기억하고 감사의 마음을 전하기 위해, 오랫동안 지도를 받아 온 제자들이 '이성의 다양한 목소리'를 통해 교수님의 학문적 업적을 이어 가는 책의 출간에 이르게 되었다.

후학들의 공동 작업의 출발점과 미래의 귀착점이 될 이 책의 소중한 의미를 인정하여 책의 출간을 흔쾌히 맡아 주시고 좋은 책을 만들기 위해 수고를 아끼지 않으신 철학과현실사에 이 자리를 빌려 진심으로 감사를 드린다.

2009년 새로운 시작과 희망을 꿈꾸는 저자 일동

차 례

제3부 이성과 현실

제 1 부

이성과 철학

이성의 운명, 해체냐 부활이냐

선우현

1. 6백만 유대인 학살과 이성적 존재로서의 인간

전통적으로 인간은 '이성적 존재'로서 간주되어 왔다. 인간은 보편적으로 타당한 인식과 규범적 판단을 가능하게 하는 능력으로서 이성을 지니고 있는 까닭에 '원칙적으로' 참과 거짓을 판별할 수 있으며 윤리적 정당성과 부당성을 구분할 수 있는 존재라는 것이 그 주된 이유였다. 따라서 '영혼(soul)'이니 '정신(spirit)'이니 하는 용어를 통해 인간을 표현하는 경우에도, 그 기저에는 육체보다는 의식, 그 중에서도 이성이 인간의 본질적 특성을 드러내 주고 있다는 함의가 자리하고 있었던 것이다.

이러한 인간에 대한 이해방식은 서양뿐 아니라 동양에서도 그리 큰 차이가 나지 않는다. 곧 동양에서도 비록 '이성'이라는 표현이 직접적으로 사용되지는 않았지만, 인간은 이성적으로 생각하고 행위하는 존재로서 간주되어 왔다. 가령 동양의 대표적인 철학적 사조의 하나인 '유가사상'에서도 여타 동물과 인간을 결정적으로 구별 짓는 속성을, 본능이나 충동이 아닌 그것들을 억제하고 조정하는 이성적 기능에서 찾고자 하였다. 이렇듯 동서양 모두에서 인간의 본질적 특성은, 그것이 반성적 사유이든 혹은 극기나 수양이든, 이성이나 이성의 차원에서 확보되어 왔다.

그러나 그처럼 이성적 존재로서 이해되어 왔던, 따라서 언제나 윤리적 차원에서 옳음을 추구하고 규범적 정당성을 지향하는 행위자로서 간주되어 왔던 인간은, 20세기에 들어서 그러한 이해방식과는 전혀 다른 양상을 보여주는 비인간적인 만행을 자행하기에 이른다. 곧 제2차 세계대전의 와중에 독일 나치에 의해 주도면밀하게 이루어진 '6백만 유대인의 대학살'이 그것인데, 이는 인간의 광적(狂的)인 진면목을 고스란히 확인시켜 주는 그야말로 야만적이며 잔혹하기 이를 데 없는 '비(非)이성적'이며 '반(反)이성적'인 대사건이었다.

돌이켜 보면, 18세기의 계몽주의 사조가 인간 해방을 향한 인류사회의 무한한 발전의 이념적 추동력으로 작동한 이래 20세기에 이르기까지, 인류사회는 그야말로 눈부신 문명의 발전을 이룩해 왔다. 그 중에서도 특히 유럽은 가장 선진적인 문명사회로서, 인류사회의 진보적 전개를 주도했던 이성적 사회의 표상이었다.

그런 유럽 대륙의 한복판에서, 이성의 구체적인 활동 및 작용으로서의 '철학함'이 가장 활발히 전개되어 왔던 철학 왕국 독일에 의해 저질러진 유대인 대학살의 참상은, 이성과 이성적 존재로서의 인간에 대한 신뢰와 믿음을 일거에 허물어뜨리게 만든 실존적 계기가 되었다. 철조망 뒤로 보이는 시신들의 더미를 배경으로, 퀭한 눈과 앙상한 뼈만 남은 상태에서 그래도 이젠 죽음의 지옥에서 벗어났다고 안도하는 표정으로 물 한 모금 달라고 애원하는 '살아남은' 유대인들의 참혹한 모습은, 설령 그것이 대학살을 소재로 한 영화의 한 장면인 경우에도, '이성적 존재라는 인간이 어떻게 저토록 참혹한 만행을 저지를 수 있을까?'라는 의구심과 함께 같은 인간으로서 부끄러움과 죄책감에 젖도록 만들기에 충분하였다. 그와 함께 아무런 잘못도 없는 평범한 인간이 단지 유대인이라는 이유 하나로 말도 안 되는 죽임을 당하는 상황에 접하여, '과연 인간이 이성적으로 생각하고 판단하며 윤리적으로 정당하게 행위하며 살아가는 존재인가?'라는 물음을 근본적으로 제기하게 만들고 있다.

이렇듯 나치에 의해 저질러진 대학살의 만행은 오랜 기간 견지되어 왔던 '이성적 존재로서의 인간'에 대한 고정관념(?)을 여지없이 허물어뜨리고 말았다. 즉 참된 진리와 진실을 인식할 수 있으며 윤리적 올바름을 판단할 수 있는 능력으로서의 이성에 대한 무한 신뢰는 일순간 불신과 회의로 전환되었으며, '이성에 대립되는 것은 광기(狂氣)'가 아니며 '이성이야말로 그 자체 광기'라는 진실 앞에서 모든 인간은 전율할 수밖에 없었던 것이다. 이러한 이성에 대한 전면적인 불신과 적대적 분위기의 고조와 관련하여, 유대인 출신의 1세대 비판이론가인 아도르노는 "아우슈비츠 이후 시를 쓰는 행위는 야만적인 일"[1)]이라는 문화적 관점에서의 비판적 진술과 "아우슈비츠 이후에도 살아갈 수 있겠는가?"[2)]라는 실존적 차원의 비판적 물음을 통해, 이성과 이성적 존재로서의 인간에 대해 전면적인 불신을 쏟아내고 있다. 이러한 반이성주의적 시대상황을 고려하면서, 이 글은 현재 이성이 처해 있는 운명의 행로의 관련하여 과연 '이성은 해체되어야 하는가?' 아니면 '근본적 한계와 문제점에도 불구하고 새롭게 부활되어야 하는가?'의 철학적 물음에 대해 비판적으로 검토해 보고 잠정적인 답변을 제시해 보고자 의도된 것이다. 이를 위해 이 글은 특히 구체적인 삶의 현장에서 이성의 해체 그리고 이성의 부활(혹은 재구성)이 미치게 될 실제적 삶의 실태를 점검해 봄으로써 현 시점에서 이성에 대한 '부정적 거부'와 '긍정적 요청'의 이론적, 실천적 함의를 가늠해 보고자 한다.

2. 근본적 이성비판 및 해체론적 이성비판: 불가피한 선택?

1) 비판이론의 근본적 이성비판

이성에 대한 비판은 반(反)이성주의의 입장을 견지하고 있는 '탈근대론'만의 전유물은 아니다. 원칙적으로 이성을 옹호하는 '근대론'의 주요 입론들 중에도 이성이 야기해 온 난점과 폐해를 인식하고 이를 반성적으로 고찰하려는 시도가 적지 않다. 그 중에서 특히 주목되는 입장이 호르크하이머와 아도르노가 주축이 된 '비판이론(Kritische Theorie)'이다.

서구 마르크스주의의 주요한 사상적 갈래 가운데 하나인 비판이론은 헤겔과 마르크스에서 정점에 위치했던 '역사철학적 이성'을 이성비판의 일차적 대상으로 삼고 있다. 역사철학적 이성이란 거칠게 표현해서 인류사회 및 역사의 진행과정을 지배하는 필연적 법칙과 같은 것으로서, '이성의 간지' 혹은 노동계급을 통해 인류를 발전과 진보의 상태로 이끌어 나가면서 궁극적으로 해방사회로 인도해 주는 이성을 가리킨다.[3)]

하지만 비판이론은 그러한 역사철학적 이성과 그것에 의거하여 개진되는 인류의 미래에 대한 낙관적 진단을 지극히 회의적인 시각에서 비판적으로 바라본다. 왜냐하면 현대 자본주의 체제에서 이성은 전면적으로 도구화됨으로써, 역사의 진보와 인간 해방의 구현은 더 이상 이성을 통해서는 실현될 수 없는 허상으로 전락해 버렸기 때문이라는 이유에서다. 여기서 비판이론이 지적한 '도구적 이성'이란 규범적 판단이나 가치 평가를 배제한 채 오직 이해관계만을 타산하고 생산적 효율성만을 추구하는 이성이다. 이러한 이성은, 한편으로는 윤리적 옳음을 지향하면서 다른 한편으로는 합리성과 효율성을 추구했던 계몽적 이성이, 전자의 기능은 방기한 채 후자의 기능만을 수

행하는 이성으로 변질된 것이다.[4)]

비판이론에 의하면, 인간 해방을 구현하고자 기획된 문명화 과정을 주도하던 계몽적 이성은 그 과정에서 자연적 대상들이 지닌 다양한 질적 차이성을 제거하고 그것들을 단순히 양적 차이성을 지닌 도구적 소재로서 간주해 버림으로써 자연을 지배와 착취의 대상으로 전락시켰으며, 인간 또한 자연의 일부로서 간주하여 지배와 통제의 대상으로 전락시키는 부정적 결과를 초래하였다.[5)] 요컨대 인간을 자유와 해방의 상태로 인도해 주리라 공언했던 계몽적 이성은, 비록 자연의 지배로부터 인간을 해방시켜 주었지만 그 도정에서 같은 인간 종(種)마저도 지배 및 수단의 대상으로 인식하도록 인간 이성을 전면적으로 도구화시킴으로써 '인간에 의한 인간의 지배/예속'으로 구조화된 새로운 억압적 구속사회, 즉 새로운 자유상실적 사회로 인간 사회를 전락시켜 버렸던 것이다.

하지만 현대 후기 자본주의 사회에서 벌어진 이성의 도구적 총체화에 대한 비판이론의 시대진단은, 이성의 부식과 도구적 이성의 횡포에 대한 적확한 비판적 지적 및 규명이라는 이론적 성과에도 불구하고, 온통 비관적이며 체념적인 전망에 머물러 있다. 곧 그처럼 전면적으로 도구화된 관리사회에서 벗어날 수 있는 탈출구에 관해서는 적어도 이성에 의거해서는 제시하지 못하는 상황에 놓여 있는 것이다. 이성은 이미 총체적으로 도구화되어 있는 까닭에, 그러한 수단적 이성에 의거해서는 어떠한 극복 방안도 개진할 수 없기 때문이다.[6)] 대신 비판이론은 지극히 소극적이고 부정적인 방식의 일환으로서, '미메시스(Mimesis)'와 같은 비이성에 토대를 두고 있는 반성적 능력과 같은 것에서 그 대안적 극복 방안을 희미하게나마 모색하는 데 머물러 있을 뿐이다.

2) 탈근대론의 이성 해체 전략

이성에 대한 전면적 불신을 보여주는 탈근대론의 대표주자인 데리다는 이성의 본질적 한계 및 문제점을 "로고스 중심주의"[7]로 규정하여 근저에서부터 비판하고 있다. 로고스 중심주의란 보편적 이성을 궁극적인 원천 혹은 본질로 전제하고 이에 입각하여 모든 현상 및 사태를 해명하고자 시도하는 철학적 입론을 가리킨다.

데리다에 의하면, 이러한 로고스 중심주의는 이성과 이성 아닌 것을 구별하고 양자 사이에 대립적이며 위계적인 구도를 형성하여 비이성은 이성에 예속된 것이자 이성에 비해 열등한 것으로 간주함으로써 이성에 의한 비이성에 대한 일방적인 지배 및 통제를 당연한 것인 양 호도시킨다. 곧 이성은, 육체 및 육체에 기원을 두고 있는 본능이나 충동, 욕망 등과 같은 '비이성'을 자신에 비해 열등하고 부차적인 것으로 규정하여 자신에 의해 규제되고 조종되어야 할 것으로 해명한다. 그 결과 가령 UFO나 심령과 같은 이른바 초자연적인 현상이나 신비한 사건 등은 이성의 관점에서 논리적으로 일관되게 해명할 수 있는 경우에 한해서 유의미한 사태로 인정받을 뿐이며, 이성의 틀 내에 포섭되어 합리적, 과학적으로 설명되지 못하는 경우에는 '비합리적이거나 비과학적인 미신이나 억측' 등으로 간주되어 이성의 영역에서 배제되거나 추방되어 버린다.

하지만 UFO의 존재 여부나 운동방식 등이 현 시점에서 이성이나 이성의 산물인 과학기술에 의해 명쾌하게 해명되지 못한다고 해서, 그러한 UFO가 존재하지 않는다고 단언할 수는 없는 것이다. 지금의 과학의 발전 수준이 그러한 현상들을 제대로 설명하지 못하는 것일 뿐 그러한 미확인 비행물체는 분명히 존재할 수 있는 가능성이 있는 것들이다. 하지만 유감스럽게도 현재의 이성 혹은 이성주의는 자신이 제대로 입증하지 못하거나 자신의 해명 틀에 포착되지 못하는 것들은, 그 자체 의미가 없거나 비합리적인 것으로 내차 버린다. 곧 이성은 자신의 속성에 부합하는 것만을 정상적이며 합리적인 것으로 판정해 버리고, 이성의 특성에 반하는 것은 비정상적이며 불합리한 것으로 치부하여 배제해 버린다. 이런 한에서 데리다는 이성은 그 자체 중립적이지도 공정하지도 않으며 차별과 배제를 특징으로 한 폭력성을 본질로 삼고 있다고 보고 있다.

이렇듯 이성과 이성 아닌 것은 서로 평화로운 공존의 관계를 맺고 있지 못하며 폭력적인 위계질서의 상태에 놓여 있는데, 이러한 이원적 대립구도를 해체하지 못할 경우에 개인들은 차이성과 다름을 존중받지 못한 채 억압적 지배체제 속에서 차별적인 삶을 살아갈 수밖에 없다는 것이 데리다의 입장이다.[8] 이런 이유에서, 그러한 구도는 타파되어야만 하며 그럴 경우에라야 비로소 모든 개인들은 — 그것이 인종적 소수자이든 동성애자를 비롯한 성적 소수자이든 혹은 외국 이주 노동자이든 상관없이 — 서로의 차이성과 다름을 존중하고 인정받는 가운데 차별 없이 대등하고 자유롭게 인간답게 살아갈 수 있다는 것이다.

그런데 그러한 차별적이고 배타적인 이분법적 대립구도는 그것이 절대적인 토대로 삼고 있는 이른바 보편적 이성에 터하여 구축된 것이라는 점에서, 그러한 위계구도의 해체는 궁극적으로 '이성의 해체'로 귀착되지 않을 수 없다고 데리다는 보고 있다.[9] 따라서 이러한 이성의 해체는 이성에서 확보되고 있는 진리의 보편적 기준과 윤리적 정당성의 척도마저 부정하고 제거하는 사태로 이어지지 않을 수 없는 셈이다. 사정이 이와 같다면, 데리다의 이성 해체 전략은, 이른바 근대적 이성의 보편타당성과 그것에 기초한 참/거짓 및 옳음/그름의 척도의 존립을 분쇄해 버리는 것을 궁극적 목표로 삼고 있는 것이며, 이성 중심의 이분법적 대립구도가 자의적으로 이루어진 근거 없는 것임을 입증해 보임과 동시에 그 이면에 감추어진 이성의 폭력성 및 억압성을 폭로해 보여주는 것을 주된 과제로 삼고 있는 것이다. 이로써 데리다의 이성 해체론적 시도는 궁극적인 근원이나 의미의 원천, 불변적 구조나 궁극적인 목표를 전면적으로 거부하고 해체하는 결과로 이어진다.

3. 이성의 폐기와 실제적 현실의 삶

오늘날 이성에 대해 근본적 관점에서 제기되는 비판이나 이성의 해체를 궁극적인 목표로 삼고 있는 해체론적 이성비판은, 현대를 살아가는 소위 '이성적 존재로서의 인간'들로 하여금, 더 근원적인 관점에서 이성 및 이성적 존재로서의 인간에 대해 치열하게 비판적으로 성찰할 것을 요구하고 있다. 무엇보다 이성의 본성에 내재해 있는 치명적 한계와 그에 따라 이성의 기능이 초래하는 폐단에 대해 정확히 인식함으로써, 그간의 이성에 대한 맹목적 믿음과 신뢰에 대해 치열한 자기비판과 자기성찰을 촉구하고 있다. 또한 그처럼 문제성 있는 이성을 소유하고 있는 인간 주체의 인식 및 판단 능력 그리고 실천적 행위 능력에 대해서도 근본적인 반성을 요청하고 있으며, 나아가 보편적 근대 이성에 의거하여 구성된 모든 이론체계들에 내재해 있는 본질적 문제와 한계에 관해서도 비판적으로 인식할 필요성이 있음을 줄곧 강조하고 있다.

하지만 그처럼 이성의 지배적이고 억압적인 속성이나 차별적 본성, 권력 지향적 특성 등의 고발을 주된 과제로 삼고 있는 근본적 이성비판과 해체론적 이성비판은, 그와 같은 중요하고도 의미 있는 이론적 성과에도 불구하고 의도했든 혹은 아니든 중대한 한계와 문제점을 또한 노정하고 있다.

먼저, 이론적인 차원에서 이성에 대한 총체적 비판 시도는 자기반박적 혹은 자기 충돌적 귀결에 이름으로써, 그러한 비판 자체의 타당성마저도 의심스럽게 만드는 '수행적 모순'을 범하고 있다.[10] 게다가 그러한 이성비판은 비판의 대상으로 설정한 소위 '근대적 이성'으로서의 억압적 권력 지향적 이성이나 도구적 이성의 형태들이 사실상 이성의 다양한 차원과 요소들 가운데 특정 측면만을 지나치게 강조하고 확대하여 일면적으로 협소화한 이성의 유형이라는 사실을 제대로 간파하지 못하고 있는 오류를 범하고 있다. 그에 따라 이러한 잘못은 이성이 도구화되는 과정을 비판적으로 성찰하는 이성의 자기반성적 특성이나 다양한 이성의 차원들로 이루어진 포괄적 이성의 형태 등을 제대로 포착하지 못함으로써 기형적으로 일면화된 이성의 형태에서 벗어날 수 있는 지평을 확보하지 못하는 한계로 이어지고 있다.[11] 나아가 이성비판을 수행하는 과정에서 그 비판의 타당성 및 정당성의 토대로서 정체가 모호한 규범적 이성을 암묵적으로 끌어들이는 결과를 낳고 있기도 한 까닭에, 가령 해체론적 이성비판은 이성의 타자에 기댄 비판이 아니라 이성의 테두리 내에서 이루어지고 있는 자기모순을 연출하고 있기도 하다.

그렇지만 이러한 이론적 수준에서의 문제점보다도 더욱 결정적인 한계가 드러나는 대목은 다름 아닌 실천적 차원에서다. 예컨대 이성에 대한 해체론적 비판은 결국 이성 일반의 해체와 폐기로 이어지고, 이는 다시 참과 거짓, 옳고 그름의 보편적 척도를 와해시키는 결과로 이어짐으로써 실제의 현실적 삶의 지평에서 필수적으로 요청되는 사회 통합적 질서체계가 곧바로 무너질 수밖에 없는 상황으로 이어진다. 알다시피 개인의 삶이 유지되기 위해서는 그 기본적 토대로서 사회질서의 안정적 유지는 필수적이며, 이를 위해서는 보편적 규범이 확립되어 개인들 간의 행위 갈등이나 사회적 통합을 저해하는 윤리적 일탈 행위를 판단하고 단죄하는 작용이 긴요하다. 하지만 이성의 해체 및 폐기는 윤리적 무정부주의로 귀착됨으로써 사회질서는 더 이상 유지되지 못하게 된다. 그 결과, 바로 눈앞에서 벌어지는 비윤리적 행위에 대해서도 그것이 규범적 차원에서 '보편적으로' 옳은가 옳지 않은가를 판정할 수 없게 되고, '주관적이고 상대적인' 힘의 논리나 욕망의 충족 여부 등에 따라 그것의 윤리성이 평가되는 까닭에, 이제 사회는 정글의 법칙에 의해 좌지우지되면서 '만인 대 만인의 투쟁 상태'로 전락해 버린다. 당연히 개인과 개인의 삶도 온전하게 유지되기 어렵게 된다.

이와 같은 논의 귀결은, 이성에 대한 근본적 혹은 해체론적 비판을 통한 이성의 폐기로 인해 도달할 수 있는 최종적인 상황이다. 사회질서의 유지와 그를 통한 개인의 삶의 존속 및 개인의 자아실현 등을 위해서는 최소한의 보편적인 규범적 기준이 요청되는데, 그것이 제거된 상태에서는 사회와 그 구성원들의 존속과 유지를 불가능하게 만드는 윤리적 무정부주의의 상태가 필연적으로 초래된다는 점에서, 이성의 해체 시도는 실천적인 차원에서 결정적인 한계 및 난점을 내포하고 있다.

4. 비이성에서 진리 및 윤리적 판단의 기준이 확보될 수 있는가?

이미 앞에서 살펴본 바와 같이, 비록 이성이 우리를 억압과 부자유 상태로 내몬다는 주장이 타당성을 갖고 있다고 해도, 이성을 해체해 버릴 경우에 그것의 사회적 역할과 기능을 대체할 대용물을 확보하는 문제는 그리 간단해 보이지 않는다. 가령 '욕망'을 이성의 대안으로 삼아 그것에 의거하여 규범적 차원에서 옳고 그름을 판단한다고 가정해 보자. 이 경우 욕망에 부합하면 규범적으로 정당한 것으로 판정되며 그렇지 않을 경우에는 부당한 것으로 판정된다. 그렇다면 길거리를 지나가던 한 사람이 갑자기 자신의 마음에 드는 장식물을 착용하고 지나가는 다른 사람의 그 물건을 강탈했을 경우, 이러한 행위는 강탈한 당사자에게는 자신의 욕망을 충족시켰다는 점에서 옳을 수 있다. 하지만 아무것도 모르고 당한 사람의 입장은 어떻게 되는 것인가? 여기서 알 수 있듯이, 이성이 아닌 이성의 타자에서 확보된 기준은 이성과 비교하여 보편성과 객관성, 일관성이 결여되어 있으며 각자의 주관적 관점과 입장에 따라 상이하고 상대적인 속성을 지니고 있다는 점에서, 결코 보편적인 규범적 판단의 척도가 되지 못한다. 여기서는 이 점에 대해 좀 더 상세히 살펴보고자 한다.

1) 도덕적 판단의 척도로서 감정(비이성)의 가능성: 흄의 공감의 윤리학

(1) 흄은 이성이 아닌 비이성, 좀 더 구체적으로 '도덕감(moral sense)'에서 보편적 도덕 판단 기준을 마련하고자 시도한다.[12] 하지만 이는 '과연 감각이나 정념에서 보편적 윤리체계의 성립이 이루어질 수 있는가?'라는 비판적 지적에 직면한다. 다시 말해 전통적으로 보편적 도덕 판단의 척도로 기능해 온 이성을 배제하고, 쉽사리 변하며 변덕스럽기까지 한 감정이나 정념에서 누구나 동의할 수 있는 도덕 판단 기준을 확보하는 것은 거의 불가능해 보인다는 지적이다.

물론 흄이 이성이 아닌 도덕감을 내세워 윤리체계를 수립하고자 했던 의도의 이면에는 당시 산업혁명 시기에 불거져 나온 문제점들을 해소해 보려는 윤리학적 구상이 자리하고 있었다. 곧 당시의 영국 사회는 산업혁명이 급속히 진행되어 나가면서 기존의 사회질서가 근저에서부터 새롭게 재편되어 나가기 시작했으며, 그에 따라 개인들은 한편으로는 독립적이고 자율적인 존재로 존립해 나갔지만, 다른 한편으로는 사회가 조직화되면서 그만큼 타인들과 단절되고 고립되어 나갔다. 이러한 상황에서 개인들은 이기적 존재가 되기 쉬웠으며 타인의 고통에 대해서도 무감각해지기 시작했다. 산업화된 근대적 사회질서 내에서 사회구성원들 각자는 점차 개인적 이익만을 추구하는 이기적 존재로 변질되고 있었으며, 도덕적 판단 역시 자기중심적인 관점에서 자신의 이익을 늘려 주느냐 아니면 감소시키느냐에 따라 이루어지고 있었던 것이다. 당연히 사회적 약자나 소외계층의 어려움이나 고통에 대해서도 외면하기 일쑤였다. 물론 이 과정에서 주도적 역할은 이성이 수행하였다.

이러한 연유에서 흄은 기존의 전통적인 이성적 윤리체계로는 인간의 도덕성을 고양시키기 어렵게 되었다고 보아, 이성이 아닌 동정심 혹은 공감에 호소하여 윤리적 판단을 가능하게 하며 사회적 약자나 어려운 빈곤층을 도와줄 수 있는 사회적 상황을 조성해 보고자 도덕감에 기초한 윤리체계를 구상하려고 시도했던 것이다.

(2) 흄은 도덕성의 뿌리를 특정한 종류의 감각인 도덕감에서 찾고자 한다. 그런데 놀랍게도 흄은 이러한 도덕감은 주관적이며 상대적이지 않으며 보편적인 것이라고 주장한다. 곧 도덕적 선악을 느끼는 도덕감은, 나의 관점에서 느끼는 것이 아니라 공동체나 사회 전체의 차원에서 느낀다는 것이다. 도덕적 선악의 판별은 고통과 쾌락에 대한 쾌감과 불쾌감에 따라 이루어지는 것인데, 이때 고통과 쾌락은 개인의 차원이 아닌 '보편적이고 일반적인' 관점에서 바라볼 때 느끼는 쾌락과 고통이라는 것이다. "한 성격이 우리들 각자의 개별적 이해관계와 무관하게 일반적으로 관찰될 경우에만, 그 성격은 도덕적으로 선하거나 악하다고 부를 수 있는 느낌이나 감정을 불러일으킨다."[13]

이것이 가능한 이유에 대해, 흄은 도덕감의 기저에는 타인의 정념이나 감각을 함께 공유할 수 있는 동정심 혹은 공감이 놓여 있기 때문이라는 점을 내세운다. 여기서 공감 혹은 동정심이란, 고통이나 기쁨과 같은 타인의 정념을 강하든 혹은 약하든, 간접적으로 동일하게 느끼며 공유하는 능력 혹은 그러한 정념을 분유함으로써 생겨나는 연민의 정이라고 할 수 있다.[14] 이렇듯 흄은 후천적으로 획득되는 공감이 인간이라면 누구나 지니고 있는 것이며, 그것의 기능에 의해 동일한 현상에 대해 윤리적으로 동일하게 느낄 수 있다고 주장한다. 물론 예컨대 다른 사람이 느끼는 '고통'의 정념 그 자체가 '나의' 마음에 느껴질 수는 없다. 하지만 우리는 '다른 사람이 느끼는 정념의' 원인이나 결과를 추론 혹은 연상을 통해 감각할 수 있으며 그 결과 우리의 동정심을 불러일으켜, 동일한 윤리적 현상에 대해 누구나 다 동일한 윤리적 선악을 느낌으로서 보편적 윤리 판단이 가능해진다는 것이다.[15)]

게다가 흄은 동정심의 소박한 반응이 그대로 도덕적 선악의 기준으로 작용하는 것은 아니며, 객관적 거리를 두고 바라보는 가운데 냉철한 보편적인 정념의 결정이 이루어진다고 주장한다.[16)] 이는, 같은 상황이라도 동정심을 느끼는 정도가 다를 수 있다는 반론에 대해, 더 공정하고 객관적인 관점에서 공감이 작동할 수 있도록 공감의 교정(the correcting)이 이루어지고 있다는 사실을 제시함으로써 여전히 보편적으로 도덕 판단이 가능하다는 점을 보여주고자 개진된 것이다.[17)]

(3) 하지만 흄의 그와 같은 주장에도 불구하고, 공감의 윤리학은 엄밀한 의미에서 보편적인 윤리적 판단의 척도를 제시하기 어렵다. 이는 칸트의 비판적 지적을 통해 확인해 볼 수 있다. 칸트에 의하면, 흄이 내세우는 윤리체계의 토대인 감각이나 감정은 결코 보편타당성을 가질 수 없다. 그것은 쉽사리 변할 뿐 아니라 무원칙적으로 작용하기 때문이다. 가령 어떤 사람이 분명 큰 잘못을 저질렀음에도 불구하고, 단지 그가 나와 인간적으로 친하다는 이유로 그를 무조건 두둔하고 변호하는 경우도 적지 않은데, 이렇듯 인간적으로 더 가까운 사람에게 더 큰 연민을 느끼게 만드는 동정심의 메커니즘은 보편성을 핵으로 삼는 도덕원리와 충돌하지 않을 수 없다.[18)]

이러한 사실을 고려할 때, 이성의 한계와 문제점에도 불구하고 이성이 아닌 비이성에서 보편적 도덕 판단의 척도를 마련하려는 시도는, 고전적 사례의 하나인 흄의 윤리체계에서 드러나듯이 불완전하며 불가능한 일이라고 할 수 있다. 더욱이 흄이 제시하고 있는 공감의 교정이라는 것도 사실상 감각 자체만에 의한 것이 아니라 이미 거기에는 일정 정도 이성의 작용이 개입되어 있다는 점도, 이성의 타자에 기대어 도덕의 보편적 척도를 마련하는 것이 그리 쉽지 않다는 것을 말해 준다.

2) 이성이 배제된 사회비판의 가능성: 푸코의 권력관계 비판론

푸코는 "이성에 기초한 진리가 너희를 자유케 하리라."[19]라는 이성주의적 주장에 반(反)하여, "이성에 터한 진리가 너희를 구속케 하리라."는 입론으로 맞서고 있다. 즉 푸코는 모든 인식론적 진리와 윤리학적 지식이라는 것은 그 자체 결코 보편타당성을 지닌 것이 아니며 진리성 혹은 정당성과 무관하게 다양한 형태의 '권력관계'를 유지하고 재생산하는 데 기여하는 도구적 매체이자 수단이라는 사실을 드러내 보이고 있다. 그럼으로써 이성과 그것에 토대를 둔 진리가 지닌 보편성 및 필연성이 실상은 상대성 및 역사적 우연성이라는 점을 폭로하고자 한다. 나아가 그러한 권력관계의 재생산 도구로서 이성은 인간 및 인간의 삶을 권력관계의 그물망 속에 가두어 빠져나오지 못하도록 만드는, 구속과 질곡, 억압적 상태로 인도하는 매체라는 사실을 내세워 이성을 폐기할 것을 주창한다.[20]

익히 알려진 것처럼, 푸코의 권력관계론에 의하면, 개인은 사회의 전개 과정에서 결코 자율적 주체가 되지 못하며 모든 삶의 영역에 침투해 들어와 있는 권력관계의 그물망에 갇힌 존재로서, 관계망 속에 위치한 지위에 따라 주어진 역할만을 수행할 수 있는 '타율적, 수동적' 존재에 지나지 않는다. 곧 개인은 가정이나 직장 등에 스며들어와 있는 각이한 유형의 권력관계망 속에서 하나의 위치를 점유하는데, 그에 따라 가령, 가정 내 '부모/자식 간의 권력관계'에서 자식으로서의 위치를 차지할 경우에는 부모에 대해 자식으로서 준수해야 할 규범이나 규칙 등을 따라야만 한다. 만약 그렇지 못할 경우에는, 불효자나 패륜아 등으로 낙인찍혀 사회 내에서 정상적인 삶을 살아가기 어렵게 되는데, 그런 한에서 개인은 원하든 원하지 않든 주어진 권력관계 내 위치를 규제하고 통제하는 규칙 등을 지켜야만 한다. 이때 그러한 규범이나 규칙은, 인간이라면 마땅히 따르고 지켜야 할 보편적 진리이자 지식으로서의 정당성과 근거를 갖고 개인들 앞에 주어지는 까닭에, 개인들에 의해 자발적으로 수용되고 있다. 이는 권력관계가 강압적인 방식이 아니라 마치 자율적으로 따를 수밖에 없는 정당한 것인 양 오인시키는 방식으로[21] 개인들을 조종하며 자신을 유지, 확대시켜 나가고 있음을 말해 준다.

이상에서 드러나듯이, 한편으로 푸코의 권력관계 비판론은 계몽적 이성을 비롯한 근대 이성을 비판의 중심적 대상으로 놓고 신랄하게 비판하고 있을 뿐 아니라, 그것이 인간을 억압과 구속으로 인도하고 있다는 점에서 이성의 폐기를 주창하고 있다. 하지만 다른 한편으로는 '사회비판을 통한 해방사회의 구현'이라는 계몽적 이성의 이념을 계승하여 억압적 사회구조의 실상을 비판적으로 폭로하고자 시도하고 있다는 점에서, 권력관계 비판론은 역설적으로 이성에 입각하여 사회비판을 시도하는 이성주의적 비판철학의 이론적 전통을 따르고 있다.[22]

물론 푸코는 이성주의에 기초한 사회비판의 흐름을 좇아 권력관계의 억압적이고 자유상실적인 속성을 비판적으로 폭로하고 있지만, 그 어디에서도 비판의 규범적 토대나 근거로서 이성이나 이성의 차원을 제시하고 있지 않다.[23] 오히려 그러한 이성적 비판의 척도 없이 중립적, 경험적 관점에서 권력관계의 본성과 그것이 개인 및 개인의 삶을 옭아매어 나가는 상태를 설명함으로써 현대사회의 자유상실의 실태를 비판적으로 보여주고자 할 뿐이다. 흔히 '계보학적 분석 방식'으로 알려진 이와 같은 객관적 역사 서술 방식에서는 의도적으로 비판을 위한 전제로서 비판의 규범적 토대를 정초하여 마련하는 작업은 제외되어 있다. 이런 한에서 비판의 규범적 척도 없이 권력관계의 본성과 그것이 초래하는 병리적 사태에 관한 비판의 과제를 수행하고 있는 것이 푸코의 반이성주의적 사회비판 입론인 것이다.

그런데 푸코는 권력관계로 인해 개인이 일방적으로 지배받고 통제받는 구속적 사태에 대한 비판을 정당화하는 이유나 근거를 제시하기 위한 규범적 토대 마련의 시도는 본래적으로 불가능하다고 생각한다.[24] 왜냐하면 비판의 척도를 확보하는 이론화 작업에는 불가피하게 독단적이고 입증 불가능한 요인들, 즉 형이상학적 요소들이 스며들어갈 수밖에 없는데, 그런 한에서 비판의 척도를 정립하는 과제는 완수될 수 없을 것이라는 이유에서다.[25] 따라서 푸코는 사회비판을 수행하는 비판철학을 수립하기 위해 전통적으로 행해져 온 이성에서 그 척도를 마련하는 작업을 단념하고, 비판의 토대 없이 사회의 실상을 비판적으로 수행하는 전략을 기획했던 것이다.

그러나 푸코의 그러한 이론적 시도는 이성에 의해 초래된 현대사회의 자유상실적 상황에 대한 설득력 있는 규명이라는 이론적 성과에도 불구하고, 결국은 비판의 척도로서 이성을 부지불식간에 끌어들이고 있다는 혐의에서 완전히 자유롭지 못한 상황에 처해 있다.[26] 적어도 푸코의 권력관계 비판론에는 규범적 차원에서의 비판 및 평가가 이루어지고 있는데, 이것들은 순전히 가치중립적 차원에서의 분석이 아닌 이성의 규범적, 평가적 특성들에 기인하고 있는 것들이라고 보이기 때문이다.[27]

이와 같은 사실은 사회비판을 시도하는 철학적 입론을 수립하기 위해서는 이성을 배제한 가운데 이루어지기가 어렵다는 점을 말해준다. 설령 푸코가 비판적으로 폭로하고 있는, 권력 지향적 속성의 구현체로서의 이성이 인간의 삶을 억압하고 구속하고 있다고 해도, 그러한 실상을 비판적으로 성찰하고 상호 토론과 논의를 통해 비판적으로 규명해 내는 역할 또한 이성이 수행하고 있다고 판단되기 때문이다. 그런 까닭에 이성 일반을 권력적 혹은 도구적 이성으로 동일시할 수는 없는 것이다. 이 점은 푸코가 이성을 배제한 채 권력관계의 수단으로서 권력 지향적 이성을 비판하는 작업에서, 그러한 비판의 규범적 토대로서의 자기 자신을 스스로 비판의 대상으로 삼아 비판하고 있는, 자기성찰적 이성을 적어도 부분적으로는 수용하고 있다는 사실에서 확인된다.

5. 이성의 부활 가능성: 하버마스의 의사소통적 이성 기획

(1) 이제까지 살펴본 것처럼, 근본적 차원에서 제기되는 이성에 대한 비판은 그 비판의 성과에 대한 평가는 논외로 하더라도, 그 해결 방식으로서 이성의 해체는 적어도 현 시점에서는 최선의 선택이 되지 못하고 있다고 판단된다. 그렇다면 남은 또 다른 선택은 무엇인가? 그것은 이성의 폐기처분 대신, 그것의 한계와 난점을 제거한 새로운 이성의 창조나 재구성의 방법이 될 수 있다. 이것이 가능하다고 보는 결정적인 근거는, 이성에 대한 근본적 비판이나 해체론적 발상 등을 포함한 이성에 대한 비판적 성찰은 결국 이성 그 자체의 기능과 역할에 토대를 두고 있기 때문이다. 이성 자체에 부정적 속성이 내장되어 있고 그에 따라 이성이 우리를 억압과 자유상실로 이끈다 해도, 동시에 이러한 이성의 부정적 속성을 고발, 폭로하고 그것의 시정 내지 극복을 시도하고 있는 것 역시 이성이라 할 수 있다. 이러한 이유에서 앞으로의 이성의 운명은 이성의 해체보다는 이성의 비판적 재구성에 입각한 '부활'로 나가는 것이 더 합리적이고 현실적인 전략적 선택이라 할 수 있을 것이다.

이와 관련하여, 이성에 대한 근본적 혹은 해체론적 비판을 시도하는 철학적 입론들과 달리, 그러한 이성비판의 주장을 전폭적으로 수용하면서도 이성 자체의 폐기는 반대하면서 여전히 이성에서 이성비판의 비판적 척도를 새롭게 확보하여 이성의 한계와 그로부터 초래된 위기적 사태로부터 벗어날 실천적 탈출구를 제시하려는 이론적 기획이 이성주의 내에 존재하고 있다. 곧 한편으로는 이성에 대한 탈근대론적 비판뿐 아니라 근대론적 비판의 내용을 적극적으로 수용하면서도, 다른 한편으로 이성의 폐기나 해체가 아닌 이성의 비판적 재구성을 통해 이성의 한계나 문제점을 극복하고자 시도하는 하버마스의 '의사소통적 이성론'이 그것이다. 이러한 입론에 의하면, 오늘날 이성이 처해 있는 위기적 상황은 이성과 그것이 초래한 다양한 정치적, 사회적, 문화적 현상들에 대해 좀 더 깊이 있는 통찰과 숙고, 반성과 비판적 논의를 개진할 것을 촉구하고 있으며, 그럴 경우에만 비로소 그러한 위기 상황에서 벗어날 통로가 확보될 수 있다고 본다. 물론 이 경우에 그러한 통로는 새로운 유형의 이성의 정립을 통해서 마련될 수 있다.

이렇듯 하버마스에 있어서 이성은 포기될 수 없는데, 이는 이성의 한계에도 불구하고 그러한 한계를 비판적으로 인식하고 성찰하는 역할과 기능 또한 이성이 담당하고 있다는 점에서 확인된다. 이런 점에서 하버마스는 이성을 포기하지 않고 새롭게 재구성하여 부활시키고자 시도한다. 이를 위해 하버마스는 두 가지 전제조건을 내세운다. 그 하나는 보편적 차원에서 참과 거짓을 판별하고 옳고 그름을 따질 수 있는 척도는 현재로서는 이성 이외에 없다는 점이며, 다른 하나는 그럼에도 모든 이성이 그러한 자격을 갖지 않으며, 현 시점에서 자격조건에 부합하지 못하는 이성들은 폐기처분되어야 한다는 점이다.

첫 번째 조건과 관련해서 하버마스는 주관적 관점이나 입장을 넘어서 누구나 보편타당한 것으로 평가하여 수용할 수 있는 비판의 척도는 이성의 보편성과 규범성에서 확보될 수밖에 없다고 본다. 두 번째 조건과 관련하여 이성의 자격조건은 더 엄격한 제한을 가하고 있는데, 그에 따라 그 자체 입증 불가능한 형이상학적 속성을 지닌 실체로서의 이성이나 이성의 타자를 지배의 대상이나 수단으로 바라보도록 하는 주체 중심적 이성, 그리고 도구적 이성과 같이 본래적 이성이 과도하게 일면적으로 축소된 이성 등은 제외된다. 그런 한에서 새롭게 재구성될 이성은 탈형이상학적 성격을 지닌 이성이자 상호주관성에 기초한 이성이며, 일면성을 벗어난 포괄적이고 동시에 절차로서의 이성으로 그 자격조건이 한정된다. 이때 포괄적 특성이란 로고스 중심주의가 초래한 억압적, 차별적 현상들에 대한 비판적 진단과 그 탈출구의 확보를 위해 요구되는 조건이며, 절차성이란 비판이 임의적이고 상대적인 것이 아니며 동시에 비판의 근거가 외부로부터 선험적으로 주어지는 경우를 배제하기 위한 조건이다.[28)]

그런데 이와 같은 조건들을 충족시키는 가운데 하버마스의 이성론이 정립하여 제시한 이성의 형태가 바로 의사소통적 이성(kommunikative Vernunft)이다. 그러므로 이러한 의사소통적 이성은 무엇보다 포괄적 합리성이다. 근대의 문화적 영역의 분화에 상응하는 세 차원의 합리성 복합체, 즉 인지적-도구적 합리성, 도덕적-실천적 합리성, 심미적-표현적 합리성의 상호 균형 및 공존을 통해 이루어진 포괄적 합리성으로서의 의사소통적 이성은 이성의 도구적 총체화와 같이 이성이 일면적으로 축소, 왜곡화되는 사태를 비판적으로 조망할 수 있는 척도로서 기능한다. 그에 따라 포괄적 합리성으로서의 의사소통적 이성은 한편으로 '근대화의 역설'이 사실은 역설이 아니라는 점을 보여줌으로써 비관적 시대진단으로부터 벗어날 수 있는 통로를 제공할 뿐 아니라, 다른 한편으로 '로고스 중심주의'에 대한 비판이 이성 자체의 해체로 귀결될 필요가 없음을 설득력 있게 논증해 보이고 있다.

이와 함께 의사소통적 이성은 절차적 합리성으로서 제시된다. 상호 비판과 논거를 통해 논자의 주장을 정당화하는, 일련의 담론적 절차과정에서 발현하는 절차적 합리성으로서의 의사소통적 이성은 무엇보다 사회비판이 제기되는 관점 그 자체가 누구나 수용하지 않을 수 없는 보편타당한 것임을 확증해 준다. 나아가 절차적 합리성으로서의 의사소통적 이성은 사회문제를 실질적으로 해결하고 사회의 혁신을 도모하며 나아가 해방사회의 구현을 추진하는 정치적 실천력의 원천으로 작용하기까지 한다.[29]

(2) 이러한 의사소통적 이성의 정립 및 제시는 새롭게 시대진단과 사회비판을 가능하게 할 뿐 아니라 동시에 자유상실과 의미상실의 부정적 사태로부터 벗어날 수 있는 탈출구를 마련할 터전을 확보할 수 있도록 해주고 있다. 즉 의사소통적 이성은, 근대화의 도정에서 초래된 부작용과 역설적 사태를 불가피한 것으로 수용하면서 이성에 대해 근본적 비판을 개진하는 비판이론의 체념적, 비관주의적 입장에 맞서, 역설의 본질은 본래 인지적/도덕적/심미적 합리성의 조화와 균형으로 이루어진 포괄적 형태의 이성이 도구적으로 축소된 것으로 해명함으로써, 본래의 포괄적 이성으로의 복귀를 통해 그러한 병리사태에서 벗어날 지평을 제공해 줄 수 있게 되었다. 또한 이성과 계몽에 관한 회의적 관점에서 더 나아가 이성 자체의 전면적 해체를 주창하는 반이성주의적 탈근대론의 입장에 대항하여, 이성과 그것의 능력에 대한 신뢰에 바탕한 자율적 해방사회의 구현이 여전히 달성 가능하다는 낙관론적 전망을 제시함으로써, 이성과 그것에 터한 이성주의가 굳건히 유지될 수 있는 지반을 제공할 수 있게 되었다.

이처럼 하버마스는 포괄적 합리성으로서의 의사소통 이성에 근거하여 근대의 다양한 병리적 현상을 분석, 진단하고 그에 대한 극복책을 제시할 뿐 아니라, 담론적 절차과정에서 발현되는 절차적 합리성으로서의 의사소통적 이성에 입각하여 경험적 분석과 비판을 넘어서 정치적 실천력을 담보하고자 한다. 그럼으로써 하버마스는 절차적 합리성이 단지 비판의 척도에 머물지 않고, 구체적 현실의 장에서 벌어지는 일상적 대화로부터 의회 내의 정치적 토론에 이르는 다양한 의사소통의 과정에서 실제로 구현되고 있음을 입증해 보일 수 있게 되었다. 나아가 일상적 의사소통의 영역에서 출발하여 사적인 것으로 간주되기 쉬운 사회적 현안을 공적인 쟁점으로 부각시키는 특수기능을 수행하는 '공론 영역'과 민주주의적 의사형성의 과정을 거쳐 공적인 견해가 정당화된 권력 즉 '의사소통적 권력'으로 전환되는, 일련의 과정에 대한 설명을 통해 절차적 합리성으로서 의사소통적 이성이 문제 해결의 실천적 원동력임을 규명해 보이고자 한다. 이로써 의사소통적 이성에 관한 하버마스의 입론은, 경험적 분석과 비판의 기능을 수행할 뿐 아니라 당면한 현안에 관한 실질적인 해결지침을 제공하는 정치적 실천력을 담보한 새로운 이성의 제시를 통해 이성의 운명이 다시금 부활의 도정에 자리하게 되었다는 사실을 보여줄 수 있게 되었다.

6. 나가는 말

오늘의 시점에서 이성은 많은 문제점과 한계를 드러내고 있다. 그러나 상황이 그렇다고 해서 이성의 타자인 비이성에 의거하여 이성을 근저로부터 비판하여 무화, 해체하려는 시도는 궁극적으로 윤리적 상대주의 및 규범적 무정부주의로 귀착하여 사회 자체의 붕괴를 초래하고 그 바탕 위에서 살아가는 개인 및 개인의 삶마저 황폐화시킨다는 점에서, 실존적 차원에서 바람직한 해결안으로는 결정적인 한계를 지니고 있다. 이는 역으로 사회질서 및 사회통합이 안정적으로 유지되고 그것에 기반을 두어 사회구성원들 각자의 삶이 영위되기 위해서는 개인들에 의해 합의되고 동의된 보편적인 규범적 판단기준이 필연적으로 요청될 수밖에 없으며, 그러한 보편적 척도는 현

시점에서는 이성 이외에 그 어느 것에서도 확보되기 어렵다는 사실을 말해 준다. 이러한 실상을 고려할 때, 이성의 본질적 한계와 난점은 자기 자신을 근본적 비판의 대상으로 삼아 성찰하는 이성에 의해 극복되는 방식이 현실적으로 바람직한 방안이며, 그런 한에서 이성에 대한 해체 전략보다는 이성의 재구성 및 부활의 전략이 적어도 '차선책'으로 수용될 수밖에 없다고 보인다.

물론 그렇다고 해서 이러한 이성 부활 전략이 이성에 의해 초래된 모든 병리적 현상들 및 문제들을 해결하고 극복할 수 있다는 것은 아니다. 여기에도 여전히 보완하고 채워 넣어야 할 내용들이 곳곳에 산재해 있다. 앞서 이성의 부활을 위한 철학적 전략을 시도하는 입론의 하나로서 소개되었던 하버마스의 의사소통적 이성론만 해도, 주체 중심의 '독백론적 이성 모델'로부터 상호 주체적인 '대화론적 이성 모델'로의 전환을 통해, 기존의 이성의 난점들을 넘어서는 설득력 있는 이성론으로 평가받고 있지만, 모든 사회구성원들의 입장을 공정하게 다 반영하지 못하며 소수일망정 그들의 차이와 다름을 인정하거나 존중해 주지 못하는 사태를 여전히 야기하고 있다.[30] 다시 말해 해체론적 이성비판이 제기했던 이성의 문제점, 즉 이성은 자신의 속성에 부합하지 않는 타자를 폭력적 방식으로 자신에게 동화시키려 시도하고 그것이 여의치 않을 때는 배제 내재 추방해 버리는 횡포와 폭력의 본성을 완전히 해소하거나 해결하지 못하는 문제를 의사소통적 이성론은 여전히 남겨 놓고 있는 것이다.

이러한 사실을 염두에 둘 때, 이성의 부활 혹은 재구성을 통해 이성의 해체를 저지하고 동시에 이성의 본질적 한계와 난점을 넘어서고자 시도하는 이론적 입론들에게는, 이성의 타자를 고려하고 존중하며 이성과 비이성이 상호 공존하거나 이성에 의해 비이성이 충분히 포용될 수 있는,[31] 좀 더 진전된 이성론을 정립하는 과제가 여전히 남아 있는 셈이라 할 수 있다.

[참고문헌]

김상봉,『호모 에티쿠스』, 한길사, 1999.
박민미,「푸코의 근대 권력 비판과 '성-주체'」, 한국철학사상연구회,『시대와 철학』16권 3호, 2005.
선우현,「탈근대적 이성비판의 의의와 한계」, 한국철학회,『경제위기와 철학적 대응』, 1998.
_____,『사회비판과 정치적 실천』, 백의, 1999.
_____,『위기시대의 사회철학』, 울력, 2002.
세일라 벤하비브,『비판, 규범, 유토피아』, 울력, 2008.
양운덕,「근대성과 계몽에 대한 상이한 해석: 하버마스와 푸코」, 장춘익 외,『하버마스의 사상』, 나남, 1996.
Adorno, Th., *Kulturkritik und Gesellschaft* I, Gesammelte Schriften 10.1, Suhrkamp, 1977.
_____, *Negative Dialektik*, Gesammelte Schriften 6, Suhrkamp, 1977.
Benhabib, S., *Critique, Norm, And Utopia*, Columbia University Press, 1986.
Boyne, R., *Foucault and Derrida: The Other Side of Reason*, Unwin, 1990.
Culler, J., "Deconstruction", J. Culler(ed.), *Deconstruction: Critical Concepts in Literary and Cultural Studies*, vol. 1, Routledge, 2003.
Derrida, J., *De la grammatologie*, Minuit, 1967.
_____, *Positions*, Minuit, 1972.
Dryzeck, J., "Green Reason: Communicative Ethics for the Biosphere", *Environmental Ethics*, vol. 12, 1990.
Fraser, N., "Foucault on Modern Power: Empirical Insights and Normative Confusions", *Praxis International*, vol. 1, 1981.
Foucault, M., "Structualism and Post-Structualism", *Telos* 55, 1983.
_____, *Histoire de la sexualité* 1, Gallimard, 1976.
_____, "The Subject and Power", H. L. Dreyfus & P. Rainbow, *Michel Foucault: Beyond Structualism and Hermeneutics*, The University of

Chicago Press, 1983.

_____, "Qu'est-ce que les lumierès?", *Magazine littéraire*, n. 309, 1993.

Gasché, R., "Deconstruction as Criticism", V. E. Taylor & C. E. Winquist(eds.), *Postmodernism: Critical Concepts*, vol. 2, Routledge, 1988.

Habermas, J., *Theorie des kommunikativen Handelns* 1, Suhrkamp, 1981.

_____, *Der philosophische Diskurs der Moderne*, Suhrkamp, 1986.

Honneth, A., "Das Andere der Gerechtigkeit. Habermas und die ethische Herausforderung der Postmodernc", *Deutche Zeitschrift für Philosophie* 42, 1994.

Horkheimer, M., *Zur Kritik der instrumentellen Vernunft*, Fisher Wissenschaft, 1997.

Hume, D., *A Treatise of Human Nature*, Oxford, 1951.

Lyotrard, J.-F., *Le postmoderne expliqué aux enfants*, Edition Gallié, 1988.

Noddings, N., *The Challenge to Care in Schools*, Teachers College Press, 1992.

[주(註)]

1) Th. Adorno, *Kulturkritik und Gesellschaft* I(1977), 30쪽.

2) 이러한 언급은 후에 "아우슈비츠 이후에는 시를 쓸 수 없을 것이라고 한 말은 잘못이었을지 모른다. 하지만 … 아우슈비츠 이후에도 살아갈 수 있겠는가? 우연히 그러한 죽음을 모면했지만 합법적으로 살해될 뻔했던 사람이 제대로 살아갈 수 있겠는가? 하는 물음은 잘못이 아니다."라고 더 실존적인 차원에서 근본적인 물음을 던지고 있다. Th. Adorno, *Negative Dialektik*(1977), 355쪽.

3) 선우현, 『사회비판과 정치적 실천』(1999), 25-26쪽 참조.

4) 이 점에 관해서는 M. Horkheimer, *Zur Kritik der instrumentellen Vernunft* (1997), 15-62쪽 참조.

5) 선우현, 『위기시대의 사회철학』(2002), 131쪽 참조.

6) S. Benhabib, *Critique, Norm, And Utopia*(1986), 163-171쪽 참조.

7) J. Derrida, *De la grammatologie*(1967), 30쪽.

8) J. Derrida, *Positions*(1972), 55-56쪽 참조.

9) 데리다의 '해체' 개념에 관해서는 R. Gasché, "Deconstruction as Criticism"(1988), 52-88쪽; J. Culler, "Deconstruction"(2003), 52-71쪽 참조.

10) 가령 데리다는 자신의 이성비판은 정당하며 참된 것이라고 주장하고 있는데, 이러한 정당성과 진리성에 대한 주장은 사실상 하버마스 식의 의사소통적 이성을 전제로 해서만 가능한 것이다. 사정이 이와 같음에도 불구하고 데리다는 자신의 이성비판을 통해 모든 이성을 부정하고 해체하고자 시도하고 있다는 점에서 결국 '수행적 모순'에 빠져 버리고 있다.

11) S. Benhabib, *Critique, Norm, And Utopia*(1986), 281-282쪽 참조.

12) D. Hume, *A Treatise of Human Nature*(1951), 470-476쪽.

13) 같은 책, 472쪽.

14) 김상봉, 『호모 에티쿠스』(1999), 242쪽 참조.

15) D. Hume, *A Treatise of Human Nature*(1951), 576쪽.

16) 같은 책, 583쪽.

17) 같은 책, 603쪽.

18) 김상봉, 『호모 에티쿠스』(1999), 258-261쪽 참조.

19) 이는 본래 신의 말씀으로서의 "진리가 너희를 자유케 하리라."는 「요한복음」, 8장 32절을 차용한 것이다.

20) M. Foucault, *Histoire de la sexualité* 1(1976), 126쪽. 같은 탈근대론자인 리오타르 역시 보편적 이성과 근대성의 이름 아래 추진된 계몽의 기획은 인간을 해방으로 인도하기보다 구속과 억압의 상태로 이끌었다고 주장하고 있으며, 그에 대한 역사적 실례로서 유대인 대학살을 들고 있다. J.-F. Lyotrard, *Le postmoderne expliqué aux enfants*(1988), 36쪽.

21) M. Foucault, "The Subject and Power"(1983), 118-119쪽.

22) 이 점에 관해서는 M. Foucault, "Structualism and Post-Structualism"(1983), 200쪽 참조.

23) J. Habermas, *Der philosophische Diskurs der Moderne*(1986), 325-333쪽.

24) 양운덕, 「근대성과 계몽에 대한 상이한 해석: 하버마스와 푸코」(1996), 366-373쪽 참조.

25) M. Foucault, "Qu'est-ce que les lumierès?"(1993), 71쪽.

26) N. Fraser, "Foucault on Modern Power: Empirical Insights and Normative Confusions"(1981), 284쪽. 아울러 이 점과 관련하여 좀 더 진전된 최근의 논의로는 박민미, 「푸코의 근대 권력 비판과 '성-주체'」(2005), 151-175쪽 참조.

27) J. Habermas, *Der philosophische Diskurs der Moderne*(1986), 325-333쪽.

28) 선우현, 『사회비판과 정치적 실천』(1999), 140-144쪽 참조.

29) 같은 책, 144-153쪽 참조.

30) A. Honneth, “Das Andere der Gerechtigkeit. Habermas und die ethische Herausforderung der Postmoderne”(1994), 200-204쪽 참조.

31) 이처럼 새롭게 요구되는 이성의 유형으로는, 이성의 타자로서의 감성이나 욕망을 일방적으로 통제 혹은 배제하려는 이성이 아니라 그것들을 적극적으로 존중하고 배려하는 이성으로서 ‘배려적 이성(reason of care)’, 그리고 자연이 아니라 자연적 대상에 가치를 부여하는 인간이 생태계 보전을 위해 중심 역할을 수행하면서 자연을 신중하게 다루고 배려하는 태도에 초점을 맞춘 인간 중심의 ‘생태합리성’ 등을 들 수 있다. 이러한 합리성 유형들에 관한 논의로는 N. Noddings, *The Challenge to Care in Schools*(1992); J. Dryzeck, “Green Reason: Communicative Ethics for the Biosphere”(1990), 195-210쪽; 선우현, 『위기시대의 사회철학』(2002), 136-139쪽 참조.

데카르트의 봉상(Bon Sens) 개념

이경희

1. 들어가는 말

오랜 역사적 배경을 가지고 있는 학문의 세계에서 지금까지 핵심 용어로 자리 잡고 있는 개념이나 단어들이라면 그 학문의 역사만큼이나 만만찮은 이력을 보유하고 있을 것이다. 서양철학에서 '이성'이라는 개념만큼 극한의 찬사와 폄훼의 모순적 평가를 받는 개념도 드물 것이다. 현재 이 지점에서 '이성'이라는 우리말로 번역되고 통용되기까지 이 개념이 겪었을 온갖 애증의 풍파들은 긍정적인 평가도 부정적인 평가도 이 개념에 첨가되고 또 덧붙여질 또 다른 정의들로 불어나고 있는 것이 아닌지 의심이 들 만큼, 이 개념의 뿌리는 깊고도 넓게 서양 학문의 토양을 잠식하고 있다. 서양 근대에 대한 후기로서의 계승이나 극복이 우리 시대의 몇 가지 핵심적인 문화적 흐름 가운데 하나로 부각된 이후 '이성'을 중심으로 '근대'와 '나'는 한통속으로 치부되고 그 개념들의 일의적 규정에 대한 비판적 검증은 탐구의 필수 단계로 이미 전제되고 있는 양상이다. 명쾌함을 목표로 발을 디뎠던 철학의 영토가 한 자락의 안식도 허용하지 않는 끝없는 각성과 흔들림을 요구하는 것에 아차 싶었지만 발을 빼기엔 이미 역부족인 상황에서 그나마 아무것도 알 수 없다는 것만을 확실하게 알게 되었다는 먼 철학 할아버지의 말에서 위안을 찾아야 하는 것일까?

글을 쓰는 일이 점점 두려워지는 것은, 굳이 변명을 하자면, 이것이다 싶어 잡은 개념의 줄기 아래서 한도 끝도 없이 얽혀 뿌리열매처럼 나오고 또 나오는 괴물 같은 개념의 역사 앞에서 망연자실 어디서 끊고 시작해야 할지 난감한 상황에 자꾸 처하기 때문이다. 오식 하나의 일의적 규정만을 허용하지 않는 개념을 놓고 함부로 비판의 칼날의 들이대는 것은 요즘처럼 논증을 권장하는 사회의 역설이라 할 만큼 무지를 노출하는 것은 아닌지 저어되기 때문이다. 두려움을 즐거움으로 전환시킬 정도의 인내심과 집요함이 절실히 필요한 시점이다. 두려움이 과하다면 불편함이라고 해야 할까? 둘째가라면 서러울 장황한 내력의 소유자인 '이성'이 '근대'와 '나'를 결합해 더욱 친숙한 개념이 된 탓인지, 니체와 마르크스, 프로이트 이후의 사상적 흐름은 그 큰 지류에서는 결국 이 이성 개념에 대한 확장과 비판, 개념적 변이와 폐기로 점철되고 있다고 해도 과언이 아니다. 물론 이 거친 토로가 불편하겠지만 현대사상이 전부 전문적인 개별과학이 되기로 작정하지 않는다면 이들 논의의 대부분은 그 주장의 기초에 암묵적이든 명시적이든 이성 개념과의 전투나 화해를 염두에 두지 않으면 안 되는 것이다. 윤리적 고려의 기준을 이성에서 '유정성(sentience)' 개념으로 대체하려는 다소 부정적 관점의 시도나 이성의 혁신을 통해 긍정적 측면을 연장하려는 '비판이성'의 진영이나 하다못해 결국 캐보면 이성의 배후에는 감성 또는 하여간 이성과 대비되어 온 그 밖의 무엇이 결국 연결되어 있다는 식의 또 다른 출구로의 모색 등을 이런 몸부림의 소박한 예들로 거론하고자 한다면 성급한 일반화의 오류가 될 것인가? 이 오만한 일반화가 거북할 것이라는 점 역시 예상하지 못한 바가 아니므로 여기서는 오히려 그 반대 방향으로 노선을 바꾸어 보고자 한다.

근대적 개인의 이성에 대한 과도한 부담과 체증, 그에 대한 알레르기 반응이야말로 무형의 적을 향한 과잉 상상력의 결과가 아닌지 냉정하게 짚고 가야 할 필요를 느낀다. 이 과잉 상상력의 단초를 제공하는 데 데카르트만큼 일조한 철학자를 찾기도 어려울 것이다. 대부분의 서양철학사를 믿는다면 말이다. 근대철학의 아버지, 대륙 이성론의 시조 등 이성이 근대 개념과 결합될 때 가장 어울릴 법한 철학자로 데카르트는 첫손 꼽힐 것이다. 나는 이에 대한 암묵적 동의를 전제로 이쯤에서 멈추고 과연 그 과잉의 애증을 불러일으킨 데카르트의 개념 사용의 흔적을 추적해 보고자 한다. 과연 이성 개념에 대한 데카르트의 어떤 규정과 이해가 이후 그토록 극과 극의 판단을 이끌어 낼 수 있었는지, 과연 중립적이라는 게 있다면 그에 가까운 태도로 그 사용 범위를 검토해 볼 것이다. 이런 검토가 끝난 후에 이런 평가들에 대한 잘잘못을 가린다고 해도 그리 늦지는 않을 것이다.

2. 봉상(bon sens)

이 개념은 『방법서설』 1부 첫 문장에서 등장한다.

> 양식(bon sens)은 세상에서 가장 잘 분배되어 있는 것이다. 다른 것에 대해서는 만족을 모르는 사람도 이것에 대해서만큼은 더 바라지 않을 정도로 충분히 갖추고 있다고 생각한다. 이는 올바르게 판단하고 참과 거짓을 구별하는 능력, 즉 양식 또는 이성(raison)이라고 불리는 능력이 모든 사람에게 날 때부터 공평하게 배분되어 있다는 사실을 보여주는 것이므로 이런 생각이 잘못되었다고 할 수는 없다. 사람들이 서로 다른 다양한 생각을 갖게 되는 것은 이성의 적고 많음의 차이 때문이 아니라 생각의 방향이나 생각하는 대상이 서로 다르기 때문이다. 좋은 정신(esprit)을 갖고 있는 것만으로는 부족하며 그것을 잘 활용하

는 것이 더 중요하다. …

이성과 감각을 놓고 보면 이성, 즉 양식만이 우리를 인간으로 만들고 짐승과 구별되게 하는 유일한 것이므로 사람들은 각각 모두 이것을 온전히 갖추고 있다고 믿고 싶고 또 이 점에서는 같은 종(espéce)에 속하는 개체일 경우 우유성(accidents)에서는 많고 적음의 차이를 보일 수 있으나 형상들(forms) 또는 본성(natures)에서는 그런 차이를 발견할 수 없다는 철학자들의 공통된 견해를 따르고 싶다.[1)]

특히 칸트 이후 이성과 오성 등으로 세분화된 개념과 달리 데카르트에게서는 더 통칭적인 개념인 프랑스어 '봉상(bon sens)'이 등장한다. 이는 양식으로 번역되는데, 논의상 여기에 큰 무리가 없는 것으로 보인다. 독일어의 'vernunft, verstand'나 영어의 'reason'에 비해 사용빈도가 낮은 편이다. 데카르트는 뒤이어 역시 프랑스어인 'raison'과 동의어로 언급하고 있는데, 이것을 우리말은 다시 이성으로 번역하는 것이다. 이때의 'raison'이 이성으로 번역되는 것과 'reason'이나 'vernunft'가 이성으로 번역되는 것이 정확히 같은 함의를 갖는다고 보기 어려운 이유를 데카르트 고유의 용어인 봉상 개념을 중심으로 고찰해 보고자 한다. 이런 차이를 밝힘으로써 데카르트가 정신이나 영혼의 기능과 관련해 지성이나 오성이라는 개념을 사용할 때 이를 통상 이성이라는 개념과 어떤 관계에서 사용하고 있는지도 어느 정도 윤곽이 잡힐 것이다. 사실상 '봉상'이라는 개념 사용이 더 낫다는 점은 '봉상' 개념 자체에 대한 분석을 통해 얻어지는 것이라기보다 데카르트가 그의 이성 개념을 다른 유사 개념들과 다양하게 여러 가지 방식으로 사용하는 과정을 종합함으로써 얻어질 수 있는 결과라고 할 수 있다. '이성'이라는 개념만 사용해서는 데카르트가 생각하고 있는 그의 'raison' 개념의 함의를 축소할 가능성이 있다는 것이다.

우선 이 글에서 데카르트가 주장하는 내용을 몇 가지로 정리해 볼 수 있다. 첫째, 데카르트는 이성을 "올바르게 판단하고 거짓으로부터 참을 구별해 내는 능력"으로 규정하고 있다. 이에 관해서는 뒤에 논의할 것이다. 그리고 이것이 봉상, 즉 양식이라는 것이다. 둘째, 데카르트가 『정신지도를 위한 규칙들』에서부터 줄기차게 강조함으로써 올바른 사유방법의 중요성을 부각시키기 위한 전제조건으로서의 역할 역시 하게 되는 것으로 볼 수 있는 것으로서 이 양식의 공평성을 주장하고 있다는 점을 지적할 수 있다. 봉상은 세상에서 가장 잘 분배되어 있다고 할 만큼 이 이성능력은 모든 개인에게 온전히 갖추어진 것이다. 사람들 사이의 지적 능력의 차이는 이성을 얼마나 더 잘 쓰느냐에 달린 것이지 많고 적음에 달린 것이 아니다. 그래서 그 기능 자체는 모든 사람들 속에서 "하나이며 동일한 것으로 남아 있다."[2) 셋째, 봉상이나 이성은 인간을 짐승과 구별하게 해주는 인간의 본성에 해당된다는 점이다. 데카르트는 『방법서설』 5부에서 다시 이 점을 강조하면서 짐승들이 언어를 사용할 수 없다는 사실이 "단지 짐승들이 인간보다 이성을 덜 갖고 있다는 점에 불과한 것이 아니라 이성을 전혀 가지고 있지 않다는 것"을 보여준다고 말하고 있다.[3)] 이 언급에 대한 이후의 여러 논란거리들은 논외로 하겠다. 여기서는 짐승과 구별된다는 점에 초점을 갖는 것이 아니라 인간의 고유한 본성을 이성에 둔다고 할 때 그 능력의 사용권한을 어디까지 설정하고 있느냐에 초점이 있다. 그리고 위의 주장들을 이 글을 통해 분석해 나갈 것이다.

진리를 추구하는 데 있어 데카르트가 전통적인 학문이나 관습적 가치보다 개인의 힘, 각 개인의 내부에서 발견할 수 있는 진리의 빛을 더 신뢰하였음은 잘 알려진 사실이다. 관습적 가치는 확실한 지식(la connaissance certain)에 위배된다고 분명히 말하고 있다.[4)] 『자연의 빛에 의한 진리에의 탐구(*La Recherche de la Vérité par la lumière naturelle*)』[5)]에서는 높은 수준의 교육은 받지 못했지만 건전한 상식을 가진 사람인 폴리안데르(Polyander)가 교육을 많이 받은 스콜라 철학자인 에피스테몬보다 진리에 더 가깝게 다가갈 수 있음을 보여주고 있다. '누구든지'의 뜻을 가진 폴리안데르는 선입견이 없고 따라서 중립적이기 때문에 진리에 적대적인 반대 입장을 표명하는 고집 센 에피스테몬보다 참된 진리를 더 잘 받아들일 수 있다는 것이다.

> 건전한 사람은 종교나 철학으로부터 어떤 도움도 받지 않고 오직 자연의 빛만으로도 … 가장 난해한 학문들이 지닌 비밀들 속으로 침투해 들어간다.[6] … 건전한 사람은 그리스어나 라틴어를 알 필요가 없다.[7]

진리탐구에 있어 대다수의 목소리, 권위적 전거들을 동원해 논쟁에서 승리하는 방법으로는 참된 진리를 구할 수 없다. 누구에게나 공평하게 내면에 갖추어진 자연의 빛 또는 이성의 빛이 우리를 지혜의 세계로 더 멀리 데려다 줄 것이라고 데카르트는 믿었다. 그는 학문의 근본 원리들이 "신이 각 영혼 속에 심어 놓은 본성의 법칙들"[8]로부터 도출될 수 있다고 믿었다. 학의 형이상학적 기초들은 전승된 가치에 의한 선입견이나 편견을 배제하고 양식을 지닌 개인으로부터 가능한 것이었다. 데카르트가 젊은 시절 독일을 여행하면서 꿈꾸었던 "여러 학문들의 정체를 밝히고" 그 학문들이 "각자의 아름다움으로"[9] 서로 연결되어 있는 통합과학의 체계를 건설하기 위해서 그 형이상학적 기초의 확립은 그에게 무엇보다 절실한 것이라고 할 수 있다. 그는 이러한 탐구의 제일순서에서 탐구의 기준으로 기성의 권위가 아니라 개인의 내면의 빛, 양식을 선택하였다.

3. 코기토 에르고 숨(cogito ergo sum)

개인이란 다르게 말해서 일인칭의 '나'다. 학의 형이상학적 기초를 개인의 양식에서 구한다고 했을 때 데카르트는 이런 과정을 코기토 문장을 통해 가시화하였다. "cogito ergo sum"이라는 이 라틴어 문장은 데카르트의 후기 작품이라고 할 수 있는 『철학의 원리들』에서 1644년에 볼 수 있다.[10] 데카르트는 여기서 이 문장을 "질서정연한 방법으로 철학을 하는 사람 누구에게나 최초의 가장 확실한 발견"이라고 말한다. 직관인가, 연역추리(구체적으로 말하면 삼단논법)인가의 구분이 데카르트에게는 의미가 없기에 외적으로는 의미가 생긴다고 할 수 있는[11] 이 문장 "나는 생각한다. 그러므로 나는 있다."의 초기 형태는 1637년 『방법서설』에서 "Je pense donc je suis"의 프랑스어로 등장했다.[12] 그의 형이상학적 주저라 할 수 있는 『성찰』의 첫 번째 과정은 성찰하는 나 자신의 현존에 대한 확신을 이끌어 내고 이를 통해 아르키메데스의 확고한 한 점을 구축하려는 시도를 보여준다. 그렇게 해서 얻어 낸 첫 번째 결론이 '내가 존재한다'라고 할 수 있을 것이다. 이에 대한 많은 논란 역시 여기서는 논외다. 문제는 그 다음부터인데 아직 이 첫 번째 결론에서 분석되지 않은 채 남아 있는 '나'란 무엇인가가 이 글의 주요 관심사다. 데카르트 역시 다음 단계는 '나'의 분석이다. 나는 무엇인가? 데카르트는 여기서 다음과 같은 대답을 내놓는다. "나는 엄밀한 의미에서 단지 생각하는 것(res cogitans)이다. 즉 나는 하나의 정신 또는 영혼 또는 지성 또는 이성(mens, sive animas, sive intellectus, sive ratio)이다."[13] 데카르트는 두 번째 성찰에서 '나'와 '그 '나'가 알려지는 방법'을 다 검토한다. 우선 그는 육체적인 과정, 말하자면 소화, 운동 또는 감각 기관의 작용 등과 '나'의 관계를 살핀다. 이때 그는 이 육체적 과정과 '나'가 무관하다는 것을 밝힌다. 두 번째 단계에서 정신적이든 육체적이든 모든 사물들이 알려지게 되는 기능들을 검토하는데, 그는 이 과정에서 가장 내면의 '지성'을 발견하고 이것이 '나'의 근본적인 특성임을 찾아낸다. 여기까지의 이야기를 정리해 보면 우선 데카르트에게 '나'는 생각하는 것이다. 그런데 여기서 열거된 그대로라면 그 '나'는 정신[14]이고 영혼이고 지성이고 이성이다. 그럼 '생각하는 것'이라고 할 때 그 '생각한다'는 무엇인가? "의심하고 이해하고 긍정하고 부정하고 의지하고 의지하지 않으며 상상하고 감각지각을 갖는 것이다."[15] 지성이나 이성이 동의어처럼 사용되는 것은 물론이고 감각지각을 갖거나 의지를 포함하는 등 생각의 영역도 제한이 거의 없는 것으로 보인다. 여기서 데카르트가 이와 연관된 개념들을 어떻게 사용하고 있는지 좀 더 살펴보아야 하겠다.

4. 지성(intellctus)

앞에서 본 것처럼 두 번째 성찰에서 데카르트가 지성(intellectus)을 정신(mens)과 동의어로 사용할 때, 그리고 다시 이것이 이성(ratio)과 동등하게 사용될 때, 여기에는 의지를 포함해 정신에 속하는 것은 무엇이든 속하는 것으로 이해된다. 이런 의미로 지성이 사용된다면 이때 지성은 수동적일 뿐만 아니라 능동적이라고 할 수 있다. 의지는 지성에서의 지각들에 대한 판단을 내리고, 둘 이상의 관념들을 결합해 상상력을 발휘하거나 또는 추론을 하거나 분석하는 과정에 참여할 때도 관여한다.[16] 사실상 초기 작품인 『정신지도를 위한 규칙들』[17]에서도 그는 이미 지성의 '능동 작용들'을 말하고 있다. 그는 여기서 지성, 앎의 능력(vis cognoscens)은 능동적이고 수동적인 기능을 모두 다 가지고 있다고 하였다.[18] 그리고 다시 이런 앎의 능력이 갖는 다양한 기능들을 나열한 후 이 다양한 기능들에 따라 그 똑같은 능력이 순수 지성으로 또는 상상력으로, 나아가서는 기억으로 또는 감각지각으로 불린다고 말하고 있다.[19] 그리고 두 번째 성찰에서 데카르트는 다시 지성이 능동적이고 수동적인 기능들을 다 가지고 있음을 암시하고 있다. 그러나 네 번째 성찰에 이르면 데카르트는 지성과 의지(voluntas)를 구별하고 있는 대목을 발견하게 된다. 그러나 이 점에 이르러서도 지성은 단순히 관념에 대한 수동적 지각에만 머무르지 않는다. 물론 적극적인 능동성의 측면에서는 의지만이 한계가 없는 것으로 그려진다. 데카르트의 프랑스어 번역본[20)]은 라틴어 원본의 내용을 더 구체화한다. 그는 여기서 앎의 능력을 'puissance de connaître'로 표현하고 이를 'raison'의 이성과 구별하여 'entendement', 즉 이해력이나 오성이라고 번역할 만한 것과 동일시하고 다시 'la puissance d'entendre ou de concevoir', 즉 이해력 또는 개념 구상력이라고 말함으로써 이를 다시 확장한다. 여기서 'entendment'이라는 이해력은 관념들을 지각하는 기능이다. 그런데 라틴어본에서 '지각하다'에 대응해 'percipio'라는 동사를 사용하는데 대해[21)] 프랑스어본에서는 'conçois(conçevoir)'를 사용한다. 그리고 'la faculté de conçevoir'(굳이 번역하자면 지각의 기능) 또는 기억, 상상과 같은 또 다른 능력을 언급함으로써 앎의 능력을 구체적으로 말하고 있다. 말하자면 그는 여기서 지성의 여러 다양한 기능들을 앎의 여러 유형들로 열거하고 이를 의지와 대비하고 있는 것으로 보인다. 따라서 앎의 능력이라는 것이 지성의 특수한 부분적 기능으로서가 아니라 넓게 보아 오성이나 지성으로 이해할 수 있는 것으로 생각되게 한다.

그런데 여섯 번째 성찰에 나오는 'intellectio'에 대한 데카르트의 언급들은 'intellectus'에 대한 데카르트의 의도를 파악하는 데 또 다른 단초를 제공한다. 이 'intellectio'라는 용어는 한 관념의 지각을 지시하기 위해 사용되고 있다.[22)] 그는 또 이 용어를 레기우스(Regius)에게 보낸 편지에서 정신의 수동적 기능이라고 하면서 능동적인 의지와 대비시키고 있다.[23)] 보일이 잘 지적한 것처럼 이를 종합해 보면 'intellectio'는 좁은 의미의 'intellcetus'의 기능을 수행하는 것으로서 관념에 대한 수동적 지각에 제한된다고 할 것이다.[24)]

이와 같이 데카르트의 이성, 말하자면 '나'와 등가에 놓일 수 있는 성격의 이성 일반, 그리고 지성 일반 등은 가장 좁은 영역에서의 수동적인 관념의 지각에서부터 가장 포괄적인 의미에서 수동성과 능동성을 모두 갖추고 있는 것으로 이해할 수 있고 따라서 이런 상황을 가장 무리 없이 소화할 수 있는 개념으로 봉상을 언급할 수 있을 것이다.

5. 명석한 지각(perceptio clara)과 판명한 지각(perceptio distincta)

양식을 올바르게 판단하고 참과 거짓을 구별하게 해주는 능력이라고 했을 때 여기에는 기준이 있다. 앞에서 본 것처럼 데카르트는『성찰』에서 '생각하는 것'으로서의 '내(나)'가 존재한다는 것에 대한 확실성을 입증하고 난 뒤 그 확실한 앎에 대한 기준을 묻게 된다. 참된 앎, 확실한 지식의 보편적 기준은 무엇인가? 세 번째 성찰에서 그는 이에 대해 다음과 같은 기준을 제시한다. "내가 하나의 생각하는 사물이라는 것은 내게 확실하다. 그러므로 어떤 것에 관하여 갖고 있는 내 확실함에 요구되는 것 역시 알고 있는 게 아닌가? 이 최초의 발견 속에는 단지 내가 주장하고 있는 것에 대한 명석판명한 지각만이 들어 있다. 만일 그런 명석함과 판명함을 지니고 내가 지각한 것이 한 번이라도 거짓으로 판명된 적이 있었다면 이것으로는 내가 그 문제에 관해 확신을 갖도록 하기엔 충분하지 못할 것이다. 따라서 나는 내가 명석판명하게 지각하는 것은 무엇이건 참이라는 것을 일반적 규칙으로 정할 수 있을 것으로 보인다."[25] 마지막 문장에 따라 명석판명함이 확실한 지식의 기준이라고 말할 수 있을 것이다. 앞에서도 등장했지만 여기서 '지각하다'에 해당하는 'percipio(percipere)'는 단순한 진리들, 분명하게 말하자면 단순 본성들을 인식하게 되는 정신의 직접적인 이해작용을 말하는 것이고 데카르트는 이런 경우에 당연한 듯 이 용어를 사용하였다. 이 정신의 지적인 지각이 자연의 빛 또는 이성의 빛에 의해 작용하게 된다. 물론 정신의 지각들이라고 해서 다 명석판명한 것은 아니라고 한다. 그렇다면 명석한 지각(perceptio clara)과 판명한 지각(perceptio distincta)이란 어떤 것인가? 『철학의 원리들』을 보면 데카르트가 "나는 어떤 감각을 그것이 주의 깊은 정신에 현전하며 알기 쉬울 때 명석하다고 말하는데, 이는 어떤 것이 눈앞에 놓여 있고 시선을 자극하기에 충분히 강렬하고 접근 가능할 때 우리가 이것을 명석하게 본다고 말하는 것과 마찬가지다."[26]라고 말하는 대목이 나온다. 이것은 명석함에 대한 설명이다. 『성찰』에 대한 반박과 답변들 가운데 두 번째 답변들을 보면 이에 대한 구체적인 예가 나온다. 일단 명석함을 갖춘 지각의 예들이라고 할 수 있는데 이 예들은 판명함의 조건도 충족시키고 있는 것으로 보인다. "어떤 지각들은 너무 명백하고 또 동시에 너무 단순해서 우리는 단 한 번이라 할지라도 그것들이 참이 아니라고 믿지 않을 수 없다. 내가 생각하고 있는 한 존재한다는 사실, 또는 이루어진 일이 안 이루어진 일이 될 수는 없다는 사실과 같은 것들은 그것에 관해서는 우리가 명백하게 이런 종류의 확실성을 소유하고 있는 진리의 예들이다. 왜냐하면 우리가 그것들에 관해 생각하지 않는 한 그것들을 의심할 수 없기 때문이다. 그러나 우리는 그것들이 참이라고 믿지 않는 동시에 그것들에 관해 생각할 수는 없다."[27] 데카르트에게 판명함의 기준은 더 혹독하다. 판명함은 명석함 이상을 요구하는 개념이라고 할 수 있는데 "(그 지각은) 명백할 뿐만이 아니라 그 지각은 다른 모든 지각들과 아주 뚜렷하게 분리되어 있어"[28]야 한다는 것이다. 데카르트가 드는 예로는 '내가 생각하고 있다', '둘 더하기 셋은 다섯이다'와 같은 단순 명제들이 있다. 이런 명제들은 우리가 의심할 만한 함축을 전혀 허용하지 않는다. 그러나 '나는 어깨가 아프다'와 같은 명제들은 데카르트의 기준으로 보면 판명하지 않다.

심한 통증을 느끼고 있는 사람은 통증에 대해 아주 명석한 지각을 가지고 있다. 그러나 그 지각이 항상 판명하지는 않다. 왜냐하면 일반적으로 사람들은 통증에 대한 지각을 통증의 본성에 대한 모호한 판단과 혼동하기 때문이다. 즉 사람들은 그들이 유일하게 명석하게 지각하는 통증에 대한 감각과 유사한 어떤 것이 통증을 느끼는 곳에 존재한다고 믿는다. 따라서 이와 같이 판명하지 않은 명석한 지각이 있을 수 있다. 그러나 명석하지 않은 판명한 지각은 있을 수 없다.[29)]

앞에서 말한 것처럼 데카르트 철학에서의 이런 명석판명한 지각의 전형적인 예들은 단순 본성들에 대한 정신의 인식에서 찾아볼 수 있다. 생각하는 것으로서의 정신의 본성에 관한 것, 순전히 수학적인 용어들로 환원 가능한 의미에서의 연장의 본성에 관한 것, 나아가 신의 본성에 관한 우리의 지식은 그런 명석판명한 지각들에 기초해 있다고 말한다.[30)] 명석판명한 지각은 감각적인 인식에서가 아니라 지성의 지각들에서 찾아볼 수 있다. 앞의 통증의 예에서 본 것처럼 어떤 감각은 판명하지 않더라도 최소한 명백할 여지가 있기는 하지만 근본적으로 감각이란 명석판명한 지각과 대치되는 모호하고 혼란된 형태의 인식으로 간주된다.

명석판명한 지각의 능력을 지성에 부여하는 과정이 데카르트에게 있어 그냥 얻어지는 것은 아니었다. 데카르트는 『성찰』의 전 과정을 통해 우리가 믿는 것들 가운데 명석하고 판명한 것을 모호하고 혼란된 것으로부터 가려내는 신중한 작업을 수행하고 있다고 볼 수 있다. "어떤 것도 우리가 그것이 그렇다고 지각하는 것과 꼭 마찬가지로 그것이 존재하지 않는다면, 즉 그것이 참이 아니라면 명석판명하게 지각될 수 없다. 그럼에도 불구하고 명석판명하게 지각되는 것과 단지 그런 것처럼 여겨지거나 보이는 것을 적절하게 구분하는 일에는 상당한 조심성이 요구된다."[31)]

6. 직관(intuitus), 이성의 빛(lux rationis), 자연의 빛(lumen naturale)

데카르트가 '명석판명하게 지각한다'고 했을 때 이는 직관이라는 정신의 파악 능력에 의해서 이루어진다. 『규칙』에 따르면 직관은 연역과 더불어 기초적인 사물 인식의 방법 가운데 하나다. 데카르트는 사유방법을 단순화시켰다. 그는 방법의 목표를 직관과 연역의 사용법으로만 간소화하였다. 이 밖의 다른 것들은 필요하지 않을 뿐만 아니라 참된 인식을 오히려 방해한다고 보았다.[32] 데카르트는 직관을 "너무나 쉽고 또 너무나 뚜렷해서 우리가 이해하는 것들에 관해 조금의 의심도 전혀 남겨 둘 수 없는 순수하고 주의 깊은 정신의 개념, 또는 실제로 의심으로부터 해방된 순수하고 주의 깊은 정신의 개념과 같은 것, 오직 이성의 빛으로부터만 생겨나고 더욱 단순하기 때문에 연역보다 더 확실한 것"이라고 정의한다.[33] 데카르트는 간혹 이를테면 『규칙』의 후반부에서 감각지각들이나 심상들의 직관을 고찰하는 예를 찾아볼 수 있지만, 명시적으로는 분명 직관이 동요하는 감각들이나 속임수를 쓰는 상상과는 전혀 무관하다는 입장을 취하고 있다. 감각지각들에 대한 직관을 일부 확보하고 있었던 스콜라 철학자들의 태도에 비해 데카르트의 입장은 새로운 것이라고 할 수 있다. 그는 직관이 비록 그 대상들이 상상에서 혹 제공될 수 있다고 할지라도 사실상 지성에 속한다는 점을 분명히 하였다고 볼 수 있다. 나아가 그는 "누구나 각각 그가 존재하고 있다는 것, 그가 생각하고 있다는 것, 그리고 삼각형은 오직 세 변으로만 이루어진다는 것 등을 정신적으로 직관할 수 있다."[34]고 하였다. 이상에서 우리는 데카르트의 직관을 몇 가지로 규정해 볼 수 있다. 첫째, 직관은 지성에 속한다. 둘째, 직관은 모든 의심을 제거한다. 셋째, 직관은 단순하고 쉽다. 넷째, 직관은 순수하고 주의 깊은 정신을 필요로 한다. 그리고 마지막으로 직관은 제일철학의 원리들처럼 직접적인 파악의 대상을 갖는다는 것이다.

데카르트가 사유방법을 단순화시켰다는 점은 연역에 대한 그의 규정에서 더욱 두드러진다. 삼단논법 등으로 대표될 수 있는 아리스토텔레스적 연역의 역할을 배제하고 연역마저도 근본적으로는 직관의 연결, 그 이상도 그 이하도 아닌 것으로 수평화시켰다. 연역은 엄밀하게 말해서 직관과 같은 사유방법이다. 연역을 분해하면 직관으로 환원된다. 직관과 연역 사이의 유일한 구체적 차이는, 연역이 여러 명제들을 한 번에 직관할 수 없기에 이런 여러 명제들 사이의 관계를 파악하기 위해 기억에 의존해야 하는 반면,[35] 직관은 하나의 명제나 두 명제들 사이의 필연적 관계를 직접적인 파악하는 것이고 따라서 명석판명한 지각을 얻는다는 것이다. 이를테면 제일철학의 원리들은 항상 직관의 대상이지만 반면 여기에서 멀리 떨어진 결론들은 연역의 대상이 될 수밖에 없다. 따라서 방법의 본질은 어떤 문제든 복합적인 것이라면 명석판명하게 직관할 수 있는 것으로 환원해야 하는 것이 첫 번째 단계이며, 이제 그 직관된 것으로부터 무엇이 연역될 수 있는지를 고찰해야 한다는 것이다. 즉 직관에 의해 이미 알려진 것과 아직 알려지지 않은 것 사이의 관계를 찾아내야 한다는 것이다.

누구에게나 공평한 이성의 빛을 통해 이루어지는 직관은 복잡하고 특별한 규칙들을 필요로 하지 않는다. 직관의 통찰력을 얻기 위해서는 가장 직관되기 쉽고 단순한 것들에 집중하기만 하면 된다. 데카르트는 이런 직관의 능력을 누구나 가질 수 있을 뿐만 아니라 훈련될 수 있는 것으로 보았다. "정밀한 작업에 숙달되고 자신들의 눈을 단일한 점에 고정시키는 데 익숙해진 숙련공들은 훈련을 통해 심지어 가장 작고 가장 미세한 대상들마저도 완벽하게 구별해 내는 능력을 획득하게 된다. 또한 같은 방법으로 자신들의 생각이 여러 다른 사물들 때문에 분산되는 일을 피하고 항상 고찰하기에 가장 쉽고 가장 단순한 것들에만 집중하는 사람들은 명민해진다."[36]

데카르트는 초기작인 『규칙』에서는 '이성의 빛(lux rationis)'이라는 용어를 사용하고 있는데, 세 번째 성찰 이후 후기작으로 갈수록 '자연의 빛(lumen naturale)'이라는 용어를 사용하고 있다. 정신의 직관이라는 표현도 자연의 빛이라는 용어와 병치되기도 한다. 말하자면 직관과 연역이 서로 상대되는 개념이라면 증명추리에 대해 상대적인 개념으로 등장하는 것이다. 이를테면 만일 내가 의심한다면 내가 반드시 존재한다는 것, 하나의 원인은 적어도 그것의 결과만큼의 실재를 가지고 있어야만 한다는 것이 자연에 빛에 의해 명백하다는 것이다. 이는 잘못된 생각이 존재하지 않는 것을 재현하는 한 그것은 무에서 나올 수밖에 없다는 것을 내게 가르쳐 준다. 즉 그것은 오직 어떤 것이 내 본성에 결여되어 있는 한 내 속에 있다는 것을, 창조와 보존 사이에 아무런 차이가 없다는 것을, 거짓, 사기, 속임수 같은 것들은 결여 때문이라는 것, 의지의 결심은 지성의 앎에 따른다는 것, 스스로의 힘으로 존재하는 것은 무엇이든 항상 현존한다는 것, 오직 하나의 군주만이 다른 모든 것들에 대해 독립적일 수 있다는 것, 그 자신보다 더 완벽한 것이 있다는 것을 아는 것은 그 자신의 원인일 수 없다는 것 등 여러 가지 많은 것들을 내게 가르쳐 준다. 특히 이 세 번째 성찰에서 데카르트는 진실한 신의 현존을 증명하기 위해 요구되는 전제들을 증명하기 위해, 또 지성에 자명하게 가정된 전제들, 말하자면 위에 열거한 내용들을 증명하고자 할 때마다 이 자연의 빛이라는 용어를 사용하고 있다.[37] 이후 『성찰』에 대한 반박문들에 대해 답변하는 과정에서도, 또 『철학의 원리들』에서도 '자연의 빛'은 등장한다. 그런데 이런 자연의 빛에도 취약점은 있다. 자연의 빛은 사실상 감각지각에 의해 미혹될 수 있으며 그로 인해 이 빛은 흐려지고 어두워질 수 있다. 따라서 많은 주의를 요구하게 된다. 그러나 만일 자연의 빛이 무엇이든지 '보는' 한 그것은 참이라는 것을 보증 받게 된다. 물론 이후 데카르트가 직관이라는 용어를 사용하지 않는 것은 아니다. 지속적으로 그는 추론에 의존하지 않는 직접적 인식으로서의 직관에 대해 논의하고 있다. 간간이 그의 편지들을 통해서도 이런 사실을 확인할 수 있다. 수신자 미상의 한 편지에서 데카르트는 내가 확실하게 아는 첫 번째 것들, 즉 내가 생각한다는 것, 내가 있다는 것, 내가 하나의 영혼이라는 것, 즉 육체와 독립적으로 존재할 수 있는 존재이며 또한 그 본질은 생각하는 것이라는 것들에 대한 성찰에 의해 나는 "가지적인 본성 일반에 관한 매우 확실한, 그리고 그렇게 말할 수 있다면, 직관적인 지식"을 획득하게 된다고 주장하고 있다.[38] 또 1648년 데카르트가 실롱(Jean de Silhon)에게 보낸 편지를 보면, 지금 우리가 갖고 있는 신에 관한 지식과 지복 속에서 우리가 가지게 될 신에 관한 지식 사이의 차이는 두 번째 것이 '직관적인 지식'이 될 것이라고 주장하는 내용이 나온다.[39]

대표적인 경험론자라고 할 수 있는 흄이 데카르트를 비판하는 데서도 볼 수 있듯이,[40] 데카르트가 연역을 신뢰하고 또 대개 '합리주의자 또는 이성론자'로 분류되는 철학자들처럼 연역적인 지식에 큰 의미를 부여하고 있다는 것은 그야말로 일반적으로 공인된 사실처럼 알려져 있고 또 완전히 틀린 말이라고 할 수는 없다. 그러나 기하학자들의 "긴 연쇄들의 추론"[41]에 대해 그가 깊은 관심을 가진 것이 사실이라 해도 데카르트에게 연역은 최고의 인식방법은 아니었다. 두 번째로 좋은 인식일 뿐이다. 그에게는 직관만이 유일하게 정신의 눈이 그 내용이 완전히 명백하고 명확한 명제로 향했을 때 일어나는 자명한 확실성을 수반하는 것으로 생각되었다. 그러나 인간 정신은 유한하기 때문에 어떤 한 시점에서 복수의 명제들에 주의를 기울일 수 있는 우리의 능력은 엄격하게 제한되어 있다.[42] 따라서 연역이 필요하게 되는데 이는 일시적으로 하나의 명제를 떠나 다음 명제로 이동한다는 것을 함축하게 되고 따라서 어떤 의미에서 연역은 앞에서 말한 것처럼 그것의 확실성을 기억에서 얻는다고 한 것이다.[43) 절대적으로 확실하고 신뢰할 만한 지식체계를 추구하는 데 있어 데카르트는 기억의 잠재적인 결함을 잘 알고 있었으며, 따라서 『규칙』을 보면 될 수 있는 한 연역이 전혀 쓰이지 않거나 적어도 가능한 한 직관에 아주 밀접하게 동화되기를 권하고 있다. "연역은 때때로 아주 긴 연쇄의 추론들을 요구하기 때문에 우리가 하나의 결론에 도달했을 때 우리를 거기로 이끌어 온 전 경로를 회상하기란 쉬운 일이 아니다. … 따라서 … 기억의 취약함을 개선하려면 … 나는 내가 첫 번째 것에서 마지막 것에까지 아주 빨리 통과하는 법을 배워 기억이 실제로 아무 역할도 할 필요가 없을 때까지 [하나의 추론 사슬을] 여러 번 지속적인 움직임으로 … 하나의 관계를 직관하면서 동시에 다음 관계로 넘어가면서 … 훑어보게 될 것이다."[44) 그렇게 해서 데카르트는 "자명하지 않은 많은 사실들은 이미 참으로 알려진 철학의 원리들로부터 계속적이며 중단되지 않는 사고의 운동을 거쳐 추론된다면 확실함을 지니고 알려"질 것이라고 설명한다.[45)

그런데 이런 자연의 빛에 의한 직관의 능력이 오직 지성 속에서 어떤 관념들에 대한 수동적 지각의 의미에서 그치는 것이 아니라 능동적인 의지가 어떤 명제든 자연의 빛에 의해 조명된 명제를 뒷받침하는 한 자연의 빛은 능동적 힘을 항상 수반하게 된다. 즉 자연의 빛에 의해 조명된 진리들은 데카르트에 따르면 의지가 반드시 동의해야만 하는 명제들이다. 앞에서 본 것처럼 우리가 한 명제를 참이라고 판단하는 것은 명석판명함이라는 기준에 의해서 가능하다. 그런데 이 명제가 참이라는 인식은 오직 의지가 동의할 때만 생긴다고 할 것이다. 의지는, 특히 자유의지는 데카르트의 실체론을 이원론으로 고착시키고 이 불편한 동거를 해결하기 위한 스피노자의 비판에 직면하게 했지만 그래도 데카르트에게는 결코 버릴 수 없는 것이었다. "우리가 올바르게 어떤 것을 지각한다고 생각하자마자 우리는 동시에 그것이 참이라는 것을 확신하게 된다."[46] 정신 속의 커다란 '자연의 빛'이 한 명제의 명석판명한 지각을 가능하게 할 때, 즉 그 관념이 지각될 때 지성 속에서 '빛'이 비추는 동시에 능동적인 의지의 작용이 그 빛과 분리될 수 없는 상태로 동시에 일어나는 것이다. 그리고 자유의지의 존재야말로 자연의 빛이 승인하는 공통 개념들 가운데 하나인 것이다. "우리의 의지엔 자유가 있다는 것, 또 우리는 많은 경우 의지에 따라 마음대로 시인하거나 부인할 수 있는 힘을 갖고 있다는 것은 너무나 명백한 것이라서 그 의지는 우리들 속에 본유되어 있는 첫 번째이며 또 가장 공통적인 개념들 가운데 하나로 간주되어야만 한다."[47] 데카르트의 이성 개념이 갖는 폭넓은 함의를 이해하기 위해 이로부터 한 가지를 더 검토해 보고자 한다.

7. 공통 개념(notio communis)[48]

앞에서 인용한 "양식(bon sens)이나 이성은 모든 사람들에게 똑같이 분배되어 있다."는 데카르트의 주장은 결국 모든 사람이 자명하다고 상정된 공통 개념들에 대해서 동일하게 파악해야 한다는 사실로 정리될 수 있다. 앞에서 자유의지의 존재도 데카르트는 공통 개념으로 보았다. 그런데 데카르트는 모든 공통 개념들이 모든 사람에게 다 똑같이 '공통'이라고 불려야 할 자격을 갖는 것은 아니라고 말한다. 그것들이 똑같이 다 잘 지각되지는 않기 때문이라는 것이다. 말하자면 '선입견들'이 자연적인 이성의 빛을 방해할 수도 있기 때문에 사람들이 각각 모두 공통 개념들을 똑같이 잘 지각하지는 못한다고 말한다. 그럼에도 불구하고 원칙적으로 공통 개념들은 모든 사람들에게 있어 똑같이 본유적이다.

공통 개념과 공리들에 관해 말하자면 예를 들어 "하나이며 동일한 사물이 존재하면서 존재하지 않는 것은 불가능하다."와 같은 것들에 대해 우리 모두 전(前)-철학적 단계에 있을 때처럼 감각들의 산물들인 사람들은 이런 것들에 관해서 생각하지 않으며 또는 그것들에 주의를 기울이지 않는다. 반대로 그것들은 우리들 속에 태어날 때부터 그런 명확성을 지니고 지금도 존재하고 있기 때문에, 또 우리들은 우리 자신의 내부에서 그것들을 경험하므로 우리는 그것들을 무시하거나 단지 혼란된 방식으로 그것들에 관해 생각할 뿐, 결코 추상적인 방식에서 또는 물질적인 사물들 그리고 특수한 실례들과 동떨어져서는 그렇게 하지 않는다.[49]

데카르트는 주로 이 '공통 개념'이라는 용어를 기초적인 논리적 공리들을 지칭하기 위한 일종의 전문용어로 사용하고 있다. 이를테면 "어떤 세 번째 사물과 같은 (두) 사물들은 서로 같은 것이다."[50]와 같이 유클리드 기하학의 공리들과 같은 것들에 적용한 것이다. 사실상 이런 공통 개념의 문제가 일반적으로 알려진 데카르트 철학의 반면을 제시하는 특별한 계기를 제공하고 있는데 이는 영원한 진리들의 문제다. 『철학의 원리들』에서 데카르트는 "공통 개념들 또는 공리들"을 "우리의 생각 외부에는 존재하지 않는 영원한 진리들"로 분류하고 그 예들로 "동일한 사물이 동시에 존재하면서 존재하지 않는 것은 불가능하다."와 "생각하는 자는 그가 생각하는 한 존재하지 않을 수 없다."를 제시하고 있는데,[51] 여기서 그는 공통 개념들을 영원한 진리들로 분류하고 있다. 영원한 진리들에는 위에서 말한 것 이외에도 이를테면 '한 원의 반지름의 길이는 같다'와 같은 것들도 포함될 수 있는데 이것들이 모두 공통 개념이다. 우선은 앞에서 인용한 것처럼 사실상 그와 관련된 대상이 현실적으로 존재하는지와 무관하게 이런 영원한 진리들을 주장할 수 있다는 점을 데카르트는 강조하고 있다.[52]

여기에서 가장 논란이 되는 점은 이런 영원한 진리들이 전적으로 신의 의지에 의존한다는 주장에서 비롯되었다. 1630년 메르센에게 보낸 5월 27일자 편지에서 신은 그것들의 "충분하고도 총체적인 원인"이라고 데카르트는 말하면서 신은 그것들을 "그의 모든 창조 속에 포함된 것과 같은 종류의 인과율"에 의해 입증한다고 하였다. "그는 그가 세상을 창조하지 않으려고 했던 것과 마찬가지로 한 원의 모든 반지름의 길이는 같다는 것을 참이 아닌 것으로 만들 만큼 자유로웠다."[53]고 함으로써 공통 개념, 즉 영원한 진리들이 신의 무한한 의지의 자유로부터 성립되며 이는 모순율과 같은 사유 공리들도 폐기될 수 있다는 위험한 주장을 포함하고 있는 것이라고 할 것이다. 즉 신의 관점에서는 영원한 진리들이 결코 어떤 의미로도 필연적이지 않다는 사실이 도출된다고 할 것이다. 사실상 일반적으로 합리주의적 전통과 아퀴나스와 같은 정통 스콜라 철학자들이 주장했던 이론에 배치된다. 데카르트는 통상 엄격한 이성주의자로 분류되어 왔다. 그런데 영원한 진리와 같은 명제들의 필연성은 신의 의지에 앞서며 독립적이라는 위와 같은 사상가들의 입장과 모순된 입장을 드러내고 있는 것이다. 심지어는 논리학과 수학의 진리들까지 지배하는 신의 총체적 전지전능함과 통치권에 관한 데카르트의 이런 극단적인 주장 때문에 예상치 못한 여러 가지 결론들이 도출되었는데 이는 데카르트의 이성능력에 대한 새로운 해석을 열고 있다. 최소한 완고한 이성론자의 평가에 함몰되어 데카르트가 말할 수 있는 이성능력의 여러 가지 측면에 가해졌던 제한을 일부 해소하고 있다고 생각된다.[54] 여기서 데카르트는 우선 지금까지 일반적으로 평가되어 온 것과 달리 인간의 정신이 절대적으로 신뢰할 만한 '자연의 거울' 또는 신의 지성의 축소판이라는 강고한 주장만 한 것으로 제한될 필요가 없다. 반대로 논리학과 수학의 근본적 진리들에 관한 우리 인간 지각과 그것들의 진짜 참된 본성 사이에는 근원적인 차이가 존재할 수밖에 없다는 암시를 줌으로써 사실상 인간중심주의, 나아가 이성중심주의라는 비판을 새로운 관점에서 재고할 수 있게 한다. 근본적으로는 데카르트의 이성 개념에 대한 판단의 잣대가 그 독특함을 다 설명하지 못하고 다른 철학자들의 기준을 그대로 적용한 데서 오는 결과라고 할 수 있다. 이런 점에서 나는 우선 데카르트 이성 개념에 대한 재고를 필요로 하는 것이다. 사실상 영원한 진리들과 같은 명제들은 최소한 우리에게는 필연적인 것으로 보인다. 우리가 한 원의 반지름의 길이가 같지 않음을 생각한다는 것은 불가능하다.[55] 그러나 그런 필연성은 어떤 것도 신에 의해 지각되는 것과 똑같은 필연성의 모습으로 이런 진리들에 적용될 수는 없다. "그런 진리들은 그것들이 신과 무관하게 참이라는 것을 함축하게 될 방식으로는 어떻게도 결코 신에 의해 참인 것으로 알려지지 않는다."[56] 이 언급은 논리학과 수학의 명제들이 신에게도 '참'이라는 생각이 오해일 수 있음을 암시한다. 어쩌면 그것들은 신의 여러 가지 창조물 가운데 하나일 수 있다. 그러나 엄밀히 말해서 인간들은 신의 의지에 속해 있는 진리들에 대한 관념을 완전하게 파악할 수 없기 때문에 그런 진리들의 궁극적인 근거는 결국 인간에게는 불가해한 것으로 남아 있을 수밖에 없다고 할 수 있다. 사실상 그는 신에 관한 한 인간이 결코 신의 무한한 본성을 완전히 파악할 수 없다는 점을 누차 강조해 왔다.[57] 이런 측면에서 볼 때 영원한 진리에 관한 데카르트의 태도는 무한한 신에 대한 그의 주장과 더불어 데카르트의 철학의 인식론적 기초를 새롭게 조명해야 할 충분한 이유를 제공하고 있다고 생각된다. 근본적으로 명석판명한 인식을 가능하게 하는 자연의 빛이나 데카르트 이성의 신뢰성은 결국 신의 은총으로부터 보증 받는 것이다. 말하자면 자연의 빛도 이성도 모두 신에게서 오는 것이다. 문제는 종교적인 담론이 아니다. 데카르트가 세속적인 합리주의의 기획하에 건설하는 현세의 지식체계의 토대에는 고집 센 데카르트 비판자들이 주장하듯이 이성으로 파악 가능한 확실한 관념들만이 놓여 있지는 않다는 점이다. 말하자면 이 더 궁극적인 기초에는 인간의 지적 능력만으로는 파악이 불가능한 무한하고 불가해한 신이 놓여 있다는 것이다. 데카르트는 결코 이성의 전제권을 주장한 것이 아니며 오히려 이성의 특권적 지위를 남용하지 않으려는 신중한 태도를 보이고 있다고 할 수 있다. 신이 부여한 자연의 빛 덕분에 인간은 현 세계의 근본적인 논리적이고 수학적인 철학의 원리들을 탐구할 수 있다. 그러나 동시에 우리는 이 빛이 불가해한 신의 의지로부터 유래한다는 것을 깨닫게 되고 이를 통해 무한에 대한 겸손과 유한에 대한 희망을 공존시킬 수 있다. 따라서 원리상 우리 지식체계의 궁극적인 토대를 인식할 수 없을 것이라는 이 결론은 데카르트 철학의 일관성을 해치는 것이 아니라 오히려 인간 이성에 대한 열린 해석을 가능하게 해주는 것이라고 생각된다. 영원한 진리에 대한 신의 창조론은 데카르트 철학의 독단적 이성관에 새로운 패러다임을 제시하고 있다고 생각될 수 있다. 데카르트의 '봉상'으로부터 시작해 데카르트의 이성 개념의 기초와 그 기능 등을 고찰한 결과 이를 '봉상' 개념이라는 포괄적 개념으로 이해하는 것이 바람직할 것이라는 잠정적 결론에 도달하게 된다.

8. 나오는 말

네 번째 『성찰』과 함께 앞의 이야기로 돌아가 보면 지성이 명석판명한 지각에 직면했을 때 의지는 즉각 자발적으로 그 관련 명제의 참에 동의하지 않을 수 없다는 주장이 있었다. 이 문제는 자유의지의 문제를 건드린다. 그러나 데카르트는 이런 의지의 결정이나 동의가 강제적인 것은 아니라고 말한다. 말하자면 진리의 빛에 승복하는 일이 자유의지에 의한 것이라는 것이다. 내적인 이성의 빛이 진리를 명백한 것으로 만들 때 동의는 결정되지만 그러나 여전히 자유다. 나는 여기서 결정론이나 예정조화, 그리고 자유의지 간의 오랜 갈등에 대해 논하려는 것은 아니다. 데카르트는 이런 문제에서 정면대결하고 있다기보다 결과적으로 보면 중도적 입장을 취하고 있는데, 이 역시 데카르트가 가진 균형감각에서 해석될 수 있는 점이다. 이런 점은 데카르트가 역시 네 번째 성찰에서 보여준 중도적 입장과 일치한다고 볼 수 있다.

> 자유롭다는 말이 의미하는 바는 두 가지 가운데 한쪽으로 내가 기울어지면 질수록, 내가 참된 것과 선한 것의 근거가 되는 것을 이쪽에서 명증적으로 인식하기 때문이든, 혹은 신이 이쪽으로 기울도록 내 생각의 내부를 배치했든 간에, 나는 더욱더 자유롭게 이쪽을 선택하는 것이다. 실제로 자유는 신의 은총에 의해서도 자연적 인식에 의해서도 감소되지 않으며 오히려 증대되고 강화된다. 그러나 다른 쪽이 아닌 이쪽으로 나를 몰고 가는 근거가 없을 때에 내가 경험하게 되는 저 비결정성은 가장 낮은 단계의 자유이며 의지의 완전성을 나타내는 것이 아니라 오히려 인식의 결함, 즉 일종의 부정을 나타내는 것이다. 다시 말해 내가 참되고 선한 것을 항상 분명히 보고 있다면 나는 어떤 판단을 내려야 할지 혹은 어떤 것을 선택할지에 대해 주저하지 않을 것이고 그래서 내가 설령 전적으로 자유롭다고 하더라도 결코 비결정의 상태에 있을 수는 없을 것이다.[58]

한 발 더 나아가 데카르트는 비록 어떤 명석판명한 명제의 진리가 지성에 제시되었을 때 동의를 강요받는다 할지라도 우리는 항상 우리의 주의를 어디로든 향하게 할 수 있으며 따라서 그에 잇따르는 진리의 빛을 피할 수 있다고 말한다. 그리고 주의 그 자체는 전적으로 의지의 힘 내에 있기 때문에 인간이 어떤 의미에서는 자신들의 판단들에 관한 한 자기결정에 대한 자율적 힘을 가지고 있다고 생각할 수도 있을 것이다. 1645년의 한 편지에는 의지가 명백한 진리를 고찰하고 있는 동안에는 결정되어 있다고 해도 우리 의지의 자유를 증명하는 일이 잘하는 일이라고 생각된다면 언제든지 명백하게 선으로 알려진 것을 추구하거나 명백하게 지각된 진리를 받아들이는 일을 그만둘 수도 있다는 주장이 발견되기도 한다.[59] 데카르트의 이성은 의지의 자유와 교섭이 가능한 것이라고 할 수 있다.

이상의 논의를 통해 지금까지의 데카르트의 고답적인 이성 이해에 대한 한 가지 다른 관점을 제시해 보고자 하였다. 사실상 데카르트는 '봉상' 개념에 대한 더 이상의 부연설명을 하지 않았으며 따라서 이 '봉상'이 동의어로 사용되는 여러 개념들의 기능들을 분석함으로써 데카르트 이성 개념의 차별성을 드러내 보고자 하였다. 지금까지의 논의에서 본 바와 같이 데카르트의 이성 개념은 다른 통상적인 이성의 범위를 초과하는 관점을 분명히 가지고 있다. 이에 지금까지의 이성 개념을 그대로 쓸 경우 데카르트 이성 개념의 특정 관점을 놓치기 쉽고 이를 방치할 경우 계속 데카르트에 대한 해석은 현재까지의 완고한 이성주의자의 부류에서 헤어나기 힘들다고 생각된다. 따라서 가장 포괄적인 의미의 '봉상' 개념을 적용하여 데카르트에 대한 현재까지의 편향된 해석을 재고해 볼 수 있는 계기를 마련해 보고자 하였다.

[참고문헌]

AT: *Œuvres de Descartes*, publiées par Adam Charles & Tannery Paul, Paris: Vrin, 1974.

CSM: *The Philosophical Writings of Descartes* I, II, J. Cottingham, R. Stoothoff, & D. Murdoch trans., Cambridge: Cambridge University Press, 1984.

CSMK: *The Correspondence: The Philosophical Writings of Descartes*

III, Anthony Kenny etc. trans., Cambridge: Cambridge University Press, 1997

서양근대철학회, 『서양근대철학의 열 가지 쟁점』, 창비, 2004.
이재영 외, 『개인의 본질』, 한국학술정보, 2007.
Ariew, Roger, etc. ed., *Historical Dictionary of Descartes and Cartesian Philosophy*, Oxford: The Scarecrow Press, Inc., 2003.
_____, etc. ed. and trans., *Descartes' Meditations: Background Source Materials*, Cambridge: Cambridge University Press, 1998.
_____, *Descartes and the Last Scholastics*, New York; Cornell University, 1999.
Araujo, Marcelo de, *Scepticism, Freedom and Autonomy*, New York: Walter de Gruyter, 2003.
Bennett, Jonathan, *Learning from Six Philosophers* I, II, Clarendon Press: Oxford, 2001.
Beyssade, Jean-Marie, "On the Idea of God: Incomprehensibility or Incompatibilities?" Stephen Voss ed., *Essays on the Philosophy and Science of René Descartes*, Oxford: Oxford University Press, 1993.
Clarke, Desmond M., *Descartes's Theory of Mind*, Oxford: Clarendon Press, 2003.
Combay, Andre, etc. ed., *Passion and Virtue in Descartes*, New York: Humanity Book, 2003.
Cottingham, John, *A Descartes Dictionary*, Oxford: Blackwell, 1993.
_____, ed., *The Cambridge Companion to Descartes*, Cambridge: Cambridge University Press, 1992.
_____, *Philosophy and the Good Life*, Cambridge: Cambridge University Press, 1998.
Davies, Richard, *Descartes: Belief, Scepticism and Virtue*, London: Routledge, 2001
Flage, Daniel E. and Bonnen, Clarence A., *Descartes and Method*, London: Routledge, 1999.

Gaukroger, Stephen, *Descartes: An Intellectual Biography*, Oxford: Clarendon Press, 1995.

_____, *Cartesian Logic*, Oxford: Oxford University Press, 1989.

_____, etc. ed., *Descartes' Natural Philosophy*, London: Routledge, 2000.

Gueroult, Martial, *Descartes selon l'ordre des raisons II L'âme et le corps*, paris: Aubier P., 1968.

Hatfield, Gary, *RPG Descartes and the 'meditation'*, London: Routledge, 2003.

James, Susan, *Passion and Action*, Oxford: Clarendon Press, 1997.

Lagerlund, Henrik, etc. ed., *Emotions and Choice from Boethius to Descartes*, London: Kluwer Academic Publishers, 2002.

Marion, Jean-Luc, *Sur la thélogie blanche de Descartes*, Paris: Presses Universitaires de France, 1981.

_____, *Sur Le Prisme Métaphysique de Descartes*, Paris: Presses Universitaires de France, 1986.

Marshall, John, *Descartes's Moral Theory*, New York: Cornell University Press, 1998.

Moyal, George J. D., *René Descartes: Critical Assessments*, Vol, I-IV., New York: Routledge, 1991.

Nye, Andrea, *The Princess and The Philosopher*, Lanham: Rowman & Littlefield Publishers, 1999.

Sedaca, Jorge, *Cartesian Metaphysics*, Cambridge: Cambridge University Press, 2000.

Sorell, Tom, ed., *Descartes*, Dartmouth: Ashgate, 1999.

[주(註)]

1) *Œuvres de Descartes*, publiées par Adam Charles & Tannery Paul, Paris: Vrin, 1974(이후 AT로 약칭하여 표기함), VI 1-2; *The Philosophical Writings of Descartes* I, II, J. Cottingham, R. Stoothoff, & D. Murdoch trans., Cambridge: Cambridge University Press, 1984(이후 CSM으로 약칭하여 표기

함), I 111.
2) 『정신지도를 위한 규칙들』 규칙 1; AT X 360.
3) 『방법서설』 V부; AT VI 58.
4) AT VI 16; CSM I 119.
5) 이후 『진리에의 탐구』로 표기함.
6) AT X 495; CSM II 400.
7) AT X 503; CSM II 403.
8) AT VI 41; CSM I 131.
9) AT X 215; CSM I 3.
10) AT VIII-1 7; CSM I 194-195.
11) 이경희, 「데까르뜨의 방법: 오해와 이해 사이」, 『근대철학』 2권 1호, 서양근대철학회, 2007 참조.
12) AT VI 32; CSM I 127.
13) AT VII 27; CSM II 18
14) 최명관은 이를 '오성'이라고 번역하였다. 데카르트의 경우라면 이런 번역도 가능한 것이다.
15) AT VII 28; CSM II 19. "Sed quid igitur sum? Res cogitans. Quid est hoc? Nempe dubitans, intelligens, affirmans, negans, volens, nolens, imaginans quoque, & sentiens."
16) "우리 영혼을 마치 황홀한 마법의 성이나 키메라를 생각할 때와 같이 존재하지 않는 어떤 것을 상상하는 데 적용할 때, 또 순수하게 가지적이기만 하고 상상이 불가능한 어떤 것, 이를테면 그것 고유의 본성과 같은 것을 고찰하는 데 적용할 때 영혼이 이런 것들에 대해 갖고 있는 지각들은 주로 이런 것들을 인식하게 하는 의지에 의존한다. 이것이야말로 왜 우리가 이러한 지각들을 수동성들(정념들)이 아니라 능동성으로 간주해야 하는지의 이유가 된다." AT XI 344; CSM I 336.
17) 이후 『규칙』으로 표기함.
18) AT X 415; CSM I 42. 여기서 'vis cognoscens'는 영어로 'cognitive power'로 번역되고 있다. 그럴듯하게 표현하면 인식력이라고 할 수 있지만 좁은 의미의 수동적 인식에 제한될 염려가 있기에 '아는 힘' 또는 '앎의 능력'으로 표현하고자 한다.
19) AT X 416; CSM I 42.
20) 1647년 뤼네 공(Duc de Luynes)의 본문역과 끌레르슬리에(Claude Clerselier)의 반박과 답변문역을 데카르트가 수정 감수하여 출판하였다. AT IX 46.
21) AT IX 56. AT VII 35에서 "내가 명석판명하게 지각하는 것은 무엇이나 참이다."에서 사용되는 'percipere' 동사인데 데카르트는 이것을 주로 정신적인 지

성적 파악과 관련해 사용하며 정신과 육체 어디에도 딱히 속한다고 하기 어려운 '감각하다'의 경우에는 'sentire' 동사를 사용한다.

22) AT VII 72; CSM II 50, AT VII 73; CSM I 51.

23) AT III 372; *The Correspondence: The Philosophical Writings of Descartes* III, Anthony Kenny etc. trans., Cambridge: Cambridge University Press, 1997(이후 CSMK로 약칭하여 표기함), 182.

24) Deborah Boyle, "Descartes' Natural Light Reconsidered", *Journal of the History of Philosophy*, 37:4, 1999, 601-612쪽 참조.

25) "illud omne est verum quod clare et distincte percipio(내가 명석판명하게 지각하는 것은 모두 참이다)." AT VII 35; CSM II 24.

26) 『철학의 원리들』, Part I, art. 45.

27) AT VII 145-146; CSM II 104.

28) 『철학의 원리들』, Part I, art. 45.

29) 『철학의 원리들』, Part I, art. 46(원석영 옮김, 『철학의 원리』, 39쪽).

30) AT VII 70-71; CSM II 48-49.

31) AT VII 462; CSM II 310.

32) "만일 우리의 방법이 진리에 반대되는 오류에 빠지지 않도록 지적 직관이 어떻게 사용되어야만 하는지 그리고 우리가 모든 사물들의 지식에 도달하기 위해 어떻게 우리가 연역적 통로들을 찾아내야만 하는지 올바르게 설명한다면 그것을 완성시키는 데 필요한 다른 어떤 것도 찾아낼 수 없을 것이다. 왜냐하면 학(참된 지식)을 얻을 수 있는 유일한 방법은 지적 직관에 의해서이거나 연역에 의해서일 뿐이라고 이미 내가 말해 왔기 때문이다. 어떻게 이런 작용들이 사용될 수밖에 없는지를 보이기 위해 방법을 더 확장할 필요는 없다. 왜냐하면 우리의 오성이 이미 그 작용들을 사용할 수 없다면 그것은 바로 그 방법의 규칙들 중 어떤 것도, 심지어는 가장 단순한 것조차도 파악할 수 없을 것인데, 그 작용들은 모든 것들 중에서 가장 단순하고 일차적인 것이기 때문이다. 정신의 나머지 다른 작용들, 즉 변증법이 이 두 가지 직관과 연역을 사용해서 이끌어 낸다고 주장하는 작용들은 여기에서 정말로 쓸모가 없다. 오히려 그것들은 방해물들로 여겨져야만 하는데 왜냐하면 어떤 식으로든 그 빛을 흐리게 할 그 무엇도 순수한 이성의 빛에 덧붙여질 수는 없기 때문이다." AT X 372; CSM I 16-17.

33) 『규칙』 III; AT X 368; CSM I 14.

34) 같은 책 같은 곳.

35) "연역은 때때로 아주 긴 연쇄의 추론들을 요구하기 때문에 우리가 하나의 결론에 도달했을 때 우리를 거기로 이끌어 온 전 경로를 회상하기란 쉬운 것이 아니다. … 따라서 기억의 취약점을 개선하려면 … 나는 내가 첫 번째 것에서 마지막 것까지 아주 빨리 통과하는 법을 배워 기억이 실제로 아무 역할도 할

필요가 없을 때까지 하나의 추론 사슬을 여러 번 지속적인 움직임으로 … 하나의 관계를 직관하면서 동시에 다음 관계로 넘어가면서 … 훑어보게 될 것이다." AT X 387; CSM I 25.

36) 『규칙』 IX; AT X 400-401; CSM I 33.

37) 이를테면 AT VII 47; CSM II 32.

38) AT I 353.

39) 1648년 3월 또는 4월에 실롱에게 보낸 편지, AT V 138; CSMK 332.

40) "데카르트에 의해 오류에 대항하는 최고의 예방책으로 수없이 가르침 받아 온 것은 추론의 사슬에 의해 [진행되는 하나의 방법]이며, 이는 결코 틀릴 가능성이 없는 어떤 근원적 원리(original principle)로부터 연역되는 것이다. … 그러나 다른 모든 것들 위에 군림하는 특권을 갖는 그런 근원적인 원리 같은 것은 전혀 없으며, … [게다가] 만일 그런 것이 있다면 우리가 이미 조심해야(diffident) 할 것으로 생각했던 바로 그 기능들을 사용하지 않고서는 그것을 넘어 단 한 발자국이라도 앞으로 나갈 수 없을 것이다." David Hume, *An Enquiry into the Human Understanding*, London: Collier Macmillan Publishers, 1962, Sect. XII, Part I, 150-151쪽.

41) 데카르트가 『정신지도를 위한 규칙들』과 『방법서설』에서 자신의 연역 개념을 해설하기 위해 채택한 은유는 여러 고리들로 구성된 하나의 사슬에 관한 것이다. 기하학자들은 긴 계열의 단순 추론들에 의해 복잡한 정리들을 증명해 내는데, 이때 그 논증의 각 단계는 그것의 앞 단계에 단단하게 연결되어 있어서 전 추론의 과정이 끊이지 않는 사슬을 형성하게 된다(『방법서설』, Part II; AT VI 19; CSM I 120). 그런 연역적 논증들은 이를테면 전제들이 소유하고 있었던 자명성을 결론들에 전달하는 데 성공하고 있다. "이것은 긴 사슬에서 마지막 고리가 최초의 고리에 연결되어 있다고 알고 있는 방식과 유사하다. 설사 우리들이 그 연결이 의존하고 있는 모든 중간 고리들을 한눈에 파악할 수 없다고 할지라도 만일 우리가 하나씩 차례차례 그 고리들을 살펴보고 첫 번째 것에서 마지막 것에 이르기까지 각 고리가 옆에 것에 붙어 있다는 사실만 명심한다면 우리는 그 연결에 대한 지식을 가질 수 있다."(『규칙』, III; AT X 370; CSM I 15)

42) AT V 148; CSMK 335.

43) AT X 370; CSM I 15.

44) AT X 387-388; CSM I 25.

45) AT X 369; CSM I 15.

46) AT VII 144; CSM II 103.

47) AT VIII-1 19-20; CSM I 205-206.

48) 라틴어로 된 이 용어 'notio communis'는 원래 그리스어인 'koine ennoia'의 번역이었는데 데카르트와 당시 학자들은 유클리드의 공리들을 언급하기 위해

사용하였다. 근래 'notio'에 대한 번역에서 데카르트에 있어서는 이를 '개념'이 아니라 '관념'으로 번역해야 한다는 주장이 제기되었으나 이는 스피노자 철학에서의 특징을 살리기 위한 관점에서 비롯되었을 뿐만 아니라 당시 버클리 등도 이 'notio' 개념에 대한 독자적 용법을 구사하고 있는데다가 사실상 관념으로 했을 경우의 문제도 데카르트의 문맥에서 다 검토된 것이 아니므로 우선은 지금까지 통용된 번역을 사용하고자 한다.

49) '버만과의 대화', AT V 146; CSMK 332. 『철학의 원리들』, Part I, art. 50과 Part II, art. 3도 참조.

50) AT X 420; CSM I 45. cf. AT VIIIA 9; CSM I 197, 여기에서 유클리드 공리들 중 하나가 명시적으로 인용되고 있다.

51) 『철학의 원리들』, Part I, art. 49.

52) 『철학의 원리들』, Part I, art. 48.

53) AT I 152; CSMK 25.

54) Jean-Marie Beyssade, "On the Idea of God: Incomprehensibility or Incompatibilities?" Stephen Voss ed., *Essays on the Philosophy and Science of René Descartes*, 85-94도 데카르트에게서 나타나는 이중적 태도를 적극적으로 해결하려는 한 가지 시도로 읽힐 수 있다.

55) AT V 224; CSMK 358-359 참조.

56) AT I 149; CSMK 24.

57) AT VII 46; CSM II 32.

58) 이현복 옮김, 『성찰』 85-86; AT VII 57-58; CSM II 40.

59) 1645년 2월 9일 메랑(Mesland)에게 보낸 편지. AT IV 173-174; CSMK 245-246.

‘반성문화’에 대한 청년 헤겔의 비판과 ‘화해하는 이성’ 개념

베른 시기에서 초기 예나 시기까지

정대성

1. 들어가는 말

일반적으로 헤겔의 청년기는 37세 되던 해에 출간된 1807년『정신현상학』이 나오기 이전까지의 시기를 지칭한다. 이 시기에 그가 남긴 글들은, 예나 시기의 비판적 글들과 강의록들을 제외하면, 대부분 단편의 형식으로 기록되어 있다. 그런데 그의 초기 단편들은 체계화된 그의 후기 생각들의 많은 부분을 파편의 형식으로 간직하고 있다. 예를 들어 형벌의 필연성이 ‘현실적’ 필연성이 아니라 ‘개념의’ 필연성에 불과하며, 그런 한에서 법은 ‘추상법’에 다름 아니라고 한『법철학』에서의 그의 논지는 이미 프랑크푸르트 시기 소위『기독교의 정신과 그 운명』에 상세하게 논의되고 있다.[1] 또한『논리학』의 한 중요한 개념인 ‘반성’ 역시 청년기에 거의 완성된 형태로 그려지고 있다.

그러나 청년의 시기를 후기를 준비하기 위한 과정으로서만 볼 수 없다고 주장하는 청년 헤겔 연구가들 역시 많이 있다. 예를 들어 하버마스는 헤겔의 청년 시기를 그의 가장 생산적인 사유의 시기로 규정한다. 후기의 변증법적인 철학이 주관성 철학의 한 변형으로 읽히는 데 반해, 초기 철학은 '우리 시대의 철학적 업적'으로 평가되는 상호주관성 개념에 의해 인도되고 있다는 이유에서다.[2)]

이러한 논의들은 모두 청년 헤겔을 생산적으로 이해할 수 있게 하는 철학적 노력으로 평가될 수 있다. 하지만 필자는 이 글에서 그의 초기 글들에 나타난 하나의 일관된 '정신'을 재구성하고자 한다. 왜냐하면 한편으로는 그의 초기 글들이 대개의 경우 완성된 글들이 아니어서 그의 의도를 정확히 읽어 내는 것이 쉽지는 않기에 이 기획이 의미 있는 일이라고 판단했기 때문이며, 다른 한편으로는, 그의 중요한 개념들의 발전사를 연구하는 것이 지엽적이라고 할 수는 없지만, 이로 인해 초기의 그의 독자적인 생각을 놓칠 수도 있다고 우려했기 때문이다. 물론 초기 사유의 재구성이 그 이후의 사상을 이해하는 데 도움이 될 것임은 의문의 여지가 없을 것이다. 이 글은 『민족종교와 기독교에 대한 단편』(1793/94)으로 이름 붙여진 베른 시기(1793-1796)와 프랑크푸르트 시기(1796-1800) 단편들에서 예나 초기의 글인 『신앙과 지식』(1802)에 이르는 그의 저술들을 대상으로 한다.

2. 실정성에 대한 비판

1) 실정종교에 대한 비판

르네상스 이래 주체성의 문제, 즉 인식에서의 '반성'과 실천에서의 '자유'가 서양철학의 중심 범주로 되었다는 것은 가장 일반적인 철학사적 평가로 받아들여진다. 이러한 평가는 중세의 인류가 예속에 처해 있었으며, 기독교는 예속의 문화에 결정적으로 기여하고 있었다는 역사철학적 가설을 내포하고 있다. 좀 더 구체적으로 말하면,

“신만이 절대적이며, 인간을 포함한 다른 모든 생명체는 이 신에게 철저하게 종속되어 있다.”는 중세 기독교의 기본 명제에 대해 인류는 르네상스와 더불어 처음으로 진지하게 고민하기 시작했다. 근대의 기독교와의 대결은 따라서 인간의 자립성과 자유를 향한 인간의식의 발현으로 이해된다.

막스 베버가 ‘탈신화화’ 혹은 ‘세속화’의 과정으로 표현하였던 근대의 이런 전통에서 청년 헤겔의 사유 역시 출발한다. 프랑크푸르트 시기의 한 단편에서 그가 한 말은 이러한 문제의식을 단적으로 보여준다: “하늘나라에 내던져 버린 보물들을 인간의 재산으로 … 반환청구하는 시도가 우리 시대에도 있었다. 그러나 이 권리를 당연한 것으로 여기고 그 소유를 자신에게 귀속시킬 수 있는 힘을 도대체 어느 시대에나 갖게 될 것인가?”[3] 이 문장은 헤겔 역시 예속과 권위로부터의 인간 해방과 세계 내적인 통일을 추구하는 근대의 아들임을 드러낸다. 스피노자와 횔덜린처럼 ‘hen kai pan’, 즉 ‘세계 내적인 통일’에서 출발하는 헤겔은 기독교의 ‘두 세계론’이 당시의 분열에 결정적인 역할을 한다고 생각했다. 따라서 헤겔이, 당대의 많은 사상가들처럼, 기독교 극복을 자신의 사유의 출발로 삼았다고 하는 것은 이상한 일이 아니다.

‘실정성(Positivität)’은 베른과 프랑크푸르트 시기 헤겔의 가장 비판적인 개념에 속한다. 기독교가 ‘실정적’인 신앙에 기초해 있다고 하는 것이 그의 기독교 비판의 핵심이다. 실정성은 라틴어 ‘positivus’를 기원으로 하는데, 이 말은 ‘정립하다’, ‘세우다’ 혹은 ‘놓다’ 등으로 번역될 수 있는 후기 라틴어 동사 ‘ponere’의 명사형이다. 라틴어 ‘positivus’는 근대에 이르러 세 가지 의미 방향에서 사용되었다.[4] 첫째, 그것은 ‘naturalis(자연적인 것)’와 대립되는 ‘constitutum(구성된 것)’을, 둘째, ‘negativus(부정적인 것)’와 대립되는 ‘seiend(존재하는 것)’ 혹은 ‘affirmativ(긍정적인 것’)를, 그리고 마지막으로 ‘cogitato(생각된 것)'와 대립되는 'realis(실재적인 것)'를 의미하였다. 초기 헤겔은 자연종교와 대비되는 의미에서 실정종교라는 말을 사용하였다. 즉 헤겔은 '실정종교'라는 말을 인간의 자연스러운 본성, 즉 도덕적, 이성적 본성에 어긋난 인위적인, 더 나아가 강제적이고 권위적인 종교를 지칭하기 위해 사용한다: "실정종교는 자연종교와 대립된다."[5] 이에 반해 후기에 헤겔은 두 번째 의미에서 이 단어를 사용하였다.[6]

이제 실정성 개념이 초기 헤겔의 종교비판에서 구체적으로 어떻게 사용되었는지 살펴보자. 헤겔은 분열을 야기하고 고착시키는 신앙, 혹은 사이비 통일을 산출하는 신앙을 실정적 신앙이라고 부른다. 1795/96년의 한 단편에서 그는 이 신앙에 대해 다음과 같이 말한다: "실정적 신앙은 특정한 종류의 종교적 교리의 체계다. 그런데 이 신앙에 따르면 이 계율들은 우리가 믿을 것인지 말 것인지 주저해서는 안 되는 어떤 권위에 의해 우리에게 주어졌기 때문에, 우리가 진리로 받아들이지 않으면 안 된다고 한다. 우리의 의지와는 독립적으로 진리로 여겨지고 받아들여져야 하는 진리, 아무도 알지 못하고 아무도 진리라고 생각하지 않는다고 해도 계속해서 진리였던 진리, 그래서 종종 객관적인 진리라고 불리는 진리의 체계가 이 실정적 신앙이라는 개념에 포함된다. 이 진리는 이제 우리에게 대해서도 진리이어야 하며, 주관적 진리이기도 하다."[7] 1797년의 또 다른 단편에서는 "실천적이어야 할 믿음이 이론적으로만 현존하는 믿음, 즉 근원적으로는 주관적이어야 할 믿음이 하나의 객체로 현존하는 믿음"[8]을 실정적 믿음이라 한다.

종교적 계율을 단순한 객관적 지식으로 형식화할 뿐 신앙의 실천적이고 주관적인 계기를 완전히 제거해 버린 권위적인 신앙을 표현하기 위해 헤겔은 '실정적'이라는 형용사를 사용한다. 이러한 이유에서 그는 실정적 종교를 '주관적' 종교와 대비되는 '객관적' 종교와 동일화하기도 한다.[9] 루카치가 헤겔의 실정성을 인간의 주관적, 도덕적 자율성을 허용하지 않는 "죽은 객관성"[10]으로 불렀던 이유는 바로 여기에 있다.

헤겔에 따르면 실정종교의 가장 큰 특징은 이 종교가 인간의 "시민적이고 정치적인 자유를 하늘의 보화와 삶의 향유에 비해 오물에 불과한 것"[11]으로 경멸하도록 한다는 데 있다. 그런데 인간의 자유나 예속의 문제에 대한 관심의 결여와 정치적인 공동의 이념, 즉 그의 술어로 말하면, '공화주의적인 이념'에 대한 경멸로 인해 이 종교가 결국 전제주의를 암묵적으로 묵인하게 된다고 한다. 바로 여기에서 그는 실정종교의 심각성을 본다. 이런 점에서 그는 실정종교를 공적인 종교로는 어울리지 않는 '사적인 종교'에 불과한 것으로 평가한다.[12] 실정종교는 따라서 모든 공적인 관계들을 사인화한다. 다른 말로 하면 이 종교는 모든 '시민적인 관계(bürgerliche Beziehung)'를 기껏해야 '형제관계(Bruderschaft)'로 환원한다. 이런 관계에서는 공공의 이념을 위한 행위는 보이지 않고 자신의 이익을 관철시키기 위한 사적인 혹은 이기적인 행위만이 드러난다. 그리고 국가는 개별자의 이해를 지켜주기 위해 존립하는 '국가 기계(Staatmaschine)'로 기능할 뿐이다. "정치적 자유가 사라진 후 … 국가에 대한 모든 관심은 사라졌으며, … 삶의 목적은 다소간의 평안함이나 잉여물을 포함하여 일상의 빵을 습득하는 데 국한"된다.[13]

여기서 눈에 띄는 것은 헤겔이 종교의 목적을 정치와 연관시키고 있다는 점이다. 이 말은 개인적인 삶의 영역, 예컨대 종교적 삶이 공적인 영역, 예컨대 정치적인 영역의 테두리 내에서만 의미가 있으며, 따라서 참된 종교는 삶의 이 두 요소, 즉 개별성과 일반성을 생동적으로 통일시키고 있어야 한다는 것을 함축한다.[14]

헤겔은 그리스와 초기 로마의 종교에서 참된 종교의 원형을 본다. 그에 따르면 이 종교는 공공의 성격을 가지고 있었으며, 세계 내적인 이념을 실현하고자 했다는 점에서 탁월하다. 이에 반해 실정종교는 공적인 영역에 대한 관심의 결여와 초자연적인 혹은 초이성적인 세계로의 도피라는 특성을 갖는다. 초기의 한 단편에서 그는 공공종교의 원리를 다음과 같이 말한다: “(1) 그 교설은 보편적 이성에 근거해 있어야 한다. (2) 환상, 마음, 그리고 감성이 공허하게 되어서는 안 된다. (3) 민족종교는 삶의 모든 욕구, 공공적인 국가 행위가 이 종교와 연결되게 하는 특성을 가져야 한다.”[15)]

여기에서 헤겔이 상상력 내지 감성을 이성과 동등하게 취급하고 있다는 것이 눈에 띈다. 기독교가 실정적인 이유는 따라서 그것이 이성뿐만 아니라 상상력까지도 철저히 무화한다는 데 있다: “기독교는 발할라를 텅 비게 만들었다. 기독교는 신성한 숲을 베어 버리고 민족의 상상력을 한갓 미신 또는 독소로 간주하여 제거해 버렸다. 그런 것들 대신 기독교는 우리들과는 판이한 기후, 법, 문화, 관심 등을 지녔던, 그리고 우리의 역사와는 아무런 관련이 없는 역사를 지닌 민족의 환상을 우리에게 제공했다.”[16)]

청년 헤겔의 이러한 기독교 비판은 칸트의 기독교 비판을 연상시킨다. 칸트의 작품 중 헤겔을 최초로 열광시킨 것으로 알려진[17)] 『이성의 한계 내에서의 종교』(1793) 3장과 4장에서 칸트는 ‘종교적 광기(Religionswahn)’, ‘물신 신앙(Fetischdienst oder -glauben)’, ‘성전 신앙(Tempeldienst)’, ‘성직자 계급(Pfaffentum)’ 등 루터가 당시의 가톨릭을 비판하기 위해 사용했던 개념들을 소위 ‘규약 신앙(statutarische Glauben)’을 비판하기 위해 일반화시킨다. 이때 칸트의 ‘규약성(Statutarität)’은 청년 헤겔의 실정성과 거의 동등한 의미로 사용되고 있다. 실정종교에 대한 청년 헤겔의 비판은 아주 세밀한 부분에까지 제도 신앙에 대한 칸트의 비판을 반복한다. 그리고 신앙의 본질을 주관성에서 찾는 것까지 헤겔은 칸트의 종교론에서 영향을 받고 있다.

하지만 이러한 유사성 때문에 청년 헤겔을 곧바로 칸트주의자로 해석하는 것은 무리가 있다.[18] 청년 헤겔의 기독교 비판이 상당 부분 칸트의 비판을 이어받고 있으며, 그가 종교의 본질을 주관성에서, 도덕성에서 찾는다는 점에서 칸트의 종교관과 유사하지만, 실정성에 대한 헤겔의 비판은 칸트의 기독교 비판과 합치할 수 없는 몇 가지 점들을 내포하고 있다. 가장 칸트주의 요소가 짙게 나타나고 있다고 알려진 베른 시기의 글들에 나타나는 '차가운 이성', '차가운 인식들', '차가운 오성', '차가운 추상', '차가운 추념' 그리고 '차가운 확신' 등의 용어에서 보이듯이 헤겔이 베른 시기에 즐겨 사용하는 '차가운'이라는 형용사는 그가 기독교뿐 아니라 칸트의 도덕이론에 대해 비판적 견해를 가지고 있지 않았나 하는 의심을 불러일으킨다. 좀 더 구체적으로 그들 간의 차이를 살펴보자.

피넬리에 따르면 칸트와 청년 헤겔은 기독교가 "특수자를 부당하게 일반화한(eine unerlaubte Verallgemeinerung eines Besonderen)"[19] 종교라고 평가한다는 점에서 의견의 일치를 보고 있다. 즉 그들에 따르면 기독교는 이성이라는 보편자가 아니라 그리스도라는 한 특수한 인격체에 대한 신앙에 기초해 있는 아주 취약한 종교라는 것이다. 하지만 칸트가 예수의 도덕론을 예수의 인격과 분리시킴으로써, 즉 기독교 신앙을 탈인격화함으로써 기독교를 도덕종교로 변환시킬 수 있다고 생각한 반면, 헤겔은 그 가능성을 부인한다. 또한 칸트가 종교와 도덕의 영역을 국가의 영역과 분리시켜, 전자의 영역이 주체의 자기규정, 즉 이성의 자립성을 의미한다고 하여, 전자를 후자보다 탁월한 것으로 위치시킨 반면, 헤겔은 종교의 개인화(Privatisierung)를 타락으로 간주하였다.

칸트와 헤겔의 이러한 차이는, 루카치의 분석에 따르면, 그들의 주체성 개념의 차이에서 출발한다: "헤겔이 원래 의미한 주체는 칸트의 도덕적 주체와 동일하지 않다. 그 주체는 언제나 사회적-역사적인 것이다. … 왜냐하면 그의 주관성 개념의 내용은 … 개별적 주체의 도덕적 자율성이 전체 민중의 민주적 집합성과 맞아떨어지는 상태이기 때문이다."[20] 즉 칸트의 주체가 개별자에 초점을 두고 있는 데 반해, 헤겔의 주체는 민족, 국가 그리고 사회 등 공동체에 초점이 맞춰져 있다.

칸트의 종교철학과 도덕철학에서 가장 핵심적인 부분에 속하는 '근본악에 대한 이론(Lehre vom radikal Bösen)'에 대해 그의 도덕철학에 열광한 것으로 알려진 청년 헤겔이 아무런 관심을 보이지 않았던 이유는 주체에 대한 이런 상이한 생각으로부터 설명될 수 있을 것이다. 칸트에 따르면 인간의 자유는 인간이 실천이성의 명령에 따르는 것에서 습득된다. 이를 통해 인간은 도덕적 존재로 인정된다. 만약 의지 혹은 실천적 이성을 감각적인 자극에 종속시킬 경우, 즉 도덕적 질서를 따르려는 작용인을 자기애나 경향성으로 이끄는 운동인에 종속시킬 경우 인간은 자유롭지 못하다. 인간의 악의 기질은 따라서 운동인을 변화시키려는 바로 이런 가능성 속에, 즉 비도덕적인 사실을 현실화시키려는 형식적, 선험적 조건 속에 이미 내재해 있다. 따라서 칸트는 도덕법을 추종하지 않으려는 이러한 악을 인간의 타고난, 자연적인 경향으로 고찰한다.

이에 반해 헤겔은 악이란 인간의 내면이나 본성에 거주하는 것이 아니라, 사이비 권위와 위계를 산출하는 정치-문화적인 기구들에 의해 만들어진다고 한 루소의 입장에 동의한다.[21] 이 말은 헤겔이 악의 문제를 인류학적인 혹은 심리적인 문제로 보는 것이 아니라 사회적, 역사적 현상으로 보고 있음을 의미한다. 다른 말로 하면 악과 선 사이의 선택의 문제, 자의와 이 자의를 넘어서는 이성의 능력 사이의 선택의 문제에서 악의 문제가 발생하는 것이 아니라, 인간들 사이의 관계맺음의 방식에서 악의 문제가 발생한다는 것을 보여준다. 헤겔이 한 문화적, 정치적 체계가 역사적으로 어떻게 객체화되는지, 또는 한 종교의 실정적 권위가 역사적으로 어떻게 형성되었는지에 관심을 가진 이유는 바로 여기에 있다. 그는 한 단편에서 역사의 주류가 기독교로 전환된 사건을 "하나의 놀랄 만한 사건"으로 묘사하며, 그 원인에 대한 탐구를 자신의 사명으로 삼는다: "기독교에 의해 이교도들의 종교가 쫓겨난 사건은 하나의 놀랄 만한 사건이며, 생각하는 역사 연구자는 그 원인의 탐구에 몰두해야 한다. 눈앞에 닥친 거대한 혁명에 앞서 시대정신 속에서 고요하고 은밀한 혁명이 일어났다. 그 혁명은 모든 사람에게 다 보이는 것은 아니며, 또한 적어도 동시대인들에게는 관찰될 수 있는 성질의 것이 아니다. 정신세계에서 일어난 이와 같은 혁명을 전혀 몰랐기 때문에 사람들은 그 결과에 대해 아주 놀란다."[22)]

헤겔은 기독교가 자유스러운 그리스 로마 종교를 몰아낸 "거대한 혁명"을 가능하게 한 "시대정신 속에서 일어난 고요하고 은밀한 혁명"을 추적하고자 한다. 이 인용문 이후에 그는 로마인들이 전쟁에서의 승리와 부의 축적 등으로 인해 소위 '공화주의적인 이념'을 상실하고 오로지 이기적인 행위에 몰두하게 되는 과정을 소상히 기록한다. 오랜 기간 동안 이런 행위가 반복되면서 이런 행위에 정당성을 부여하는 종교를 필요로 하였으며, 기독교는 그런 행위에 적합한 종교로서 사람들에게 쉽게 받아들여질 수 있게 되었다는 것이다. 즉 기독교가 이교를 대체한 '눈에 보이는 혁명'은 오랜 기간 동안 지속되어 온 '공화주의 이념의 상실'이라는 시대정신에서 은밀하게 진행되어 온 혁명에 의해 가능해졌다는 것이다.

헤겔이 프랑스 혁명에 열광했으며 심지어 일생 동안 이 혁명에 대한 철학적 해명에 몰두했다는 것은 이미 잘 알려진 사실이다.[23)] 그 혁명에 관심을 가진 이유는 이 혁명에서 그는 기독교적인 이원적 세계의 종말의 시작과 계몽적, 민주적 이상의 현실화의 가능성을 보았기 때문이다. 이런 이유에서 그는 기독교 극복을 자신의 학문적인 목적 수행을 위한 첫걸음으로 간주했다. 즉 청년 헤겔의 기독교에 대한 관심은 정치-사회적인 변혁에 대한 자신의 의지의 반영으로 읽힐 수 있다.

이러한 주장은 그가 기독교와 대결하는 모든 학설들에 대해 연대의식을 보인 것에서도 잘 드러난다. 그가 청년기에 실정종교의 대안으로 제시한 종교 개념들, 즉 '민족종교', '이성종교', '도덕종교', '자연종교' 그리고 '미적 종교' 등은 당시에 전혀 상이한 철학적 맥락에서 나온 종교 개념들이다. 하지만 그에게 이 개념들은 '객관종교' 혹은 '실정종교'의 대안으로 거론된 '주관종교'의 다른 이름으로 기능하고 있을 뿐이다. 다른 말로 하면 그에게 저 종교 개념들의 철학적 차이는 중요하지 않았다. 그에게 중요한 것은 저 개념들이 기독교의 경직성을 비판하고 있다는 사실뿐이다. 이것은 헤겔이 당시 세분화된 종교들의 위치를 인식할 수 있는 위치에 있지 않았다는 것을, 혹은 적어도 종교에 대한 세분화된 논의에 관심이 없었다는 것을 보여준다. 이에 반해 칸트는 종교의 세속화 과정을 합리주의 관점에서 수렴하고 있었다.

일반적으로 칸트주의의 한 전형을 이루고 있다고 평가되는 베른 시기에 헤겔은 칸트 철학의 실정적 성격을 명시적으로 비판하고 있지는 않지만, 위에서 살펴보고 있는 것처럼 이 시기의 글들에도 반칸트적인 요소가 극명하게 존재하고 있었다. 이것은 프랑크푸르트 시기에 헤겔이 칸트의 윤리학을 명시적으로 실정성의 테두리에 넣는 것으로 구체화된다.

2) 실정적 윤리학으로서의 칸트 윤리학 비판

칸트 윤리학에 대한 최초의 명시적인 비판은 프랑크푸르트 시기(1796-1800)에 쓰인 단편들의 모음집인 『기독교의 정신과 그 운명』(1798-1800)에 나타난다. 이 책 역시 기독교의 실정성에 대한 비판의 수행을 그 목적으로 하고 있다. 그는 특히 이 책에서 그리스 비극의 중심 개념이었던 '운명' 개념을 도입하여 실정종교를 비판한다. 기독교는 그 실정적 성격 때문에 참다운 통일을 이룰 수 없는 '운명'을 타고났다는 것이 그의 기독교 비판의 핵심을 이룬다. 이 외에도 이 책에서는 당시 가장 중요한 철학적 담론을 이루고 있었던 칸트 윤리학과 처음으로 '의식적인' 대결을 하고 있는데, 그가 어떤 논리로 칸트의 윤리학을 실정성의 범주에 집어넣는지 살펴보고자 한다.

이 문헌에서 그는 유대교를 실정성의 원형으로 간주한다. 왜냐하면 이 종교는 주체의 도덕적 자율성을 완전히 무시하며, "율법의 문자를 추종하는 것(Befolgung des Buchstabens des Gesezes)",[24] 즉 '합법성(Legalität)'의 범주에서만 움직이기 때문이다. 칸트는 주체의 자기규정이라는 근대의 자유이념을 실현할 수 있기 위해 이 합법성의 범주 대신 도덕성(Moralität)의 범주를 도입한다. 하지만 헤겔은 칸트의 도덕성 범주가 합법성의 범주를 완전히 극복한 것인지에 대해 회의한다. 그 이유는 칸트의 윤리학이란 원자적 개인주의로 특징지어지는 자기 시대의 거울에 불과하다고 생각하기 때문이다. 이 개인주의는 헤겔에 따르면 사회가 분열되었음을 보여주는 한 척도다. 다른 말로 하면 칸트의 도덕철학은 이런 분열을 확증해 주고 있으며, 더 나아가 이 분열을 원리로까지 고양하고 있다는 것이다.

헤겔은 칸트 윤리학의 어떤 점들과 대결을 하고 있는가? 칸트는 실천이성의 무제약적인 명령인 정언명법을 도덕법의 최고의 요소로 간주한다. 즉 그는 정언명령이라는 순수한 정신의 영역에서 '근대사회의 이상적 형태'를 보고 있다. 이 이상적인 사회형태에서는 더 이상 현상세계에 속하지 않는 정신적인 의무들이 갈등 없이 조화를 이룬다고 한다. 따라서 칸트의 윤리학을 따라 말하면, 인간의 삶이 도덕법의 요구에 전적으로 일치한다면 사회에 갈등이나 모순은 없을 것이다. 이렇듯 칸트의 도덕철학에서는 근대사회의 모든 도덕적 문제들이 이성의 형식적인 요청들로 변환된다는 사실을 알 수 있다.

헤겔은 이러한 칸트의 도덕법이 현실에서 추상된 사유의 영역에서만 가능한 보편자이며, 구체적 현실에 대해 단지 당위로서만 기능한다고 비판한다. 이 말은 인간의 삶이 도덕법의 요구에 전적으로 일치할 수 있는지에 대해 회의한다는 것을 의미한다. '의무의 충돌'이라는 주제는 칸트와 헤겔의 사유의 차이를 극명하게 보여준다.

칸트는 의무의 충돌이 일어나지 않는 조화로운 세계를 묘사한다. 의무의 충돌이란 "하나의 의무가 다른 의무를 … 지양하게 되는 의무들 간의 관계일" 것인데, 의무란 그 자체 개념이기 때문에 "의무들 사이의 충돌은 결코 생각될 수 없다."[25]는 것이 칸트의 입장이다.

헤겔은 순수 정신의 영역에서만 타당하며 의무들의 실재적인 충돌에 대해 아무런 대답도 못하는, 즉 현실적인 문제를 해명할 수 없을 뿐 아니라 현실을 화석화하는 칸트류의 이러한 도덕을 '사변적(spekulative)' 도덕이라고 부른다.[26] 그리고 그 특징을 다음과 같이 말한다: "사변적 도덕가는 … 덕을 철학적으로 서술한다. 그의 서술은 연역적이며, 그 서술 내에서는 어떤 모순도 있어서는 안 된다. 한 사태에 대한 서술은 언제나 표상된 사태다. 그가 이 표상, 개념을 생명체에 적용하면, 그 생명체는 바로 그것이어야 한다. … 사변 속에 있는 덕만이 존재하며, 필연적이다. 덕의 개념만이 필연적이다."[27]

이에 반해 헤겔은 사회적 갈등의 불가피성을 인정하는, 그리고 더 나아가 이런 갈등을 삶의 운동인으로 간주하는 사유 전통을 따른다. 헤겔은 칸트의 이러한 형식주의적인 도덕론이 갈등이라는 현실적인 필연성을 하나의 우연성으로 강등시켰다고 본다. 칸트 윤리학은 공허하고 추상적인 보편자가 개별자의 일상적인 경험에 가하는 폭력적 지배를 의미할 뿐이라는 것이다. 도덕 개념에 차갑게 붙들려 있는 도덕에 대한 이런 형식주의적인 통찰은 삶 그 자체와의 '전쟁'이며, 삶의 '부정'에 다름 아니라고 한다.[28] 모든 사회적 관계를 의무라는 패러다임으로, 인간의 사회적 삶을 이성적, 도덕적인 것과 단순히 감각적인 것들의 투쟁으로 환원하며, 의무와 성향, 정신적인 것과 감성적인 것, 그리고 당위와 존재의 대립에서 출발하는 칸트의 윤리학은 결국 하나의 다른 하나에 대한 지배로, 즉 "개별자의 보편자에의 종속" 내지 "보편자의 개별자에 대한 승리"로 이끈다는 것이 헤겔의 칸트 비판의 핵심을 이룬다.[29] 칸트 윤리학에서 인간은 "전제군주에 마주한 노예이면서 동시에 노예에 마주한 전제군주일 뿐"이다.[30]

칸트 윤리학이 이처럼 '법의 형식' 혹은 지배구조의 형식에서 벗어나지 못하는 한, 헤겔은 이 윤리학이 실정성을 극복할 수 없다고 한다. 왜냐하면 법이란, 그것이 시민법이든 도덕법이든 간에, "인간의 자연적인 관계를 계율의 형식으로 표현하기"[31] 때문이다. 헤겔은 칸트 윤리학을 다음과 같이 반박한다: "이러한 길을 통하여 우리는 실정성을 단지 부분적으로만 제거할 수 있을 뿐이다. 퉁구스족의 샤먼과 … 자기 자신의 의무율에 복종하는 사람 사이에는 차이가 있긴 한데, 그 차이는 '전자가 스스로 노예가 된 반면, 후자는 자유롭다'는 점에 있는 것이 아니라, '전자는 자신의 밖에 있는 주인을 섬기는 반면, 후자는 자신 속에 있는 주인을 섬긴다'는 점에, 따라서 후자는 자기 자신의 노예라는 점에 있다. 충동, 성향, 병리적인 사랑, 감성 등 이러한 특수자에게 보편자는 필연적으로 그리고 영원히 낯선 것, 객관적인 것이다. 파괴할 수 없는 실정성은 그대로 남아 있게 된다."[32] 실제적인 삶을 윤리의 영역에서 배제하고, 낯선 계율들에 이 삶을 복종시키는 칸트의 윤리학은 인간을 "재물을 모으고 보존만 할 뿐 향유할 줄 모르는 구두쇠"로 그린다고 헤겔은 칸트 윤리학을 비아냥거린다.[33]

이처럼 칸트의 윤리학 비판은 프랑크푸르트 시기 헤겔 사유의 한 중심축을 이룬다. 하지만 윤리학에 국한되었던 칸트 비판은 예나 시기와 함께 칸트 철학 일반에 대한 비판으로 확장된다. 이 시기 그의 칸트 비판은 소위 '반성철학' 비판의 형태로 나타나는데, 그 비판은 동시에 시대비판임이 드러날 것이다.

3. '반성철학'에 대한 비판

예나 시기(1801-1807)는 여러 가지 의미에서 그 이전 시기와 구분이 된다. 무엇보다 종교를 최고의 통일체로 생각했던 프랑크푸르트 시기(1796-1800)까지의 생각이 이 시기와 더불어 철학을 최고의 통일체로 생각하는 경향으로 바뀌게 된다. 이 말은 참다운 통일을 방해하는 철학에 대한 비판을 이 시기 자신의 철학적 사명으로 삼는다는 것을 함축한다. 실정적 기독교와 칸트 윤리학 비판에 내재해 있는 분리주의에 대한 비판이 예나 시기와 더불어 '반성철학' 비판의 이름으로 계속 수행되고 있음은 이를 뒷받침한다. 특히 그의 유명한 『피히테와 셸링의 체계 차이』(1801), 『신앙과 지식』(1802)에서 그는 반성철학에 대한 포괄적이고 체계적인 비판을 수행한다.

앞에서 헤겔이 근대의 '탈신화화' 혹은 '세속화' 과정의 철학적 표현인 주체성 철학으로의 패러다임 전환을 긍정적으로 평가하고 있다는 사실을 선언적으로 지적한 바 있다. 즉 그는 인식에서 인식주체의 자기관계인 '반성'과 행위에서 행위주체의 자기규정인 '자유'가 기독교적인 이원적 세계로부터 해방적 기능을 수행했다는 점을 인정한다. 그렇다고 하여 헤겔이 근대철학을 비판 없이 칭송하는 것은 아니다. 아니 오히려 그는, 칸트 윤리학에서 보이듯이, 근대철학이 그 근본에 있어서 중세의 이원적 세계를 전혀 극복하지 못하고 있다고 본다.

헤겔은 근대 주관성 철학의 한계를 그 철학의 인식이론적인 구도에서 본다. 세속화의 과정에서 인간의 인식능력에 대한 탐구는 불가피해 보인다. 인식은 한편으로는 인식대상과 인식주체를 전제하며,

다른 한편으로는 대상을 주체 안으로 받아들여 가공하고 주체화한다. 즉 인식주체는 대상에 대한 반성을 통해 다시금 자기 자신으로 되돌아온다. 따라서 인식행위에서 문제가 되는 것은 한편으로는 주체와 객체의 엄격한 분리를 전제한다는 것이고, 다른 한편으로는 대상이 주체에 절대적으로 의존한다는 점이다. 인식주체는 자기 외부에 대상을 갖는다는 점에서 유한하기는 하지만, 대상을 가공하고 주체화한다는 점에서 스스로를 절대화한다. 바로 이러한 인식이론적인 전회가 근대적 사유의 본질이다.

그런데 문제는 인식이론이 철학 일반으로 확대될 수 있는가 하는 점이다. 헤겔은 예나 시기에 인식론의 철학 일반으로의 확대를 '반성철학'이라는 이름 아래 비판한다. 비판의 핵심은, 이 철학이, 인식이론과 마찬가지로, '철학의 앞뜰(Vorhof der Philosophie)'에 머물러 있을 뿐 본격적으로 철학으로 들어가지 않는다는 것이다. 여기에서는 대상이 가지고 있는 자기운동성, 혹은 무한한 정신성 등이 파악될 수 없다는 것이다.

'비춰 봄', '꺾임' 등을 의미하는 광학 용어였던 '반성' 개념은 이후에 '자기를 비춰봄'이라는 일상언어로 정착되었고, 더 나아가 철학적으로 '자기인식' 혹은 '자기의식' 개념 등과 연결되었다.[34] 주체성을 원리로 가지는 근대철학에서 인식주체는, 거울에 반영되는 자신의 모습을 보듯이, 자신을 객체로서 바라보는 구조를 갖는다. 즉 근대철학에서 핵심적인 개념은 반성이라는 인식주체의 자기관계 구조다. 인식주체는 따라서, 그 자기관계성으로 인해, 유한한 주체의 자기절대화를 수행하고 있으며, 따라서 본성상 대상의 정신적인 무한성을 파악할 수 없다. 오히려 대상 속에서 주체는 단지 유한한 사물성만을 볼 뿐이다. 이 말은 헤겔에게서 다음을 의미한다: "이 주체성을 확고한 존재로 만듦으로써 아름다운 것은 하나의 사물로, 성스러운 숲은 단지 나무로, 형상들은 물건들로 되어 버렸다."[35] 인식이론의 범위 안에서만 어느 정도 타당성을 가질 수 있는 반성철학은 따라서 '유한자에 대한 유한한 인식'을 수행한다. 이런 이유로 헤겔은 반성철학을 주체와 객체, 유한자와 무한자 사이의 생동적인 통일을 산출할 수 없는 "유한자의 관념론"[36]으로 규정한다.

헤겔은 무엇보다 칸트와 피히테의 철학을 이 반성철학의 전형으로 간주한다. 칸트에서 사물의 객관성은 오성의 범주와 감성의 직관을 통해서만, 즉 유한한 주체에 의해서만 보장된다. 이러한 생각은 주체가 현상세계의 유일한 창조자이며, 세계는 선험적인 주체를 통해서만 구성된다는 확신의 표현이다. 인식은 여기서 선험적으로 규정된 구도를 대상에 적용시킴으로써 산출된다. 객관세계는 선험적 주체의 독백의 산물, 즉 주체의 자기관계에 의해 산출된 것에 지나지 않는다. 따라서 이 철학에서 객체는 주체에게 단순히 "주관적인 주체-객체"[37]에 지나지 않는다. 대상인식이란 따라서 궁극적으로는 주체의 자기인식으로 드러난다.

피히테 역시 헤겔에 따르면 주관적 관념론의 범주를 벗어나지 못한다. 왜냐하면 그에게서도 세계의 통일은 순수 의식의 범주에서만 구성되기 때문이다. 헤겔은 이러한 사실을 다음과 같이 표현한다. 피히테 철학에서 "체계가 보여주는 최고의 종합은 당위다."[38] 자아는 "연장된 현존의 무한한 과정 가운데 부분들을 무한히 자신으로부터 산출하지만, 자기 자신을 주체-객체로서 직관하는 영원 속에서 자신을 산출하지는 않는다."[39] 비아 혹은 자연은 자아의 정립 행위에 절대적으로 의존한다. 대상을 정립하는 행위는 "자유로운 활동성에 완전히 대립되는 것으로 변환되어 스스로를 제약한다."[40] 절대적인 자아에 의해 정립된 자연은 따라서 자신의 운동인을 갖지 않는 죽은 것으로 드러날 뿐이다.

주관적 관념론의 이런 인식이론적인 구조는 그들의 실천철학에서 좀 더 구체적인 모습을 드러낸다고 한다. 예를 들어 인간과 사회의 관계를 해명하는 문제에서 피히테 철학은 사회를 자기운동인을 갖지 않는 대상으로, 더 나아가 인간의 자유를 제약하는 대상으로 고찰한다. 절대적인 자아-동일성 개념에 의지하여 '자유의 철학'을 기획하는 피히테 철학에서 인간의 자유는 사회의 외부에서, 좀 더 정확히 말하면, 인간의 의지에서만 가능하다. 유한한 자기의식을 논의의 출발로 삼는 '원자론적인' 사회이론의 전형을 보여주는 피히테의 철학에서 공동체 혹은 사회는 따라서 개인의 자유를 제약하는 외적인 기구에 불과하다. 헤겔은 다음과 같이 말한다: "이성존재의 공동체가 참다운 자유의 제약이라면, 그런 공동체는 즉자 대자적으로 최고의 압제일 것이다."[41] 따라서 주관적 관념론에서 자유를 추구하는 자아와 자유를 제약하는 사회의 투쟁은 불가피해 보인다. 헤겔에 따르면 근대적인 주관성이 철학의 원리로 고양될 경우, 개인과 사회의 그러한 갈등은 불가피하다. 왜냐하면 이러한 주관성은 "고립된 반성"[42]으로서 분리의 원리이기 때문이다.

그런데 헤겔은 고립된 반성 혹은 주관성을 철학의 원리로 고양하는 것은 분열된 시대의 표현에 다름 아니라고 생각한다. 즉 그는 주관성을 주관적 관념론의 원리로 간주할 뿐 아니라 더 나아가 시대 자체의 원리로 간주한다. 헤겔이 칸트와 피히테뿐만 아니라 그들과 반대 노선에 서서 그들의 반성철학을 비판했던 야코비까지도 반성철학자로 간주한 이유를 바로 이런 점에서 이해할 수 있다.[43]

야코비는 칸트와 달리 이성이나 반성의 우선성도, 존재의 이성적인 파악 가능성도 주장하지 않는다. 그는 대상, 무엇보다 절대자를 사유 혹은 주체와 분리시켜, 절대자를 반성의 저편에 둔다. 헤겔은 이러한 분리를 반성철학의 가장 중심적인 특징으로 간주한다. 이 두 요소의 화해는 야코비에서도 불가능하다. 칸트와 피히테에서는 "유한자만을 생각하는 이성"[44]이 중요하였다면, 야코비에서는 이성이 "영원자를 생각할 수 없는"[45] 것으로 등장한다. 이렇듯이 양자는 동일한 구조를 가지고 있다. 따라서 칸트와 피히테의 철학뿐 아니라 야코비의 철학도 유한자와 무한자의 절대적인 대립에서 출발하는 당시의 '반성문화'를 반영하고 있을 뿐이다: "이러한 철학들에서 반성의 문화가 체계로 고양된 것 이외에 다른 어떤 것도 볼 수 없다. 스스로 보편자의 사유로까지 고양되는 저속한 인간 오성의 문화. 무한한 개념을 … 절대적인 사유를 위해 취하며, 영원자에 대한 여타의 직관과 무한한 개념을 서로 분리시켜 방치하는 저속한 인간 오성의 문화."46)

헤겔에서 반성문화란 따라서 '분열된 시대의 문화'에 다름 아니며, 반성철학은 이러한 분열을 이론적으로 정당화하는 철학에 다름 아니다. 이러한 철학에서는 대립자의 참다운 통일이 일어날 수 없는데, 왜냐하면 "참다운 절대자는 신앙이나 감정에서만 드러나는 절대적인 피안일 뿐 인식하는 이성에게는 아무것도 아니기 때문이다."47) 반성철학에 대한 헤겔의 비판은 따라서 당시의 시대정신에 대한 비판을 담고 있다. 즉 대립자의 참다운 통일을 이룰 수 없는 오성을 보편자의 사유로까지 고양한 시대정신에 대한 비판.

반성문화에서 헤겔은 근대의 목표였던 세속화, 즉 '해방의 기획'이 부자유(Unfreiheit)로 변환되는 것을 본다. 왜냐하면 반성철학에서 통일은 "강제적이며, 한편은 다른 한편을 자기 밑으로 가져오기 때문이다. 하나는 지배하고 다른 하나는 순종한다. 통일은 상대적인 동일성 안에서 강제되며, 절대자라고 하는 동일성은 불완전하다."48) 바로 이런 점에서 헤겔은 반성철학적 동일성을 "잘못된 동일성(falsche Identität)"49)이라고 한다.

4. '화해하는' 이성 이념을 통한 삶의 총체성의 회복

베른 시기로부터 예나 초기에 이르는 헤겔의 사유는 그의 어느 시기보다도 근대의 분열에 대해 비판적이었다. ‘실정성’이나 ‘반성’은 분열된 시대에 대한 그의 비판적인 입장을 드러내는 핵심적인 개념에 속한다. 그런데 여기서 중요한 것은 헤겔이 근대의 분열을 근대의 ‘파멸’로 인식하지 않았다는 사실이다. 이 말은 그가 비록 이성주의적인 전회를 통해 세계 내적인 통일의 이념을 실현하려 했던 근대의 기획이 수많은 한계를 갖는 것으로 인식했음에도 불구하고 이성적 통찰을 포기하지 않았다는 것을 의미한다. 헤겔이 철학의 유일한 과제를 절대자를 ‘파악하는 것(begreifen)’에서 찾았다고 하는 것은 이를 잘 증명하고 있다.

절대자는, 헤겔에 따르면, 유한자의 저편에 현존해서는 안 된다. 왜냐하면 절대자가 유한자 저편에 있을 경우, 이 절대자는 유한자에 의해 한계 지어지는 만큼 절대자가 아닐 것이기 때문이다. 하지만 동시에 절대자는 정의에 따라 유한자이지 않다. 따라서 절대자는 유한성과 무한성을 자신 안에 포함하는 것으로 파악되어야 한다. 또한 절대자는 실체 혹은 객체로 파악되어서는 안 되는데, 왜냐하면 그렇게 할 경우 절대자는 규정된 것, 즉 한계 지어진 것으로 될 것이기 때문이다. 헤겔에게서 절대자는, 셸링에서와 마찬가지로, 자기운동하는 주체와, 즉 스스로 유한자로 현상하면서 동시에 다시금 자기로 돌아오는 영원한 운동을 하는 자아와 동일하다.

청년 헤겔은 특히 프랑크푸르트 시기에 이 절대자에 상응하는 표상을 ‘삶’ 개념에서 본다. 삶은 당시 가장 중요한 철학적 개념에 속하였다.[50] 헤겔이 유기체적 삶을 절대자로 표상하고 있다는 것은 그가 낭만주의와 셸링의 자연철학의 입장에 강하게 동의하고 있음을 드러낸다. 유기체로서 생명체는 상이한 지체들로 이루어져 있다. 각각의 지체는 다른 지체들과는 분리되어 있지만, 각자는 전체로서의 그 생명체의 삶에 기여한다. 따라서 헤겔에서 삶이란 상이한 개별자들로 구성되어 있으며, 이 개별자들의 존립은 그들이 각각 전체의 일부분이라는 데서 성립한다. 그러므로 한 생명체는 개별적인 유한자를 자기 안에 품고 있는, 즉 스스로 유한자로 전개되었다가 다시 자신에게로 돌아와 자신으로 머무는 무한한 운동을 수행한다. 모순적으로 보이는 술어들의 조합으로 이루어진 삶에 대한 청년 헤겔의 규정들, 예컨대 "무한자와 유한자의 연관성",[51] "육체와 정신의 통일",[52] "무한한 유한자, 제약되지 않은 제약자",[53] 그리고 "결합과 비결합의 결합"[54] 등과 같은 표현은 바로 이러한 생각을 반영하고 있다.

헤겔이 전체를 부분들의 단순한 합이 아니라, 여러 지체들을 자신 안에 포괄하고 있는 유기체로서의 삶과 비교하고 있다는 사실은 헤겔이 당시의 사유 운동의 한 중심축이었던 낭만주의의 영향관계 아래 놓여 있다는 것을 보여준다. 실제로 프랑크푸르트 시기 그의 삶 개념은 낭만주의적인 색채를 많이 가지고 있다. 프랑크푸르트로 오기 직전 쓰인 그의 시 「엘레우시스」는 그 전형적인 예로서 그는 이 시에서 모든 개념적 사유의 한계를 적나라하게 고발하고 있다. 이런 철저한 낭만주의의 기조에도 불구하고 그는 이미 이 시기에도 삶을 자연적 삶이 아닌 개념적 삶으로 읽고 있다는 흔적을 남겨둔다. 즉 그는 이 시기에도 이미 이성주의의 길을 완전히 벗어나 있지 않았다. 우리는 이런 흔적이 『정신현상학』에서 완전한 모습으로 발현되고 있다는 것을 알고 있다. 그는 특히 「서설」에서 셸링의 철학 비판을 통해 낭만주의를 간접적으로 비판하고 있는데, 낭만주의와 셸링은 삶을 자연적인 삶, 즉 아무런 개념적 구별이 불가능한 직관적 삶으로 간주하며, 그런 한에서 그들은 삶에 대한 질적 구별을 할 수 없는 한계를 갖는다는 것이다. 그래서 헤겔은 셸링의 생철학을 모든 질적 구분을 사상해 버리고 모든 대상을 양과 수로 대치하는 수학의 형식주의와 한통속으로 비판하는 것이다.

헤겔의 삶 개념에는 낭만주의의 삶 개념과 구별되는 요소가 이미 프랑크푸르트 시기에도 단초적으로나마 존재하고 있다는 사실은 우선 그가 삶을 자연적 삶이 아니라 '사회적 삶', '공동의 삶(Zusammenleben)'으로 이해하고 있다는 데서 두드러진다. 공동의 삶의 파괴는 삶의 본질을 파괴하는 것이고, 그런 파괴 행위가 실정적 제도를 산출하게 된다는 것이다. 헤겔이 실정종교의 원형인 유대교의 창시자인 아브라함의 행위를 공동의 삶으로부터의 분리라는 관점에서 살피는 이유는 바로 여기에 있다: "아브라함을 한 민족의 조상으로 만든 최초의 행동은 **공동의 삶**과 사랑의 유대를 끊은 바로 이러한 단절이었다. 그는 지금까지 자연, 인간과 더불어 살아왔던 관계의 총체, 즉 그의 젊었을 때의 아름다웠던 총체적 관계를 … 거부했다."[55] 삶의 본질을 '공동의 삶'에서 찾는 그의 설명방식은 법과 삶, 법적 형벌과 운명으로서의 형벌의 구별에서 더욱 뚜렷이 드러난다.

법은 현실과 당위, 삶과 개념의 분리에서 출발하며, 당위에 의한 현실의 지배, 개념에 의한 삶의 지배를 그 특징으로 한다. 따라서 법의 관점에서는 개념이 삶을 무화시킬 수 있는 힘으로 등장한다. 이에 반해 운명의 관점에서는 이러한 법적인 분리가 삶 자신의 분리로 인식되며, 따라서 삶의 분리도 역시 삶의 한 양태로 고려된다는 것을 의미한다.

따라서 헤겔에서 '운명' 개념은 삶만이 순수하게 자신과 관계하는 유일한 절대자임을 드러내 준다. 즉 삶이란 완고한 실정적인 체계에서도 순수한 법적 관계로 환원되지 않는다는 것을, 이와 더불어 삶은 실정적인 법 이상의 것임을 의미한다. 법은 헤겔에 따르면 '인간본성의 생동적인 변용'으로서 인간에 의해 규정되어야지 그 반대여서는 안 된다.[56] 이것은 법이 왜 본성상 실정적인 요소를 내포하고 있는지 보여준다: "법은 인간의 자연적인 관계를 계율의 형태로 표현하기 때문에, 만약 자연적 관계가 전체적으로든 부분적으로든 간에 객체화된다면, 자연적 관계의 관점에서 오류는 바로 그 계율의 형식에 놓여 있다. 법은 … 개념 속에서만 대립물들을 통일시키기 때문에, 그 개념은 당위를 표현하고 있다."[57] 따라서 법의 형식으로 등장하는 삶은, 그것이 시민법이든 도덕법이든 간에, 어느 정도는 화석화되는 것이 불가피하다.

헤겔은 삶과 법의 차이를 범죄 현상이 다뤄지는 방식에서 더 극명하게 본다. 타자의 삶에 상처를 낸 것에 대한 보응으로 법은 범죄자에 형벌을 가함으로써 범죄에 의해 발생한 삶의 '공백'을 메운다. 여기에서 법은 보편자로, 범죄자는 이 보편자에 복종해야 하는 특수자로 현상한다. 헤겔은 범죄자에 부여된 형벌의 필연성을 다음과 같이 말한다: "형벌은 인간이 벗어났지만 여전히 의존하고 있는, 그리고 결코 … 벗어날 수 없는 법이 위반된 것에 대한 결과물이다. … 법의 특성은 보편성이기 때문에, 범법자가 법의 내용을 깨뜨리기는 했어도 그 형식, 즉 보편성은 여전히 남아 있으며, 자신의 수하에 두었다고 믿었던 법 역시 그대로 유지된다."[58]

그런데 헤겔은 법적인 필연성이란 현실적 필연성과 관계가 없다는 사실을 보임으로써 법적인 세계인식의 한계를 드러내고자 한다. 즉 그는 법의 필연성이란 그 적용의 필연성이 아니라 단지 개념적인 필연성에 불과하다는 사실을 보여주고자 한다: "형벌 그 자체의 필연성은 확고하지만, 정의의 집행은 필연적인 것이 아니다. 왜냐하면 그것은 살아 있는 것의 양태로서 소멸할 수도 있고 또 다른 양태로 나타날 수도 있기 때문이다. 따라서 정의는 우연적인 것이 된다."[59] 법의 정신은, 삶에서 우연의 영역을 피하기 위해, 삶을 아주 세세한 부분까지 법적으로 규정하고자 하지만, 건조한 법망은 삶의 인륜적 총체성을 포괄할 수 없다는 것이 헤겔의 법에 대한 비판의 핵심이다. 헤겔이 모든 것을 규칙화하고자 하며, 모든 규칙을 철학의 본질로부터 선험적으로 연역하는 피히테의 윤리학을 비판하는 근거는 바로 이런 문제의식에 놓여 있다. 피히테는 심지어 어떻게 화폐의 위조가 예방될 수 있는지, 어떤 여권이 사람들에게 지급되어야 하는지, 그리고 이 여권은 어떻게 발급되어야 하는지 등을 그의 윤리학에서 모두 규정하고 있다.[60] 헤겔은 인간의 모든 세세한 행위까지도 윤리학 교과서에 규정하려는 피히테적인 이런 태도를 비난하여 그것을 "가격표"[61]라고 이름 붙인다.

삶의 자기운동을 설명하기 위해 도입된 '운명' 개념과 더불어 헤겔은 형벌의 개념적 필연성이 아니라 형벌의 '현실적' 필연성을 설명하고자 한다. 운명으로서의 형벌은 범죄자 혹은 채무자가 실제적인 삶의 과정에서 겪게 되는 고통을 말한다.

'운명'은 삶의 본질이 공동의 삶이라는 것을 보여주는 가장 중요한 개념 장치에 속한다. 운명은 찢긴 삶이 겪는 고통을 말한다. 그것은 삶이 삶 자신에 가하는 형벌이다. 범죄 행위란, 운명의 관점에서 볼 때, 타자의 삶에 상처를 준 것일 뿐 아니라 동시에 자신의 삶에 상처를 준 것이다. 왜냐하면 범죄자는 자신의 범죄 행위를 통해 자신의 삶의 본질이기도 한 공동의 삶을 파괴시켰기 때문이다: "범법자는 타자의 삶을 해쳤다고 생각한다. 하지만 그는 자기 자신의 삶을 파괴했을 뿐이다."[62] 따라서 삶의 상처, 혹은 범죄 행위는 '공동의 삶의 파괴' 혹은 '인륜적 원리들의 파괴'로 간주된다.[63] 따라서 범죄자가 자신의 행위 때문에 고통을 겪게 되는 것은 당연해 보인다: "(타자의) 삶의 파괴는 (타자의) 삶을 없애 버린 것이 아니라 (자신의 고유한) 삶을 분리시킨 것이며, 파괴의 본질은 삶이 적으로 되어 버렸다는 데 있다."[64] 이러한 고통은 따라서 운명으로서의 형벌, 즉 삶이 스스로에게 부과한 형벌이다.

운명이 발생하는 이유는 삶의 본질인 공동의 삶이 파괴되었기 때문이다. 따라서 삶의 파괴는 '삶이 아님'이 아니라 '삶이 결핍'되었음을 의미하며, 고통은 따라서 삶의 회복에 대한 열망을 내포한다. 근원적 삶으로부터의 단절을 인식한 순례자들의 고행을 헤겔이 파괴

된 삶을 회복하기 위한 삶 자신의 자기치유의 과정으로 이해하는 이유는 바로 여기에 있다.65)

법적인 형벌과 운명으로서의 형벌을 구별함으로써 헤겔은 근대의 계몽주의 이성, 즉 대상들의 외적인 인과성만을 포착하며, 따라서 대립의 생동적인 통일을 산출할 수 없는 오성을 비판하고 있으며, 동시에 분열로 인식되는 삶의 "운명적 과정을 화해"66)시키고자 하고 있음을 보게 된다. 즉 그는 여기에서 근대 계몽의 이성과는 구별되는 '화해하는 이성'을 기획하고 있다. 베른과 프랑크푸르트 시기에 헤겔이 이 화해하는 이성을 구체화하고 있지는 않다. 단지 그 모형을 보여주고 있을 뿐이다.67)

화해하는 이성은 타자를 자신의 실존의 불가피한 조건으로 인식하게 하는 주체의 능력이다. 헤겔은 '사랑' 개념에서 화해하는 이성의 한 모형을 본다. 즉 사랑은 분열된 삶에 통일성과 생동감을 줄 수 있는 이성의 다른 이름이다. 헤겔은 이 개념을 통해 근대의 반성 개념이 가지고 있던 분리주의적인 원리를 극복하고자 한다. 그는 베른 시기의 한 단편에서 사랑의 본질을 다음과 같이 말한다: "사랑이 다른 사람 안에서 자신을 발견하는 것인 한에서, 혹은 더 정확히 말해서 사랑이 자기 자신을 망각하고 자신을 자기 실존에서 끌어내어 타자 안에서 살고 느끼고 활동하는 한 이 사랑은 **이성**과 유사성을 갖는다."68)

유명한 **사랑** 단편에서는 다음과 같이 말한다: "참된 통일, 즉 본래적인 사랑은 살아 있는 자들 사이에서만 발생한다. 이들은 힘에 있어서 서로 동등하며, 따라서 철저하게 서로에 대해 살아 있는 자들이며, 어느 쪽에 의해서도 죽은 자로 간주되지 않는다. … 또한 사랑은 제약하는 것도 제약된 것도 아니며, 유한한 것도 아니다. … 사랑 속에서 삶은 자신을 발견하며, 그것도 이중화로서, 이 이중화의 통일로서 발견한다. … 사랑 속에서도 분리된 것이 여전히 존재하지만 더 이상 분리된 것이 아니라 통일체로서 존재한다."[69] '타자 속에서 자신을 발견함(Sich-im-Anderen-Finden)'으로 정의되는 사랑은 주체가 타자를 거쳐 다시 자기 자신으로 돌아오는 운동을 표현한다. 사랑 속에서는 타자의 실존이 자신의 동일성의 필수적인 일부를 이루게 된다. 주체의 자기관계가 타자와의 관계를 통해서야만 가능하다고 하는 이런 생각은 순수하게 고립된 주체의 자기관계로부터 출발하는 반성철학과 구별되는 핵심점이다.

헤겔은 이렇듯 사랑 개념을 통해 근대 주관주의의 이성 혹은 '고립된 반성'과 구별되는 '화해하는 이성'의 한 모형을 보여준다.[70] 사랑은 인식하는 이성이 인식대상과 완전히 분리되는 능력이어서는 안 된다는 것을 보여준다. 인식주체와 인식대상이 서로 완전히 분리되어 있다면, 양자는 아무런 매개 없이 서로 마주보고 있을 것이다. 따라서 파악하는 이성과 파악된 대상은 서로 구별되어서는 안 된다. 헤겔이 절대자와 이 절대자의 파악 능력을 엄격하게 구분하지 않은 이유는 여기에 있다. 헤겔이 이미 프랑크푸르트 시기에 절대자로서의 삶을 정신 내지 이성과 동일시하고 있다는 흔적들을 발견할 수 있다: "무한한 삶을 사람들은 정신이라고 부를 수 있다. … 왜냐하면 정신은 다양한 것들의 생동적인 통일이기 때문이다."[71] 따라서 헤겔에서 삶과 정신은 절대자에 대한 다른 이름이다. 전자가 절대자의 객관적인 측면을 강조한다면 후자는 절대자의 주관적인 측면을 강조하고 있을 뿐이다. 체계화가 진행되면서 삶이라는 낭만주의적인 개념은 정신이라는 철학적 개념에 점차 자리를 양보하게 된다. 예나 후기 이후 삶 개념이 정신에 종속되며, 이제 절대자가 "정신의 삶"으로 그려지는 것은 그의 철학적 체계화의 결과다.[72]

[참고문헌]

Hegel, G. W. F., *Gesammelte Werke*(GW), Hamburg: Felix Meiner Verlag.

_____, *Werke in zwanzig Bänden*(TW), hrsg. von E. Moldenhauer & K. M. Michel, Frankfurt/M.: Suhrkamp.

_____, 정대성 옮김, 『헤겔의 종교론집』, 한들출판사, 2001.

Adorno, Th. W., *Dialektik der Aufklärung*, in: *Gesammelte Schriften*, Bd. 3, Frankfurt/M., 1981.

Blühdorn, J. -G., "Positiv, Positivität", in: *Historisches Wörterbuch der Philosophie*, Bd. 7, hrsg. von J. Ritter & K. Gründer.

Bondeli, M., "Vom Kantianismus zur Kantkritik. Der junge Hegel in Bern und Frankfurt", in: *Hegels Denkentwicklung in der Berner und Frankfurter Zeit*, hrsg. von M. Bondeli & H. Linneweber-Lammerskitten, München, 1999.

Finelli, R., *Mythos und Kritik der Formen. Die Jugend Hegels* (1770-1803), Frankfurt/M., Berlin, 2000.

Gawoll, H. J., "Glauben und Positivität. Hegels frühes Verhältnis zu Jacobi", in: *Hegels Denkentwicklung in der Berner und Frankfurter Zeit*, hrsg. von M. Bondeli & H. Linneweber-Lammerskitten, München, 1999.

Habermas, J., "Hegels Kritik der Franzoesischen Revolution", in: ders., *Theorie und Praxis*, Frankfurt/M., 1971.

Kant, I., *Metaphysik der Sitten*, Hamburg, 1959.

Kaufmann, W., *Hegel. A Interpretation*, Garden City, New York, 1978.

Kroner, R., *Von Kant bis Hegel*, Tübingen, 1977.

Lukacs, G., *Der junge Hegel*, Neuwied, 1967.

Pöggeler, O., "Philosophie und Revolution Beim Jungen Hegel", in: *Enciclopedia* 72, Arti Grafice Marchesi-Roma, 1971.

Ritter J., "Hegel und die Franzoesische Revolution", in: ders., *Metaphysik und Politik*, Frankfurt/M., 1971.

Schulte, G., *Immanuel Kant*, Frankfurt/M., 1991.

Semplici, S., “Das Leben Jesu und das Problem des Boesen: Kant oder Rousseau?”, in: *Rousseau, die Revolution und der junge Hegel*, hrsg. von H. F. Fulda & R. -P. Horstmann, Stuttgart, 1991.

김윤상, 「독일 관념론의 중력장 내에서 헤겔과 셸링의 눈에 비친 라인홀트와 야코비」, 『헤겔연구』 13, 철학과현실사, 2003.

[주(註)]

* 이 글은 『헤겔연구』 14호에 발표된 것임을 밝힌다.

1) 헤겔 『법철학』에서 형벌의 필연성에 대한 최근의 논의는 양명수의 연구 「죄와 벌의 인과관계에 대한 연구: 헤겔의 법철학과 형벌의 신학」, 『헤겔연구』 13, 철학과현실사, 2003, 특히 54쪽 이하 참조.

2) *Technik und Wissenschaft als Ideologie*에 들어 있는 논문 「노동과 상호작용」과 『근대성의 철학적 담론』에 들어 있는 「헤겔과 근대」 장에서 하버마스는 특히 헤겔을 상호주관성의 철학에서 해석하고 있다.

3) G. W. F. Hegel, *Gesammelte Werke*, Felix Meiner Verlag(이하 GW로 약칭하여 표기함), Bd. 1, S.372; 정대성 옮김, 『헤겔의 종교론집』, 한들출판사, 2001, 238쪽 이하.

4) Vgl. J.-G. Blühdorn, “Positiv, Positivität”, in: *Historisches Wörterbuch der Philosophie*, Bd. 7, Sp. 1106ff.

5) G. W. F. Hegel, *Werke in zwanzig Bänden*, E. Moldenhauer & K. M. Michel(Hg.), Suhrkamp(이하 TW로 약칭하여 표기함), Bd. 1, S.217; 정대성 옮김, 『헤겔의 종교론집』, 248쪽.

6) 『논리학』에서 헤겔이 ‘positiv’를 ‘negativ’에 대응시키는 것이 그 대표적인 예다. 이 두 개념을 헤겔은 반성의 자기운동의 결과로 드러난 하나의 본질 규정으로 본다. 즉 그 두 요소는 각각 ‘대립의 자립화된 측면’ 혹은 ‘대립의 절대적인 계기들’에 다름 아니다(GW, Bd. 11, *Wissenschaft der Logik*, S.273). 따라서 각 계기들의 절대적 자립성은 사라진다.

7) GW, Bd. 1, S.352; 정대성 옮김, 『헤겔의 종교론집』, 210쪽.

8) TW, Bd. 1, S.239.

9) 헤겔은 주관 종교를 자연에 살고 있는 생명체에, 객관 종교를 박제된 동물에 비유한다. 왜냐하면 객관 종교가 체계화되어 한 권의 책 속에서 서술되는 데 반해, “주관 종교는 생동적이며, 존재자의 내면에서 효력을 발휘하기” 때문이다(GW, Bd. 1, S.88).

10) G. Lukacs, *Der junge Hegel*, Neuwied und Berlin, 1967, S.115.

11) TW, Bd. 1, S.182.

12) Vgl. GW, Bd. 1, S.138ff.

13) A.a.O. S.376.

14) 이렇듯 청년기 헤겔은 철학이 아니라 종교가 시대정신을 가장 통일적으로 구현하고 있다고 생각한다. 이런 생각은 그의 프랑크푸르트 시기까지 이어지며, 예나 시기가 되어서야 철학이 시대정신의 직접적이고 통일적인 담지자로 등장하게 된다. 프랑크푸르트 시기의 한 단편은 청년 헤겔의 종교에 대한 표상을 잘 보여주고 있다: "주관과 객관, 느낌 그리고 대상에 대한 느낌의 욕구와 오성을 통일시키려는 욕구, 환상을 통하여 미(美), 즉 신 속에서 주관과 객관을 통일시키려는 이러한 욕구는 인간 정신의 가장 고귀한 욕구이며 종교에 대한 충동이다." TW, Bd. 1, S.406.

15) GW, Bd. 1, S.103.

16) GW, Bd. 1, S.359; 정대성 옮김, 『헤겔의 종교론집』, 219쪽.

17) 카우프만은 자신의 저서 *Hegel. A Interpretation*(Garden City, New York, 1978)의 「칸트와의 관계」 장에서 이 사실을 보고하고 있다.

18) 베른 시기에 쓰인 『예수의 생애』와 『기독교의 실정성』에서 헤겔이 급진적인 칸트주의자의 모습을 보인 데 반해, 프랑크푸르트 시기 헤겔은 칸트와 적대관계로 돌아섰다는 것이 일반적인 헤겔 해석의 한 유형이다. Vgl. M Bondelli, "Vom Kantianismus zur Kantkritik. Der junge Hegel in Bern und Frankfurt", in: M. Bondelli & H. Linneweber-Lammerskitten(Hg.), *Hegels Denkentwicklung in der Berner und Frankfurter Zeit*, München, 1999, S.31-51. 하지만 나는 여기에서 이미 헤겔이 베른 시기에 탈칸트적인 정신의 인도를 받고 있었다는 것을 밝힘으로써 베른과 프랑크푸르트 시기 사이의 급진적 단절에 대해 이의를 제기하고자 한다.

19) R. Finelli, *Mythos und Kritik der Formen. Die Jugend Hegels*(1770-1803), Frankfurt/M, Berlin, 2000, S.89.

20) G. Lukacs, *Der junge Hegel*, S.53. 슐테가 "단수의 그리고 찾아내기 어려운 주체성의 수수께끼가 칸트에서는 결정적인 것이다."라고 한 말 역시 칸트의 주체성의 저런 특성을 보여준다. G. Schulte, *Immanuel Kant*, Frankfurt/M., 1991, S.10.

21) 루소와 헤겔의 관계에 대해서는 H. F. Fulda & R. -P. Horstmann(Hg.), *Rousseau, die Revolution und der junge Hegel*, Stuttgart, 1991을 참조하라. 특히 셈플리치의 다음의 글은 이 입장을 선언적으로 드러내 준다: "급진적 악이론을 받아들이지 않음으로써 헤겔의 예수는 『단순한 이성의 한계 내에서의 종교』보다는 『고백록』에 훨씬 더 접근해 있다."(S. Semplici, "Das Leben Jesu und das Problem des Boesen: Kant oder Rousseau?", S.139)

22) GW, Bd. 1, S.365f; 정대성 옮김, 『헤겔의 종교론집』, 228쪽 이하.

23) 헤겔 연구가들은 바로 이 사실에 이구동성으로 동의한다. 예컨대 루카치는 실정종교에 대한 헤겔 혐오의 "가장 깊은 원천을 혁명에 대한 그의 열광"에서 찾으며, 그의 사상은 "프랑스 혁명의 전개와 더불어" 전개되었고, "일생 동안 흔들림 없이 이 혁명의 역사적 필연성의 사상"에 붙들려 있었다고 말한다(G. Lukacs, *Der junge Hegel*, S.44f). 리터는 헤겔 철학을 "그 가장 내적인 추동력으로부터 혁명의 철학"으로 간주하며(J. Ritter, "Hegel und die Franzoesische Revolution", in: ders., *Metaphysik und Politik*, Frankfurt/M., 1971, S.128), 하버마스는 헤겔이 "혁명을 철학의 원리로" 고양했다고 말한다(J. Habermas, "Hegels Kritik der Franzoesischen Revolution", in: ders., *Theorie und Praxis*, Frankfurt/M., 1971, S.128). 이 외에 푀겔러는 헤겔의 "체계를 혁명에 대한 결정적인 답변"으로 간주한다(O. Pöggeler, "Philosophie und Revolution Beim Jungen Hegel", in: *Enciclopedia* 72, Arti Grafice Marchesi-Roma, 1971, S.229).

24) GW, Bd. 1, S.284.

25) I. Kant, *Metaphysik der Sitten*, K. Vorlaender(Hg.), Hamburg, 1959, S.27.

26) 헤겔은 여기서 '사변적(spekulativ)'이란 용어를 구체성을 결여한 나쁜 의미의 순수 관념성을 지시하기 위해 사용한다. 하지만 셸링으로부터 많은 것을 배우게 되는 예나 시기 이후 이 용어는 '참다운 철학적 능력'을 나타내는 개념으로 된다.

27) TW, Bd. 1, S.337.

28) TW, Bd. 1, S.337.

29) TW, Bd. 1, S.299.

30) TW, Bd. 1, S.302.

31) TW, Bd. 1, S.321.

32) TW, Bd. 1, S.323.

33) TW, Bd. 1, S.307f.

34) 참조. L. Zahn, "Reflexion", in: *Historisches Wörterbuch der Philosophie*, Bd. 8, Sp. 396ff.

35) G. W. F. Hegel, "Glauben und Wissen oder die Reflexionsphilosophie der Subjektivität, in der Vollständigkeit ihrer Formen, Kantische, Jacobische, und Fichtesche Philosophie", in: GW, Bd. 4, *Jenaer Kritische Schriften*, H. Buchner & O. Pöggeler(Hg.), Hamburg, 1968(이하 Glauben und Wissen으로 표기함), S.317. 확실히 우리는 여기서 헤겔이 근대철학의 본질을 문제 삼고 있는 것을 본다. 예를 들어 데카르트는 물체를 정신과 구별되는 하나의 실체로 규정하고 물체의 본질을 연장에서 찾았는데, 이것은 사물에는 특정한 목적성이나 의미, 즉 정신성이 들어 있다고 한 과거 형이상학적 사유와 구별되는

근대철학의 가장 큰 특징에 속한다. 헤겔이 계몽을 '건조한'이라는 형용사로 묘사하는 이유는 바로 여기에 있다.

36) Glauben und Wissen, S.322

37) G. W. F. Hegel, *Differenz des Fichteschen und Schellingschen Systems der Philosophie*, Bd. 4(이하 Differenzschrift로 표기함), S.6f.

38) Differenzschrift, S.45.

39) Differenzschrift, S.48.

40) Differenzschrift, S.48.

41) Differenzschrift, S.55.

42) Differenzschrift, S.16.

43) 야코비와 헤겔의 관계에 대한 좀 더 상세한 논의는 H.-J. Gawoll, "Glauben und Positivität. Hegels frühes Verhältnis zu Jacobi", in: M. Bondeli & H. Linneweber-Lammerskitten(Hg.), *Hegels Denkentwicklung in der Berner und Frankfurter Zeit*, München, 1999, S.87-104. 김윤상도 이 관계를 간략하게 다루고 있다. 김윤상, 「독일 관념론의 중력장 내에서 헤겔과 셸링의 눈에 비친 라인홀트와 야코비」, 『헤겔연구』 13, 철학과현실사, 2003, 특히 190쪽 이하.

44) Glauben und Wissen, S.322.

45) Glauben und Wissen, S.322.

46) Glauben und Wissen, S.322f.

47) Glauben und Wissen, S.383.

48) Differenzschrift, S.32.

49) Differenzschrift, S.32. 호르크하이머와 아도르노 역시 현대사회를 비판하기 위해 이 개념을 사용한다. 그들에 따르면 근대적 이성은 주체-객체의 인식론적 구조를 가지는 도구적 이성으로 축소되었다. 소위 '기술적 합리성'에 의해 인도되는 이 이성은 보편자와 특수자 사이의 '잘못된 동일성'에 의해 인도된다는 것이다. Th. W. Adorno, *Dialektik der Aufklärung, in Gesammelte Schriften*, Bd. 3, Frankfurt/M., 1981, S.141 이하 참조.

50) 크로너는 야코비, 피히테, 셸링 그리고 헤겔에서 삶 개념이 그들 철학의 중심 개념이었다는 것을, 그리고 그들 간의 차이를 보고한다. R. Kroner, *Von Kant bis Hegel*, Tübingen, 1977, Bd. 2, S.143ff.

51) TW, Bd. 1, S.378.

52) TW, Bd. 1, S.414.

53) TW, Bd. 1, S.420.

54) TW, Bd. 1, S.422.

55) TW, Bd. 1, S.277.

56) TW, Bd. 1, S.318.

57) TW, Bd. 1, S.321.

58) TW, Bd. 1, S.341ff.

59) TW, Bd. 1, S.339.

60) Differenzschrift, S.56 이하의 Anmerkung를 참조하라.

61) G. W. F. Hegel, “Über die wissenschaftlichen Behandlungsarten des Naturrechts”, in: GW, Bd. 4, S.449.

62) TW, Bd. 1, S.343.

63) 헤겔이 여기서 고대 비극을 생각하고 있음은 상당히 개연적이다. 비극의 주인공들은 인륜적 삶 혹은 질서의 파괴를 직면하여 비극적 운명에 처해진다. 그런 비극은 그들이 인륜적 삶을 자기들의 삶의 본질로 여기고 있다는 것을 의미한다.

64) TW, Bd. 1, S.342. 괄호 안은 필자의 보충.

65) TW, Bd. 1, S.345. 예나 시기에 헤겔은 “분리는 철학의 욕구의 원천”이라는 말로 이러한 문제의식을 발전시킨다.

66) TW, Bd. 1, S.341.

67) 이에 반해 예나 시기에는 ‘참다운 반성’ 혹은 ‘정신’ 개념을 통해 이 이성을 구체화하려고 한다.

68) GW, Bd. 1, S.101. 강조는 필자.

69) TW, Bd. 1, S.245f.

70) 사랑 개념에서 통일하는 이성의 이념의 흔적을 읽을 수는 있지만, 헤겔 역시 통일 능력으로서의 사랑의 한계를 느끼고 있었던 것 같다. 왜냐하면 사랑에 대한 수많은 부정적인 진술들 역시 그의 초기 단편들에 등장하기 때문이다. 그에 따르면 사랑은 감정으로서 직접성의 문제를 극복할 수 없다는 것이다. 그가 이후 발전된 체계에서 사랑을 상이한 인륜적 공동체에서 가족의 통일의 원리로 위치 짓는다는 것은 그의 초기 사유의 체계화의 결과로 이해된다.

71) TW, Bd. 1, S.421.

72) Vgl. R. Kroner, *Von Kant bis Hegel*, Bd. 2, S.145. 예나 시기에 헤겔은 ‘사랑’으로 표상되었던 통일의 능력을 참다운 반성, 혹은 이성 그 자체에서 찾는다: “(참다운) 반성은 이성으로서 절대자와 관계를 갖는다. 이 반성은 이러한 관계를 통해 있는 이성일 뿐이다. 반성은 그런 한에서 자기 자신을 무화하며, 모든 존재와 제약자들을 절대자와 관련시킴으로써 그 존재와 제약자를 무화시킨다. 하지만 동시에 절대자와의 바로 이러한 관계를 통해서야만 제약자는 존립하게 된다.”(Differenzschrift, S.16f)

가다머 철학에서 이성과 이해

박남희

1. 들어가며

한스-게오르그 가다머(Hans-Georg Gadamer, 1900-2002)는 다양한 학문에 지대한 영향을 끼친 몇 안 되는 현대 서양철학자 중 한 사람이다. 그가 60세가 되던 해에 발표한 『진리와 방법』[1]은 실체적이고 실증적인 진리관을 불식시키고 새로운 진리관을 제시하면서 오랫동안 서양이 안고 있었던 고질적인 문제를 해결해 나가는 실마리를 제공한다.

그에게 있어 진리란 고정적이고 실체적인 것이 아니라 사람마다 자신이 처해 있는 상황과 더불어 늘 끊임없이 달리 새롭게 이해하고 해석하며 자기로 실현해 가는 일로, 이제 철학은 해석학(Hermeneutik)이 되어야 한다는 것이다. 가다머의 이러한 주장은 해석학이 문헌을 더 잘 해석하기 위한 수단이나 방법이 아니라, 진리를 추구하는 일이라는 것을 말해 주는 것으로 우리는 이러한 그의 철학적 태도를 가리켜 철학적 해석학이라고 부른다.

가다머의 이와 같은 철학적 태도는 자연과학의 진리 개념에 대한 비판에서 시작한다. 그가 볼 때 자연과학의 시간과 공간을 초월하여 있는 객관적이고 일반적인 진리란, 구체적인 현실에 뿌리를 두고 살아가는 인간의 삶과는 유리된, 추상적이고 이론적인 지식에 불과하다. 다시 말해서 앎이란 삶으로부터 추론화된 하나의 방식임에도 불구하고, 마치 앎이 삶에 앞서 주어져 있는 진리인 것처럼 호도하고 있는 것은 잘못된 의식이라는 것이다.

그런데 이런 삶과 앎이 전도된 자연과학의 방법적 진리가 오늘날 우리 삶의 모든 영역에까지 밀고 들어와 진리로 자처하며 초월적 힘을 행사하려 든다는 것이다. 이러한 자연과학의 진리관 안에는 근대의 도구적 이성이 자리하고 있는데, 가다머는 근대의 도구적 이성이 아닌 삶의 현사실성에 근거한 이해를 통해 새롭게 정신과학의 진리 개념을 해명해 간다.

이 글은 이러한 가다머의 이해(Verstehen)에서 출발하는 진리가 근대의 이성(Vernunft)에 토대를 두고 있는 이성의 진리와 어떻게 다른가를 밝혀 보고자 한다. 이는 서양 사유의 중심에 있었던 이성의 문제를 가다머가 자신의 철학 안에서 어떻게 새롭게 다루고 있는가 하는 문제이자, 가다머 철학의 특징이 무엇인지를 밝히는 일임과 동시에 가다머의 해석학과 다른 해석학자와의 차이를 드러내는 일이기도 하다. 그리고 현대사회에서 진리의 물음을 다시 물어 가는 일이기도 하다.

2. 이성에서 이해로

이성(理性)이란 본래 그리스어 'logs'의 라틴어 번역인 'ratio'에서 유래한 영어의 'reason'과 프랑스어의 'raison'의 한국어 번역어로, 일반적으로 인간의 속성 내지는 합리성을 가리킨다. 그러나 이러한 이성 이해는 본래 사물의 이치나 그 이치 자체라는 그리스의 이성의 의미에서, 계산과 비례라는 의미로 바뀌어 나간 로마시대를 거쳐, 인식의 합리성과 객관성을 이상으로 하는 근대의 계몽주의의 세례를 받은 이후에 형성된 협소한 의미의 이성 개념이다.

이러한 이성 개념을 갖게 된 데에는 근대를 열어 나간 철학자 데카르트(René Descartes, 1596-1650)의 역할이 크다. 데카르트는 "나는 생각한다. 고로 나는 존재한다(cogito, ergo sum)."며 사유함이 곧 존재함이라는 사유와 존재의 동일성의 세계를 열어 간다. 모든 것을 의심하며 있는 나는, 더 이상 의심할 수 없는 자명한 사실이라는 데에서 데카르트는 존재자의 존재성을 정신의 활동인 이성에서 찾는다.

이제 존재하는 모든 것은 사유하는 존재와 그렇지 못한 존재로 바뀌면서 스스로 생각하는 자율적 존재인 주체와, 그렇지 못한 물체인 객체로 나누어진다. 이는 존재하는 모든 사물의 근본 원인을 사물 자체에서 찾은 자연철학자들과는 달리, 고대 철학자들이 이를 사물로부터 분리시켜 세계를 초월해 있는 비물질적 존재로서 영혼을 상정하기 시작한 이래로, 내재적이냐 초월적이냐, 그리고 실체적이냐 실증적이냐 선험적이냐 하는 문제만 달리할 뿐, 분리하여 나누어 사고한다는 면에서는 크게 다르지 않다. 즉, 사물과 하나로 있던 사물의 법칙으로서의 'logs'가 고대에 영혼과 물질로 나누어진 이후로, 중세에는 초월자와 피조물로, 그리고 근대에는 다시 정신과 물질로 바뀐 것일 뿐이다.

이러한 자연과학적 이성의 태도는 사실 고대 자연철학 안에서부터 태동하고 있었다. 고대의 자연철학이 근대와 달리 그 원인을 자연 그 자체에서 구하고는 있지만, 자연을 인간의 사유로 파악하기 힘든 알 수 없는 힘으로 여겼던 그 이전 시대와는 달리, 자연을 관찰대상으로 삼기 시작하였다는 것은 인간이 자연을 파악 가능한 것으로 여기기 시작하였다는 것을 의미하는 것이다. 따라서 이러한 태도는 사유하는 주체와 그것의 대상으로서의 객체를 나누어 생각하고, 그리고 사유하는 주체에 의해 모든 것이 파악 가능하다고 생각하는 근대로 자연스럽게 이어져 오면서 서양 사유의 특징으로 자리한다.

또 다른 한편으로는 서양 사유의 출발점을 자연을 관찰하는 일에서부터 기술하고 있다는 사실 자체가 어쩌면 근대 이성의 관점에서 철학을 해석해 나간 해석학이라 할 수 있으며, 그렇다면 근대 이성의 관점에서 거꾸로 서양사를 해석함으로 이성의 본래적 의미를 사장시키고 있는 것이라 할 수도 있다.

어찌되었든 근대는 이제 정신의 활동인 이성에 의해 모든 것들을 대상화하고 수치화하며, 계량화하고 통계화하여 이론화를 통한 일반화를 꾀한다. 그리고 이를 객관성과 보편성이라는 이름 아래 시간과 공간을 넘어선 진리로 상정한다. 그리고 이의 토대 위에 자연과학의 발달을 이루어 가면서 기술문명사회를 열어 간다. 때문에 이에 고무된 사람들은 자연과학의 방법적 진리에 매료되어 정신과학의 모든 영역에까지 이를 구현해 가고자 한다. 그래서 사물화할 수 없는 삶의 다양한 가치들에 대해서도 자연과학적인 방법적 진리에 근거하여 차이를 배제한 동일성의 논리를 구축한다. 그리고 이에 근거하여 질서를 부여하고, 체계를 세우며, 그 체계에 따른 우열을 따지고, 그 우열에 근거하여 서열화시키며, 그 서열에 의해 일방성을 부여함으로써 결국 목적론으로 나아간다. 그러나 목적론은 모든 것들을 결국 최종의 하나를 위한 수단이 되게 함으로써 인간 이성조차도 도구적 이성이 된다. 도구적 이성은 인간을 인간 그 자체로 다루기보다 하나의 수단과 방법 내지는 과정으로 다룸으로써 인간이 가지는 본래적 존엄성을 훼손하는 인간 경시 풍조를 가져온다.

물체와 분리된 정신의 활동으로서의 근대의 이성은, 결국 이성적 주체라는 본래적 의도와는 다르게, 더 이상 정신을 요하지 않는 물질 산업 자본주의라는 뜻밖의 사생아를 낳으면서, 오히려 인간이 물질로부터 소외되는 전도된 현실 앞에 마주 서게 된다. 그래서 모든 것이 물질을 입고, 물질로 설명하려 드는 동일성의 논리가 강하게 작동한다. 이제 물질적 풍요와 편리함에 길들여진 인간은 더 많은 물질을 소유하고 소비하기 위해 무한경쟁에 뛰어든다. 그리고 이 무한 소비 경쟁을 위해 인간적 삶을 저당 잡히는 사태에 이르게 되었다. 사유의 주체가 소비의 주체로 전락하여 소비의 무한화를 위한 동력의 한 부분이 되어 버린 것이다.

이는 과학기술의 발달과 더불어 더욱 가속화된다. 그리고 사람은 과학기술의 방법을 통해 모든 것을 만들고, 사용하고, 예측하며, 사고해 나간다. 점차 이에 길들여진 인간들은 급기야 기계에 종속된 인간들이 되어 간다. 그리고 기계화된 인간들이 무참하게 다루었던 자연이 그로 인한 파괴의 대가를 지불할 것을 요구한다. 이제 사람은 자신의 정체성의 혼란은 물론 총체적인 어려움 앞에 놓이게 되었다. 이것이 근대 자연과학의 방법론적 진리관 위에 세워진 서구 학문이 위기이자 서양 문명의 위기이며, 또한 인간성의 위기이기도 하다.

가다머는 이러한 현실을 직시하며 자연과학의 추상화와 이론화가 아닌 삶의 현사실성에서 사람의 정체성을 다시 물어 나간다. 그리고 사람의 정체성의 물음과 함께 방법이 아닌 진리의 물음을 새롭게 개진한다. 삶의 현사실성에서 보자면 사람이란 정신만의, 신체만의 존재가 아닌, 이 둘을 하나로 하여 사는 몸적 존재로, 시간과 공간이라는 구체적 현실 안에 거하는 세계-내-존재이다. 따라서 사람은 정신의 활동인 이성만이 아니라 오성과 감성까지도 하나로 하며, 마주하는 현실을 이해하고 해석하며 자기로 실현해 가는 존재다. 다시 말해 사람은 시간과 공간이라는 제한성 안에서 사는 유한한 존재임과 동시에 그 유한으로 인하여 무한을 욕구하는 존재이기도 하다. 그래서 자신만이 아니라 자신을 둘러싼 모든 것들과 영향을 주고받으며 자기실현의 원인과 책임을 자신 안에 가지며 온전을 향해 나아간다.

가다머의 이와 같은 인간이해는 이전과 같이 물질을 소외시키고 정신의 활동인 이성만을 절대화시킴으로써 오히려 인간 스스로 소외를 낳는 그런 주체가 아니라, 자기에 앞서 있는 선입견과 지금 마주하는 모든 것들까지도 하나로 융합하면서 나오는 구체적이고 능동적인 주체가 될 것을 촉구하는 것이다. 능동적인 주체란 자기 원인과 책임을 자기 안에 가지며, 자기만이 아니라 자기가 마주하는 모든 것들과 더불어, 자기의 한계를 아는, 그러나 자기의 한계를 넘어 무한을 향해 끊임없이 나아가고자 하는 힘 있는 존재를 가리킨다.

가다머는 이를 지평융합(Horizontverschmelzung)2) 안에서 이해의 운동으로 설명한다. 사람은 나에 앞서 주어진 전승(Überlieferung)과 더불어 지금 나의 상황을 하나로 지평융합하면서 늘 달리 새롭게 자신을 만들며 나오는 존재다. 이때 지평융합이란 다름 아닌 이해하면서 적용하면서 해석하면서 늘 달리 새롭게 실현하며 나오는 일로, 이해하는 일과 적용(Anwendung)하는 일이 하나로 있다. 즉, 우리가 먼저 무엇을 알고 난 다음, 그것을 구체적인 일에 차후에 적용(Applikation)하는 것이 아니라, 이해하는 일이 곧 적용하는 일인 이해와 적용의 동시성을 지시한다.3)

가다머는 적용의 문제를 통해 이론이 삶에 앞서는 것이 아니라, 오히려 삶이 이론에 앞서 있는 것으로서, 이론은 단지 어떤 특정한 목적에 의해 추론된 것일 뿐이라는 사실을 말하고자 한다. 삶으로부터 추론된 이론을 마치 삶에 앞서 있는 진리로 여기고 이에 따라 옳고 그름을 판단하며 '더'와 '덜'을 논하는 것은 진리에 대한 왜곡으로서, 진리란 구체적인 삶 자체, 다시 말해 모든 것을 하나로 하며 끊임없이 달리 새로워지는 이해의 운동이 진리인 것이다. 따라서 진리란 정신의 작용인 이성에 의해 추론된 나에 앞서 있는 이론이 아니라, 삶의 구체적 현실 안에서 이성과 오성과 감성까지도 하나로 하며, 나와 함께 내 안에서 이해하고 적용하며 나로 실현해 가는 일이 진리인 것이다. 주어진 상황과 마주하는 상황을 하나로 하면서 늘 달리 새롭게 자신을 실현해 가는 이해의 운동이 곧 진리인 것이다.

이때 이해의 운동은 무엇을 알고 모르고 하는 앎의 차원이 아니라, 그래서 더 잘 알고 모르고 하는 것이 아니라, 이해가 곧 존재하는 일인 것이다. 다시 말해 내가 지금 이렇게 있음은 곧 내가 내 앞에 마주하는 현실의 모든 것들을 이렇게 이해하고 적용하며 있는 것이다. 그래서 내가 나만의 상황에서 나의 전승(Überlieferung)과 더불어 이해하고 적용하며 나로 실현해 가는 이해의 운동은, 그러므로 이성에 의한 앎의 문제가 아닌 존재를 낳는 생성의 문제임을 말해 준다. 가다머는 이해와 적용을 구별하는 것이 아니라, 이해와 적용을 하나로 보며 이를 실현(Vollzug)으로 연결시킨다.[4] 그래서 사유와 삶을 나누는 것이 아니라 사유와 삶을 하나로, 그렇게 생각함이 곧 그렇게 사는 일이라는 이해와 존재의 동시성을 가다머는 열어 간다. 다시 말해 이해란 늘 자신을 새롭게 실현해 나가는 생성의 운동, 즉 삶의 무한운동인 것이다.

이처럼 이해란 나의 주관적 정신의 작용도, 객관적 실재에 대한 인식작용도 아니며, 그리고 대상을 이해하고 이를 차후에 적용(Applikation)하는 것도 아니다. 이해란 그 모든 것들이 하나로 적용(Anwendung)하며 구체적 삶의 현실성으로 있는 것이다. 다시 말해 이해함이 곧 적용하는 것(Verstehen ist hier immer schon Anwenden)[5]이며, 사는 일이다.

가다머의 이러한 적용은, 플라톤의 영혼이 육신 안에서 가장 올바름으로 자신을 정위시키는 바로 그 적합성(Gemessenheit)[6]과, 이에 대한 스승의 의도가 무엇인지를 천재적으로 간파한 위대한 제자 아리스토텔레스가 이를 자신의 철학으로 새롭게 천작시킨 실천이성인

'pronesis'[7]에서 그 기원을 찾아볼 수 있다. 플라톤이 대화를 통해 최선의 적합성을 찾아 가는 일에 강조를 두었다면, 아리스토텔레스는 실천하는 일에 더 강조점을 둔 것이고, 가다머는 이 둘을 하나로 하여, 대화를 통해 가장 구체적인 적합함으로 실현해 나오는 '생성의 운동'을 문제 삼는 것이라 하겠다. 다시 말해 가다머는 '이해'를 통해서 구체적인 현실 안에서 하나로 적용하며 나로 새롭게 실현해 가는 운동인 '생성(Werden)'을 문제 삼는 것이다. 그래서 '이성'이 아닌 '이해'로 모든 것을 포괄해 가며, 데카르트의 '사유와 존재의 동일성'을 '이해와 존재의 동일성'으로 바꾸어 가는 것이다.

가다머의 이러한 '이성'이 아닌 '이해'를 통한 진리추구는 그동안 도구적 이성에 의해 매도된 방법적 진리 개념을 불식시키고, 이해를 통해 본래 진리가 가지는 힘을 회복하고자 하는 데 있다. 그가 볼 때 진리란 인간의 어느 한 부분에 의해서 제한되거나, 우리의 구체적 삶과 유리된 진리는 더 이상 진리일 수 없으므로, 우리의 삶의 현실과 구체적인 관계를 맺으면서도 인간의 모든 것을 다 포괄하는 '이해'를 통해 진리를 새롭게 개진하고자 하는 것이다. 일정한 시간과 공간이라는 구체적 현실을 살아가는 유한한 인간인 우리는 전체가 아닌 부분만을 알 뿐이다. 그런데 근대의 '이성'은 진지한 자기성찰의 부재로 인하여 부분을 전체로 오인하면서 구체적 현실을 외면해 나간다. 따라서 우리가 고백해야 하는 것은 우리의 한계를 넘어선 절대적 진리가 아니라 우리의 유한성이다. 그리고 우리는 모든 것을 다 알 수는 없으나 부분으로가 아니라 모든 것을 하나로 하며 사는 존재라는 사실이다. 그런데 근대는 유한성은 절대성으로, 전체는 부분으로 잘못 인식한 인간이해와 진리 위에서 기술문명을 발달시켜 왔다. 바로 이러한 면을 가다머는 지적하며 '이성'이 아닌 '이해'에 근거한 새로운 진리를 주장해 보이려는 것이다.

3. 실현의 진리로서의 이해의 운동

이해함이 곧 적용함이라는 이해와 적용의 하나 됨을 통해 진리를 새롭게 개진해 가고자 하는 가다머의 해석학은 더 나은 해석의 방법을 구하고자 했던 여타의 해석학자들과 달리 해석학을 존재생성이라는 존재철학으로 이끌어 간다.

해석학이란 본래 고대 그리스어 동사 헤르메네인(ἑρμηνεiν)과 그 파생어인 헤르메네우스(ἑρμηνεὑς), 그리고 헤르메네이아(ερμηνεiα)의 언표, 알림, 해석, 설명, 번역 등의 의미에서와 같이 신의 사자인 헤르메스(Hermes)가 신들의 언어를 인간의 언어로 해석하는 일에서 기인한다. 따라서 이때의 해석학이란 주로 주석의 성격이 강한 성서해석학을 가리키는 것으로, 신의 말씀을 더 잘 이해하기 위한 올바른 해석의 이론이란 의미에서 사용되었다.

성서해석학이 아닌 일반적 의미에서의 해석학이라는 의미를 처음 사용한 사람은 슐라이어마허(Friedrich Daniel Ernst Schleiermacher, 1768-1834)[8]다. 그는 텍스트를 더 잘 이해하기 위해서는 부분은 전체와의 연관하에, 그리고 전체는 부분을 통해서라는 해석학적 순환을 이야기하면서 해석학이라는 용어를 처음 사용한다. 그리고 해석학을 독립된 하나의 개별 학문으로 본격적으로 다룬 사람은 딜타이(Wilhelm Dilthey, 1833-1911)[9]다. 딜타이는 "자연과학은 설명하고, 정신과학은 이해한다."[10]라며 자연과학의 방법론과 버금가는 정신과학의 방법론을 구축하기 위해 해석의 방법과 기술로서 해석학을 주창한다.

그러나 이들은 모두 더 잘 이해하기 위한 방법과 기술로서의 해석학을 말할 뿐, 해석하는 존재에 대한 이야기를 하는 것은 아니다. 해석이 더 잘 이해하기 위한 방법이라고 한다면 이는 결국 해석이 한 수단으로서 앎의 차원이 될 뿐이다. 사유를 한다는 것은 아는 일이 아니라 이전의 것과는 다른 새로움으로 나오는 일이다. 그런 의미에서 방법으로서의 해석학은 사유의 학문인 철학이라 할 수 없다. 해석학이 철학이기 위해서는 해석이 방법이 아닌 존재의 한 방식이어야 한다. 즉, 해석이 무엇을 어떻게 더 잘 이해할 것인가 하는 것이 아니라, 이해하며 해석하는 일이 이전과 다른 새로운 존재가 되는 일이어야 함을 말한다.

해석의 문제를 존재와 연결시켜 나간 사람은 하이데거(Martin Heidegger, 1889-1976)다. 하이데거는 현상학적 인식방법을 통한 현존재 분석에서, 세계-내-존재인 현존재는 자신이 속한 세계를 이해하고 있다는 사실로부터 이해를 존재적 측면에서 처음으로 접근한다.[11] 그리고 이를 더 천착시켜 현존재의 존재구조가 바로 '이해'라며 이해(Verstehen)를 인간존재성으로 해명하는 사람이 가다머다.

가다머는 누구보다도 하이데거의 세계-내-존재라는 현존재의 존재구조, 즉 시간과 공간 안에 속한 존재라는 현존재의 역사성에 주목한다. 현존재의 역사성이란 존재의 현존을 의미하는 것으로, 존재자와 존재의 내적 결합을 뜻한다. 이제 존재자를 존재하게 하는 존재는 더 이상 외재적이 아닌 존재자 안에 함께 하는 존재다. 가다머는 바로 이러한 하이데거의 존재자와 존재의 내적 동일성을 이해와 존재함의 동일성으로 바꾸며, 자기가 자기를 실현해 가는 존재생성의 철학으로 전개시켜 나간다. 그래서 하이데거의 현존재 분석에서부터 얻어진 인간존재에 대한 해명, 즉 피투(Geworfen)된 인간이면서 동시에 기투(Entwurf)해 가는 인간을 가다머는 선입견 내지는 전승 안에서 자기가 처해진 상황과 더불어 하나로 이해하면서 늘 달리 새롭게 자신을 실현해 가는 능동적 인간으로 규명해 간다. 다시 말해 하이데거가 피투와 기투의 문제를 존재의 자기 계시와 은폐의 문제로 해명한 데 반하여, 가다머는 여기에서 한 걸음 더 나아가 이를 이해의 운동으로 밝히고 있다는 데 하이데거와 다른 가다머 철학의 특징이 있다고 하겠다. 즉, 가다머는 이해의 운동을 하이데거처럼 단순히 드러냄과 가림의 차원에서가 아니라, 이해를 존재함이라는 생성의 문제로 끌고 나가는 것이다.

가다머의 이러한 이해의 존재생성은, 자연철학자들이 자기 내재적이기는 하나 인간에 의해 관찰되고 파악되는 대상적 자연 이전에, 알 수 없는 힘을 가지고 스스로 생성해 나갔던 생명의 신비 앞에 우리를 다시 세운다. 다시 말해 스스로 생성해 가는 생명의 신비한 힘을 가진 살아 있는 자연은, 시간과 공간이라는 제한성 안에 살아가는 유한한 인간의 이성으로는 파악 불가능한 것이다. 우리는 다만 이를 극히 부분적으로만 알 수 있을 뿐이다. 각자 자기가 처한 자리에서, 자기가 이해하는 대로, 저마다 달리 알며 살아갈 뿐이다. 이는 자연과학의 방법적 진리에 뿌리를 갖는 계몽주의에서가 아니라, 인간 이성으로는 파악하기 어려운, 알 수 없는 신비한 힘을 인정하는 독일 낭만주의[12)]의 토대 위에서 그의 철학이 출발하고 있음을 보여준다.

독일 낭만주의는 무엇보다 인간 이성의 한계를 전제로 한다. 인간은 시간과 공간에 제약된 유한한 존재인 까닭에 무한 그 자체를 인식할 수는 없으며, 다만 경험(Erfahrung)할 수 있을 뿐이다. 그런데 이 경험은 경험하는 자에 한에서만 알 수 있는 신비의 세계다. 그러기에 인간 이성은 언제나 부분으로 알 뿐 모든 것을 다 해명할 수는 없다. 따라서 계몽주의가 추구하는 완전하고 엄밀하고, 정확하며 분명한 사실이란 있을 수 없으며, 있는 것은 오직 자기가 처한 삶의 현실 안에서 드러나는 것일 뿐이다. 우리는 바로 이러한 삶의 현사실성, 즉 해석학적 사실성에서부터 출발할 수밖에 없다는 것이 가다머의 입장이다.

이러한 가다머의 입장이 잘 드러나는 것이 선입견(Vorurteil)에 대한 그의 태도다. 가다머는 선입견을 계몽주의와 달리 불식시켜야 할 것으로 여기지 않고 지금 나에게 여전히 영향을 끼치며 나오는 나에 앞선 의식, 선 이해로 받아들인다. 왜냐하면 사람은 무중력 상태가 아닌 어떤 상황 안에 처해 있는 존재로서, 자기가 처한 환경과 하나가 되어 살아가는 존재는 이미 어떤 이해를 하며 있다는 것이다. 사람은 아무것도 없는 백지상태에서 출발하는 것이 아니라 내가 어쩔 수 없는 나에 앞서 있는 이해, 즉 선 이해에서부터 출발한다는 것이다. 사람은 누구나 자신의 선 이해에 근거한 선입견을 가지고 이해하고 해석하고 적용하고 실현하며 살아가는 것이다. 이로부터 자유로운 사람은 아무도 없다.

가다머는 이처럼 선입견을 참다운 앞선 이해로 받아들이며 전통(Tradition)을 복원한다. 그리고 여기에 권위(Autorität)를 부여하며 이를 전승(Überlieferung)으로, 영향작용사(Wirkungsgeschichte)로 재차 해명해 간다. 그에게 있어 전승이란 단순히 전해져 내려오는 전통이 아니라, 자신이 속한 공통체의 공통감각과 자신이 처한 상황이 전통과 더불어 그때그때 마주하는 현실을 하나로 하며, 영향을 주며 이어져 오는 영향작용사인 것이다. 사람은 각기 다른 전승과 또 마주하는 현실의 다름 사이에서 자신만의 차이를 가진, 그래서 그 어떤 객관적 사실에 근거한 일반성(Allgemeinheit)으로는 담아 낼 수 없는 고유한 존재다. 다시 말해 자신만의 전승과 자신만이 처한 현실을 하나로 이해하고 적용하고 해석하며 나로 실현하며 나오는 존재인 것이다.

그러기에 자연과학이 말하는 엄밀한 의미에서 객관적이고 일반적인 진리는 구체적 삶의 사실성에서 볼 때 추상적이고 관념적인 진리일 뿐, 그러한 진리란 있지도 않으며, 있을 수도 없다. 설사 그러한 진리가 있다 해도 구체적인 현실 안에서 삶을 살아가는 우리와는 아무런 관계가 없다. 그러므로 그런 진리란 있을 이유도 없으며, 있어도 소용이 없다. 따라서 가다머는 이런 무용한 진리를 폐기하고 삶의 정직성에서 출발하는 진리를 구하기 위해 이성의 방법적 진리를 지양하고, 이해의 운동을 통해 새로운 진리를 열어 보이는 것이다.

4. 해석학적 보편성으로서의 이성인 이해

늘 달리 새롭게 자신을 실현하며 나오는 가다머의 이해의 운동은 그동안 나누고 분리하고 구별해 나가던 서구 사유의 태도로부터, 융합하며 하나로 하는 태도로의 일대 전환을 예기한다.

데카르트에 의해서 제기된 근대의 정신의 활동인 이성은 존재의 분열을 가져왔고, 다시 칸트(Immanuel Kant, 1724-1804)에 의해 보는 이성적 주체와 보이는 대상으로서의 객체로 다시 바뀌어 나가면서 주체 중심의 일방성의 철학이 되었다. 이 일방성의 철학은 주체에 대한 객체의 소외는 물론 모든 것을 보는 것과 보이는 것으로 설명함으로써, 물 그 자체(Ding an sich)를 소외시켜 나갔다. 그래서 사람들은 더 이상 보이지 않는 것에 대해서는 말하지 않게 되었다.

헤겔(Georg Wilhelm Friedrich Hegel, 1770-1831)은 이런 칸트를 비판하면서, 물자체라는 실재와 보인 것이라는 현상은 분리될 수 없기에 "이성적인 것은 현실적인 것이요 현실적인 것은 이성적"[13]이라고 하며, 실재와 현상을 일치시켜 나간다. 그리고 이 실재와 현상의 일치를 이성의 변증법적 운동으로 설명함으로써 칸트의 실재적 실체론적 실재론을 극복해 나가고는 있지만, 또 한편으로는 칸트의 보이는 현상의 세계를 실재하는 것으로 극대화한 것이기도 하다. 그래서 헤겔의 이성의 운동은 결국 절대이성을 향한 목적적 운동이 되어 다른 모든 것들을 수단과 과정으로 전락시키고 만다.[14]

물론 가다머는 이러한 헤겔의 이성의 변증법적 운동에서 그동안 서양이 분리해 온 태도를 지양하고 하나로 융합해 가는 가능성을 보기는 하지만,[15] 이를 근대의 '이성'이 아닌 모든 것들을 하나로 하는

'이해'에서 구하는 것이다. 다시 말해 근대의 이성이 갖는 한계를 간파하며 '이성'이 아닌 '이해'를 통해 새로운 진리를 열어 보이려 하는 것이다. 그래서 가다머는 주-객을 분리하지 않고, 이 모두를 포괄할 수 있는 개념을, 이성이라는 편협한 동일성에서가 아니라, 차이를 인정하면서도 이성과 감성과 오성까지도 하나로 융해하는 '이해'에서 구한다. 가다머는 도대체 이성과 감성과 오성의 구별이 어떻게 가능한가를 묻는다. 이의 구별은 단순히 편리에 의해 구별된 것일 뿐, 사람이란 이것들로 분리되어 있는 존재가 아닌 이미 이 모든 것들이 하나로 하여 살아가는 존재라는 사실을 직시한다. 그래서 사람이 무엇을 구별하고 판단하고 이론화하기 이전에, 이 모든 것들과 함께하며 늘 달리 새롭게 이해하고 적용하는 가운데 자기를 실현해 가며 있는 존재임을 밝히는 것이다.

이해하고 적용하며 자신을 실현해 가는 존재는 모든 차이를 자신 안에 하나로 가지며 살아가기에, 동일성이라는 하나의 가치에 의해 재단될 수 없다. 이는 인간의 본성이 동일성에 있지 않고 차이성에 있다는 말이기도 하다. 이 차이성으로부터 하나의 목적이나 가치에 의해 동일성을 추론해 간 것이 자연과학의 방법이며, 이러한 방법론을 통해 얻어진 동일성을 일반화시킨 것이 자연과학의 진리다. 그러므로 차이존재인 사람은 이러한 자연과학의 동일성에 의해서가 아닌, 저마다의 존재성을 달리 가지는 해석학적 보편성(hermeneutische Universalität)에 의해서만 온전히 말해질 수 있다.

해석학적 보편성이란 자신의 전승과 더불어 마주하는 현실을 하나로 이해하면서 적용하고 해석하며 늘 달리 새롭게 자신을 만들며 나오는 일이 누구에게나 보편적으로 있다는 그런 보편성을 말한다. 그러기에 해석학적 보편성이란 차이를 배제한 동일성을 추론하는, 그래서 현실적으로 실재하는 것과는 구별되는 이성의 추상적 보편성이 아니라, 현실적으로 실재하는 것과의 관계성 안에서 차이를 그 자체에 가지는 다양성으로서의 보편성이다.

그렇다면 이러한 가다머의 해석학적 보편성은 전혀 이성적이지 않은가. 과연 가다머가 서양 사유가 오랫동안 궁구해 오는 인간의 정체성으로서의 이성을 포기하고 다른 무엇을 내세우려 하는 것일까. 근대의 도구적 이성에서 보면 그렇다고 할 수도 있으나 고대의 의미에서 보자면 전혀 그렇지 않다. 오히려 가다머는 이성의 본래적 의미를 회복하기 위해 시간을 역류하면서 근대의 도구적 이성으로 사용되기 이진에 이성의 의미를 찾아 나선 것이다. 그래서 근대적 의미에서 협소한 의미에서의 이성이 아닌, 즉 분열되기 이전의 고대에서의 '이성'의 의미를 '이해'에서 구하고자 하는 것이다. 이런 의미에서 이해란 이성의 또 다른 이름으로, 가다머 역시도 인간 이성에 대한 신뢰가 강한 사람이라 하겠다. 이는 인간이 이성이 아니면 어떻게 스스로를 성찰하고 자기를 새롭게 만들어 갈 수 있을 것인가를 가다머 역시도 묻고 있는 것으로, 가다머는 다만 인간의 이성이 그동안 제대로 작동되지 않고 한 방향으로 치우침으로써 도구적 이성이 된 것을 이성의 본래적 역할을 회복시킴으로써 인간이 인간다워질 수 있는 길을 마련해 가고자 하는 것이다.

가다머는 실제로 근대의 이성의 의미가 어떻게 형성되어 왔으며, 또 근대 이전에는 이성의 의미가 어떻게 사용되어 왔는가를 살피는 일에서부터 시작한다. 그래서 그의 주저인 『진리와 방법』의 시작을 교양(Bildung), 공통감각(sensus communis), 판단력(Urteilskraft), 취미(Geschmack) 등의 인문학적 전통이 살아 있는 단어들 안에서 이성의 본래적 의미가 무엇인가를 물어 나간다. 가다머는 이를 통해 근대의 이성 개념을 비판하며, 근대의 도구적 이성에 의해서 채색된 것들을 벗겨 가면서 이성의 본래적 의미를 회복하기 위해 고대로까지 역주행을 시도한다.

가다머는 이를 위해 하이데거의 세계-내-존재라는 존재자의 존재

해명에서 현존재의 역사성과 유한성과 더불어 존재와 존재자의 공속성의 문제를 지렛대로 삼아, 후설(Edmund Husserl, 1859-1938)[16]의 일어남 그 자체를 보면서, 헤겔의 변증법적 이성의 운동으로 나아가서 이성의 의미를 좁게 해석해 나간 근대의 대표적 철학자 칸트와의 대결을 시도한다. 가다머는 헤겔이 정반합이라는 변증법적 운동을 통해 실체적, 실증적 진리관을 극복해 나가기는 하지만, 그럼에도 불구하고 헤겔의 이성의 절대화는 오히려 인간의 유한성과 한계를 망각하고 칸트의 인식론을 극대화한 것에 불과한 것으로 본다. 그래서 헤겔이 이성의 경험(Erleben)적 측면을 놓치고 있는 면에서는 칸트와 다를 바가 없다고 보며, 오히려 근대 이성을 체계화시킨 칸트와의 대결을 통해 '이성의 진리'가 아닌 '이해의 진리'로 바뀌어 나가야 함을 주장한다.

그가 볼 때 칸트는 이성을, 의식을 통해 드러난 인식에 한정시킴으로, 물자체에 대해 인간이 사유할 수 있는 길을 애초에 차단하는 이성의 협소화를 초래한 주범이라고 보는 것이다. 사람은 칸트의 말대로 물자체를 그대로 언표화할 수는 없지만, 경험할 수는 있음에도 불구하고, 칸트는 이를 언표화할 수 없다는 사실에만 의거하여, 이성의 의미를 의식의 활동으로 제한하고, 경험이라는 이성의 중요한 한 부분을 사장시켜 버린 것이다. 즉 인식만이 아니라 실제로 참여함으로 만나지는 경험 역시도 이성의 중요한 한 작용인데 칸트는 이를 놓친 것이다. 그래서 칸트는 이성을 인식하는 것이라 여기며 이성의 또 다른 작용인 의미의 물음을 외면하고 만 것이라고 가다머는 칸트를 비판한다.

가다머는 헤겔과 칸트에게 길을 터준 사람으로 데카르트에게 이의 책임을 물으며, 사유와 존재의 동일성을 이해와 존재의 동일성으로 바꾸어 나가기 위하여, 데카르트가 아닌 이탈리아 수사학자인 비코(Giovanni Battista Vico, 1668-1744)[17]를 징검다리 삼아서 중세의

에크하르트(Meister Eckhart, 1260-1327)[18]의 신비와 플로티노스(Plotinus, 204-270)[19]의 생성의 문제로 나아간다.

가다머는 데카르트와 달리 비코가 단순한 앎의 차원이 아닌 구체적 보편성과 더불어 실천적 지혜를 언급한 점에 주목하면서, 이를 통해 다시 중세의 에크하르트의 앎과 체험의 신비의 사건으로 연결해 간다. 그리고 신을 아는 것은 곧 신비적 체험에 의해서 가능하다는 에크하르트의 말에 의존하여 플로티노스의 창조하지 않고 유출하는 일자인 신의 생성의 문제로 넘어선다. 플로티노스의 만물이 일자의 창조에 의해서가 아니라 유출에 의해 스스로 자신을 만들어 가는 생성의 신비를 보는 것이다.[20] 즉, 존재하는 일이 자기 외부에 원인을 가지기보다, 그래서 그 원인을 아는 앎이 아닌, 자신이 취하는 바가 곧 구체적인 자기를 만들며 나오는 생성의 일임을 직시하는 것이다.

그리고 가다머는 다시 아리스토텔레스[21]의 실천지(pronesis)와 플라톤의 적합성의 개념을 새롭게 해석해 가면서, 이성이란 근대의 협소한 의미에서가 아니라 본래적 의미라 할 수 있는 고대와 그 이전의 이성의 의미로 회복해 나아가야 함을 제기한다. 다시 말해 가다머는 아리스토텔레스가 이성을 앎의 문제로 단순화하지 않고 이와 더불어 실천이성을 말하고 있는 점을 직시한다.

그의 이러한 실천이성에 대한 이야기는 그가 스승 플라톤과 상반된 주장을 펼친 것이 아니라 스승의 뜻을 제대로 파악한 천재적 제자였다는 것을 보여주는 것이다. 왜냐하면 그의 스승 플라톤은 이데아의 세계 그 자체에 의미를 두려하기보다 구체적 현실세계 안에서 이를 어떻게 적용하여 실현해야 하는가 하는 문제를 위한 장치로서 이데아론을 주장한 것이라고 가다머는 보기 때문이다. 즉, 플라톤이 실재와 현상의 세계를 나누고 실재세계에 우위를 둔 까닭은 그 자체에 목적이 있는 것이 아니라, 그래서 이를 앎의 차원인 지의 세계에 두려는 것이 아니라, 두 세계 간의 하나 됨, 곧 이 세계 안에서 구체적으로 어떻게 살아야 하는가의 실질적 삶의 문제를 해결하기 위한 장치였다고 가다머는 여기는 것이다. 그래서 플라톤이 관심을 가지는 것은 저 세상이 아니라 이 세상에서 취해야 할 바, 적합함을 묻는 일이며, 이는 늘 달리 이해하는 가운데 그때그때마다 달리 실현해 가는 능동 이성에 관한 것이라는 사실을 가다머는 주장하는 것이다.

그런 의미에서 아리스토텔레스의 실천지에 대한 언급은 가다머의 입장에서 볼 때, 실재에 대한 인식으로 이성이 제한되는 것에 대한 아리스토텔레스 나름의 플라톤에 대한 균형적 이해를 위해 아주 중요한 것을 제시하는 것이라 본다. 플라톤이 대화를 중시하며 조화를 구하는 이유도, 그리고 플라톤의 스승인 소크라테스가 지혜를 사랑하는 자로서의 철학을 이야기하며 산파술을 이야기한 것 역시 같은 이유에서 가다머는 받아들인다. 그리고 여기에서 그치지 않고 자연이냐 사람이냐의 차이는 있지만, 스스로 생산해 가는 능동성의 차원에서 볼 때 자연철학자들의 자연과 로고스의 관계로까지 가다머는 이성의 의미를 고찰해 가고 있음을 알 수 있다.

가다머는 이로부터 이성의 의미를 새롭게 물어 가며, 근대 이성이 범하고 있는 오류를 시정해 나갈 것을 제안한다. 가다머가 볼 때 이성이란 무엇을 아는 앎의 차원이 아니라, 앎과 동시에 구체적으로 자신을 실현해 나가는 앎과 행위의 하나 됨의 문제로서, 소크라테스의 주제이자 소크라테스 이전의 모든 철학함의 문제이기도 한 것이다. 그래서 가다머는 단순히 분별하고 판단하고 비판하기 이전에, 모든 것들과 함께하며 순간순간 최선이 무엇인지를 묻고, 그 안에서 가장 적합함으로 자신을 만들며 나오는 바로 그 힘에서 이성 본래의 의미를 구하며, 이를 근대의 이성과 구별하여 '이해'라 한다. 그리고 이 이해에 근거하여 진리란 실체적이고 실증적이 아닌, 모든 것들을 하나로 융합하며 새로움으로 나아오는 생성의 운동임을 밝히는 것이다.

따라서 가다머의 이해에 근거한 진리가 비이성적이거나 보편적이지 않거나, 상대적이라는 말[22]은 근대적 이성의 관점에 의거한 말로, 가다머의 이해가 이성의 본래적 의미를 되살리기 위한 것이라는 사실에 근거한다면 이는 오히려 이성적이고 현실적이며, 사실적이요 보편적인 진리라 하겠다.

5. 나가며

가다머가 이와 같이 이해에 근거하여 새로운 진리를 개진하는 까닭은, 오늘날 우리가 마주하고 있는 이 기술문명사회가 초래한 문제들에 대해 책임을 통감하며 인간다운 인간으로 나아올 것을 권면하는 일이기도 하다. 책임감 있는 온전한 주체가 되기 위해서는 단순히 데카르트의 사유하는 존재만이 아니라, 늘 달리 자신을 구체적인 새로움 앞에 세우는 생성하는 존재이어야 함을 가다머는 주장한다.

늘 자신을 새롭게 생성하며 나오는 존재는, 이성만이 아니라 감성만이 아니라 인간의 모든 것들을 하나로 하는 존재이어야 한다. 가다머는 이를 플라톤에서부터 오늘날에 이르기까지 수많은 사유들이 존재해명을 위해 사용한 이분법, 즉 영혼과 물질, 정신과 육체와 같은 분리의 방법으로가 아니라, 이를 하나로 융합하며 새롭게 나오는 존재를 위해 근대의 이성적 존재가 아닌 이해하는 존재로 새롭게 인간을 해명해 간다.

이러한 존재해명은 이론 또는 관념 내지는 추상으로서가 아니라 삶의 현실성에서 출발한다. 삶과 유리되지 않고 오히려 삶 안에서, 도구적 이성이 되어 버린 이성과 관념적인 정신과 달리, 지금 나의 상황 속에서, 자신이 처한 자리에서, 마주하는 현실을 나름으로 하나로 이해하고 적용(Anwendung)하고 해석하면서 늘 끊임없이 새롭게 자신을 실현(Vollzug)시켜 나가는 존재로 해명하는 것이다.

이러한 존재는 주어진 현실 앞에서 늘 끊임없이 묻고 답하며 무한을 향해 나아가는 존재다. 이때 묻고 답하는 대화의 운동은 감성과 대립하는 이성만의 운동일 수 없으며 오히려 감성까지도 하나로 하는 전체성(Universalität)으로서의 무한운동인 것이다. 사람은 시간과 공간이라는 제약성 안에 사는 유한한 존재이나, 그 유한성으로 인하여 늘 달리 자신을 새롭게 하고자 하는 무한을 욕구하는 존재이기 때문이다.

가다머는 이처럼 그동안 서구 사유가 지향해 왔던 이분법적 사고를 하나로 융합하면서 이를 '이성'이 아닌 '이해'로 대치하며 진리의 물음을 새롭게 개진한다. 그리고 이를 객관적 인식방법에 의해서 주어지는 지식체계나, 칸트처럼 주체에 의한 주관주의적 인식방법에 의한 지식체계 모두를 넘어서, 둘 사이에서 생성되는 적용의 문제에 몰두하며 이를 지평융합(Horizontverschmelzung)으로, 그리고 이해의 운동으로 설명해 간다.

가다머는 지평융합의 적용의 문제에서 앎과 실천을 하나로 융합시킨다. 이제 아는 일은 존재하는 일이 된다. 그러므로 아는 일은 이성에 의해 단순히 인식하는 것이 아닌, 모든 것을 하나로 이해하며 존재하는 일이다. 다시 말해서 아는 일은 곧 이해하며 적용하며 해석하며 자신을 실현시켜 나가는 생성의 일과 하나인 것이다. 늘 끊임없이 이해하는 이해의 운동은 늘 달리 새로움을 낳는 존재생성의 운동인 것이다. 바로 이것이 늘 달리 이해하는 해석학적 보편성에 근거하는 새로운 진리다.

진리란 이처럼 방법이나 수단, 이론이 아니라, 구체적 현실 안에서 모든 것을 하나로 하면서 늘 달리 자기를 새롭게 실현하며 나아오는 이해의 운동인 것이다. 바로 여기에 가다머의 철학함의 이유가 있다. 가다머는 이런 의미에서 철학은 시간과 공간을 초월해 있는 절대자를 상정하는 형이상학이 아닌, 늘 달리 이해하고 해석하며 실현해 나오는 운동인 존재생성의 학으로서 해석학이 되어야 함을 말한다. 이 때문에 그의 철학을 일컬어 해석학이라 하기도 하고, 나아가 다른 해석학자들과 달리 철학적 해석학이라 부르기도 하는 것이다.

해석학이란 그러므로 진위 여부를 묻거나, 더 나은 해석을 요구하는 것이 아니라, 다른 이해, 다른 해석이 다른 존재를 낳는다는 존재생성에 관한 학이다. 내가 배제된 추상화된 지식이 아닌, 각자 자기가 처한 상황에서 최선이 무엇인가를 물으며, 구체적으로 행하는 자기실현을 해석학은 다루는 것이다. 그래서 나의 밖에서가 아니라, 내가 나의 밖의 모든 것들과 더불어 나의 판단과 책임 아래 나로 사는 것을 문제 삼는 것이며, 자신이 처한 제약을 결핍이 아닌, 자기를 넘어서 새로움으로 나아가는 자유로 여기며, 자기를 넘어서 무한을 향해 나가는 운동을 해석학은 주창하는 것이다. 그래서 해석학은 우리에게 늘 달리 새롭게 자기를 실현해 가도록 이끈다. 그러기에 해석학은 결코 무엇을 더 잘 알고자 하는 방법이나 기술, 이론과 관계하는 것이 아니라, 자신을 늘 새로움 앞에 세우고자 하는 존재생성의 운동과 관계한다. 나보다 앞서 주어진 전승과 더불어 지금 나의 상황을 하나로 하면서, 가장 최선이 무엇인가를 물으며, 타자와 세계와 더불어 조화로울 수 있는 아름다운 나, 삶을 늘 구하는 해석학이야말로 철학이라 할 수 있는 것이다.

철학이 해석학이어야 한다는 말은 철학이 근대의 도구적 이성에 근거한 진리 개념을 벗어 버리고 자기 한계를 인정하며 겸손한 자리에 선다는 것을 의미한다. 그래서 어떤 실체적, 실증적, 절대적 진리를 상정하지 않고, 마주하는 현실과 더불어 늘 달리 새롭게 이해하며 적용하는 가운데 실현해 나오는 그 이해의 운동이 진리라고 고백하는 일이다. 그러기에 이것은 절대적 진리가 아닌 하나의 해석이라는 선언이다. 따라서 그 어떤 진리가 내 밖에서 나를 억압하거나 강제할 수 있는 이론이란 있을 수 없으며, 또한 내가 아는 것이 절대적 진리일 수도 없다. 진리란 오직 구체적 현실 안에서 나와 더불어 만들어지는 존재생성일 뿐이다. 이를 위해 가다머는 철학사를 거슬러 올라가 이성의 본래적 의미를 되찾기 위해 애쓴 것이며, 이를 이해로 규명한 것이다.

가다머의 이러한 태도는 기술 일변도로 치닫는 현대사회문명 앞에서 우리가 무엇을 어떻게 해나가야 할 것인가를 묻고 생각하게 한다. 그래서 기술문명사회가 초래한 문제들에 대해 인간으로서 책임을 통감하며, 더 인간다운 인간과 사회가 되어야 할 것을 권면하는 일이기도 하다. 이는 아리스토텔레스가 'pronesis'를 공유하고 있는 신념과 습관, 가치관에 의하여 구성된 살아 있는 문맥 안에서의 'ethos'라고 하듯이, 모든 것을 내가 처한 상황에 적절하게 내가 결정해야 하는 일이며, 이는 인간이 이성을 온전히 회복하는 데서 시작한다.

[참고문헌]

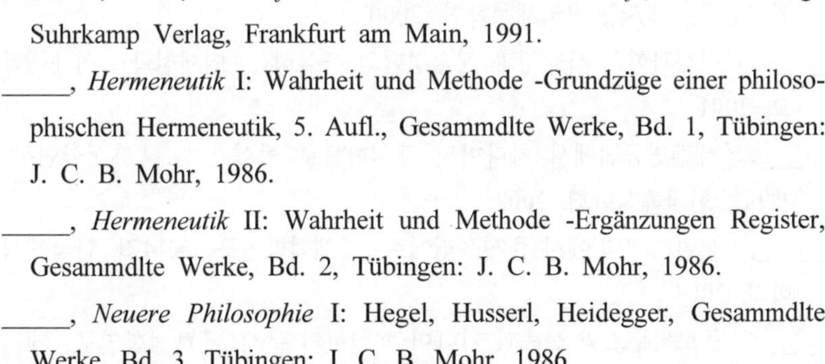

Gadamer, H.-G., *Vernunft im Zeitalter der Wissenschaft*, Dritte Auflage Suhrkamp Verlag, Frankfurt am Main, 1991.

_____, *Hermeneutik* I: Wahrheit und Methode -Grundzüge einer philosophischen Hermeneutik, 5. Aufl., Gesammdlte Werke, Bd. 1, Tübingen: J. C. B. Mohr, 1986.

_____, *Hermeneutik* II: Wahrheit und Methode -Ergänzungen Register, Gesammdlte Werke, Bd. 2, Tübingen: J. C. B. Mohr, 1986.

_____, *Neuere Philosophie* I: Hegel, Husserl, Heidegger, Gesammdlte Werke, Bd. 3, Tübingen: J. C. B. Mohr, 1986.

_____, *Neuere Philosophie* II: Probleme. Gestalten, Gesammdlte Werke, Bd. 4, Tübingen: J. C. B. Mohr, 1986.

_____, *Griechische Philosophie* I: Gesammdlte Werke, Bd. 5, Tübingen: J. C. B. Mohr, 1986.

_____, *Griechische Philosophie* II: Gesammdlte Werke, Bd. 6, Tübingen: J. C. B. Mohr, 1986.

_____, *Griechische Philosophie* III: Gesammdlte Werke, Bd. 7, Tübingen: J. C. B. Mohr, 1986.

_____, *Hegels Dialektik-sechs hermeneutische Studien*, 2. vermehrte Aufl., Tübingen: J. C. B. Mohr, 1980.

Bywater, I., *Aristotelis Ethica Nicomachea*, recognovit brevique adnotatione critica instruxit I. Bywater, Oxford: Clarendon Press, 1894.

Dilthey, W., *Einleitung in die Geisteswissenschaften*, Gesammelte Schriften, 제1권.

Hegel, G. W. F., *Grundliniender Philosophie des Rechts*, 1821.

Husserl E., *Erfahrung und Untersuchungen zur Geneologie der Logik*, hrsg. von. Landgrebe, Hamburg: Felix Meiner, 1972.

Georgia Wamke, *Gadamer: Hermenertics, Tradition and Reason*, Georgia Wamke, 1987.

Platon, *Phileb.*

박남희, 『가다머의 지평융합 비판』, 박사학위논문, 연세대학교, 2003.

_____, 「가다머의 '진리와 방법' 제2판 서문의 해석학적 논의와 비판」, 『해석학연구』 제7집, 한국해석학회, 2000.

_____, 「정신과학의 사실성과 예술경험의 사실성」, 『연세철학』, 연세대학교, 2001.

_____, 「헤겔변증법에서 가다머의 해석학으로 들어가기」, 『해석학연구』 제9집, 한국해석학회, 2002.

_____, 「실현의 진리에서 존재윤리에로」, 『해석학연구』 제14집, 한국해석학회, 2004.

_____, 「플로티누스의 산출과 가다머의 실현의 문제」, 『해석학연구』 제15집, 한국해석학회, 2005.

_____, 「가다머에서 플라톤으로: 실재가 아닌 실현의 문제」, 한국서양고전학회, 2008.

에머리히 코레트, 『해석학』, 신귀현 옮김, 종로서적, 1985.
조지아 원키, 『가다머: 해석학, 전통 그리고 이성』, 이한우 옮김, 민음사, 1999.
한스-게오르크 가다머, 『진리와 방법』, 이길우 등 옮김, 문학동네, 2000.

[주(註)]

1) Hans-Georg Gadamer, *Wahrheit und Methode*, Tübingen: J. C. B. Mohr, 1960(이하 WM으로 약칭하여 표기함).
2) 후설은 『이념 I』에서 세계현상의 의미를 문제 삼으며, 의식류의 통일을 구집하는 지평-지향성과 대상적 측면에서 바로 그렇게 파악하는 지평-지향성은 세계지평과 함께 일어나기 때문에 일치하게 마련이라며 '지평'이라는 말을 사용한다. 그리고 지평융합이라는 말도 후설이 『경험과 판단(*Erfahrung und Untersuchungen zur Geneologie der Logik*)』 제1부 「선술어적 경험」, 제1장, §16, 특히 §42 b, §81 a, 그리고 부록 『성찰』 42쪽, 『위기』 372쪽, 『시간의식』 35쪽과 86쪽에서 사용하고 있다. 가다머는 지평이란 보는 시선의 영역으로 사념의 경계를 벗어 버리고, 전체적인 것과 함께하며, 지속성으로 이행을 잡아 주는 것이라는 후설의 지평융합이라는 개념을 받아들이며, 그의 책 『진리와 방법』의 제2부 「진리문제를 정신과학에 있어서의 이해로 확장하기」의 제2절 '해석학적 경험 이론의 기본 특징'에서 (1) '이해의 역사성과 해석학적 원리로 고양하기', (2) '해석학적 기본 문제의 재획득', (3) '영향작용사적 의식의 분석'에서 심도 있게 다루고 있다. 그리고 제3부에서도 해석의 언어성의 측면에서 지평융합에서 해석의 지평을 다시 얻는다며 지평융합에 대한 그의 생각을 다시 다룬다. 그에게 있어 지평융합은 분리되어 있는 두 지평 간의 융합이 아니라 구별할 수 없는 이미 하나로 하며 있는 지평들의 융합(WM, 375쪽 참조)으로 굳어 버린 경계가 있는 것이 아니라 함께 변화하는, 그래서 앞으로 계속해서 밀고 나갈 길을 열어 주는 것이라고 한다.
3) H.-G. Gadamer, *Wahrheit und Methode*, 291쪽 참조.
4) 기존의 해석학은 이해와 설명에 의한 정교한 능력으로 적용을 요구하나, 가다머는 적용에서 이해와 설명의 내적 융합을 본다. 그래서 설명이 이해에 첨가되는 것이 아니라 이해는 언제나 해석이고 설명은 이해의 설명된 형식으로 보는 것이다. 다시 말해서 이해와 설명과 해석을 분리해서가 아니라 이 셋은 해석학적 과정에서 함께 성립하는 요소로 모든 이해로 종합하는 계기가 적용인 것이다. 바로 이 적용의 차이가 다른 철학자들과 차이를 갖는 가다머 철학의 핵심이라고도 말할 수 있다. 실제로 이후에 가다머와 하버마스, 그리고 데리다, 아도르노 아펠, 알버트 등과 같은 이들과의 논쟁을 벌이게 되는 계기이기

도 하다.

5) H.-G. Gadamer, *Wahrheit und Methode*, 292쪽

6) 플라톤은 순수 수학과 구분하여 삶에 있어서 가장 적절한 좋음의 차원을 적합성으로 설명한다. 다시 말해서 확실성과 수의 현실적 일치성을 적정성(Treffsicherheit)이라고 부르는 반면, 실천적 영역의 좋음을 적합성으로 설명한다. Platon, *Phileb.*, 55 e 7 이하; H.-G. Gadamer, *Ästhetik und Poetik* I: kunst als Aussage, Gesammelte Werke, Bd. 8, Tübingen: J. C. B. Mohr, 1993; 박남희, 『가다머의 지평융합 비판』, 연세대학교, 2003 참조.

7) I. Bywater, *Aristotelis Ethica Nicomachea*, recognovit brevique adnotatione critica instruxit I. Bywater, Oxford: Clarendon Press, 1894; 아리스토텔레스, 『니코마코스 윤리학』, 이창우 외 옮김, 이제이북스, 2006 참조. 아리스토텔레스는 이성을 순수이성과 실천이성으로 나누고 실천이성을 행위의 측면과 연결시킨다. 'pronesis'는 심장이라는 의미를 지닌 'phren'과 내적으로 모든 것들을 제어하고 조절하고 활성화하는 의미를 갖는 'phronema'와 같은 어원을 갖는다. 그리고 이것이 라틴어 'prudentia'로 번역되면서 일반적으로 실천적 지혜라는 의미로 해석된다. 아리스토텔레스가 이성을 비록 둘로 나누어 설명하고는 있지만 그의 철학의 중심 개념이 중용이라 한다면 그 역시도 소크라테스와 플라톤의 앎, 즉 아는 것과 행하는 일은 하나라는 의미에서의 앎의 의미를 풀어서 설명하면서 실천이성에 중점이 두고 있음을 알 수 있다. 그러기에 그의 철학의 향방이 이후 현실적이고 실천적인 면에 집중되어 간 것이라 하겠다.

8) 슐레겔과 더불어 독일 낭만주의를 열어 간 사람으로, 감성의 문제를 처음으로 신앙과 텍스트 해석에 주요한 개념으로 제기한 사람이다.

9) 딜타이는 헤겔의 이성주의, 주지주의에 반대하여 역사를 체험, 표현, 이해와의 관련에서 파악할 것을 주장하는 역사적 생의 이해, 역사적 의미의 이해를 중심으로 하는 해석학의 방법론을 확립한다.

10) W. Dilthey, *Einleitung in die Geisteswissenschaften*, Gesammelte Schriften, 제1권 참조.

11) Martin Heidegger, *Sein und Zeit*, Tübingen, 1927 참조.

12) 독일 낭만주의란 상대적으로 열악한 환경에 있던 독일이 18세기 후반 '질풍노도운동(Sturm und Drang)'으로 인하여 유럽의 계몽주의, 특히 영국의 경험론 및 프랑스의 합리주의와의 비판적 대결을 통해 생겨난 독일 고유의 신비적, 사변적 경향성을 일컫는다. 즉, 객관에 대한 주관의 절대적 자유를 주창하고, 무한(無限)을 동경하며, 환상(幻想)을 사랑하고, 모든 형식의 속박을 배척하며 자아를 지지한다. 슐레겔과 프리드리히에 의해서 촉발된 낭만주의는 민중문학의 부활을 시도하면서 독일 국민문학 형성에 기여할 뿐만 아니라 생(生)의 철학이나 역사학파 성립에 커다란 영향을 끼친다.

13) G. W. F. Hegel, *Grundliniender Philosophie des Rechts*, 1821 참조.

14) H.-G. Gadamer, *Neuere Philosophie* I: Hegil, Husserl, Heidegger, Gesammdlte Werke, Bd. 3, Tübingen: J. C. Mohr, 1986; H.-G. Gadamer, *Hegels Dialektik-sechs hermeneutische Studien*, 2. vermehrte Aufl., Tübingen: J. C. Mohr, 1980; 박남희,「헤겔 변증법에서 가다머의 해석학으로 들어가기」『해석학연구』 제9집, 한국해석학회, 2002 참조.

15) 가다머는 이 문제를『진리와 방법』, 제2부「진리문제를 정신과학에 있어서의 이해로 확장하기」에서 아주 자세히 논하고 있다. 박남희 ,「헤겔 변증법에서 가다머의 해석학으로 들어가기」,『해석학연구』 제9집, 한국해석학회, 2002 참조. 가다머는 물론 헤겔의 자기의식의 변증법은 수용하지만 정신이라는 개념이 모든 가시성을 갖는 것은 성급한 자기의식의 또 다른 실정성의 완고함이라고 비판하며 헤겔과의 차이를 분명히 한다. WM, 329쪽 참조.

16) 기존의 주체에 의한 대상의 인식과는 달리 인식은 인식하는 대상과 인식하는 주체 사이에 일어나는 것이라는 새로운 인식방법을 제창함으로 현대철학에 새로운 계기를 열어 준다. 이러한 그의 철학적 태도를 일컬어 현상학이라 한다.

17) 이탈리아의 수사학자이자 철학자로 역사철학과 민족심리학의 기초자라고 할 수 있다. 그는「우리 시대의 연구방법에 관하여(De nostri temporis studiorum ratione)」에서 수사학의 이상은 올바른 것, 즉 참된 것을 말하는 것이라 하며 단순한 앎의 차원이 아닌 구체적 보편성과 더불어 실천적 지혜를 주창한다. 저서로는『공동의 자연과 민족에 관한 새 학문』(1725)이 있다.

18) 도미니크파의 신학자. 그의 사상에는 토마스의 영향이 두드러졌으며, 가장 큰 특색은 신비적 체험을 설교하는 데 있었다. 영혼의 깊은 곳에서의 '영혼의 불꽃'과 신과의 합일(合一)을 강조하였다. 그는 이 합일의 극치를 '영혼에 있어서의 신의 탄생'이라 하였고, 더구나 그 신은 삼위격(三位格: 페르소나)의 구별을 초월한 근원적 신성(神性)이라고 주장하였다.

19) 플로티노스는 204년 이집트에서 태어났다. 그는 알렉산드리아의 암모니우스 삭카스(Ammonius Sakkas, 175-242) 밑에서 철학을 배웠고, 40세가 되던 해에 알렉산드리아를 떠나 로마로 가서 자신의 학원을 세워 그곳에 플라톤의 사상을 재해석하며 독자적인 철학체계를 구축한다. 이때의 논문 54편을 그의 사후 제자 포르피리오스가 9편씩 묶어 6부분으로 분류하여 편찬한 것이『엔네아데스(*Enneades*)』다. 그의 철학의 특징은 실재의 체계에 대한 사색적인 기술을 종교적인 구원론과 결부시켰다는 데 있다. 그의 독특한 점은 신은 지성의 어떠한 관념으로도 한정되지 않으며 감관으로도 감지되지 않고 다만 어떠한 이성적 혹은 감각적 경험과도 무관한 신비적인 무아(無我)의 경지 속에서만 도달 가능하다는 것이다. 그러기에 인간의 언어로는 표현 불가능한 존재인 신은 절대적이며 완전하고 무한한 실재로, 불변하고 불가분적이며, 어떠한 다양성도 없고, 창조되지도 소멸하지도 않으며 모든 면에서 변형 가능하지 않음을 나타내는 절대적인 통일체로서의 일자(一者)라고 한다. 그의 이러한 사상은 성 아우구스티누스에 영향을 주어 중세를 열어 가게 된다.

20) 이 부분에 대해서는 필자의 논문 「플로티누스의 산출과 가다머의 실현의 문제」 (『해석학연구』 제15집, 한국해석학회, 2005)에서 이미 논의를 한 바가 있다.

21) 기원전 384년 스타게이로스에서 출생한 아리스토텔레스는 17세 때 아테네의 플라톤의 학원(아카데미아)에서 수학을 하다가 스승의 사후 그곳을 떠나 여러 곳을 다니며 연구와 가르침에 몰두하다가 – 이때 알렉산드로스 대왕을 가르치기도 한다 – 기원전 335년에는 아테네로 돌아와, 리케이온이라는 학원을 세워 후학을 가르치는 일에 전념한다. 스승 플라톤의 이데아론과는 달리 아리스토텔레스는 이 세상을 지배하는 원인들의 인식을 구하는 현실주의 입장을 취한다. 그러나 두 철학자가 대립한다고 하기보다는 플라톤의 철학적 범주 안에서 독자적인 체계를 구축하였다고 할 수 있다.

22) 가다머의 해석학은 주관적이라며 객관성을 담지하기 위해 끊임없이 문제를 제기해 간 하버마스와 아펠, 그리고 알버트와 같은 해석학자나 사회학자의 비판을 살펴볼 때 이들은 하나같이 근대의 이성 개념에 충실하고 있음을 알 수 있다.

탈근거적 근거의 모색

최소인

1. 들어가는 말

"도대체 왜 무가 아니라 도리어 어떤 것이 존재하는가?(pourpuoi il y a plutot quelque chose rien?)"라는 물음은 전통 형이상학을 지배하는 근본적인 물음이다. 이 물음을 통해 진지하게 추구되는 것은 다름 아니라 존재하는 것의 궁극적인 근거다. 왜 아무것도 없지 않고 어떤 것이 존재하는가를 묻는 서양 형이상학의 왜 물음(Warum-Frage)은 존재하는 것들의 '있음'에 대한 경이에서 출발하여 이 '있음' 자체를 근본적으로 해명하려 하며, 있음의 궁극적인 근원, 시원적 근거를 찾아 들어가고자 한다. 존재자의 '있음'을 해명하기 위해서는 다른 모든 존재하는 것들의 있음을 가능하게 하는 존재근거이면서 스스로는 더 이상의 다른 존재근거를 필요로 하지 않는 것, 혹은 스스로가 자기 자신의 근거가 되는 것에서 존재자의 '있음'은 온전히 해명될 수 있기 때문이다. 전통 형이상학적 사유는 결국 "존재자의 최상 원인과 존재자의 존재하는 근거에 관해서 묻는 데에까지 저 너머로 나아가게 된다."[1] 바로 이 점에서 형이상학적 사유는 있음의 궁극적 근거를 탐구하는 근거사유로 정립된다. 이러한 형이상학적 반성의 전통에서 우리는 자연철학자들의 아르케(arche), 플라톤의 선의 이데아, 아리스토텔레스의 부동의 동자, 플로티노스의 일자, 아퀴나스의 신 등을 만나게 된다. 이 모든 것들은 유한한 자연적 존재자들과는 구분되는 절대적인 것, 무제약적인 것, 무한한 것, 완전한 것이며, 자연적 존재자들의 있음을 궁극적으로 자연적 존재자들을 넘어서 있는 이 무제약적인 근거에 의존하게 된다. 무제약적인 근거는 세계 내의 존재자들의 있음을 설명해 주는 궁극적인 근거로서, 존재자의 최상 근거 혹은 존재의 제일 원인으로 정립되며, 이를 통해 형이상학적 근거사유는 완성된다. 이처럼 형이상학의 근거사유는 그들의 질문이 직접적으로 향해 있는 자연적 존재자들을 넘어서서, 자연적 존재자들과는 단적으로 구분되는 절대적 근거, 무제약적인 시원에 대한 탐구에 의해 완성된다. 이 점에서 전통 형이상학은 모든 존재자들의 최상의 근거와 존재의 제일 원인을 탐구하는 소위 '존재신학(Onto-Theologie)'으로 자리 잡게 된다.[2)]

서양의 근대철학 역시 이러한 형이상학적 사유의 궤적에서 벗어나지 못한다. 우리는 서양의 근대적 사유를 출발시킨 데카르트에게서도 형이상학적 근거사유의 전형을 어렵지 않게 발견할 수 있다. 단지 데카르트는 형이상학적 근거사유를 근대적 의미에서 인식론적 전회를 통해 수행할 뿐이다. 데카르트의 철학은 존재하는 것에 대한 경이에서 출발하지 않는다. 오히려 그는 존재하는 것에 대한 회의와 의심에서 자신의 철학을 출발시킨다. 그는 자신의 외부에 존재하는 사물의 있음을 회의하고 의심하고 괄호 친다. 이제 데카르트에게 남아 있는 것은 회의하고 의심하는 자아뿐이다. 그는 자신의 외부로 향해 있던 자신의 시선을 자신에게로, 자신의 내부로 향하게 한다. 그리고 그곳에서 결코 회의할 수 없이 확실한 사유하는 자아를 발견한다. 자명하게 존재하는 사유하는 자아는 데카르트의 철학적 반성과 성찰의 시원이며 출발점이자, 아르키메데스적 기점이다.

그러나 사유하는 자아를 경이롭게 경험한 후, 데카르트는 다시금 전통 형이상학의 낡은 근거사유로 되돌아간다. 그는 묻는다: 도대체 나는 왜 있는가? 도대체 나는 어떻게 나를 이처럼 명증적으로 생각할 수 있는가? 외부세계에 대한 방법적 우회로를 돌아온 그는 다시금 사유하는 존재의 있음에 대해, 사유하는 자아의 활동의 명증성의 근거에 대해 묻고 이 근거를 탐구한다. 그리고 '왜 도대체 아무것도 없지 않고 사유하는 내가 있는가?'라는 질문에 대한 대답으로 신의 존재를 이끌어 들인다. 유한한, 사유하는 자아의 확실성은 무한한 신의 보증을 통해 확고한 지반을 얻게 된다. 무한한 신은 데카르트적 사유에서 사유하는 자아의 배면에 숨어 있던 최상 근거, 형이상학적 제일 원리다. 데카르트의 신은 전통 형이상학의 그것처럼 존재하는 모든 것들(사유하는 자아와 연장된 물체)의 있음의 궁극의 근거이며 존재하는 모든 것에 대한 명증적인 인식의 근거다. 데카르트의 체계를 유지해 주는 것은 여전히 전통 형이상학적 근거사유이며, 우리가 그의 철학의 가장 내밀한 지점에서 만나는 것은 더 이상의 근거를 필요로 하지 않는 무한실체로서의 신이다. 이처럼 데카르트의 철학은 전통 형이상학의 근거사유에 의해 완성된다. 단지 그의 근거사유는 사유하는 자아에 의해, 그리고 사유하는 자아에 관해서 수행된 것이라는 점에서 근대적 우회로를 걷고 있을 뿐이다.

이 점에서 헤겔 역시 예외가 아니다. 헤겔의 절대 관념론의 체계는 존재자의 있음을 절대정신의 자기운동을 통해 해명하는 형이상학적 관념론의 체계다. 헤겔 역시 존재하는 것의 있음을 설명하고자 한다. 그에게서 존재자의 존립은 절대정신의 운동을 통해 설명된다. 존재하는 모든 것은 절대정신의 자기 외화이며 자기 전개의 결과다. 이 세계 내의 모든 것은 절대정신으로부터 나온 것으로 절대정신의 자기실현태이며, 궁극적으로 절대정신에서 자기 존립의 근거를 가진다. 헤겔의 절대정신은 모든 종류의 실재성의 궁극적인 근원으로서 존재하는 실재의 세계를 자신으로부터 전개시켜 나가는 신적 정신 이외에 다른 것이 아니다. 이 점에서 헤겔의 절대정신은 관념론의 공식을 통해 표명된 무제약적 근거이자 형이상학적 절대 시원이라 할 수 있다. 헤겔 철학 역시 관념론적 변형을 통해 수행된 형이상학적 근거사유의 한 모습이라 할 수 있다.

그렇다면 칸트 철학이 위치하는 지점은 어디인가? 칸트의 선험적 혹은 비판적 관념론은 헤겔의 절대 관념론과 닮은꼴의 사유인가? 아니면 데카르트의 사유하는 자아의 관념론에 근접해 있는 사유인가? 여기서 우리는 칸트 철학이 헤겔이나 데카르트와 동일시될 수 없는 고유성과 특이성을 가지고 있음에 주목해야 한다. 칸트도 데카르트처럼 유한의식, 유한한 자아의 능력을 철학적 반성의 시원으로 삼으며, 이러한 자아의 능력으로부터 세계를 설명하고자 하는 근대적 프로그램을 공유한다. 그러나 그는 데카르트처럼 유한한 자아의 배면에 무한한 신이라는 궁극의 무제약적 근거를 숨겨 놓지 않는다. 그가 비판의 법정에 불러 세운 것은 오직 유한한 이성, 유한한 자아이며, 그는 이 법정에서 형이상학적 사유의 잔재를 청소하고자 한다. 그는 유한 정신에 의해서는 무제약적인 절대 근거가 정립될 수 없음을 선언하면서 형이상학적 근거사유에 종말을 고하고자 한다. 칸트가 내세운 유한 의식은 더 이상 신적 무한의 후견을 필요로 하지 않는 의식이며, 오히려 신적 무한의 불합리성과 무의미성을 폭로하는 의식이다. 바로 이 점에서 칸트의 관념론은 헤겔의 그것과도 구분된다. 칸트가 세계 해명의 원리로 내세운 것은 절대정신이 아니라 오히려 제한과 한계를 지닌 유한 정신, 유한한 자아다. 그리고 칸트는 오직 이러한 유한 의식에 의거하여 자연적 존재자들의 세계를 설명할 뿐이다. 칸트는 데카르트나 헤겔과는 달리 신 없는 세계 해명, 절대적 근거와 시원을 가지지 않는 세계 해명의 프로그램을 기획한다.

물론 칸트도 여전히 우리가 경험하는 자연적 세계의 존재자들의 있음을 해명하고자 한다. 이 점에서 칸트 철학도 전통 형이상학의 경우처럼 존재자의 있음의 근거를 묻는 왜-물음에서 출발한다. 그러나 칸트는 다른 전통 형이상학자들과 동일한 방식으로 왜-물음에 답하지 않는다. 그는 오직 유한한 의식으로서의 선험적 자아를 통해 이 물음에 답하고자 한다. 칸트 철학에서 궁극의 근거, 제일 원리의 위치를 차지하는 것은 유한한 선험적 자아다. 여기서 우리는 칸트 철학의 아포리아를 발견한다. 유한한 자아, 유한 의식은 결코 더 이상의 근거를 필요로 하지 않는 궁극의 근거, 절대 근거일 수 없기 때문에, 유한 의식에 의거하여 자연적 존재자들의 있음을 궁극적으로 해명한다는 것은 애당초 실패를 예견하는 헛된 작업에 불과한 것처럼 보인다. 왜냐하면 형이상학적 근거사유에 의하면 자연적 존재자들의 있음에 대한 근거 설정은 언제나 최종의 근거인 무제약적이며 무한한 근거에서만 종결될 수 있기 때문이다.

그럼에도 칸트는 능력과 무능력을 함께 지닌 유한 의식에 의거하여 자연적 존재자의 있음을 설명한다. 그렇다면 도대체 능력과 함께 무능력을 지닌 유한한 의식이 전통적인 근거사유에서처럼 자연적 세계의 궁극적 근거로서 설명력을 지닐 수 있는가? 만일 칸트의 근대적 사유 전략에서 유한한 의식이 무한한 근거의 도움을 받지 않고도 자연적 존재자들의 있음의 궁극의 근거로서 작동할 수 있다면, 우리는 더 이상 무제약적 근거를 요구할 필요도 없을 것이며 전통 형이상학에서 추구하여 왔던 무제약적 근거란 불필요한 근거에 불과하게 될 것이다. 이러한 칸트의 전략이 승인될 수 있으며 정당성을 지닌다면, 데카르트가 사유하는 자아를 확립한 후 다시 신에 호소했던 것은 궁극의 근거로서 신적 무제약자가 절대적으로 요구되었기 때문이 아니라 오히려 근대정신을 충분히 배양해 내지 못했던 데카르트 사유의 미숙함 때문이라고 평가할 수 있을 것이며, 헤겔이 칸트 이후 다시금 칸트의 유한 의식을 절대정신으로 고양시킨 것은 칸트의 전략을 부당하게 폄하하거나 오인했기 때문이라고 비판할 수 있을 것이다.

물론 칸트가 유한 의식에 의거하여 자연적 존재자들의 있음을 설명할 수 있는 것은 그가 전통 형이상학의 근거사유와 동일한 사유의 도정에 서 있지 않으며 이러한 도정에서 벗어나 있을 경우에만 가능하다. 그리고 칸트 철학의 고유성은 전통 형이상학적 사유의 궤적에서 벗어나 있는 그의 사유방식에서 기인한다. 여기서 우리는 칸트 철학의 위치에 대해 다시 한 번 숙고해 보아야 한다. 칸트는 근대철학, 근대 계몽정신의 완성자로 불린다. 그러나 그가 가진 근대정신에는 다른 근대인들과는 다른 무엇이 숨겨져 있다. 칸트보다 앞서 갔던 데카르트나 칸트를 뒤따랐던 헤겔에게도 발견할 수 없는, 그러나 오직 칸트에게서만 길어 올릴 수 있는 것은 바로 근대를 완성하면서 현대를 향해 새로운 방향의 문을 열어주는 무엇이다. 우리는 이러한 칸트의 고유한 철학적 정신을 탈근거적 근거사유라 부르고자 한다. 칸트의 탈근거적 근거사유는 여전히 왜-물음에 대한 대답을 추구하면서도 무제약적인 궁극의 근거를 거부하는 그의 사유 전략에서 기인한다. 그리고 이 점에서 칸트는 전통 형이상학과 만나면서 동시에 그것과 결별한다. 칸트의 탈근거적 근거사유는 칸트가 우리에게 열어 보여주는 새로운 탈형이상학적 전략이며 지평이라 할 수 있다.

2. 탈근거적 근거사유

1) 선험적 자아의 탈자적 자기실현

칸트 철학은 세계를 근거 짓는 궁극의 근거인 선험적 자아의 능력에 대한 탐구다. 그리고 선험적 자아의 능력에 대한 탐구는 칸트의 마지막 저서인『유작』에 이르러서야 비로소 완성된다. 물론『비판』에서도 선험적 자아는 자연적 대상세계의 존립 및 그에 대한 인식 가능성의 근거다. 그러나『비판』에서 선험적 자아는 자연적 세계의 형식적 근거일 뿐, 질료적 측면에서는 철저하게 무력한 자아다. 그러므로 비판의 핵심은 선험적 자아의 형식적 원리들이 어떻게 자연적 존재자들의 존립 가능성의 원리일 수 있는가를 증명하는 작업에 놓여 있지, 선험적 자아가 어떻게 자연적 존재자들의 있음의 무제약적 근거일 수 있는가를 증명하는 것은 아니었다. 왜냐하면 선험적 자아는 언제나 경험 및 경험 대상의 가능성의 형식적 조건이며, 그런 한에서 경험세계의 필연적인 형식적 질서의 근거일 뿐, 질료적 차원에서는 자연적 세계에 대해 아무런 권한도 가지지 못한 무력한 자아이기 때문이다. 그러나『유작』에 이르러 선험적 자아는 단지 자연적 세계의 형식적 원리가 아니라 자연적 세계 자체의 전면적인 근거이며 근원으로 정립된다. 칸트는 선험적 자아를 이 세계의 창시자(Begruender)이며 발기자(Urheber)이자 이 세계의 소유주(Inhaber)로 규정한다: "세계는 오직 내 안에 있을 뿐이다."(선험적 관념론)[3] "내 밖에 또한 어떤 것이 있다는 것은 나 자신에 의해 산출된 것이다. 나는 나 자신을 만든다. … 우리는 또한 모든 것을 스스로 만든다."[4] 마치 스피노자에게서 "존재하는 모든 것은 신 안에 있으며 신 없이는 아무것도 존재할 수"[5] 없는 것처럼『유작』에서 선험적 자아는 자기 자신 속에 세계를 가지고 있으며 자기 자신으로부터 모든 것을 산출하는 자아다. 선험적 자아가 곧 세계 자체이며 선험적 자아가 없다면 세계도 없다. 선험적 자아는 이처럼 자연적 세계의 유일한 근거, 무제약적 근거로 설명된다.

우리는『유작』에서 세계의 소유주며 발기자로 정립된 선험적 자아를 아무런 제한 없이 형이상학적 근거사유가 추구하는 궁극의 근거들과 동일시할 수 있다. 왜냐하면 그것은 마치 신적 근거처럼 자연적 세계의 유일한, 절대적인 근거로 작동하고 있기 때문이다. 그러나 그렇다고 해도 『유작』에서 칸트의 선험적 자아는 피히테의 절대자아나 헤겔의 절대정신과 같은 것은 아니다. 선험적 자아는 여전히 유한한 정신이며 언제나 수용성을 전제로 활동하는 제약된, 유한한 의식이다. 다시 말해 『유작』에서도 『비판』에서처럼 선험적 자아는 여전히 제약된 의식, 한계와 제한을 동반한 의식이다. 그럼에도 불구하고 칸트는 『유작』에서 유한한 정신, 유한한 의식으로부터 자연적 세계를 고스란히 도출해 내며 이 세계를 이처럼 유한한, 제약된 자아 속에 위치시킨다.

여기서 우리에게는 필연적으로 하나의 의문이 떠오르지 않을 수 없다. 도대체 칸트는 어떻게, 어떤 근거에서 유한한, 제약된 자아 속에 세계를 위치시킬 수 있었으며, 과연 이러한 칸트의 전략이 설득력을 얻을 수 있는 것인가? 이러한 물음의 답은 선험적 자아로부터 자연적 대상세계를 정립하는 과정에 대한 칸트 자신의 해명에서 구할 수 있을 것이다. 그렇다면 칸트는 유한한 선험적 자아로부터 어떻게 자연적 세계의 있음을 정초하는가? 『유작』에서의 칸트의 증명과정은 전통 형이상학적 근거사유와는 완전히 다른 궤도 위에서 수행된다. 무제약자, 절대적이며 완전한 근거에 의거한 세계에 대한 설명방식과 유한한, 제약된 근거로부터의 설명방식은 전적으로 같은 것일 수 없기 때문이다.

『유작』에서 선험적 자아는 무엇보다도 먼저 세계를 산출하는 근원적인 활동으로 이해된다. 선험적 자아는 이 점에서 불변의, 부동의 자아가 아니라 하나의 활동(Taetigkeit)이며, 하나의 행위(Akt)다. 선험적 자아란 다름 아닌 자기 자신으로부터 세계를 산출하는 근원적인 형이상학적 활동이며 사건이다. 세계를 자기 자신으로부터 산출하는 선험적 자아의 근원적 활동은 자기 정립의 활동, 자기 대상화의 활동으로 이해된다. 선험적 자아는 자신을 대상으로 만든다. 선험적 자아의 활동은 스스로를 자신에 대해 객관으로 정립하는 활동이다: "자기의식(통각)은 주관이 자신을 객관 일반으로 만드는 하나의 활동이다."[6] "표상능력의 첫 번째 활동은 '나다'라는 동사 즉 자기의식이다. 나는 나 자신에 대해 하나의 대상이다. 주관은 자기 자신에 대해 객관이다."[7] 선험적 자아의 자기 대상화 활동은 바로 그것으로부터 자연적 세계가 기원하는 근원적인 활동이다. 자연적 세계는 자아가 자신을 대상화함으로써 만든 세계다.

그러나 선험적 자아의 자기 대상화 활동에서 주목해야 할 것은 활동 자체로서의 자아 혹은 주체로서의 자아는 활동의 산물로서의 자아 혹은 객체로서의 자아와는 서로 다른 것, 서로 구분되는 것이라는 점이다. 내가 나를 대상으로 정립한다는 것은 무엇보다도 자아(주관)가 자신을 자신이 아닌 것(객관)으로 정립함을 의미한다. 이처럼 자기 대상화, 자기 정립의 활동을 통해 활동의 산물인 객체로서의 자아와 활동의 주체인 자아가 구분되며 나는 나 자신과 대상적 관계 속에 서 있을 수 있다. 바로 이 점에서 선험적 자아의 자기 대상화 활동은 자신을 자신과 구분되는 것, 자신을 자신과는 다른 것으로 만드는 활동이다. 칸트는 이 점을 "사유 가능한 자아는 자기 자신을 감각할 수 있는 것으로 정립한다."[8] 혹은 "주관은 자기 자신을 정립하고 감각의 대상으로 만든다."[9]고 설명한다. 즉 사유하는 주체, 활동성으로서의 나는 나를 감각의 대상으로 정립한다. 활동성의 주체인 나는 감각의 대상인 나와는 다른 것, 그것과 대립되는 것이다. 자기 대상화의 활동인 선험적 자아의 근원적, 형이상학적 활동이란 자신을 자신과 구분되는 타자로 정립하는 활동이며, 바로 이 점에서 선험적 자아의 자기 대상화 활동은 탈자적 자기실현의 활동으로 파악될 수 있다.

선험적 자아의 자기 대상화 활동이 탈자적 자기실현과 자기 전개의 활동인 것은 선험적 자아에 의해 산출된 세계가 활동하는 자아가 아닌 것이기 때문이다. 선험적 자아는 자신을 대상으로 만들지만 이 때 자기 대상화의 활동은 자기부정의 계기 — 자기 자신을 제한하고 자신에게 한계를 부여하는 계기 — 를 통해 수행된다. 칸트에게 활동성, 행위로서의 선험적 자아란 순수한 자발성의 능력, 자기 자신으로부터 순전히 세계를 산출하는 철저히 자발적이며 자립적인 활동을 의미한다. 그러나 이러한 자발적인 활동의 결과로서 자아는 자기 자신에 대해 감각 가능한 대상, '현상 중의 대상'으로 정립된다. 활동성, 자발성으로서의 자아는 자신을 부정함으로써 자신을 자발성과 구분되는 것, 즉 감각 가능한 것, 수동적인 것으로 정립한다. 대상으로서의 자아는 더 이상 활동성으로서의 자아가 아니라 하나의 제약된, 감각 가능한 사물에 불과하다.[10] 이처럼 자아는 자기 자신을 무제약적인 방식으로 구현하지 못한다. 왜냐하면 자아의 자기 정립 활동은 자기 동일적 실현이 아니라 자신을 제한하고 부정하며, 자기 밖으로 나가 섬으로써 이루어지는 활동이며 이 점에서 자신을 부정하고 자신을 넘어서는 탈자적 자기실현이기 때문이다. 선험적 자아의 자기 정립이 탈자적 자기실현의 방식으로 수행되는 한, 선험적 자아의 근원적인 자기 정립의 활동은 그 자체로 한계를 지닌, 유한한 자기실현의 활동이라 할 수 있다.

자연적 대상세계를 산출하는 선험적 자아의 활동이 유한한 자기실현의 활동인 것은 그것이 자신을 자신과 구분되는 것, 자신과 다른 것으로 변형시키고 제한하는 활동이기 때문이다. 한편에서 자신을 넘어서서 자신의 밖으로 나아가는 활동, 자신을 변형시키고 제한하는 활동은 그 자체로 자기의 타자를 자기 자신으로부터 개방하는 활동이라는 점에서 적극적인 의미에서 자발적인 힘이고 능력이지만, 다른 한편에서 볼 때 이러한 활동을 통해 선험적 자아는 결국 자신을 부정하고, 자신의 본질로부터 멀어지게 되며, 따라서 자신의 본성을 무제약적인 방식으로 실현하지 못하기 때문에 동시에 무능력이기도 하다. 이처럼 선험적 자아의 탈자적 활동이란 자아의 능력이 무능력을 동반한 능력이기 때문에 가능한 활동이다. 선험적 자아의 무능력이란 선험적 자아가 자신을 정립하기 위해 요구되는 원천적인 자기 제약을 의미한다.

이러한 방식으로 칸트는 『유작』에서 선험적 자아의 탈자적 자기 정립의 활동이 지니는 이중적 본성을 통하여 현상적 세계의 '있음' 뿐만이 아니라 그것의 '제한되어 있음'까지도 적극적으로 설명한다. 현상으로서의 대상세계, 감각 가능한 사물들의 세계는 자아의 자기 정립 활동에 의해 산출된다. 그러나 자아의 근원적인 자기 정립 활동에 의해 산출된 세계는 유한하다. 현상적 세계가 유한한 것은 현상적 세계를 정립하는 선험적 자아의 활동 자체가 제약된 활동이기 때문이다. 만일 자아가 자신을 무제약적인 방식으로 실현할 수 있다면, 이러한 무제약적인 활동에 의해 산출된 대상의 세계 역시 그 자체로 자발적인 것, 무한한 것일 수 있을 것이다. 그러나 자아는 자신을 실현하기 위해 필히 자신을 제한하고, 자신을 감추고, 자신을 부정한다. 선험적 자아는 자기부정을 통해 자기 밖에 나가 설 수 있으며 자신을 대상으로 정립할 수 있다. 따라서 이러한 자기부정의 활동을 통해 드러난 대상세계는 제약된, 유한한 세계다. 현상적 세계의 제약성은 현상적 세계의 존립 근거인 선험적 자아의 근원적 활동이 지닌 자기부정적 계기를 통해 온전히 설명된다. 선험적 자아의 탈자적 자기실현의 활동이란 현상적 세계의 있음뿐만이 아니라 그것의 제한되어 있음까지도 근거지어 주는 근원적인 설명틀이다.

선험적 자아의 탈자적 자기실현의 활동은 자연적 세계의 존립을 근거짓는 최상의 근거가 되는 형이상학적 제일 원리이지만, 그것은 전통적 의미에서의 형이상학적 제일 원리와는 완전히 구분되는 상이한 원리이며 근거다. 선험적 자아의 탈자적 자기실현의 활동은 유한한, 제약된 활동이며, 그런 한에서 유한한 자연적 세계의 근거다. 전통적 의미에서 형이상학적 제일 원리는 그 자체로 무제약적인 것이며, 이 무제약적인 제일 원리는 자신의 타자를 허용하지 않는 순수한 자기 동일성, 자족성을 그 특징으로 가진다. 예를 들어 플라톤의 이데아는 어떠한 타자적 계기도 허용하지 않는 자기 동일적인 것이며 자족적인 것으로 규정된다. 플라톤의 이데아든 아리스토텔레스의 부동의 동자든 그것이 형이상학적 제일 원리인 한, 그것은 자신의 밖으로 나갈 필요가 없다. 형이상학적 절대 근거는 그 자체 내에 자기 완결성을 지닌 불변의 무세약자다. 그러나 전통 형이상학의 무제약자는 자연적 세계의 존립의 근거이기는 하지만 그 세계의 제약되어 있음의 근거일 수는 없다. 물론 플라톤에게도 현상적 사물은 유한한, 제약된 것이다. 현상적 사물은 절대 근거인 이데아와는 다른 것, 그것과는 구분되는 것이라는 점에서 유한하며 제약된 것이다. 유한한 현상적 사물은 자신의 존립 근거인 이데아와 닮아 있지만, 이데아와는 다른 것이다. 그렇지만 왜 무제약적인 이데아에게서 자신의 존립 근거를 가지는 현상적 사물의 세계는 자신의 근거와는 달리 유한한 것인가? 플라톤의 이론에 의하면 현상적 사물의 제약성은 이데아의 편에서 볼 때 이데아에 의해서는 설명될 수 없는 절대적인 타자적 요소다. 우리는 현상적 사물의 있음을 이데아를 통해 설명할 수 있지만 이데아라는 원본적 근거로부터 현상적 사물의 제약성을 적극적인 방식으로 설명할 수 없다. 현상적 사물의 제약성은 이데아와는 전적으로 상이한 절대 타자적 요소를 통해 설명되거나 아니면 오직 소극적인 방식으로 설명될 수 있을 뿐이다. 플라톤은 현상적 사물의 제약성을 『티마이오스』의 우주론에서 적극적으로 설명한다. 플라톤의 우주론에 의하면 이 세계의 실재하는 자연적 사물들은 건축가인 데미우르고스가 원형적 존재자인 이데아에 준하여 만든 것이다. 그런데 여기서 이데아를 본떠 만든 현상적 사물의 세계가 제약되어 있는 것은 그것이 이데아와는 달리 질료를 가지고 있기 때문이다.[11] 이데아와는 달리 이데와의 복사본인 현상적 세계가 유한한 것은 결국 이데아와는 구분되는 이데아에게는 절대 타자인 질료성에 의한 것이다. 그러므로 이데아는 현상적 세계의 있음의 근거이지만 그것의 제약되어 있음의 적극적인 근거는 아니다. 이처럼 절대 타자인 질료성이 언급되지 않은 경우, 현상적 사물의 세계는 원본적 실재인 이데아의 복사본, 즉 이데아와 닮아 있지만 그럼에도 이데아와는 구분되는 어떤 것이라는 점에서 제약된 것이라는 소극적인 방식의 설명만이 가능하다.

이에 반해 칸트가 구한 제일 원리인 선험적 자아의 탈자적 자기실현의 원리란 자체성에 머물지 못하고 오히려 자기 타자, 자기부정태를 통해 자신을 실현하는 활동이라는 점에서, 자기 동일성을 유지하는 무제약적인 절대 근거와는 전적으로 다른 것이다. 칸트의 선험적 자아의 자기 정립의 활동은 자기 동일성을 유지하는 이데아와는 달리 자체 내에 탈자적 계기를 지닌 활동이며, 그 자체로 자기 타자에게로 이행하는 활동이다. 자체성에 머물지 못하고 자신을 넘어서 자기 타자태를 실현하는 선험적 자아의 활동은 전통 형이상학의 제일 원리와 비교해 볼 때 유한한, 제약된 활동이지만 칸트는 이 제약된 활동이라는 하나의 제일 원리로부터 자연적 세계의 있음뿐만 아니라 그것의 제한되어 있음까지도 온전하게 설명해 낸다. 칸트의 이러한 전략은 하나의 원리로부터 자연적 세계의 있음을 그것의 유한성을 함께 정초하려는 시도로서 전통 형이상학자들의 사유방식과는 전적으로 상이한 것이라 할 수 있다. 이처럼 자기 동일적 원본에서 자기 부정적 계기, 탈자적 지향을 읽어 내려는 칸트의 시도는 근거 자체를 탈근거적 요소와 함께 정초하려는 시도다. 이러한 칸트의 사유방식은 전통 형이상학의 근거사유와는 구분되는 근거에 대한 탐구이며, 이 점에서 우리는 칸트의 고유한 근거사유를 전통적인 사유방식과 구분하여 탈근거적 근거(abgrundiger Grund)에 대한 사유라 부를 수 있을 것이다.

2) 탈근거로서의 선험적 자아

칸트의 탈근거적 근거사유의 본질은 탈자적 방식으로 자신을 실현하는 선험적 자아에 대한 탐구를 통해 밝혀진다. 선험적 자아는 자신을 제약적인 방식으로 실현함으로써, 자신을 자신과 구분되는 대상으로 정립하며, 이를 통해 자신으로부터 자신과 구분되는 유한한 대상의 세계를 산출해 낸다. 이 점에서 선험적 자아의 탈자적 자기실현은 자연적 세계가 그곳으로부터 기원하는 절대 시원이며 절대 근거임에 틀림없다. 자아 속에 세계가 있으며 세계는 자아가 만든 것이다. 그런데 자신 속에 세계를 가지고 있으며 자신으로부터 세계를 산출해 내는 선험적 자아는 그 자체로 고찰할 경우 스피노자의 신처럼 무한실체든지, 아니면 헤겔의 절대정신 같은 어떤 무제약적인 것이어야 한다. 선험적 자아는 자신을 제한하고 자신을 한계지음으로써 자연적 세계를 정립하지만, 자신을 제한하고 변형시키는 활동이며 능력으로서의 자아 자체는 제한되지 않은 자아, 무제약적인 자아이어야 하기 때문이다. 칸트의 선험적 자아와 마찬가지로 헤겔의 절대정신도 자신을 제한하고 부정함으로써 세계를 산출하는 근원적인 활동이다. 헤겔의 절대정신은 모든 타자적 계기를 자체 내에 포괄하고 있는 무한정신이다. 있는 것은 오직 절대정신뿐이며 절대정신 밖에, 절대정신과 구분되는 타자는 없다. 절대정신의 부정태, 타자태인 유한한 자연적 존재자들은 절대정신의 자기 내적 계기들에 불과하다. 헤겔의 절대정신은 모든 종류의 타자적 계기를 자체 내에 포괄하고 있는 그 자체로 무제약적 전체다. 그렇다면 그곳으로부터 자연적 세계가 산출되며, 자기 자체 내에 자연적 세계를 가지고 있는 선험적 자아 역시 헤겔이나 스피노자적인 의미에서 절대적 전체,

무제약적 전체로 이해되어야 하지 않는가? 칸트의 선험적 자아는 전통 형이상학의 시원 근거와는 달리 자체 내에 타자적, 자기부정적 계기를 포함하고 있는 활동으로 이해되지만, 그러한 활동의 주체 자체 혹은 이러한 활동성 전체는 적어도 절대적이며 무제약적인 것이어야 한다.

그러나 우리는 칸트에게서 선험적 자아의 무제약적, 절대적 본성을 전혀 찾아 낼 수 없다. 칸트에게 자아는 활동의 결과물인 한 경험적 자아, 감각 가능한 자아에 불과하며, 그렇지 않다면 그것은 오직 활동성 자체, 행위 자체일 뿐이다. 그렇지만 선험적 자아의 활동성은 탈자적 자기실현의 활동 이외에 다른 것이 아니다. 칸트에게 자아는 자신의 행위의 산물로서 이해되든지, 아니면 탈자적으로 자신을 실현하는 활동성으로 파악될 수 있을 뿐이며, 어떤 관점에서도 무제약적인, 절대적인 것으로 드러나지 않는다. 그러나 칸트는 어떻게 자신 안에 세계를 가지고 있는 근원적 자아의 절대성, 무한성을 인정하지 않을 수 있는가? 만일 칸트가 선험적 자아 자체를 무한한 것으로 인정하지 않고, 활동의 전체로서의 자아의 절대성을 인정하지 않는다면, 도대체 세계를 자체 내에 가지고 있는 선험적 자아란 무엇일 수 있는가?

여기서 우리가 주목해야 할 점은 칸트가 『유작』에서 선험적 자아의 탈자적 자기실현뿐만 아니라 이와 더불어 선험적 자아의 자기 동일적 자기실현에 대해서도 언급하고 있다는 것이다. 칸트는 두 가지 방식의 자기실현을 이야기한다. 하나는 선천적 종합판단을 가능하게 하는 '형이상학적 원리'에 의한 종합적인(탈자적인) 자기실현이며 다른 하나는 동일률에 따른 분석적인 자기실현이다. '형이상학적 활동' 혹은 '종합적 활동'이란 선험적 자아가 자기를 부정하고 자신의 밖으로 나가 섬으로써 종합적인 방식으로 대상의 세계를 건립하는 활동이다.[12] 자연적 세계를 건립하는 활동은 동일률에 따른 자기실현이 아니라 자신을 부정하는 활동이며 이를 통해 자신을 직관 중의 대상, 즉 현상 중의 대상으로 정립하는 활동이다.[13] 이런 의미에서 자연적 세계를 자기 자신으로부터 산출해 내는 종합적, 탈자적 활동을 칸트는 형이상학적 활동이라 부른다. 이에 반해 종합적이 아닌 활동, 다시 말해 분석적인 활동이란 동일률에 따른 활동이다. 분석적 활동에 의해 자아는 동일률에 의거하여 자기 자신을 정립한다. 동일률에 따라 자아가 자기 자신을 정립한다면 그것은 무제약적인 자기실현의 활동이라 할 수 있을 것이다. 그러나 칸트에 의하면 동일률에 따른 자기실현은 적극적인 의미에서 자신을 정립하는 활동은 아니다. 분석적인 자기 정립의 활동에 의해 자아는 자신의 밖으로 나아가는 것이 아니라 자신 안에 머물러 있게 되며, 이러한 자기 폐쇄적인 활동은 엄밀한 의미에서 활동이 아니다. 왜냐하면 그것은 실재의 세계, 현실에 세계에 대하여 무력한, 순전히 논리적인 활동에 불과하기 때문이다: "'나다'라는 것은 단지 의식, 즉 사유의 논리적 활동에 불과하다."[14] 선험적 자아는 분석적, 논리적 활동을 통해 자기 자신을 무제약적인 방식으로, 즉 자기 동일적으로 실현한다. 그러나 이러한 활동은 단순한 동어반복 이상의 결과는 낳지 못한다. 논리적 활동은 이 세계에 대해, 혹은 자기 자신에 대해 아무것도 설명해 주지 못하는 무력한, 공허한 활동이다. 나는 나를 부정하고 나를 넘어섬에 의해서만 이 세계의 창시자이며 발기인이고 소유주일 수 있다. 자아가 자기를 긍정하고 자기 안에 머물러 있을 경우, 자아는 이 세계에 대해 무력한 자기 폐쇄적인 자아일 뿐이다. 이처럼 칸트에게 선험적 자아란 한편에서는 탈자적으로 현상의 세계를 건립하는 형이상학적 활동이거나 아니면 공허한 동어반복을 산출할 뿐인 분석적 활동으로 규정된다.

그런데 칸트는 선험적 자아의 동일률에 따른 공허한, 분석적 자기실현을 좀 더 구체적으로 사물 자체로서의 자기실현이라고 설명한다. 사물 자체로서의 자아란 현상적 세계, 현상적 자아와는 구분되는 무제약적인 자아를 의미한다. 사물 자체란 현상이라는 대타적인 세계와는 구분되는 자체적인 것으로, 무제약적인 어떤 것을 지시하고 있기 때문이다. 그러나 선험적 자아의 분석적 활동에 의해 정립된 사물 자체로서의 자아란 칸트에게는 기껏해야 '나다'라는 공허한 논리적 동어반복이며, 그것이 적극적인 무엇으로 고찰될 경우에도 단지 하나의 빈자리, 헛초점을 지시할 뿐이다. "사물 자체 … 란 여기서 단지 주관의 표상을 위하여 하나의 위치를 나타내기 위한 현실성 없는 사유물일 뿐이다."[15] 사물 자체로서의 자아란 선험적 자아의 자기 동일적, 무제약적 자기실현의 산물로서, 전통 형이상학의 신의 자리를 차지하는 것이라 할 수 있다. 그러나 칸트에 의하면 이 자리는 비어 있는 자리이며, 사물 자체로서의 자아란 현실성 없는 공허한 사유물(ens rationis)[16]에 불과하다. 무제약적인 자아, 절대적 자아란 존재하는 것, 현상적 사물처럼 있는 것이 아니다. 우리가 선험적 자아 자체를 대상화하고 실체화하여 하나의 현실적인 무엇으로 고찰하려면, 우리는 선험적 자아 자체를 부정해야 한다. 실재하는 자아는 오직 현상으로서의 자아, 감각의 대상으로서의 자아일 뿐이기 때문이다. 현상으로서의 세계가 그곳으로부터 발원하는 선험적 자아, 세계를 자체 내에 가지고 있는 절대적 자아는 도대체 있는 것이 아니다. 사물 자체로서의 자아란 현상으로서의 세계에 대응하는 근거인 선험적 자아의 자리를 표시하는, 그 자체로는 현실성을 결한 공허한 빈자리, 추상태, 즉 하나의 헛초점일 뿐이다. 세계는 내 안에 있다. 그러나 세계를 자체 내에 포함하고 있는 나는 하나의 빈자리, 공허일 뿐이다. 세계는 공허 속에, 심연 속에 자리하고 있다.

이처럼 칸트는 현상세계 전체를 자체 내에 가지고 있는 절대 근거로서의 선험적 자아를 지워 버린다. 그것은 어쩌면 전통 형이상학자들의 설명처럼, 혹은 근대의 헤겔이나 스피노자의 이론에서처럼 무제약적인 것이며 절대적인 어떤 것일 수 있다. 그러나 우리에게 그 절대적 근거의 자리는 비어 있다. 왜냐하면 절대 근거, 절대 시원은 이 세계 속에 전적으로 자신의 모습을 내비치지 않는, 그렇기 때문에 그 자체로는 적극적인 의미에서 이 세계의 시원적 근거일 수 없는 것, 즉 이 세계의 탈근거이기 때문이다. 절대 시원, 무제약적 근거는 자신을 우리에게 개방하지 않는다. 절대 시원은 단지 자신의 부정태, 자신의 탈자태로서만 우리에게 자신을 드러낸다. 그러므로 현상계의 창시자이며 발기자인 선험적 자아는 가장 적극적인 의미에서 무한한 실재, 무제약적인 존재자가 아니라, 단지 그곳으로부터 현상세계가 개방되는 하나의 빈 지평을 지시할 뿐이다.

3. 탈근거와 사이 나눔

현상세계의 창시자이며 발기자이자 소유주인 선험적 자아를 하나의 빈자리, 즉 우리에게 철저히 은폐되어 있는 어둠이자 심연으로 규정하는 칸트의 탈근거적 근거사유는 바로 칸트의 탈형이상학적 정신으로부터 나온 것이다. 칸트에게 자연적 세계의 시원적 근거인 무제약적 자아란 최상의 존재자, 가장 실재적인 존재자가 아니라 오히려 모든 실재성을 결한 순전한 사유물, 순수 추상태에 불과하다는 점에서 그의 사유는 전통 형이상학의 근거사유와 전적으로 구분된다. 자연적 존재자들은 실재하는 것이지만 무제약자는 있지 않다. 무제약적 근거는 우리에게 드러나지 않는, 우리를 전적으로 초월해 있는, 우리에게 완벽한 무지로 규정된다. 이러한 칸트의 입장은 얼핏 부정신학적 관점과 유사한 것처럼 보일 수도 있다. 부정신학에 의하면 절대적인 것, 무제약적인 시원은 이 자연적 세계의 한 항일 수 없으며 오히려 이 자연적 세계와는 전적으로 다른 것, 유한한 사유나 표상 혹은 언어를 통해서는 파악될 수도 표상될 수도 언명될 수도 없는 것이다. 이처럼 부정신학에서 근원적 일자란 모든 사유와 언어를 전적으로 넘어선 것이며 바로 이 점에서 그것은 존재의 세계를 전적으로 초월해 있는 것, 즉 모든 사유와 존재에 대해 부정적인 것이다. 그들에게 무제약자란 자연적 세계에 대한 전적인 부정을 통해서만 진술될 수 있는 어둠이며 심연이다. 이러한 부정신학의 이론틀은 자연적 세계 내의 유한하고 제약된 존재자들과 무제약자 사이에 놓여 있는 차이와 간극을, 즉 무제약적 시원이 가지는 절대적 초월성을 강조적으로 형상화하여 보여준다. 다시 말해 이들이 무제약적 시원 근거를 어둠과 심연으로 규정하는 것은 무제약적 시원이 가지는, 유한적인 것과의 모든 비교를 뛰어 넘는 절대성 때문이다. 그러나 다른 한편에서는 무제약적 근거가 가지는 이러한 초월성에도 불구하고 유한한 존재자는 절대 시원과 합일할 수 있다. 즉 유한 정신은 신비적인 합일을 통해서 절대적이며 무제약적인 것으로 나아갈 수 있다. 이처럼 부정신학에서는 무제약적 일자가 가지는 초월성, 유한자와의 간극을 인정하지만, 다른 한편에서는 이러한 간극의 신비적 방식에 의한 극복 가능성을 이야기한다.

그러나 칸트가 선험적 자아를 빈자리, 헛초점으로 규정한 것은 현상세계를 자신으로부터 산출해 내는 선험적 자아의 무제약적 절대성을 강조적으로 형상화하기 위한 개념적 장치가 아니다. 공허한 어둠으로서의 자아는 단지 현상의 위치를 확인하기 위해 요구되고 정립된 것일 뿐이지, 절대 근거로서의 선험적 자아의 초월성을 강조하기 위한 것은 아니다. 무제약적 자아의 자리를 표시하는 추상적인 사유물인 사물 자체란 칸트의 체계 내에서는 단지 현상적 세계의 제약성과 한계를 표시하기 위한 것이다. 사물 자체란 현상과의 관계 속에서 비로소 그 의미를 가지는 부정적인 관계 개념이다. 이 점에서 칸트는 "사물 자체(ens per se)의 개념은 단지 선행적으로 주어진 것, 즉 현상 중의 객관, 다시 말해 하나의 관계로부터 나온 것으로 거기서 객관은 관계 속에서 더 정확히 말하자면 부정적인 관계 속에서 고찰된다."[17] 혹은 "(현상으로서의 객관에는) 또 하나의 다른 표상방식이 그 표상을 사물 자체로 고찰하려는 이념에 의해 대응하는데, 이때 물론 사물 자체=X란 하나의 다른 대상이 아니라 단지 하나의 다른, 즉 부정적인 관점을 의미하는 것으로 이 관점으로부터 하나의 대상이 관찰된다."[18]고 이야기한다. 칸트는 이처럼 사물 자체를 관계 개념, 그것도 부정적인 관점을 제공하는 관계 개념으로 규정한다. 사물 자체가 부정석인 관점에서 설정된 현상의 관계 개념이라는 것은 무엇보다도 선험적 자아의 무제약적 실현이란 선험적 자아의 탈자적 실현에 앞서가는 현실화의 활동이 아니라는 것을 보여준다. 사물 자체로서의 선험적 자아란 무제약적인 실재처럼 적극적 의미를 가진 무엇이 아니기 때문이다. 사물 자체로서의 선험적 자아란 그것과의 관계 속에서 현상의 위치, 즉 현상의 제약성을 확인하기 위한 것일 뿐이다. 칸트가 그린 세계 해명의 체계에서 선행하는 것은 언제나 제약된 현상의 세계이며, 사물 자체는 이 선행하는 현상과의 관계 속에서 비로소 정립되고 관찰될 뿐이다. 있는 것은 무엇이든지 현상으로 있다. 현상이 아닌 것, 제약된 것이 아닌 것은 존재하지 않는다. 현상은 유한한 것이며 제약된 것이지만 현상의 제약되어 있음은 그 배면에서 무제약적인 것과의 관계 속에서만 확인될 수 있다. 만일 세계가 전적으로 관계일 뿐이라면, 그리고 그 이면에 아무것도 없다면 우리는 현상을 절대화하게 된다. 한계 저편이 없다면 우리는 한계를 확인할 수도 한계를 언명할 수도 없기 때문이다. 바로 이런 의미에서 사물 자체는 현상적 세계의 한계를 지시하는 순전한 한계 개념(Grenzbegriff)에 불과하다.[19]

나는 나를 제약된 방식으로 현상 중의 대상으로 정립한다. 그러나 이처럼 제약된 현상의 배면에서 사물 자체는 현상과 부정적인 방식으로 관계한다. 사물 자체와의 관계 속에서 비로소 현상은 자체적인 것이 아니라 대타적인 것이며, 따라서 제약된 것임이 확인된다. 현상이 부정적인 방식으로 지시하는 현상이 아닌 것, 대타적이지 않은 것, 즉 자체적인 것인 사물 자체는, 그리고 현상과 사물 자체가 맺는 부정적인 관계는 현상의 제약성을 확인하는 장치이지 부정신학에서처럼 사물 자체 혹은 절대적 시원 근거의 초월성을 확인하기 위한 것이 아니다. 현상은 나로부터 나온 것, 내가 정립한 것이지만 내가 정립한 현상은 내가 아닌 것, 나와는 다른 것, 즉 대타적인 것이다. 현상에 대해 사물 자체로서 선험적 자아가 가지는 부정적 관계는 나로부터 나온 대상이 내가 아닌 것임을 보여주며, 사물 자체로서의 자기 정립이란 현상적 대상으로서의 자기 정립이 자기 동일적, 무제약적 자기실현이 아니라 유한한 탈자적 자기실현임을 확인하게 해준다.

이러한 선험적 자아의 자기 정립의 활동을 통해 자아는 자신의 밖으로 나가 서며, 자신과 다른 것이 된다. 그리고 이를 통해 결국 선험적 자아는 자신의 밖으로 나가 선 자신, 즉 대상화된 자신과 자기의 다름과 차이를 확인한다. 이 점에서 선험적 자아의 탈자적 자기실현은 근거와 근거지어진 것, 우리에게 드러나지 않는 무제약적인 근거와 제약된 세계 사이를 나누고 구분하는 활동이며, 무제약적 근거와 근거지어진 세계와의 차이를 통해 양자 사이의 부정적 관계를 정립하는 활동이다. 물론 전통 형이상학적 근거사유에서도 무제약적 근거와 이 근거에 존재론적으로 의존하는 제약된 자연적 사물의 세계는 서로 구분된다. 이데아와 현상적 사물은 질적으로 다른 것이며 창조주인 신과 피조된 세계는 전적으로 다른 것이다. 플라톤의 경우 자기 동일적 원본인 이데아와 이의 모사품으로서 현상적 사물의 다름은 원본과 복사물 사이의 차이다. 중세 기독교 철학에서 신과 자연적 세계의 차이는 실재성의 등급의 차이로 설명된다. 신은 가장 실재적인 존재자이며 신에 의해 창조된 세계 내의 존재자들은 실재성의 결여의 정도에 따라 존재의 위계가 구분된다. 이처럼 칸트와 전통 형이상학 양자에게서 무제약적 근거와 유한한 존재자들은 서로 상이한 것, 구분되는 것이다. 그러나 이 구분의 방식은 각기 상이하다. 전통 형이상학적 사유방식에서 유한한, 제약된 존재자들과 무제약적 근거와의 차이는 언제나 무제약적 근거에 준해서 이해되고 설명된다. 다시 말하자면 가장 실재적인 존재자인 신은 가장 참된 존재자 혹은 존재 그 자체이며, 이에 비해 유한한 존재자들은 결여와 결핍을 가진 존재자로 이해된다. 이에 따르면 유한한 존재자는 어둠과 결여를 가진 존재자이지만, 무제약적 근거는 한 줌의 어둠도 가지지 않은 빛 자체이다. 그러나 칸트에게서 무제약적 근거와 유한한 존재자들의 차이와 구분은 이와는 정반대로 설명된다. 칸트에 따르면 무제약적인 자아는 적극적인 의미에서 실재하는 것, 그것도 가장 실재적인 것이 전혀 아니다. 오히려 그것은 실재성을 결한 것, 현실성을 결한 공허한 추상태일 뿐이다. 현상계가 절대적 존재자의 그림자가 아니라 오히려 절대적 근거로서의 선험적 자아가 현상계의 그림자이자 배면이다. 왜냐하면 현상의 세계는 현실적으로 존재하는 세계이며, 바로 이 점에서 빛의 세계이고 진리가 거주하는 세계이지만, 현상계의 배면에 상정된 무제약적 자아는 현상계의 그림자이며, 어둠이며 공허일 따름이기 때문이다.

칸트의 세계 해명의 제일 원리인 선험적 자아란 근거지어진, 제약된 현상세계와 그 근거인 선험적 자아 자체를 나누고 구분하는 활동이다. 선험적 자아의 자기 정립의 활동은 실제로 존재하는 현상의 세계와 그 이면의 어둠에 싸인 사물 자체의 세계의 다름과 차이를 드러내 보이는 활동이며, 이 차이와 다름에 의해 완성되는 활동이다. 그것은 근거와 근거지어진 것, 무제약적인 것과 제약된 것, 어둠과 빛 사이를 나누는 활동이다. 이러한 사이 나눔의 활동에 의해 제약된 세계의 있음과 그것의 제약되어 있음이 열어 밝혀지며, 그와 동시에 무제약적 근거로서 선험적 자아는 현상의 이면에 숨어 버린다.

무제약적 근거는 자신을 적극적인 방식으로 드러내지 않는다. 단지 그것은 부정적인 방식으로 현상의 세계의 제약성을 지시할 뿐이다. 그것은 선험적 자아 자체의 유한성을 암시하는 어둠이다. 왜냐하면 어둠으로서만 드러나는 선험적 자아 자체는 탈자적 실현태 속에 자신을 드러내지 않는 무근거적 근거에 불과하기 때문이다.

4. 나가는 말

칸트의 세계 해명의 프로그램은 탈근거적 근거인 선험적 자아의 활동을 통해 수행된다. 칸트는 유한한 세계의 존립을 설명하기 위해 유한한 존재자에 선행하는 무제약적인 근거를 구하지 않는다. 칸트는 전통 형이상학자들처럼 절대적 근거인 무한자에 의거하는 유한한 존재자의 존립을 이야기하지 않는다. 칸트의 체계에는 자체 내에 머물러 있는 자기 충족적이며 자기 동일적인 무한한 근거란 더 이상 없다. 혹은 그러한 근거는 확인될 수 없다. 무제약적 근거, 절대 시원이란 우리에게는 전적으로 확정 불가능한 하나의 형이상학적 가상이며 형이상학적 미망일 뿐이다. 칸트가 찾은 형이상학적 제일 원리는 전혀 근거라 말할 수 없는 것, 즉 탈근거적 근거다. 칸트의 탈근거적 근거란 하나의 형이상학적 활동, 형이상학적 사건을 지칭한다. 그것은 선험적 자아의 탈자적 자기실현의 활동이다. 이것은 자신을 실현하고 자신을 개방하는 활동이지만 이때의 자기실현은 자기 동일적 자기실현이 아니라 자신을 부정함으로써 이루어지는 자기 타자로서의 자기실현의 활동이다. 즉 자신의 밖에 나가 서고, 자신을 부정하고 자신의 타자가 됨으로써 비로소 자신을 개방하는 활동이다. 이러한 활동에 의해 탈자태로서의 제한된 유한한 세계가 개방되지만, 이와 동시에 자아 자체는 자신을 드러내지 않고, 이러한 활동의 배면으로 숨는다. 탈자적 자기실현의 무제약적 시원이라 할 수 있는 선험적 자아는 탈자적 자기실현태가 가지는 제약성과 타자성을 확인하기 위한 헛초점, 빈자리로서 기능할 뿐이다. 그리고 이것은 이러한 활동을 통해 근거와 근거지어진 것, 자체성과 타자성, 무한한 것과 유한한 것이 구분되고 그것들이 서로 차이 나는 것으로 나누어짐으로써만 가능하다. 그러므로 탈자적 자기실현이란 또한 자연적인 유한한 세계의 위치와 의미를 밝혀 주는 사이 나눔의 활동이다. 칸트가 구한 형이상학적 원리는 유한한 것과 무한한 것, 근거와 근거지어진 것 사이의 경계를 그림에 의해 이들의 차이와 다름을 드러내는 사이 나눔의 활동이다.

이러한 칸트의 사유방식은 전통 형이상학적 사유방식을 넘어 하나의 새로운 사유방식, 즉 탈-형이상학적 사유의 지평을 열어 준다. 그 지평은 사이성의 사유로부터 시작한다. 사이성의 사유는 전통 형이상학처럼 최상의 존재자, 최고의 원인을 상정한 후, 이 최상의 존재자에게 존재론적으로 의존하는 유한한 자연적 세계를 정립하고, 무한한 근거와 이로부터 나온 유한한 존재자들의 차이를 통해 유한성을 확정하는 사유가 아니다. 무한한, 절대적 근거가 먼저 정립되고, 유한한 존재자들에 대해 무제약적인 것이 존재론적 우위를 점할 경우 언제나 주도권을 쥐는 것은 무한자, 무제약자다. 전통 형이상학의 체계에서 무한한 근거와 유한한 제약자 사이의 사이 공간이란 언제나 무한한 절대 근거의 능력과 힘, 그리고 그의 지배력에 의해서 의미를 획득하는 공간이다. 전통적 의미에서 형이상학적 체계의 완성은 이 사이 공간에서 이루어지는 무제약적 근거의 지배력을 얼마나 일관되게 증명하느냐에 달려 있다고도 할 수 있다. 그러나 칸트의 탈근거적 사유로부터 귀결하는 사이성의 사유에서 사이 나눔의 형이상학의 활동, 즉 탈자적 자기실현의 활동이 가장 앞서 가며, 그에 선행하는 것은 아무것도 없다. 사이 공간이란 무제약적 근거와 유한한 제약자가 서로 구분되어 정립됨으로써 생겨난 공간이 아니라 오히려 사이 공간이 정립됨으로써 비로소 유한한 존재자가 — 자신의 배면의 무제약적 어둠과의 대비 속에서 — 존립하게 된다. 물론 이때 유한자의 배면에 놓여 있는 무제약적 근거는 실체적 의미의 무제약자가 아니라, 단지 유한한 것의 그림자이며 빈자리일 뿐이다. 이러한 빈자리로서의 무제약적 근거란 유한자를 지배하는 적극적인 힘이 아니라 유한자의 그림자의 세계일 뿐이다. 이처럼 칸트는 유한자가 무제약적 근거와 맺는 부정적이고 소극적인 관계만을 인정한다. 그리고 굳이 이야기하자면 이러한 관계에서 주도권을 가지는 것은 유한자다. 무제약적 근거는 유한적인 것과의 부정적인 관계를 통해서만 자신의 의미를 가진다. 그럼에도 불구하고 이처럼 빈자리, 헛초점으로서의 무제약적 근거와 맺는 부정적인 관계를 통해 유한한 존재자는 유한한 세계 내에 갇혀 있지 않으며, 자신의 밖을 지향할 수 있게 된다. 무제약적 근거가 도달 불가능한, 절대적인 의미에서 우리 밖의 세계이지만, 우리는 그럼에도 불구하고 우리의 세계 내에 갇혀 있지 않고 여전히 우리를 넘어 우리의 밖을 — 비록 그것이 헛된 것이라 할지라도 — 지향한다. 유한자가 유한한 것은 그것이 한계 내에 갇혀 있기 때문이 아니라 그것이 자신의 밖을, 자신과의 다름을 끊임없이 지향하면서도 여전히 자기 한계 내에 머물러 있기 때문이다. 이 공간 — 밖으로의 지향과 안에 머물러 있음이 만나는 이 공간 — 이 바로 사이 공간이며, 칸트의 탈근거적 근거사유는 바로 이러한 사이 공간을 그려 보임에 의해 유한성의 의미를 지금까지와는 완전히 다른 지평에서 그려 보여준다. 사이 공간을 통해 조성된 공허한 어둠으로서의 이면 혹은 배면과의 부정적인 관계를 통해 우리는 우리의 위치를 확인하며 우리가 지닌 유한성의 의미를 완전히 다른 각도에서 조망할 수 있게 된다. 칸트의 사이성의 사유는 바로 전통 형이상학과는 전적으로 구분되는 유한성의 철학이며, 바로 이 점에서 완전히 새로운 탈-형이상학적 세계관의 기점이 될 수 있는 사유다.

[주(註)]

1) M. Heidegger, *Nietzsche*, Bd. II, Pfullingen, 1961, 347쪽.

2) M. Heidegger, *Zur Seinsfrage, Wegmarken*. Gesammtausgabe, Bd. 9, Frankfurt am Main, 1976, 420쪽.

3) I. Kant, *Opus postumum*, Gesammelte Schriften Bd. XVII, hrsg. von der Preussischen Akademie der Wissenschaften, Berlin, Walter de Gruyter & Co., 1938(이하 OP로 약칭하여 표기함), 97/2.

4) OP II, 82/18.

5) B. Spinoza, *Ethica*, Werke Bd. 2, Darmstadt, 1980, Prop. XV: Quicquid est, in Deo & nihil sine Dco esse, neque consipi potest.

6) OP II, 413/11.

7) OP II, 115/9.

8) OP II, 25/6.

9) OP II, 119/13.

10) 칸트에 의하면 선험적 자아의 자기 정립의 활동은 그것을 통해 통각(Apperzeption), 순수한 자발성으로부터 각지(Apprehension)라는 수용성으로 이행하는 활동이며(OP II, 72/26), 이러한 자기 대상화 활동을 통해 자아는 자신을 현상 중의 감성적 대상으로 정립한다(OP II, 411/26).

11) Platon, *Timaeos*, 48e.

12) "나의 모든 표상능력은 … 자기의식에서 출발한다. 자기의식은 처음에는 논리적인 것이라 불리며 동일률에 따른 설명적인 것이다. 그러나 그러고 나서 선천적이며 종합적인 인식의 형이상학적 원리로서 확장적인 것이다."(OP II, 420/3)

13) OP II, 85/24.

14) OP II, 111/3.

15) OP II, 42/3.

16) OP II, 31/28, 36/2.

17) OP II, 412/19.

18) OP II, 42/3.

19) 사물 자체는 현상의 부정태 - 즉 현상이 아닌 것, 비감성적 직관의 대상, 우리에게 드러나지 않는 초험적인 것 - 로서 순전히 부정적인 한계 개념일 뿐이다(I. Kant, *Prolegommena*, Hamburg, 1969, 351쪽).

제 2 부

이성과 감성

근대철학과 감정의 개념

데카르트, 칸트 그리고 후설을 중심으로

김희봉

1. 문제 제기

인간의 정신(의식)현상은 세 가지 근본 유형, 즉 사유작용(thinking), 의지작용(willing), 감정(feeling)으로 구분할 수 있다. 플라톤은 『국가』에서 영혼의 세 부분에 대해 언급하고 있다. 영혼의 세 부분이란 순수한 사고와 비감각적인 직관에 나타나는 이성의 영혼 또는 정신의 영혼(Logistikon), 노여움, 명예욕, 용기 및 희망과 같은 고귀한 격정 등에 속하는 용감한 영혼(Dymoeitos), 영양과 성의 충동 및 쾌락과 불쾌와 휴식 욕망 등이 뿌리박고 있는 충동적인 정욕의 영혼(Epidymeitikon)이다. 이러한 구분이 진, 선, 미라는 존재 영역의 다양성에서 비롯된 것인지, 아니면 인간 영혼의 고유한 특성에서 근거한 것인지는 분명하지 않다. 영혼이든 정신이든 간에 인간의 능력과 관련한 이러한 구분은 매우 오래된 것임에 틀림없다.

구분의 기나긴 역사에도 불구하고, 감정의 문제는 서양철학의 주류적 논의에서 간과되거나 중요하게 다뤄지지 않았다. 이러한 무관심은 우주적 질서와 신적 원리를 중시했던 고대적 전통에서 비롯되었지만, 또한 인간의 이성적 능력에 초점을 둔 데카르트나 라이프니츠 등의 근대철학자에게서 감정은 혼란한 개념으로 인식되면서 감정을 폄하하는 분위기는 더욱 확대되었다.

고대나 중세에는 감정과 관련해 심정 상태(Gemütszustände: 쾌나 불쾌)와 심정의 동요(Gemütsbewegungen: 사랑, 증오, 기쁨, 공포 등)를 가리키는 파토스(pathos, 라틴어: passio)가 쓰였고, 더 넓은 유사 표현으로 기분(영향, affectus, 라틴어: affectio)이 사용되었다. 근대에 들어서 감정 개념은 막연하게나마 넓은 의미에서의 심정 동요(Gemütsbewegungen)인 정서(emotions), 좁은 의미에서의 격정(Leidenschaften)인 열정(passions), 또한 감각작용(Sinnesempfindungen)인 느낌(sensations)으로 사용되었다.[1)] 개념적으로 감정은 매우 혼란스럽게 보일 정도로 다의적으로 규정되고 있다.

이처럼 감정의 개념적 다의성은 때때로 감각은 인식에, 충동은 의지의 하부요소로 분산되어 귀속되면서 독자적인 고유한 영역을 확보하지 못한 데서 기인한다. 물론 감정이 애매모호하여 정의하기도 곤란하지만, 그 개념에 연루된 더 큰 문제는 전통적으로 감정을 얽매고 있는, 수동적이고 특수하고 내면적이고, 그리고 주관적이라는 일반적 규정에서 기인된다. 이런 특성적 내용은 감정을 보편타당성을 추구하는 철학적 주제로 다룰 수 있는 여지를 제한하고 있다. 그것은 이처럼 일의적으로 규정하기가 곤란한 감정의 개념을 토대로 인간, 자연과 세계를 객관적이고 합리적으로 설명하고 해명하는 것이 어려운 까닭이다. 따라서 구체적 인간의 의식에 속한 복잡한 심리현상을 지시하는 감정 개념은 전통철학에서 객관적이고 타당한 인간 인식과 세계 근거를 제공하는 데 적지 않은 걸림돌로 여겨졌다.

인간 정신에서 감정적 요소는 인간을 그리고 인간과 세계관계를 이해하기 위해 불필요하고 무가치한 구성계기인가? 아니면 전통적 사유에서 충분히 해명되지 못한 핵심적 본질과 의미를 인간과 세계

이해와 관련해 지니고 있지는 않는가? 앞서 살폈듯이, 어쨌든 역으로 감정에서 사적이고 주관적인 특성과 관련하여 구체적이고 개별적인 인간 주체가 전제되고 수동적인 특성으로 인해 타자를 포함한 세계와의 관련이 반영되고 있다. 따라서 감정의 개념에는 다양한 구체적인 인간들이 공존하며 살아가기 위해 요구되는 소통의 문제가 자리하고 있다. 여기서 소통이란 이성적 능력을 통해 인식된 보편타당한 세계질서 속에서 확보되는 그런 성격의 소통을 의미하지 않는다. 일의적 의미만이 통용되는 소통은 개별성에 독단적 태도를 취하는 보편적 이성능력에 의존해 동일한 인간 주체를 상정함으로써 가능할 뿐이다. 오히려 감성에 의거한 소통에는 주체의 유한성, 개별성과 보편성의 문제, 더 나아가 상호주관성의 논의가 고려될 수밖에 없는 더 근본적인 문제 지평이 놓여 있다고 여겨진다.

이 글은 이러한 관점에서 감정의 문제를 접근한 주요 철학자의 견해들을 다룬다. 그러나 감정과 소통의 관계에 대한 고유한 입장을 전제하고, 분석하게 될 철학자들의 입장들을 각각 비판적으로 평가하는 데까지는 나가지 않는다. 다만 감성 문제와 관련된 이들 철학자들의 생각들을 살펴봄으로써, 철학적으로 검토되어야 할 근본 문제로서 감정과 소통이 어느 정도의 철학사적 의미와 가치를 지니는지, 그리고 이러한 문제 상황을 통해 어떤 새로운 인간성이 주제화될 수 있는지를 밝히려 한다.

따라서 이런 논의 맥락에서, 영혼과 육체의 상호작용과 관련해 감정 개념을 긍정적으로 해명하려 한 데카르트의 철학을 논의의 단초로서 다룰 것이다. 그리고 미의 고유성 또는 독자성과 관련해 감정을 포괄하는 감성 영역의 자율성을 정립하려 한 칸트의 철학을 선험적 주체의 개별성과 보편성의 관점에서 분석하고, 칸트 이후에 이어져 온 주체들 간의 소통의 문제를 상호주관성의 관점에서 해결하려 한 후설의 철학을 감정이입의 개념을 토대로 분석할 것이다.

2. 데카르트 영육 문제와 감정 개념의 재발견

흔히 감정의 문제는 데카르트의 철학과 무관하거나 아예 무시되었다고 여긴다. 그것은 일반적으로, 데카르트는 지식의 확실성을 추구하기 위해 인간의 정신능력을 반성하면서 철저하게 순수사고의 개념에 주목했다는 통념에서 연유한 것이다. 인식의 근거를 확보하려는 데카르트적 출발의 특징이 다음의 글에 잘 드러나 있다. "나의 정신은, 이 어린 나이에 신체의 기관들을 잘 사용하지 못하였기 때문에, 또 거기에 너무 얽매여서 신체 없이는 아무것도 생각할 수 없었기 때문에 모든 사물들을 오직 혼잡하게만 지각했을 뿐이다. 그리고 나의 정신이 자신의 본성을 인식하였고 연장 개념 못지않게 사유의 개념을 그 자체로 인식하였다고 해도 순수 이성적인 어떤 것을 생각할 수 있었던 것이 아니라 오히려 물체적인 어떤 것을 상상하였기 때문에 이성적인 것과 물체적인 것을 하나의 동일한 것으로 보았으며, 이성적인 사물에 대하여 가졌던 모든 개념들을 물체에 관련시켜 버렸다. 내가 이러한 편견에서 벗어나지 못하는 한, 충분히 명석하게 인식하는 것은 아무것도 없었다."[2)]

데카르트에게서 확실한 지식의 획득은 물질과 정신을 엄격히 구별하는 데서 출발한다. 물질과 정신 간의 혼동에서 비롯된 감각적인 오류로부터 해방되기 위해 모든 대상들이 비판되고 회의되지 않을 수 없었다. 진리의 기준이 되는 명석판명한 관념은 모든 오류에서 벗어난 순수한 것이기 때문이다. 이런 특성을 지닌 형이상학적 원리를 데카르트는 세계는 물론 자기 자신까지도 근본적으로 부정하는 방법적 회의를 통해 스스로 정립하는 반성적 자아, 즉 실체 개념인 코기토에서 찾았다. 자신 안에 자신의 근거를 갖는다는 실체 개념에 따라, 코기토는 긍정적이든 부정적이든 사고하는 내용 속에서 사고작용으로 자신의 실재성을 삼는다는 점에서 인식의 제일 원리인 것이다. 이러한 통찰은 "나는 사유한다. 그러므로 나는 존재한다."는 진술로 구체화된다. 이와 같이 확실한 인식의 기준은 어떤 관념이 정신 속에 명석판명하게 주어진다는 사실에 있다. 이런 기준에 의해 더 이상 의심할 수 없는 관념은 "선천적으로 정신에 내재하는 개념에서 취해진 표상이거나, 또는 어떤 방식으로든 자아에 의해 만들어진(ex notionibus qubibusdam mihi innatis elicitam, vel quocumque alio modo a me factum)"[3] 것일 뿐이다. 이처럼 확실한 관념은 철저하게 정신에 속해 내재적으로 생겨난 활동과 내용에 불과하다는 것이 데카르트의 확신이다.

그렇다고 데카르트가, 세계는 인간의 사고 활동에서 결과한 정신적 관념만으로 구성된 것이라고 보지는 않았다. 우리의 정신 밖에 회의에도 불구하고 마찬가지로 어떤 물체들이 허구(fictitium)로든 거짓(falsum)으로든 어떤 식으로든 있다는 것이다. 더욱이 그것들 중에도 구별되게 "더 단순하고 보편적인 것(magis simplicia and universalia)"은 실제로 존재한다고 여겨진다는 것이다. 이것에 속하는 것이 바로 물질적 사물의 본질인 "연장(extensio)"[4]이다. 여기서 물질(matière), 공간(l'espace) 그리고 물체(corps) 간에 구분이 이루어지지는 않는다.[5] 단지 데카르트는 이 연장성에 대한 그 실재성을 의심하지 않게 된다. 물질의 연장이 실재할 수 있는 그 실체적 근거가 다음과 같기 때문이다. "내 안에 있는 관념 가운데서 그 표상적 실재성이 대단히 커서 형상적으로 혹은 우월적으로 내 안에 있을 수 없고 따라서 나 자신이 그 관념의 원인이 될 수 없음이 확실하다면, 이 세상에는 나 홀로 있는 것이 아니라 이 관념의 원인이 되는 다른 사물도 현존하고 있음이 필연적으로 귀결되는 것이다."[6] 이처럼 생각하는 실체인 정신에 대해 별도로 존재하는 연장적 물체들은 정확하고 엄밀한 수학법칙에 지배를 받고 기계론적 자연관에 의해 설명될 수 있는 그런 세계를 구성하고 있다.

이상에서 언급된 것은 인간 의식에 떠오르는 사고에 대해 그것의 기반에 정신으로서의 사고적 실체를, 시공 안에 나타나는 사물의 연장성에 대해서는 물질적 실체를 상정하는 데카르트의 실체 이원론이다. 이 이원론에 따라 정신과 물질이라는 존재 영역은 각자 그 자체로서의 존립근거를 가지며 다른 것에 의존함 없이도 설명 가능하다는 의미에서 두 존재 간에 상호작용은 불가능하게 된다. 이제 정신적인 존재인 영혼은 형이상학의 주제로 다루어지고, 연장적 물질인 사물들은 자연학의 대상으로 고찰될 수 있다. 이것은 실체적 원리인 사고와 연장성에 근거한 두 개의 독립적인 영역으로 세계를 나눠 다룸으로써 확실한 지식을 얻을 수 있다는 데카르트의 철학적 의도에서 비롯된 것이다. 결과적으로 신체적 속성이 영혼에 속하거나 영혼의 속성이 신체에 속하는 것으로 간주할 수 없기 때문에, 데카르트가 구축해 놓은 순수한 기계론(mechanism)으로서의 자연학과 순수하게 비물질적인 영혼과 신을 다루는 형이상학이 서로 혼동되어 오염되는 오류를 피하게 되었다. 그러나 철학적 지식의 보편성에 비추어 볼 때, 데카르트의 철학에서 영혼과 육체 간의 직접적 영향의 문제는 원리적으로 논의될 성질의 것이 아니지만, 적어도 그 둘 간의 관계는 어떠한 형태로든 고려하지 않을 수 없게 된다.[7] 그는 형이상학과 자연학에서 배제된 영혼과 육체 상호간에 발생하는 연관성을 정념론[8]을 통해 다루게 된다. 물론 영육의 상호작용 문제는 이원론의 원칙에 입각해서는 철저하게 아포리아다.[9] 그런데 철학의 원리적 측면에서도 모순적이고 이성적 능력의 위계에서도 저급한 성격의 것임에도 불구하고 다룰 수밖에 없었던 이유는 다음과 같이 피할 수 없는 사태에 직면해서다.

"… 이 자연이 나에게 무엇보다도 명백하게 가르쳐 주는 것은 내가 육체를 가지고 있다는 것, 즉 내가 고통을 느낄 때에는 불편하고, 배고프거나 목이 마를 때에는 먹거나 마셔야 하는 육체를 가지고 있다고 하는 점이다. 그러므로 나는 이것에 얼마간의 진리가 있다는 것을 의심해서는 안 된다."[10] 데카르트는『성찰』의 제6성찰 중간 부분에서 자연의 이름을 빌려 육체의 존재를 언급하는데 이러한 자연은 신 자체 혹은 신이 피조물들 속에 세운 질서를 의미한다. 이러한 자연에 따르면 내(인간)가 육체를 가지고 있다는 것은 확실한 것이다. 이처럼 데카르트가 지식의 정당성을 확보하기 위해 전제했던 두 개의 근본적 관념, 즉 사고의 관념과 연장성의 관념에 못지않게 영혼과 육체의 연합(l'union de l'àme et le corps)이라는 원초적 관념(notions primitives)으로 인해 문제로서의 정념이 부각된다. 결국 인간이 육체와 영혼으로 연결되어 있다는 것은 명백한 사실에 근거해 이러한 사태에 내재된 정념, 특히 감정현상의 탐구는 불가피한 것이었다. 그런데 정념에 관한 데카르트의 논의가 영육의 상호작용을 원리적 차원에서 해명하려는 의도에서가 아니라 단지 실질적 인간에 관련한 실천적 유용성의 관점에서 이루어졌다는 사실에 주목해야 한다. 그의 논의를 분석함으로써 우리는 정념이 어떻게 무엇으로 규정되고 영육의 연합 관념과 관련해서 갖는 의미가 무엇인지를 밝히려 한다.

데카르트는 아리스토텔레스와 스콜라철학의 전통적 이론에 대한 비판으로부터 정념에 관한 고유한 입장을 취한다. 전통적 이론의 한계는 정념이 어떻게 발생하는지 그 원인에 관한 혼동에 놓여 있다는 것이다. 이들의 견해에 따르면 정념은 영혼 안에서 발생하는데, 열등한 부분과 우등한 부분, 또는 감각적인 부분과 이성적인 부분 사이에서 드러난 영혼의 내적 갈등으로 인한 것이다. 그러나 데카르트는 영혼 내의 갈등에서 찾은 정념의 원인은 잘못이라고 비판하면서, 영혼은 가분적 물체와 달리 불가분적이라는 형이상학적 통찰에 근거해 영혼과 육체 사이의 긴장 속에 그 원인을 마련하였다. 이 점은 외부 물체의 운동이 우리의 신체에 영향을 끼쳐 생겨난 정기들(esprits animaux)의 운동이 뇌 안의 송과선에 전달되어 영혼 안에 일어난 결과를 사랑과 미움, 기쁨과 슬픔, 욕망과 같은 정념들로 정의하는 데서 잘 드러난다. 그러나 데카르트의 이러한 정의는, 감각내용(sentiment)[11]은 외부 대상들에 의해 뇌에까지 보내지는 어떤 상들(Images)을 통해 그 대상들을 표상한다는 스콜라적 입장을 인정하지도 않는다. 다만 데카르트에게서 감각내용이나 정념은 외부 사물에 관한 지식을 직접적으로 제공할 수 있는 그런 외적 원인의 결과물은 아니지만, 어쨌든 그 외부 대상이 원인을 지시하는 기호(sign)라는 측면에서 육체와의 관련성을 긍정하고 있다.

데카르트에 의해 다음과 같이 언급된 정념들에 관한 구체적 규정들은 이러한 관점에서 더욱 잘 이해될 수 있다. "우리는 정념들을 정신과 관계되며 또 정기들의 어떤 운동에 의해 기인되고 유지되고 강화되는 것들로서의 지각들(perceptions)이나 감각내용들(느낌, sentiments), 또는 영혼의 동요들(감동들, emotions)이라고 일반적으로 정의할 수 있을 것으로 보인다."[12] 이러한 규정에 기초한 내용들을 더 부연해 설명하면 다음과 같다. 정념은 분명히 정신적 활동의 일종이라는 점에서 철저하게 영혼 내에 존재하는 것이다. 그럼에도 정념을 일으키는 결정적 계기가 정신 내부에 있지 않고 그것과 상이한 본성을 지닌 것에 놓여 있고 그것에 의해 수동적으로 발생한다는 사고의 양태라는 점에서 정념이라고 명명된 것이다. 그래서 정념이 영혼의 적극적인 활동인 의지와 다른 수동성을 지시한다는 의미에서 지각이라고 규정되고 있다.[13] 또한 감각내용으로서의 정념은 지성의 경우와 달리 혼잡하고 애매한 성격을 지닌 것이다. 영혼의 동요라는 측면에서 정념은 인지적 표상과 다르게 영혼의 상태를 변화시킬 수 있는 능력을 뜻하기도 한다.

이와 같이 정념의 발생과정과 특성에 관한 고찰을 통해 몇 가지 중요한 내용들을 밝힐 수 있다.[14] 데카르트의 철학적 체계에서 영혼과 육체에 대한 직접적인 상호작용이 원칙적으로 불가하다고 단정되었지만, 정념의 수동적 성격을 통해 그 둘 간의 연결의 사실성이 효용적이고 실질적인 관점에서 정당화되었다. 연결의 명백한 사실성은 데카르트가 볼 때, 앞서의 관점 즉 인간존재의 보존이라는 자연의 합목적성을 위해 반드시 요구되기 때문이다. 그래서 정념은 육체와의 결합이라는 자연적 조건에 의해 필연적으로 수반되지만, 그렇다고 영혼이 정념에서 육체에 의해 결정되거나 구속된다고 볼 수 없다는 것이다. 이 정념은 인간적 삶의 보존을 위해서 그것에 적합한 영혼의 능동성인 의지와 더 연루되어 있다고 여겨진다. 정념은 바람직한 자기보존을 추구하는 의지에 의거해서 육체적 요구로부터 벗어날 수 있다는 것이다. 그러나 정념에 있어서 육체와의 연결에도 불구하고 그 인과적 관계의 종속을 부정하려는 의도에서 제시된 정념과 의지의 구분과 위계가 영혼 내의 분할을 인정하는 듯한 인상을 줄 수 있게 된다. 데카르트는 그런 구별은 고대 형이상학에서 보여준 영혼의 실제적 분할이 아니라, 단지 영혼의 인식능력들 간의 차이에 불과한 것이며, 오히려 정념 내에서 육체적 연결과 자율적 통제가 가능하다는 점을 보여주고자 한다. 그것이 정념 내에서 외적 동요과 구분되는 내적 동요다.15) 내적 동요는 정념으로 대변되는 외적 동요와 달리 영혼을 움직일 수 있는 감정의 하나이긴 하나 영혼 자체에서 기인한다는 특징을 지닌다. 영혼에 있어서 정념은 이러한 개념적 장치로 인해 자체의 자율성을 어느 정도 확보할 수 있게 된다. 데카르트는 정념이 영혼의 육체와의 불가피한 연결 속에서 수동적으로 야기되지만, 정념 자신에 대한 영혼의 반성을 통해 외적 동요에 좌우되지 않고 내적 평정을 유지하는 하나의 중요한 감정을, 즉 지적 환희에서 그 가능성을 제시하게 된 것이다.

이처럼 데카르트는 정념을 배제되거나 가능한 한 억제되어야 할 대상으로 간주하지 않았다. 오히려 "영혼과 신체의 연합체인 인간의 고유성에서 비롯하는 자연적 조건으로 간주했을 뿐만 아니라 인간의 존재의 보존을 위해 꼭 필요한 것으로 이해하고 있다."[16]는 의미에서 정념 개념을 긍정하고 있다. 따라서 데카르트의 정념론이 보여준 성과는, 윤리학을 정립하기 위한 일종의 예비학이라는 관점[17]에서 도덕 문제를 해결하기 위해 정념을 의지에 종속시키려는 한계를 드러냈지만, 영혼과 육체의 연결, 더 나아가 인간과 외적 세계의 실질적 관계 문제를 정념 개념을 통해 해명하려는 데 있다.

3. 칸트의 판단력비판과 감정 개념의 전개

인간의 영혼과 육체의 결합에, 그리고 인간과 외부세계의 관계 문제에 정념이 자리하고 있다고 본 데카르트의 통찰은 올바르다. 인간의 영육적 결합에 대해 또는 인간과 세계의 상호 소통에 대해 놓여 있는 결정적 통로를 정념 속에서 조망했기 때문이다. 그러나 데카르트는 이 정념이 지닌 자율적 특성을 충분하게 제시하지 못하였다. 그것은 그에게서 아직도 "감성적인 것은 인간 조건의 두드러진 징표이자 유한한 인식의 탁월한 징표가 되고 있다는 생각"[18]이 충분히 성숙되지 못했다고 볼 수 있다. 유한성의 새로운 의미가 포착되는 감정에 관한 철학적 논의는 비로소 칸트에 와서 인간학적 물음으로 제기되고, 인식비판적으로 체계화된다.[19]

감정에 대한 이러한 접근에는 전통 형이상학에 대한 검토와 인간의 인식능력에 대한 급진적 비판이 전제되어 있다. 칸트 사상의 핵심을 이루는 이러한 인식비판에서 주객의 문제가 근본 주제로 새롭게 다루어진다. 그 주된 물음은 도대체 대상에 관한 인식이 어떻게 가능한가이다. 이러한 문제에 있어서 데카르트의 한계는 인식과 대상인 주객을 영혼과 물체로 실체화하고 무한한 실체인 신을 매개로 그 관련성을 제한한 데 있다. 또한 구체적 인간에게서 드러난 그 실질적 결합을 단지 실용적인 관점으로 해명하려는 데에서 찾을 수 있다. 칸트의 해결적 시도는 데카르트에 대한 이러한 비판적 평가에서 시작된다. 따라서 칸트의 시도는 크게 두 가지로 구체화된다. 유한성에 대한 새로운 평가와 주체성에 대한 새로운 의미 부여가 그것이다.

인간의 인식이 능력적인 면에서 한계를 갖고 외적 조건에 제약된다는 유한성의 의미는 데카르트 철학에서 규정되어 있다. 이러한 유한성은 그 자체적으로 내려진 평가라기보다는 무한 실체인 신이라는 절대적 준거점과 관련해 내려진 상대적 평가인 것이다. 인간의 인식은 이렇게 신과의 비교를 통해 제한되고 그 한계표식인 감성도 상대화된다. 칸트는 이 점에 반기를 든다. 인식에 있어서 먼저 절대자가 전제된 후에 하급적이고 한정된 세계 속에 인간의 조건을 위치시키는 것이 아니라, 오히려 유한성에서 출발하여 절대자로 고양해 가는 단계를 밟을 수밖에 없다는 것이다. 이처럼 우리의 의식은 외적 세계로 향해 열린 감성적 방식에 철저하게 제약되어 있다는 것은 근본사실이다. 이 근본 사실에 의해 인간의 인식이 지닌 상대성과 제약성이 극복된다는 것은 아니다. 이제 유한성은 절대적 신이 우리의 인식에 대해 상대화되고 그 실재성도 이론적으로 논증될 수 없는 이념에 불과하게 됨을 의미한다. 이 뛰어넘을 수 없는 유한성은 분명히 모든 실질적 인식에 대한 확고한 표식이 된다. 칸트는 "모든 인식은 경험과 더불어 시작된다."는 점을 인정한다.

감성작용의 불가피성은 인식이 항상 개별적이고 특수적인 성격의 내용을 지닌다는 것으로 해설될 필요는 없다. 칸트는 감성적 제약에도 불구하고 인간의 인식이 객관성과 보편적 타당성을 지닌다는 점을 제시하고자 한다. 그러한 가능성은 인식에서 핵심적으로 기능하는 주체성의 새로운 특성에서 마련하게 된다. 그것이 바로 인식에서의 자발적 능력을 갖춘 주체의 선험성인 것이다. 이러한 특성에 대한 칸트의 통찰은, 우리의 인식은 대상에 따라서 방향 지어져야 한다는 전통적 견해를 비판하면서 얻은 것이다.[20] 이제 칸트는 대상이 우리의 인식을 따라 어떻게 방향 짓게 되는지를 검토하려 한다.

이런 맥락에서 인식과 관련된 인간의 이성능력을 핵심적으로 규정하는 것이 '선험적'이란 개념이다. 중세철학에서 사용된 이 개념은 최상 유(genus supremum)의 개념마저 뛰어넘는, 그래서 이미 전제되어 있는 제1의 개념을 표현한 것이다. 그러나 칸트는 존재론적 관점에서가 아니라 인식론적 차원에서 이 개념을 사용한다. 이 개념은 결국 대상들, 대상 일반을 선천적으로 인식하는 방식을 특징짓는 것이다. 부연하면, 어떤 표상이 경험적 원천을 지니고 있지 않지만 그럼에도 경험에 관계하고 있다는 것을 뜻한다. 이처럼 칸트는 일반적으로 경험의 가능성을 위한 필연적 조건이 되는 표상들을 선험적이라고 규정하게 되었다.

이러한 두 가지 특징들을 토대로 칸트의 이성비판은 급진적인 모습을 갖게 된다. 이제 인식은 심리적이거나 경험적이지 않고, 논리적이며 선험적 차원의 성격을 띠게 된다. 인간의 인식은 분명히 감성에서 출발하지만, 주어진 것의 수용에 머무르지 않는다. 이러한 감각내용으로부터 직관 형식과 지성 개념을 통해서 법칙적으로 결합된 대상이나 사물들의 세계가 구성됨으로써만 참된 인식이 정립된다는 것이다. 물론 인식의 대상이 그 자체에서 기인하지 않고, 그 형상을 구성하는 주관적인 요인, 즉 범주를 통해 이루어지기에 물 자체와는 근본적으로 다르긴 하다. 그렇지만 경험을 통해 파악된 대상은 우리에게 현상한 바 그대로의 것임에는 틀림없다. 이런 방식으로 인식은 외적 대상과 관련되지만 그것에 종속되지 않고 그것을 인식함에 있어서 원리적으로 독립적이라는 사실이 정당화된다.

이상에서처럼 칸트는 감성계에 대해 범주적 개념을(인과성) 통해 이론이성이 그 타당성을 확보하듯이, 도덕적 원칙을(자유) 통해 실천이성의 당위를 근거지을 수 있었다. 자연과 도덕과 관련된 이성 개념은 모든 인식과 실천의 주체에게 타당한 일반 구조를 의미한다는 점에서 보편적이다. 사물과 사건의 객관적 실재성에 대해 보증되는 이성의 권리가 이미 이성의 개념에 의거해 선험적으로 연역될 수 있다는 칸트의 주장은 이성의 보편성에 근거한 것이다.

그러나 인간 이성이 자신에 내재한 보편적 원리에 철저하게 종속되어 하나의 유형화된 인간으로 다 제한될 수는 없다. 오히려 인간은 일반적 인식능력을 소유했다 하더라도 고유하게 사유할 수 있는 개별적 주체가 아닐 수 없다. 이러한 이성의 고유성 또는 개별성에 대해 — 물론 고립적이거나 단지 사적이라는 의미가 아닌 그런 특성에 대해 — 칸트도 주목하지 않을 수 없게 된다. 그러한 관점에서의 이성에 대한 비판적 시도가 구체화된 것이 『판단력비판』이라고 볼 수 있다.

물론 판단력비판은, 칸트가 밝혔듯이, 앞선 두 비판서에서 수립된 자연의 세계와 도덕의 세계 간의 일치성 혹은 연속성을 주장함으로써 선험적 비판철학의 체계적 완성이라는 의도에서 비롯된 것이다. 이를 위해 지성(오성)과 이성의 중간항인 판단력이 어떠한 선천적 원리를 가졌는지, 그 원리가 구성적인 것인지 아니면 통제적인 것인지가 문제시된다. 더 나아가 판단력비판이 분명히 미학적 주체의 정립을 위한 시도라는 측면에서 다음과 같은 문제를 안는다. "또 판단력은 인식능력과 욕망능력의 중간항으로서의 쾌, 불쾌의 감정에 대해서 (오성은 인식능력에 대해, 그리고 이성은 욕망능력에 대해 선천적으로 법칙을 지정하는 것과 꼭 마찬가지로) 선천적으로 규칙을 부여하는가 어떤가 하는 것이 바로 『판단력비판』이 다루고 있는 문제인 것이다."21) 따라서 이 판단력비판의 문제는 취미 판단 또는 미감적 판단에 수반된 감정이 어떻게 보편타당성을 획득하는가 하는 질문의 방식으로 다루어진다.

우선 칸트는 취미 판단을 그 본성이 무엇이든지 간에(즉 감각적이든, 미감적이든, 이성적이든 간에) 판단에 있어서 표상들이 객체보다는 주체에 연관된 판단으로 규정한다. 이런 의미에서 성질상으로 "취미 판단은 미(감)적이다."[22]라고 정의된다. 부연하자면, 취미 판단은 주관 및 그것의 쾌 또는 불쾌의 감정에 관련된 표상이기에 "주관적일 수밖에 없는 판단"인 것이다. 더불어 취미 판단은 단순히 쾌나 만족의 보고('이것은 유쾌하다', '이것은 즐겁다' 등)가 아니라, "아름다운 것을 판단하는 능력"에 의한 판단이라고 볼 수 있다.[23] 그래서 '미'의 표상에 대한 주관적 감정은 어떤 대상의 현존과 결합되거나 어떤 욕구능력에 연관된 만족일 수 없게 된다. 이러한 무관심적 만족이 취미 판단을 규정하게 된다는 것이다. 그런 까닭에 칸트는 이 무관심적 쾌를 관심에 결합된 쾌들과 구분해 설명한다. 쾌는 표상과의 관계방식에 따라서 세 가지, 즉 감각적인 쾌(이론이성), 그 자체로서 좋은 것(실천이성), 유용한 것과 구별되는 아름다움에서의 쾌(판단력)로 특징지을 수 있다. 첫 번째인 쾌적과 두 번째인 선은 만족을 줄 수 있는 욕구능력에 관련되어서, 전자는 감각적으로 제약된, 즉 자극에 의한 만족을, 후자는 순수한 실천적 만족을 준다. 그러나 취미의 만족은 대상적 관심에서 비롯되는 어떠한 강제성에서 벗어난 "무관심한 자유로운 만족"[24]인 것이다. 이러한 성격 때문에 취미 판단은 철저하게 감정과 결부된 대상의 성질에 대해 그리고 개념에 근거한 인식과도 무관하게 관조적으로 이루어진다.

이처럼 취미 판단이 오성의 범주를 함유하지 않고 순전히 주관적 향수에 의존한다면, '이 장미꽃은 아름답다'는 미적 판단을 나 이외의 다른 사람에게 어떻게 동의를 구할 수 있는가가 문제시된다. 이를 위해 칸트는 분량의 계기에서 볼 때, "미란 개념을 떠나서 보편적 만족의 객체로서 표상되는 것이다."[25]라는 명제를 검토한다. 보편성에 대한 주장은 미적 만족의 판단내용에 의해 정당화될 수 있는데, 인식만이 보편적 전달 가능성을 가졌기 때문이다. 그렇다고 취미 판단이 개념에 근거한 인식 일반과 같지는 않다. 따라서 칸트는 판단력을 구분한다. 일반적으로 판단력은 특수를 보편 아래 포함시키는 규정적 성격을 띤다. 이와 다른 반성적 성격의 판단력도 있다. "오직 특수자만이 주어져 있고 판단력이 이 특수자에 대하여 보편자를 찾아내야 할 경우의 그 판단력은 단지 반성적일 따름이다."[26] 이러한 반성적 성격은 취미 판단에 관련된 보편이 객관의 개념과 결부되지는 않지만 감성적 양(크기)인 전체 범위의 주관적 판단자들에 대해 해당된다는 점에 근거한다. 취미 판단은 이처럼 판단자 자신과 관련된 것이며, 획득된 만족이 지닌 감성적 타당성은 개념을 매개한 것처럼 객관적이지 않다. 그래서 취미 판단은 모든 사람의 동의를 가능성으로 요청하는 것이고, 요구된 만족은 결국에 다른 사람들의 동의에 기대어서 '보편적 일치'에 이르게 될 뿐이다.

그런데 칸트는 하나의 이념에 불과하지만 이러한 일치가 어떻게 가능한지를 취미 판단의 주관적 조건을 분석한다. 그것은 취미 판단에 선행한 만족은 감관의 감각에서 직접적으로 느껴지는 심적 상태일 뿐이고 단지 사적이기 때문이다. 오히려 취미 판단에 뒤따르는 심적 상태에서는 이를 조건지은 주관적 근거가 심문됨으로써 그 '보편적 전달 가능성'이 제시될 수 있다는 것이다. 그래서 칸트는 쾌의 감정의 매개를 위한 이 주관적 조건을, 대상 개념과는 무관하기 때문에, 표상능력들의 상호관계에서 찾게 된다.

칸트에 따르면, 일반적으로 인식의 성립은 표상 속에 다양한 직관들을 결합하는 상상력과 표상들을 개념을 통해 통일하는 지성(오성)의 상호작용에 의해 이루어진다. 그러나 취미 판단의 경우에는 인식능력들이 규칙에 따르지 않고 자유롭게 유희하게 된다는 것이다. 그래서 이 능력들이 감관이나 개념에 구속되지 않고, 양자 간의 조화를 즐기면서 인식을 유희할 수 있다는 감정의 상태가 생겨난다고 본다. 그 결과 취미 판단의 만족은 주관적으로 조건지어진, 상상력과 지성(오성)의 자유로운 유희에 근거한 심적 상태라는 의미에서 보편적으로 전달 가능하다는 것이다.

그렇지만 미적 만족이 보편적 전달 가능성을 갖기 위해 전제된 표상능력의 자유로운 유희라는 주관적 조건이 어떤 질서방식으로 이루어지는지에 대한 더 깊은 분석은 필요하다. 이것이 목적관계에 따라 취미 판단을 고찰하는 분석인 것이다. 목적은 칸트에 따르면, 개념에 의해 인과성에 따라 실현될 이론적 혹은 실천적 대상인 것이다. 따라서 목적 있는 합목적성은 어떤 대상에 특정 욕구가 실현되어 있음을, 즉 쾌적이나 선이 추구되었음을 의미한다. 그러나 취미 판단에서 수반된 미적 쾌감은 개념 내지 욕구에 의해 목적된 것이 아니라, 다양한 표상들이 하나의 개념 속에 자유롭게 통일되는 합목적성에 대한 감각함이다. 이러한 감성적 합목적성은 실제적인 대상적 결과가 아니라 단지 주관적 측면에서 인식능력들 간의 일치로 규정된다는 점에서 형식적인 것에 불과하다. 이처럼 객관으로부터의 자유와 만족은 주체의 내적이고 반성적 자유에 의해 가능하며, 실제적 목적이 없는 합목적성으로 규정된다는 점에서 보편적으로 전달 가능하다는 것이다.

그렇다면 이제 취미 판단에 전제된 주관적 조건인 표상능력 간의 자유로운 유희와 만족이 어떠한 양태 속에서 주어지는지가 여전히 문제시된다. 칸트는 그 둘 간의 '필연적 관계'가 있음을 주장하며, 이를 해명하고자 한다. 이러한 해명은 결정적으로 취미 판단의 보편타당성을 정당화하는 근거가 되기에 중요하다. 우선 이 감정의 필연성은 객관적 필연성이나 실천적 필연성과 구별된다. 그것은 주관적 조건에 대한 반성에서 기인한 자신의 감정상태에 대한 필연성으로 우리에게는 단지 일회적 사례를 통해 확인될 뿐이다. 이런 의미에서 모든 사람의 동의가 필요하다는 성격의 범례적 필연성으로 규정되기도 한다. 그러나 만족의 이러한 주관적 필연성이 어떤 공통적 근거에 의해 보편적 동의가 구해질 수 있을지가 여전히 문제로 남는다. 그것은 미적 판단에서의 이 필연성은, 문제의 미적 대상에 대해 모든 사람이 동의하고 공감할 것을 요구하는 식으로 제한되기 때문이다. 취미 판단의 주관적 필연성은 객관성을 얻기 위해서는 만인에게 있는 "공통감(sensus communis)"[27]을 전제로 하지 않을 수 없다. 그런 까닭에 칸트는 공통감을 취미 판단의 감성적 만족을 보편적으로 전달 가능하게 하는 인간 내부의 보편적 능력[28]으로 파악한다. 그리고 이것은 상상력과 지성의 조화처럼 다른 주관들과의 상호 소통에 근거로서 자리한다고 볼 수 있다. 이처럼 칸트는 유희(반성) 감정과 감성적 공통감을 통해 주체의 고유성과 보편성을 동시에 정당화하는 가능성을 모색하였다. 이런 관점에서 볼 때, 감정에 관한 철학 논의는 칸트에 와서 비로소 인간학적 물음으로 본격화되고, 인식비판적으로 체계화됨으로써, "주관적이고 개별적인 조건에 생기는 환상"[29]에서 벗어난 주체 개념의 확장이 이루어진 것이다.

4. 후설의 상호주관성 문제와 감정 개념의 심화

후설은 반성적 감정을 통해 모색된 취미 판단의 문제, 즉 주체의 개별성과 보편성의 문제가 다루어지는 칸트의 논의 지평에 서지 않았다. 다만 이러한 주체의 상반된 성격 속에 잠재되어 있는 상호주관성의 개념이 감정이입의 논의를 촉발하였고, 그 결과로 감정 문제가 간접적으로 다루어졌을 뿐이다. 그래서 칸트와 직접적인 연관 없이 다루어진 감정이입의 문제는 후설에게서 체계 내적으로 제기된 것으로 보아야 옳다. 그렇다면 후설의 상호주관성과 감정이입은 자신의 어떤 문제 상황으로부터 기인한 것인지를 살펴야 한다.

후설의 현상학은 전통적 철학과 상이한 문제 설정 방식에 의해 특징지어진다. 후설은 전통철학처럼 존재자의 존재근거를 묻지 않고,

인식주체에 대해 존재현상이 자신의 존재론적 성격을 알리고 인식되는 구조와 의미에 대해 묻는다. 이러한 문제 제기는 데카르트와 칸트로부터 이어지는 근대철학의 근본 주제와 크게 다르지 않다. 이런 관점에서 현상학의 주제도 주관의 경험을 통한 객관의 구성이라는 것임에 틀림없다.

이러한 맥락에서 인식주체에 드러나는 존재의 의미근원에 관해 문제를 제기하게 된 후설은 어떤 불확실한 전제도 허용하지 않는 절대적 인식의 토대를 마련하고자 하였다. 그러한 시도는 인식의 객관성과 인식의 주관적 조건 간의 관계성이 새롭게 고찰되는 데서 출발되었다. 즉 "즉 순수한 인식현상이 그 현상에 내재적이지 않은 어떤 것을 어떻게 만날 수 있는가? 그리고 인식의 절대적인 자체 소여성이 비자체 소여성을 어떻게 만날 수 있으며, 이 만남을 어떻게 이해해야 할 것인가?"[30] 후설이 제기한 질문의 특징은 '인식의 절대적 자체 소여성'이란 표현에 반영되어 있다. 이 경험의 소여성은 주객 간의 추후적 결과가 아니라 앞서 놓인 근원인 것이다. 바로 경험의 절대적 근거를 해명하기 위해 자체적으로 주어진 절대적 사태를 기술하려는 데 후설의 문제의식이 자리하고 있다.[31] 이러한 목적을 실현하기 위해 후설은 인식의 권리 원천이라 할 수 있는 "원본적으로 부여하는 직관(originaer gebende Anschauung)"[32]의 영역을 찾고자 시도한다. 이러한 방법적 시도가 바로 더 이상 문제 삼을 수 없을 정도로 자명해 보이는 자연적 세계의 객관성과 실재성에 대한 믿음, 즉 자연적 태도를 일단 타당하지 않도록 유보해 두는 근본 행위인 현상학적 환원인 것이다. 이러한 방법적 전환의 목적은 "자연적 의식을 자신과의 어떤 관계, 즉 그 자신을 모든 지향적 구성의 중심으로서 관조하게 하는 그 자신과의 관계 속으로 전치시키는 데 있다."[33]는 것이다. 이를 통해 모든 대상적인 것들의 의미와 타당성을 구성하는 인식의 권리 원천으로 선험적 자아가 확보된다. 따라서 이 선험적 자아를 모든 구성의 원리로 확보한 현상학은 주어진 세계를 그 자아에 의해 구성되는 상관물로 제약하기에 이르게 된다. 세계의 근거를 철저하게 선험적 자아의 구성활동에 귀속시키는 이러한 선험적 관념론은 전통적 주객의 이원론을 극복하는 가능성을 마련했다 하더라도, 다시금 공동의 객관적 지평으로서의 세계를 유아론적 세계로 제약하는 위험에 처하게 된 것이다. 이러한 문제를 후설 스스로 다음과 같이 밝히고 있다. "만약 성찰하는 자아인 내가 현상학적 판단중지를 통해 나 자신을 나의 절대적 선험적 자아로 환원할 때, 나는 이 경우 고립된 자아(absolute ipse)가 되는 것은 아닌가? … 따라서 객관적 존재에 관한 문제들을 해결하려고 하고 스스로 이미 '철학'으로서 등장하려고 하는 현상학은 '선험적 독아론(transzendentaler Solipsismus)'이라는 낙인이 찍히는 것은 아닌가?"[34)]

선험적 독아론을 극복하기 위해서는, 내 선험적 자아에 의해 구성된 세계가 보편적 타당성을 지닌다는 사실을, 즉 내가 경험하는 세계는 나와 다른 주체들에 의해서 동일하게 경험된다는 사실을 증명해야 했다. 따라서 후설은 객관적 세계의 구성을 위한 근본 경험으로서 타자경험을 해명하지 않을 수 없다고 여겼다. 이것이 후설의 후기 사상을 특징짓는 상호주관성 이론이다. 그는 이러한 타자구성의 문제를 해결할 수 있는 단초를 감정이입의 경험에서 찾았다.

독아론의 문제 해결로 제시된 타자구성은 사실 지향적 구성이론의 응용이나 확대이기 때문에, 역설적이지만 매우 개별적 의미에서 이해된 그런 주관의 고유한 경험, "선험적 사실"[35)]에서 출발한다. 후설은 출발점인 이러한 주체의 고유한 영역에 다가가기 위해 "타자의 주관성에 직접적으로나 간접적으로 관련된 지향성의 모든 구성적 작업수행을 도외시하는" 원초적 환원을 시도한다. 그것은 타자 자체가 아니라 나에 대한 타자의 의미와 성격이 문제시되기 때문이다. 원초적 환원에 의해 확보된 내 원초적 영역에서 나 자신과 달리 타자는 다른 사물들처럼 하나의 대상에 불과하다. 그렇다면 후설은 나와 마찬가지로 주체인 타자에 대한 경험을 어떻게 발견할 수 있었는가? 그것은 물체(Koerper)와 구별되는 내 몸(Leib)의 계기에서 주어진다. "자연에 속하는 물체들 중에 나는 독특하게 두드러지는 내 몸을 발견한다. 즉 그것은 단순한 물체가 아니라, 추상화된 세계 층위 속에서의 유일한 대상인 몸인데, 거기에다 나는 경험에 따른 감각분야들을 귀속시킨다."[36] 내 몸은 우선 대상을 구성하는 주체인 나와 대상처럼 구성되는 객체인 나를 하나의 인간으로 통일시키는 데 결정적인 역할을 한다. 느껴지면서 느낀다는 몸은 주관적이면서도 동시에 객관적이라는 점에서 이중성의 특성을 띠기 때문이다. 이러한 몸적 기능 덕분에 심리 물리적 통일체로서 몸과 영혼의 결합이 가능하다. 그런 연결에 의거해 몸의 현상은 영혼 안에의 심리적 작용이 어떠한지를 파악하게 만든다. 자기구성적인 자아와 그 고유 영역은 이제 타자의 경험에 기저를 이루는 층인 것이다. 그래서 후설은 내 몸에 관련된 유비작용을 통해 주체적 타자의 구성을 시도한다.

내 원초적 영역에서 타자는 나와 동일하게 주어지지 않는다. 분명히 타자는 초월적인 것이다. 그래서 그의 체험 영역은 내게 원본적으로(originaer) 주어질 수 없다. 타자의 고유 영역이 직접 경험된다면, 그것은 내 고유성의 한 계기에 불과하거나, 나 자체와 같은 것이 될 것이기 때문이다. 따라서 타자에 대한 경험은 내 자신의 원본적 경험과 근본적으로 다르다. 타자경험은 내 원본적 경험 층위에서 간접적으로 성립되는, "스스로 표명하지만 스스로를 주지 않는(selbst-bekunde, aber nicht selbstgebende)"[37] 경험이다. 타자에 대한 이러한 간접지향성을 후설은 동현전화(Mit-gegenwaertig-machen) 또는 간접제시(Apprasenatation)[38]로 규정한다. 사물의 전면에 동반하는 후면의 경험과 같은 일반적인 간접제시와 달리, 타자의 고유 영역으로 진입하는 간접제시는, 직접제시에 의해 충족적으로 확증될 가능성을 선천적으로 배제한다. 타자가 자체 있음(Selbst-da)으로가 아니라 함께 있음(Mit-da)으로 항상 간접적으로 제시되기 때문이다.

그렇다면 자기 신체(Koerper)를 몸(Leib)으로 구성한 지각 속에서, 우선 원초적 세계의 한 물체가 타자의 몸으로 파악되려면, 내 몸으로부터의 통각적 이행(apperzeptive Uebertragung)[39]이 실행되어야 한다. 이 이행에서는 후설은 지각의 본래적인(eigentliche) 확증이 배제되지만, 두 몸들 사이의 유사성에 의거한 이 유비적인 파악(analogierende Auffassung)이 가능하다고 보았다. 이러한 통각을 감정이입(Einfuehlung)이라고 불렀다. 이 작용에 따르면, 내 자아는 자신의 표현이나 체험연관을 직접적으로 지각하고, 내 몸적 체험과 타자의 몸적 활동 사이에 놓인 유사성을 근거로 타자의 몸에 그의 심적 활동이 결합해 있음을 유추하게 된다는 것이다.

이 감정이입의 유비활동은 더 구체적인 세부의 과정들로 구성된다. 그 첫 번째가 바로 짝짓기(Paarung)인데, 직관적으로 주어진 두 자료가 일치되어 수동적으로 유사적 통일을 이루는 것을 말한다. 이 짝짓기는 동일화(Identifikation)의 수동적 종합(passive Synthesis)과는 구별되지만, 연상(Assoziation)이라는 수동적 종합의 근본 형식(Urform)으로 기능한다. 짝짓기란 연상은 직관된 최소한의 두 자료가 나의 능동적 개입이 철저하게 배제된 채 수동적으로 그 둘에 대해 유사한 것으로 통일되는 것이다. 그래서 "타자와 자아는 항상 그리고 필연적으로 근원적 짝관계 속에서 주어진다."[40]고 후설은 주장한다. 그런데 감정이입에서는 연상과 더불어 동시에 지향적 간섭(중복)작용(Uebergreifen)이 기능하게 된다. 그것은 짝들 사이에서 일어나는 생생한 상호 환기(Sich-wecken)와 상호 중첩되는 합치(Sich-ueberdecken)인 것이다. 그 결과 이 합치에 의해서 짝들 간에 수동적 의미의 이입이 일어나고 그 둘 간의 동일성이 극한에까지 이르게 된다는 것이다. 그래서 중첩된 체계(통일성과 차이성)에 의한 타자의 유비적 구성은 내 자료체계의 현상방식에 의해 보충되는 식으로가 아니라, 타자의 체계 전체를 함께 일깨우는 유비적 현상에 적합하게 되는 식으로 이루어진다. 이런 방식으로 타자의 몸은 거기의 양상(마치 내가 거기에 있었던 것처럼)에서 함께 존재하는 타자의 영혼을 경험하도록 한다.

그러나 의미의 중첩에 따라 타자의 신체가 몸의 의미를 부여받더라도, 합치는 제2의 내 몸이 아니라 여전히 타자의 몸이라는 측면에서 일치에 이를 수 없다. 이 연상에서는 몸과 관련된 짝짓기로 인해 타자의 자료들이 내 자료와 연상적으로 짝을 이루어 이중적으로 타자에 대한 중첩된 통일성과 차이성이 나타나기 때문이다. 따라서 직접제시에 의거한 충족을 허용하지 않는 그런 간접제시적인 통각에서 내 원초적 자아가 자신과 대비된 다른 자아를 구성한다는 사실은 둘의 공존을 허용하는 것으로 이해해야 한다.[41)]

이상의 설명에서 알 수 있듯이, 감정이입이란 심리적 경험의 한 특별한 형식을 의미한다. "감정이입 안에 감정이입하는 자아가 영혼활동을 체험한다. 다시 말해서 타자아의 의식을 경험한다. 자아가 타자아를 경험한다. 그러나 아무도 자아가 타자아를 체험한다(erleben)든지 타자아를 내적 지각 속으로 받아들인다든지 하는 마치 자기 자신의 의식처럼 그렇게는 말하지 않는다."[42)] 이러한 감정이입에 대한 후설의 생각은 두 가지로 특징지을 수 있다. 첫째로 간접제시인 감정이입은 주체로 드러나는 타자의 영혼을 원본적으로 경험하지 못한다. 몸이 본질적으로 매개가 된다는 뜻이다. 그렇다고 이러한 간접성으로 인해 감정이입이 유비추론이나 사고로 여겨져서는 안 된다. 감정이입이 내 경험만을 토대로 간접적으로 그리고 사변적으로 타자주체를 정립하는 것이 아니며, 내 몸의 현전과 더불어 타자주체를 구성하는 근원정립(Urstiftung)이라는 타자 몸의 동시현전(Mit-gegenwaertig-machen)을 전제하기 때문이다. 그래서 모든 유비적 파악에서 유비적으로 이행될 곳은 바로 타자주체가 지향된 대상으로 현상하는 그런 근원적 구성활동인 것이다. "표현의 간접성은 경험추론의 매개 가능성이 아니다. 우리는 단지 타자의 몸이 아니라 타자를 '본다'. 타자는 우리에게 몸적으로만이 아니라 '고유한 인격성' 안에서 정신적으로 자체를 현재화하고 있다."[43] 둘째로 감정이입은 단지 감정의 영역에 국한된 것이 아니다. 오히려 인식작용과 깊게 연관된 이 개념은 타자주체의 구성이라는 인식론적 문제에서 비롯되었기 때문이다. 이처럼 다른 주체적 대상이 어떻게 인식 가능한가의 여부가 중요하기 때문에 후설은 두 독립된 주체들 간의 상호 소통의 가능근거로서 감정의 특성과 의미를 고찰하지 않았다. 그렇다고 감정이입은 판단이나 추론과 같이 인식적 작용의 한 부류로 여겨서는 안 된다. 오히려 후설은 감정이입을 '비대상화 작용의 질적 변양'으로 파악한다. 그래서 여기서는 질적 변양을 통해, 짝지음에 근거한 이입이 성취되더라도 그 원본성의 간접제시에 불과할 뿐만 아니라, 어떠한 존재정립도 배제된다는 것이다. 이런 의미에서 감정이입은 그럴듯함(Quasi)이라는 특징으로 규정된다. 그래서 감정이입은 대상을 정립하는 판단이 아니라, 대상과 관련짓지 않은 채 단지 판단작용에 이입하는 '유사판단' 또는 유사지각으로 여겨진다. 이러한 그럴듯함은 대개의 원본적 작용과 달리 감정이입에서는 원초적인 것과 이입된 것, 가령 실제 기쁨과 그 기쁨에의 동조 간의 차이가 부정될 수 없다는 것을 의미한다. 감정이입은 분명히 동일감정(Einsfuehlung)은 아니다.[44] 그것은 어디까지나 차이를 통해서이지만 서로가 마치 그렇게 일체감을 나눈다는 감정활동의 영역이다. 따라서 이 개념은 대상인식의 영역에 국한되지 않고, 예술작품의 평가에도 심지어 영혼의 표현과 활동에 관한 파악에도 적용된다고 볼 수 있다.

후설의 감정이입은 단지 대상이 아니라 나와 다른 주체로서의 타자인 한에서 구성되는 타자경험의 핵심 개념이다. 이 개념은 간접제시이지만 타자의 근원 현상과 관련된 것이기에, 자신의 체험 내용을 외적으로 지각된 타자의 신체로 주입하는 립스(Lipps)의 투사(Hineinfuehlen/Projektion) 개념과도 다르며, "선천적이고 일반적인 표상"[45]을 전제하여 무매개적인 타자경험을 주장하는 셸러(Scheler)의 공감(Mitgefuehl) 개념과도 다르다. 그렇지만 여전히 후설의 감정이입 개념은 주체의 지향성 속에서 간접적이지만 구성되는 타자주체의 현전을 강조함으로써, 타자의 현전을 진정으로 드러내는 타자의 부재를 간과한 것이다. 그래서 감정이입 속에서 타자의 문제가 차이와 다름이 아니라 유사성과 동일성의 논리로 처리되는 한계를 드러냈다고 볼 수 있다. 그뿐만 아니라 감정이입이 이성이나 의지에서 벗어나 감정의 독자적인 특성에서 다루어질 수 없는 제약을 보였다.

5. 맺는 말

전통적으로 감정은 일의적 개념으로 규정할 수 없을 만큼 다양하게 사용되어 왔다. 정서, 열정 그리고 느낌 등의 내포적 다양성은 서양 근대에 들어서 더욱 감정이 무시되거나 간과되도록 만들었다. 그 이면에는 중세의 세계가 붕괴된 이후 서구 근대사회가 추구한 합리성이 자리하고 있다. 구축될 객관적 세계구성에 있어서 확실한 인식적 근거로서 인간의 감정이 기여할 수 없다는 이유에서다. 따라서 인간의 복잡하고 특수한 심리현상인 감정 개념은 근대철학에서 객관적이고 타당한 인간 인식과 세계 근거를 제공하는 데 걸림돌로 폄하되었다. 감정은 매우 주관적이고 내면적인 의식의 계기에 불과했다. 그러나 역설적이게도 감정은 유한 이성의 인간에게 세계, 특히 타자와의 진정한 관계를 제공해 주는 중요한 계기가 된다.

감정에 대한 이러한 새로운 성찰은 데카르트에게서 싹텄다고 볼 수 있다. 물론 그러한 문제 제기는 선천적인 원리의 관점에서가 아니라 실용적인 차원에서 이루어진 것이다. 그래서 데카르트는 영혼과 신체가 결합된 인간의 고유성이라는 자연적 조건에서 비롯되고 자신의 보전을 위해 불가피한 계기로서 감정을 이해하였다. 따라서 그의 정념 개념은 도덕 문제의 해결을 위해 의지에 의존하는 한계를 드러냈지만 인간의 세계와의 실질적 관계를 해명해 주는 중요한 통로로 다루어지게 되었다. 인식에 의존하거나 의지에 종속되는 요소가 아닌, 그런 감정 자체의 고유한 영역은 칸트에 의해 확보되었다. 인간 유한성의 새로운 의미가 포착하는 과정에서 감정이 인식비판적으로 체계화되었기 때문이다. "칸트에 와서야 비로소 감정이론에 대한 철학적 물음이 실제로 제기되고 감정 개념을 둘러싼 이론적 지평이 열리고 여기에 연관된 인간에 관한 물음이 전면에 등장하게 된 것이다."[46] 이 말은 그에 대한 적절한 역사적 평가라 할 수 있다. 그래서 그는 이성의 보편성에 근거해서만 해명될 수 없는 그런 세계이해에서 요구된 개인의 비유형적 고유성을 감성의 개념 속에서 찾게 되었다. 그 결과 주관적 측면에서 비판적 판단력에 의해 수반되는 미적 쾌감이, 다른 한편에서 그럼에도 객관적 측면에서 각자의 감성적 만족이 보편적으로 전달하게 되는 공통감이 제시될 수 있었다. 그렇지만 감성적 주체에 대한 새로운 이해에도 불구하고 상호주관성의 지평에 충분히 도달하지 못했다. 타자도 자아와 다르지 않게 하나의 고유한 주체이고 세계는 상호 주관적으로 구성될 수 있다는 생각을 후설은 감정이입 개념을 통해 정당화하려고 시도하였다. 감정이입은 자아의 몸경험을 통해 타인의 몸에 유비적으로 이입함으로써 타자주체를 구성하는 간접적인 의식 활동이다. 타자의 구체적 현전에 의거함으로써 추론과 사고가 아니라 원본적 체험이며, 차이를 부정하지 않는 일치의 경험이라는 의미에서 후설은 주체와 타자주체의 공존 가능성을 모색하였다. 그렇지만 데카르트, 칸트와 후설로 이어지는 합리적 전통에서 감정은 여전히 인식적 능력에 의해 어느 정도 의존하는 제약된 의식 활동으로 파악되고 있으며, 타자가 중심이 아니라 자아가 중심이 되는 경험 해명에 머무름으로써 쌍방적인 감정의 교류에 도달하지 못했다고 판단된다. 이러한 제약에도 불구하고 이들 사상가들의 시도는 인간이해의 지평을 확장하는 데 결정적 기여를 했다고 보인다.

이처럼 감정 개념을 어떻게 파악하고 이해하는가는 단지 인간의 의식능력 가운데 한 요소를 분석하고 정리하는 문제로 국한되지 않는다. 그것은 인간이 무엇인가, 즉 어떠한 존재양식 속에서 규정되는가 하는 근본 문제와 결부되어 있기 때문이다.

[참고문헌]

김광명, 「칸트에 있어 감정과 미적 판단의 문제」, 『미학』, Vol. 11 No. 1, 1986.

_____, 『칸트 판단력비판 연구』, 이론과실천, 1992.

김희봉, 「후설의 의식개념과 지향성」, 『철학과 현상학연구』 35집, 2007.

박상규, 「데카르트 철학의 문제와 그 한계」, 『인문과학』 1권 1호, 홍익대 인문과학연구소, 1994.

서양근대철학회 편, 『서양근대철학의 열 가지 쟁점』, 창비, 2004.

이영호, 「선험적 상호주관성과 생활세계 개념의 고찰」, 『철학연구』 14집.

정대훈, 「데카르트 감각론」, 『철학논구』, Vol. 27, 1999.

R. 데카르트, 『성찰』, 이현복 옮김, 문예출판사. 1997.

_____, 『철학의 원리』, 김형효 옮김, 삼성출판사.

_____, 『정념론』, 김형효 옮김, 삼성출판사.

J. 슈페크, 『근대독일철학』, 서광사, 1986.

I. 칸트, 『판단력비판』, 이석윤 옮김, 박영사, 1989

뤽 페리, 『미학적 인간』, 방미경 옮김, 고려원, 1994.

R. Descartes, *Œuvres et Lettres*, Bibliothéque de la pléiade, ed. André

Bridoux, Paris: Gallimard, 1953.

E. Husserl, *Cartesianische Meditationen und Pariser Vorträge*, hrsg. von Strasser, Martinus Nijhoff, 1963. (Hua I)

_____, *Die Idee der Phänomenologie*, hrsg. von Water Biemel, Martinus Nijhoff, 1973. (Hua II)

_____, *Ideen zu einer reinen Phänomenologie und phänomenologischen Philosophie*, Bd. I, hrsg. von Water Biemel, 1969-1971. (Hua III/1)

_____, *Zur Phänomenologie der Intersubjektivität, Zwei. Teil*(1921-1928), hrsg. von. Kern, Martinus Nijhoff, 1973. (Hua XIV)

K. Meist, "Monadologische Intersubjektivitaet: Zum Konstitutionsproblem von Welt und Geschichte bei Husserl", in *Zeitschrift fuer philosophische Forschung*, 1980, Vol. 4.

Historisches Woerterbuch, hrsg. v. J. Ritter, Basel/Stuttgart, 1974, Bd. 3.

[주(註)]

1) *Historisches Woerterbuch*, hrsg. v. J. Ritter, Basel/Stuttgart, 1974, Bd. 3, 82-89.
2) R. Descartes, *Œuvres et Lettres*, Bibliothéque de la pléiade, ed. André Bridoux, Paris: Gallimard, 1953, 542-543쪽.
3) R. 데카르트, 『성찰』, 이현복 옮김, 문예출판사, 1997, 60-61쪽.
4) 같은 책, 38쪽.
5) R. 데카르트, 『철학의 원리』, 김형효 옮김, 삼성출판사, 325쪽 참조.
6) R. 데카르트, 『성찰』, 66쪽.
7) 1642년 데카르트는 왕녀가 『성찰』을 읽고 평한 말을 듣고 감동하여 헤이그로 방문한다. 많은 서신 교환 가운데 1643년 5월 16일자 서한에서 왕녀는 이렇게 질문한다. "인간의 정신은 사유하는 실체인 것에 지나지 않는데 어떻게 의지를 가지고 행동을 하기 위해 육체의 정기를 움직일 수가 있는지 듣고 싶습니다." 이 예리한 질문에 당황한 그는 육체를 원인으로 해서 영혼 내에 일어나는 'Passion(수동, 정념)'을 고찰하는 일에 착수한다.
8) 『정념론(*Les Passions de l'Ame*)』(1649). 최후의 저작으로 사유와 의지와 다른 정신내용을 다룬 작품이다.
9) 박상규, 「데카르트 철학의 문제와 그 한계」, 『인문과학』 1권 1호, 홍익대 인문

과학연구소, 1994, 38쪽. 이 문제는 말브랑슈(Malebranche), 줄랭스(Geulinx) 등의 '기회원인론', 스피노자의 '심신병행설'과 라이프니츠의 '예정조화론' 등이 해결책으로 제시되지만 궁극적으로 풀리지 않는 '아포리아'로 남는다.

10) R. 데카르트, 『성찰』, 145쪽.

11) 정대훈, 「데카르트 감각론」, 『철학논구』, Vol. 27, 1999, 각주 9.

12) R. 데카르트, 『정념론』, 김형효 옮김, 삼성출판사, 27절.

13) "우리에게 두 가지 종류의 사고밖에 없는데, 그것은 오성의 지각과 의지의 행위다."(『철학의 원리』, I 34) 『정념론』에서 "사유에는 주로 두 가지 종류가 있다. 그 하나는 영혼의 능동(action)이고 다른 것은 그 수동(passion)이다. 내가 능동이라 부르는 것은 우리의 의지 전체인데, 이것이 영혼으로부터 직접 유래하며 오작 영혼에만 의존한다는 것을 우리가 체험하기 때문이다. 반면 우리는 일반적으로 모든 종류의 지각과 인식을 정념이라고 부르는데, 이것은 … 영혼이 이 정념들을 사물들로부터 받아들이기 때문이다."(『정념론』, 17절)

14) 서양근대철학회 편, 『서양근대철학의 열 가지 쟁점』, 창비, 2006, 251-252쪽.

15) R. 데카르트, 『정념론』, 147-148절

16) 서양근대철학회 편, 『서양근대철학의 열 가지 쟁점』.

17) R. 데카르트, 『정념론』, 38절 참조.

18) 뤽 페리, 『미학적 인간』, 방미경 옮김, 고려원, 1994, 41쪽

19) 김광명, 『칸트 판단력비판 연구』, 이론과실천, 1992, 32쪽 참조.

20) J. 슈페크, 『근대독일철학』, 서광사, 1986, 21쪽.

21) I. 칸트, 『판단력비판』, 이석윤 옮김, 박영사, 1989, 18쪽.

22) 같은 책, 제1절의 표제.

23) 같은 책, 57쪽.

24) 같은 책, 65쪽.

25) 같은 책, 67쪽.

26) 같은 책, 31쪽. 두 가지로 구분되는데, 규정적 판단력은 '절대 확실한(apodiktisch)' 것이고, 반성적 판단력은 "특수는 확실하되 결과로서의 이 특수에 대한 규칙의 보편성은 아직 개연적"이라는 점에서 '가언적(hypothetisch)'이다(『순수이성비판』, A 646/B 674).

27) 같은 책, 101쪽. 이 공통감은 논리적 공통감(sensus communis logicus)과 구분해 감성적 공통감(aestheticus)이라 부른다. 이것은 "무엇이 만족을 또는 불만족을 주는지를 개념에 의해서가 아니라 단지 감정에 의해서 규정하는, 그러면서도 보편타당하게 규정하는 주관적 원리"(『판단력비판』, 64쪽)인 것이다.

28) 김광명, 『칸트 판단력비판 연구』, 32쪽.

29) I. 칸트, 『판단력비판』, 168쪽 이하.

30) Hua II, 7쪽.

31) 의식의 지향성에 관하여 졸고, 「후설의 의식개념과 지향성」, 『철학과 현상학 연구』 35집, 2007 참조.

32) Hua III. '원리 중의 원리'.

33) K. Meist, "Monadologische Intersubjektivitaet: Zum Konstitutionsproblem von Welt und Geschichte bei Husserl", in *Zeitschrift fuer philosophische Forschung*, 1980, Vol. 4, 566쪽.

34) Hua I, §42.

35) Hua I, 122쪽.

36) Hua I, 128쪽.

37) K. Meist, "Monadologische Intersubjektivitaet: Zum Konstitutionsproblem von Welt und Geschichte bei Husserl", 567쪽.

38) Hua I, 139쪽.

39) Hua I, 140쪽.

40) Hua I, 142쪽.

41) Hua I, 148쪽.

42) Hua XIII, 187쪽.

43) Hua IV, 375쪽.

44) 이영호, 「선험적 상호주관성과 생활세계 개념의 고찰」, 『철학연구』 14집, 50쪽 이하 참조.

45) Hua XIV, 355쪽.

46) 김광명, 「칸트에 있어 감정과 미적 판단의 문제」, 『미학』, Vol. 11, No. 1, 1986, 109쪽.

숭고 이론의 기원, 롱기누스의 숭고미

이정은

1. 서론

숭고에 관한 논의를 시작할 때 가장 먼저 떠오르는 것은 18세기 칸트의 『판단력비판』(1790)이다. 칸트의 숭고는 리오타르[1])를 통해 재고찰되면서 포스트모더니즘의 중요한 발상이 되기도 한다. 현대사회에서 시대적 중요성을 다시 갖게 된 숭고는 칸트 당대에 경험론에 기초하는 버크(Edmund Burke)가 『숭고와 아름다움의 이념의 기원에 대한 철학적 탐구』(1757)에서 전개한 숭고와 비교되기도 한다. 18세기를 기점으로 형식적 이론화와 철학적 중요성을 마련한 숭고는 '숭고의 객관성', '숭고와 미의 관계', '미의 객관주의와 주관주의'뿐만 아니라 숭고를 야기하는 대상이 '자연이냐 예술이냐'로까지 전개되어 논의가 복잡해진다.

숭고와 미는 대상을 바라보는 개인의 주관적 '감정'을 표현한 것이다. 물론 칸트는 감정을 상상력의 작용에 의해 — 오성 내지 이성과의 관련 속에서 — 생겨나는 쾌, 불쾌 감정에 그치지 않고 그러한 감정을 야기하는 주관의 선천적(a priori) 형식과 그 보편적 타당성을 연역해 내고, 헤겔은 단순한 감정이나 단순한 가상보다는 정신의 자유로움을 통해 산출되는 숭고와 미가 "좀 더 고차적인 실재성"과 "좀 더 참된 현존"[2)]을 지닌다는 점을 강조한다는 면에서 감정으로만 환원시킬 수 없는 측면이 있기는 하다. 계몽주의, 신고전주의 그리고 낭만주의(낭만주의 시학, 낭만주의 비평) 모두가 칸트처럼 선천적 원리를 주장하는 것은 아니지만, 숭고와 미를 상상력의 활동에 의해 생겨나는 감정으로 규정한다는 면에서 공통성을 지닌다.

숭고를 다루기 위해서는 '숭고'의 의미, 숭고의 대상, 숭고를 야기하는 원천, 숭고를 느끼는 주체, 숭고를 창출하는 주체, 숭고와 감정, 숭고와 상상력의 관계와 같은 다양한 논의를 펼쳐야 하는데, 서양 미학사에서 숭고 논쟁의 결정적 출발점은 칸트나 버크보다는 17세기 부알로(Nicholaus Boileau)에 의해 불이 지펴진 롱기누스의 숭고론으로 간주해야 한다. 부알로는 1세기 사람인지 3세기 사람인지에 대해 논란의 여지가 있는 롱기누스의 『숭고에 관하여』[3)]를 1674년에 프랑스어로 번역하는데 — 그 이전에 이루어진 다른 번역이 있기는 하지만 — 부알로의 번역이 시대적 반향을 일으키면서 숭고에 대한 파급 효과를 낳는다. 롱기누스의 숭고는 고대 수사학 속에서 형성[4)]되는 장엄한 문체(내지 문채)를 의미하며, 이것이 인간에게 '장엄함', '위대함'의 감정을 일으키는 것으로 규정된다. 부알로의 번역은 장엄함에 기초하는 숭고의 의미 논쟁과, 어느 시대 사람이 위대한 숭고를 창출하는가라는 고대인과 근대인의 우수성 논쟁[5)]을 당대의 페로(Perrault)와 벌이게 되는 전기를 마련한다.

롱기누스 책을 번역한 부알로는 서양 미학사에서 '숭고' 논쟁의 기점이며, 롱기누스 숭고 이론은 후대의 근간이 된다고 해도 과언이 아니다. 롱기누스 저작은 분량이 아주 작아서 실제로는 내용을 풍부하게 다룰 수 없는 상황이다. 게다가 '감정(emotion, passion)' 문제는 이미 '다른 논문'에서 밝혔다고 주장하면서 숭고 저작 말미에서 앞으로 다룰 주제는 감정, 열정[6]이며 이것은 위대한 저술(숭고한 작품)에 담겨야 할 중요한 요소라고 단언하는데, 롱기누스의 '다른 논문'뿐만 아니라 『숭고에 관하여』에서 감정 논의를 시작하는 부분이 유실되었기 때문에, 모든 것을 『숭고에 관하여』를 통해 찾아내야 하는 상황이다.

그러나 분량과 내용의 미흡함에도 불구하고 『숭고에 관하여』에는 영국의 신고전주의와 낭만주의뿐만 아니라 강렬한 감정의 선천적 형식을 주장하는 칸트의 숭고 논의도 상당히 선취하고 있다. 그래서 이 글은 롱기누스가 숭고를 어떻게 규정하고, 숭고를 야기하는 원천을 무엇으로 삼는지를 살펴보는 데에 주안점을 둔다. 롱기누스 숭고론이 후대 철학자들을 어느 정도 선취하는지를 버크와 칸트의 숭고론을 먼저 개략하면서 전개해 나가고, 그 다음에 롱기누스 숭고론의 다섯 가지 요소와 숭고 능력의 선천성 여부를 다루면서 그 사이사이에 그들과의 유사성과 차이점을 분석해 나가겠다.

2. 버크와 칸트의 숭고에 대한 정의

낭만주의 관점에서 보면 숭고는 '아름다운 대상'을 바라볼 때 마음에 생겨나는 '감정'이라서 '숭고미'로 기술되기도 한다. 그러나 미학사의 많은 논쟁 속에서 '숭고'는 "미의 변화형" 내지 "미적 특징"[7] 처럼 다루어지며, 시간이 흐르면서 다른 변화형과 달리 미와 구별되는 독자적 위치를 차지하면서 '숭고'와 '미'가 미학의 두 가지 근본 범주로 정립되기 때문에 '숭고미'라는 표현은 적절하지 않다. 숭고와 미의 개념을 다루면서 이것들이 "서로 매우 다른 사물들이나 때로는 정반대되는 성질을 지닌 사물에 무차별적으로 적용되고 있음을 간파한"[8] 버크는 숭고와 미의 구분과 관련하여 자신이 지니는 혼동을 극복하기 위해 『숭고와 아름다움의 이념의 기원에 대한 철학적 탐구』

의 수정판을 낼 때 「취미에 관하여」라는 서론을 덧붙이기도 한다. 그러면서 "비교할 수 없을 정도로 훌륭한 논문을 쓴 롱기누스마저도 숭고라는 하나의 명사 안에 서로 극단적으로 대립되는 사물들을 포함시켰다."[9]고 비판한다. 달리 말하면 롱기누스는 숭고와 미를 엄격하게 구분하지 않기 때문에, '숭고'는 '숭고미'와 같은 의미를 지닌다. 아름다움을 일으키는 것 가운데서 논의되는 롱기누스의 "숭고론"은 "숭고미론"[10]이 된다.

버크는 고통과 즐거움이라는 감정적 구분을 통해 숭고와 미를 구분하며, 미를 맛이나 감각적 기호와 관련되는 취미(taste)로 지칭하면서 "감성적 능력", "상상력의 산물들이나 고상한 예술작품들에 대해 판단하는 정신적 능력"[11]으로 규정한다. 버크는 특히 자연스러운 취미를 경험론에 입각하여 묘사하면서, 만들어진 대상과 실제 사물과의 유사성이 인간에게 즐거움을 야기한다[12]고 주장한다. 이와 관련하여 "잘 묘사된 자연 대상을 보면서 느끼는 즐거움", "마음에 드는 행태를 보면서 느끼는 만족감", "충격적이거나 감동적인 장면을 보면서 느끼는 공감"[13]과 같은 것들도 동시에 언급한다. 규정에 따르면 취미의 대상은 예술과 자연 모두에 해당된다. 예술과 자연이 주는 즐거움은 상상력에 기인하며, 대상은 상상력으로 하여금 즐거움을 느끼게 한다.

미와 달리, 버크의 숭고는 '강한 고통' 내지 '공포 감정'과 관련이 있다. "자연 속에 존재하는 거대하고 숭고한 사물이 불러일으키는 가장 강력한 감정은 경악(astonishment)이다. 경악은 우리 영혼의 모든 움직임이 일시적으로 정지된 상태를 말하는데, 거기에는 약간의 공포가 수반된다."[14] 여기에서 숭고를 이해하기 위해 가장 강력한 감정, 공포 감정의 출처를 밝혀야 하는데, 버크는 사람의 마음에 강한 인상을 심어 주는 관념들을 통해 숭고의 의미에 접근해 간다. 해당 관념으로는 "자기보존과 사회라는 두 가지 항목"[15]이 있다. 인간은 '자기보존'과 관련된 감정 중에서 고통, 위험, 죽음이 있을 때 **'강한 공포 감정'**을 느낀다. 모든 감정 중에서 **'가장 강한 감정'**이 숭고의 원천이며, 가장 강한 공포 감정이 이에 해당된다. 버크는 "어떤 형태로든 고통이나 위험의 관념을 불러일으킬 수 있는 모든 것은 우리가 느낄 수 있는 가장 강한 감정인 숭고의 원천이다."[16]라고 주장한다.

버크뿐만 아니라 칸트도 『판단력비판』에서 숭고와 미를 구분하며, 공포 감정과의 연관 속에서 숭고를 정의 내린다. 미에 대한 판단은 "상상력을 주관과 주관의 쾌, 불쾌 감정과 관련"[17]시켜 이루어지며, 상상력이 작동할 때 마음 안에 쾌(즐거움)가 발생하면 '아름답다'고 규정한다. 그에 반해 숭고는 단순한 쾌, 불쾌 감정이 아니라, 버크가 말한 감정의 '일시적 정지 상태'와 연관된 불쾌 내지 공포 감정과 관련이 있다. 그러므로 칸트의 숭고도 '숭고미'로 간주하면 안 되며 롱기누스의 숭고미와 분명한 차이를 지닌다.

칸트의 미 감정은 특수한 자연 대상을 감각적으로 경험하면서 생겨난 직관 내용을 오성 개념에 포섭하여 인식 판단[18]을 할 때, 그 대상을 이해관계나 도덕적 차원을 넘어서서 — 즉, '특수한 이해관계'를 떠나서 — '무관심'하게 바라보는 과정에서 상상력이 작용하며, 그 상상력을 통일적으로 규정하려고 할 때 발생한다. 그 통일은 대상의 목적은 모르지만 대상의 부분과 전체가 '합목적적'으로 반성될 때 발생하며, 이때 자연 대상을 바라보는 인간은 자연스럽게 "만족"[19]하게 된다. 만족을 야기하는 그 '대상이 아름답다'고 판단하게 된다. 이렇게 인식 판단과 동시 작용하는 미에 대한 판단은 '취미 판단'이다. 인식 판단에는 특수한 경험을 보편 아래 포섭하는 오성 개념(범주)이 선천적으로 주어지지만, 취미 판단은 미를 규정하는 오성 개념이 선천적으로 주어지지 않기 때문에 미의 개념화가 불가능하다. 대상을 감각할 때 그 대상을 규정할 보편(개념)을 발견하고자 상상력이 요동치며 “오성과의 관계에서 상상력의 자유로운 유희”[20]가 오성 개념에 준하는 것을 찾아내려고 하는 가운데 ‘합목적성’이 도출된다. 달리 말하면 상상력의 통일성이 ‘형식적 합목적성’으로 드러난다. 칸트는 특수한 감각 경험과 보편적 오성 개념의 관계에서 “특수를 보편 아래 포함된 것으로 사유하는 능력을 판단력”[21]이라고 규정하는데, 인식 판단처럼 보편(규칙, 원리, 법칙, 즉 오성의 범주)이 선천적 주어져 있어서 특수를 보편 아래로 포섭시키는 능력은 ‘규정적 판단력’이다. 그러나 취미 판단처럼 보편이 선천적으로 주어져 있지 않아서 보편을 형성해야 하는 경우에 상상력이 대상을 합목적성으로 통일하는 능력, 즉 특수를 통해 보편을 도출하는 능력은 “반성적 판단력”[22]이다. 마음에 생기는 감정을 개념화하려고 상상력이 작동할 때 그에 상응하는 보편 개념이 없기 때문에, 취미 판단은 반성적 판단력의 작용이며, 이때 생기는 쾌, 그로 인한 미는 감각으로 환원되지 않는 반성적 결과물이다.

그러나 미와 달리, 자연 대상이 수학적으로 “단적으로 커서”[23] — 다른 것과 비교하기 어려울 정도로 거대하여 — 상상력을 그 크기에 맞추어 ‘확장’시키려고 해도 그리고 확장된 상상력에 준하는 개념을 도출하려고 해도 그것이 불가능할 때 숭고가 발생한다. 달리 말하면 상상력의 확장에 준하는 통일을 이루려고 해도 확장된 그 크기를 오성이 감당할 수가 없으면 상상력은 오성 형식뿐만 아니라 취미 판단에서 작용하는 ‘합목적성’을 일탈하여 초감성적 대상 내지 이성 이념으로까지 넘어가서 그 대상을 규정하려고 한다. ‘형식적 합목적성’을 일탈할 정도로 단적으로 커서, 그래서 한순간 불쾌 감정이 발생하는 그러한 비형식적 거대함을 감당하지 못해서 인간이 그 대상에 대해 “존경심”[24]을 느끼게 될 경우에 ‘숭고’가 발생한다.

칸트에 따르면, 수학적 크기, 수학적 거대함 이외에도 역학적으로 자연 대상의 힘(Macht)[25]이 대단해서 인간을 두렵게 그리고 무력하게 만드는 공포스러운 권력(Gewalt)으로 전환될 때, 그 힘에 대한 불쾌와 저항을 지니지만 그러나 공포스러운 권력에도 불구하고 안정하다고 생각하게 되고 이와 더불어 인간의 위대성을 느끼면 불쾌가 쾌로 반전된다. 이렇게 불쾌 속에서 생겨나는 쾌는 미와 달리 "형식 없는 합목적성"의 감정이며 그 감정을 "숭고하다"[26]고 부른다. 자연대상의 힘이 상상력이 감당하기에는 지나치게 대단해서 상상력이 오성 형식의 정도를 넘어서서 이성으로까지 확장되며 여기에는 '형식 없는 합목적성'이 작동한다. 숭고는 취미 판단과 달리 비형식적이며 무규정적이기 때문에 상상력이 오성에서 이성으로까지 확장되는 가운데 도출되는 감정[27]이다.

칸트에게 취미 판단과 숭고는 자연 인식은 아니지만, 자연에 대한 인식 판단과 더불어 반성적으로 발생하기 때문에 미와 숭고를 야기하는 대상은 '자연'이다. 이때 숭고를 느끼는 자, 숭고와 미를 판단하는 자는 선천적(a priori) 원리를 지닌 인간 일반이다. 일반인 누구나 미와 숭고를 판단하는 선천적 원리를 주관적으로 지니며, 그러한 주관적인 선천적 원리의 보편성을 연역하는 것이 『판단력비판』의 목적이다.

3. 롱기누스의 숭고의 의미: 숭고 판단자, 숭고 산출자

롱기누스는 숭고와 미를 명확하게 구분하지 않으며 버크나 칸트처럼 '자연'이나 '예술작품'을 숭고를 야기하는 대상으로 지정하지도 않는다. 간혹 등장하는 '자연'이라는 단어는 자연적 능력 내지 타고난 능력과 같은 맥락에서 쓰일 뿐이다. 그는 『숭고에 관하여』의 1장에서 숭고 논의를 시작할 때, 숭고는 "청중을 설득하는 것이 아니라 감동시키는 것"[28]이라고 주장한다. 청중은 '듣는 사람'을 의미하며 '듣기' 위해서는 '말하기'와 '말하는 사람'이 필요하다.

'말하기' 위해서는 '언어'를 사용해야 하는데, 그래서인지 롱기누스는 — 그의 스승인 테렌티아누스의 규정을 이용하여 — 숭고는 "표현의 우수성이나 독특함"[29]에 좌우된다고 하면서 숭고를 산출하는 '언어의 효과'를 중시한다. 그에게 숭고는 '언어의 효과'를 통해 산출되는 것이다. 차후에 숭고를 산출하는 원천 내지 요소를 다섯 가지로 분류할 때도, 그는 다섯 가지의 공통 기반을 "탁월한 언어 구사력"[30]으로 압축하기도 한다. 탁월한 언어 구사력은 "일반적 문채"와 다른 "고결한 문채"[31]로 발휘되며, 롱기누스가 말하는 고결함을 다른 말로 바꾸면 '장엄한 문채'라고 할 수 있다. 소위 고결한 문채를 사용하는 언어 구사력이 발휘될 때 탁월한 언어적 효과가 나타나며, 그 효과는 '청중의 감동'으로 실현되는데, 그 감동이 곧 장엄함, 장엄함의 감정이다. 이를 위해 롱기누스는 책의 서론에 해당되는 내용의 첫째 절에서 "우리의 능력을 장엄함의 적당한 높이로 끌어올리는 것"을 글의 목표로 삼는다.

이 장엄함이 칸트에게서는 수학적으로 '단적인 크기', 역학적으로 '강력한 힘', 즉 '힘의 크기'로 유추할 수 있다. 그렇다면 버크에게는 크기가 어떻게 작용하는가? 감정의 강렬함으로 논의되는 '감정의 크기'다. 그러나 이 크기가 롱기누스에게는 공포나 불쾌 감정을 동반하지는 않는다. 버크와 칸트의 감정의 크기, 감각적 크기, 감각적 거대함은 탁월한 언어 구사력이 낳는 롱기누스의 장엄함, 그러나 공포를 유발하지 않는 위대함과 연결되는 것이다.

롱기누스에게 숭고를 느끼는 자, 즉 숭고를 판단하는 자가 '청중'이라면, 언어적 효과를 통해 숭고를 야기하는 자, 숭고를 창출하는 자는 '화자'다. 이때 '화자'는 누구인가?

칸트에게 숭고를 야기하는 것은 '자연 대상'이기 때문에 '말하는 사람'이 존재하는 것이 아니라 '무언의 자연', '무언의 말을 내비치는 자연'이 존재할 뿐이다. 그렇다면 칸트에게 숭고 창출자는 '자연 자체'든지 '자연 창조자로서 신'이다. 인간은 자연 대상(객관)을 인식하는 가운데서 작동하는 '주관적 원리', 주관의 '선천적 형식'을 통해 숭고를 느끼게 된다.

그에 반해 롱기누스에게 숭고를 야기하는 것은 — 칸트와 같은 '자연', '자연 대상'도 아니고, 당대의 버크(나 애디슨)처럼 자연과 예술인 것도 아니라 — 청중을 염두에 둔다는 맥락에서 '말하는 사람'이며, 그래서 '인간', '인간의 언어 작용'이다. 말하는 사람이 버크의 경우라면 예술가라고 할 수 있다. 그러나 '말하는 사람'이면서 언어적 효과를 낳는 예술가라면, 시인과 문학가를 예로 들 수 있다. 롱기누스에게 숭고를 야기하는 주체, 즉 숭고 창출자는 — 버크처럼 (예술) 작품이지만, 그 중에서 말로 하는 예술이라면 시(문학)로 논의가 좁혀지기 때문에 — 시인(문학가)이 된다. 서사시, 서정시, 비극뿐만 아니라 소피스트와 소크라테스 같은 철학적 논쟁자도 포함하는 언어 예술가다. 물론 문학작품이라고 해서 모두 숭고를 야기하는 것은 아니다. 수많은 작품들 가운데 전혀 공통성이 없는 — 어느 시대, 어느 공간에 있는 사람이든지 간에 모든 — 사람들에게 "즐거움을 주는 작품"32)에만 해당된다. 무작위 인간에게 보편적 감응을 야기하는 것만이 숭고를 야기하는 작품이 된다.

그런데 참된 숭고를 느끼려면 보편적으로 숭고를 야기하는 문학작품이 필요하지만, 이와 동시에 '숭고를 판단하는 능력'이 필요하다. 롱기누스에게 숭고를 판단하는 능력은 언어적 효과를 낳는 작품으로서 "문학을 판단하는 능력"33)을 의미한다. 문학을 판단하는 능력은 경험에 의해 길러지며, 특히 판단력의 우수성은 오랜 시간과 경험을 필요로 한다. 버크나 칸트도 경험에 의한 훈련 면에서는 예외적이지 않다. 칸트는 미와 숭고를 판단하는 '선천적 원리'를 각 개인이 지니기 때문에 미 판단력과 숭고 판단력은 후천적으로 형성되는 것은 아니라고 본다. 그러나 "판단력을 보편적으로 지닌다."는 것과 "미와 숭고의 주관적인 선천적 원리를 지닌다."는 것이 "그 원리를 자연 대상에 제대로 적용한다."는 것과 같은 의미는 아니라고 본다. 판단력의 선천성에도 불구하고 판단력의 정도는 후천적으로 훈련과 경험에 의해 달라질 수 있다. 누구나 반성적 판단력을 지니지만, 개인에 따라 적용의 정도 차이가 생기기 때문에 심미안이 달라진다.

버크에게도 자연스러운 취미는 모든 사람이 공유하는 보편적인 것이며, 취미가 '상상력'과 관련된다는 점에서는 모두가 동일하다. 그럼에도 버크에게 취미 차이가 나타나는 이유는 무엇인가? (1) 취미는 실제 사물과 (감정을 야기하는) 대상과의 유사성, 감각적 유사성에 기초한다. 인간이 유사성을 잘 파악하려면 '지식의 양'을 늘려야 한다. 그러므로 취미 차이는 "획득되는 지식의 차이"[34]에 따라 달라진다. 취미 차이를 도식화하면 "경험 부족 → 지식 부족 → 예술에 대한 지식 부족"[35]으로 이어진다. 반대로 "경험 풍부 → 지식 풍부 → 예술에 대한 지식 풍부"로 바꿀 수 있다. (2) 취미 차이의 원리는 동일하지만, 원리의 적용에서 차이가 생긴다. 버크에게 취미를 구성하는 요소는 "감수성"과 "판단력"[36]인데, 사람들은 "천부적 감수성의 예민함"과 "주의 깊은 관찰"[37] 그리고 "더 나은 작품에 대한 경험"을 통해 감수성과 판단력이 달라진다. 판단력을 기르는 것은, 칸트가 『순수이성비판』에서 비유하듯이, 마치 판사가 헌법 조항을 정확하게 알고 있어도 범죄 사건마다 법의 적용을 구체화하는 과정에서 다른 판례를 만들어 내듯이, 그리고 그런 과정을 거쳐서 오류를 최소화해 나가듯이, 규정적 판단력뿐만 아니라 반성적 판단력이 적용되는 취미 판단과 숭고 판단에서도 판단력을 활성화시키기 위한 훈련이 요구된다. 버크뿐만 아니라 롱기누스에게도 숭고 판단 능력으로서 문학 판단 능력은 숭고를 느끼는 자뿐만 아니라 숭고를 산출하는 자 모두가 이 능력을 기르기 위한 훈련과 경험 과정을 겪어야 한다.

작품을 실제로 말로 들려주는 자로서 '화자'는 롱기누스 당대에 비추어 보면 '연사'이며, 그래서 롱기누스는 대중 앞에서 연설을 하는 '웅변가'를 '숭고 산출자'로 간주한다. 롱기누스에게는 시보다는 문학이, 단순한 시인보다는 수사학적 웅변가가 숭고 산출의 대표자가 된다. 롱기누스는 시인과 웅변가를 등치시키기도 하지만, 엄격하게 주장할 때는 시인을 웅변가와 구분하기도 한다. 예를 들면 15장에서 상상력을 야기하는 자를 말할 때 '시인의 상상력'과 '웅변가의 상상력'을 구분하기도 한다. 시인이나 웅변가의 목표는 모두 청중의 마음을 흔들어 감동시키는 것이지만, 시인의 목표가 청중의 마음을 매혹하고 사로잡는 데 있다면, 웅변가의 목표는 '생생함'을 산출하고 "현실성과 개연성"[38)]을 담아내면서 청중의 마음을 사로잡는 데 있다. 웅변가의 상상력과 상상력을 통해 형성되는 말들은 시인의 우화적이고 믿기 어려운 상상으로 빠져들어서는 안 된다. 시인과 웅변가를 구분하는 것은 숭고를 "좁은 의미의 수사학의 영역에 얽매이지 않고 포괄적 의미의 문예비평에 수렴"[39)]하기 위한 것이다. 이러한 구분을 하는 것은 오랜 경험과 훈련이 필요하다는 점과, 훈련을 통해 화자의 언어 조합이 현실성을 어느 정도까지 담아낼 수 있도록 하는가와 관련되기 때문이다.

웅변가가 청중의 마음을 흔들어서 감동을 일으키려면 1장에서처럼 표현이 우수하고 독특해야 하지만, 이때 표현의 우수성은 15장에서처럼 생생함과 개연성을 동반하는 우수성이지 그저 문체의 아름다움만 있어서는 안 되는 것이다. 그리고 생생함과 개연성을 지녀야 하지만, 생생함과 개연성도 언어를 통해서 드러나기 때문에 — 버크, 칸트와 달리 — 롱기누스에게는 '문채'가 숭고 산출의 관건이 된다. 롱기누스가 『숭고에 관하여』의 분량이 아주 적은 데도 불구하고 상당 부분을 문채 설명에 할애하는 것은 이와 같은 맥락에서다.

이를 총괄해 보면 웅변가에게 요구되는 현실적이고 개연적인 생생함이 배어 있는 '표현의 우수성'은 생생함과 개연성을 낳는 데 그치지 않고 '사고의 우수성'과 직결된다. "사고와 언어는 서로 의존적"40)이기에 '표현의 우수성'은 '사고의 우수성'이 있어야만 나오는 것이다. 장엄한 문채는 장엄한 사고, 장엄한 정신에서 나온다. 정신이 위대하지 않다면, 즉 사고가 우수하지 않다면 표현이 우수하게 나올 수가 없다. 반대로 사고가 아무리 우수해도, 표현이 우수하지 않으면 사고의 우수성이 드러날 수 없다. 사고의 우수성과 동시에 언어 조합, 언어 효과의 우수성이 작용해야 한다. 현실성과 개연성을 지니는 사고의 우수성이 문채의 우수성으로, 탁월한 언어 조합으로 나아가야 한다. 그래서 숭고 산출자의 문학 판단 능력은 상상력을 발휘하면서 언어 조합 능력을 탁월하게 갈고닦는 것과 맞물려 있다. 웅변가는 숭고를 창출하기 위해 "표현법 연구"41)를 게을리하면 안 되며, 그때 문채는 일반적 문채와 달리 고결한 문채가 되어야 한다.

이렇게 해서 웅변가가 표현법 연구를 통해 청중을 감동시키는 남다른 감정, 즉 숭고미 내지 숭고감이라고 주장할 수 있는 직접적 감정은 무엇인가? 고결한 문채가 낳는 것은 무엇인가? 그것은 — 앞서 말했듯이 — '장엄함'이다. 웅변가의 탁월한 언어 조합은 고결한 문채 속에서 '장엄함의 감정'을 느끼는 것이며 청중이 장엄함의 감동에 한순간 강렬하게 휩싸일 때 숭고가 생겨난다. 그래서인지 롱기누스는 숭고를 언급할 때 'sublime'이라는 단어뿐만 아니라, 위대함이나 장엄함에 해당되는 단어 'greatness', 'grandeur'를 흔하게 사용한다. 문학 판단 능력뿐만 아니라 문학 산출 능력에서 동시에 요구하는 숭고의 의미는 '장엄함'이다. '장엄함의 감정'을 야기하는 웅변가의 말을 통해 청중은 폭발적 감동에 사로잡혀 영혼이 흔들리고 "신의 영감"42)이 살아 숨쉰다고 느낄 만큼 문채의 위대성에 휩싸이게 된다. 감동이 신적인 영감과 연관되는 정도로까지 한순간 고양되므로, 일상적 측면을 다루거나, 감동이 천천히 순차적으로 일어나는 것이어서는 안 된다. 신의 영감은 곧 유한한 인간이 유한한 대상을 감각하지만 그 대상의 정도가 대단해서 유한성 가운데 무한성과 영원성과 절대성을 상상하려고 하는, 즉 감성에서 이성으로 나아가는 '형식 없는 합목적성'을 통해 초감성적 이념을 도출하고자 하는 칸트의 숭고 감정과 연관된다.

사고의 우수성은 롱기누스의 장엄함, 즉 버크와 칸트에게서 나타나는 크기, 힘, 강렬함이라는 물리적 측면 이상의 정신적 측면을 지시한다. 마치 칸트가 자연 대상이 지닌 단적인 크기를 통일적으로 규정하기 위해 상상력이 확장되다가 초감성적 이념, 이성 이념으로 나아가는 것처럼, 롱기누스의 표현의 우수성과 사고의 우수성은 형식과 내용, 물질성과 정신성의 연관성을 보여주고 있다.

4. 숭고를 산출하는 원천: 다섯 가지 구성 요소

롱기누스에게 숭고를 산출하는 자는 자연이나 예술(작품)이 아니라, 탁월한 언어 구사력을 발휘하는 '웅변가'의 문학(작품)이다. 인간은 누구나 웅변가가 될 수 있지만, 그러나 숭고를 산출하는 웅변가는 아무나 되는 것은 아니다. 청중의 영혼과 마음을 긴 시간에 걸쳐서 점차 변하게 하는 것이 아니라 한순간에, 마치 번개처럼, 한 번의 타격으로 사로잡는 능력이 있어야 하기 때문이다. 순간적 압도를 이루기 위해 강렬함과 강력함을 발휘해야 하며, 그래서 만약 오랜 시간에 걸쳐 '설득'하는 것이라면 효과가 반감된다. 게다가 청중의 외연은 무작위이며, 누구에게나 어느 시기에나 보편적 감동을 끌어낼 만한 능력이 있어야 하기 때문이다. 그렇게 하려면 언어 효과를 탁월하게 발휘하기 위해 다섯 가지 요소를 제대로 충족시켜야 한다. 롱기누스는 숭고를 산출하기 위해 필요한 요소를 8장에서 다음처럼 제시한다. (1) 활기찬 상상력(장엄한 개념을 형성하는 능력), (2) 강력하고 영감이 가득한 정서(열정), (3) 사고의 문채의 적절한 형성, (4) 담화의 문채의 적절한 형성, (5) 위엄이 있고 품위가 있는 배열(조사)이 이에 해당된다.

(1) 롱기누스에게 숭고는 미와의 관계 속에서 상상력을 통해 산출되는 장엄함의 감정이다. 숭고를 미와 관련시키면서 상상력의 작용과 등치시키는 것은 낭만주의 미학과 긴밀하게 연결된다. 그러나 버크와 칸트는 숭고를 취미 판단에서 산출되는 즐거움과 달리 '강한 고통' 내지 '공포'와 연결하기 때문에 롱기누스의 숭고와 차이가 있다. 차이점에도 불구하고 이들 모두에게 공통적으로 작용하는 것은 상상력이다.

버크에게 숭고는 "공포의 감정"[43)]이며, — 자연 대상이든 예술 대상이든 — 우리의 감수성에 영향을 미쳐서 상상력이 자기보존과 관련하여 작동시키는 감정 중에서 '가장 강한 감정'에 해당된다. 모든 움직임의 '일시적 정지'를 야기하는 버크의 강한 숭고는 롱기누스의 강렬함에서 오는 강한 '충격'과 연결된다. 이때 강한 충격에도 불구하고 만약 인간이 공포를 일으키는 대상으로부터 "일정한 거리를 두게 되어 그 압박이 어느 정도 완화되면 그런 고통이나 위험도 안도감을 줄 수 있고 실제로도 안도감을 준다."[44)]는 특징이 있다. 버크의 상상력처럼 칸트에게도 숭고는 '생산적 상상력'의 작용이다. 그리고 자연 대상이 우리에게 공포를 야기하지만, 그 공포로부터 자신이 안전하다는 데서 오는 숭고 — 마치 버크와 같은 숭고 — 도 있고, 자연 대상의 거대함이 우리를 압도하지만 그 거대함이 반전되어 자연에 대한 존경심을 동반하는 숭고도 있다.

버크와 칸트의 숭고 감정이 롱기누스와 달리 공포 감정 속에서 논의된다고 해도, 그들 모두에게 숭고를 야기하는 근본 동력은 상상력이다. 롱기누스도 숭고의 첫 번째 원천을 '활기찬 상상력'으로 제시하는데 이때 상상력은 '생산적'이라기보다는 '활기차다'는 데 강조점이 있다. 활기참은 — 버크나 칸트의 숭고에서도 나타나는 — 감당하기 어려울 정도의 강력함과 강렬함을 지닌다. 그러나 그 강력함은 그들처럼 공포나 위험에 치중하기보다는 마음 안에 '장엄함'을 일으키는 것이다. 상상력의 강력함이 영혼에 '장엄함'을 산출한다. 상상력의 정도가 미약하지 않고 역동적 힘을 발휘할 때 장엄함을 산출하기 때문에, '활기찬 상상력'은 '장엄한 개념'을 형성하는 정신력[45]이라고 할 수 있다.

버크는 사람의 마음에 강한 인상을 심어 주는 관념을 — 앞에서 이미 언급했듯이 — '자기보존과 관련된 감정'과 '사회와 관련된 감정'으로 분류하는데 이때 자기보존 감정 중에서 가장 강한 감정으로서 공포를 일으키는 것이 숭고의 원천이라고 설명하는 데에 그치지 않는다. 사회와 관련된 감정 중에서도 숭고와 관련된 감정이 있다. 인간은 "모든 사회로부터의 총체적이고 영원한 배제"[46] 감정을 느낄 때 누구나 커다란 고통에 휩싸이는데, 이러한 배제는 절대적 고독을 야기하는 것이다. 절대적 배제감, 절대적 고독감은 고통을 발생시키지만, 버크에게는 사회에 기여하는 장치로 반전된다. 배제 속에서 사회와 관련된 감정으로는 공감, 모방, 야망이 있으며, 이것 중에서 모방을 넘어서고자 하는 감정이면서 타인보다 자신이 더 잘났다고 생각하도록 하는 감정이 '야망'이다. 야망은 타인보다 잘났다고 생각하는 '의기양양함'이며, 타인보다 잘나고자 하는 감정으로서 의기양양함은 사회를 진보하게 만든다. 숭고나 야망은 아니지만, 타인보다 우월해지고 싶은 욕구가 문화, 역사, 사회 발전의 원동력이라는 주장은 칸트의 『역사철학』에서 나타나는 "반사회적 사회성"[47]과 동일한 논리 구조를 지닌다. 버크는 "어떤 시인이나 연설가의 숭고한 글을 읽을 때면 언제나 독자의 마음을 가득 채우는 의기양양함과 내면의 위대함의 감정에 대한 롱기누스의 서술도 이런 식으로 전개된다."[48]라고 비교하면서 자신의 야망을 롱기누스의 숭고와 연결시킨다. 그러나 버크의 의기양양함은 타인보다 우월하다는 감정에 비중을 두기 때문에, 고결한 정신을 발휘하여 신의 영감으로까지 고양되는 롱기누스의 장엄함과는 초점이 다르다. 버크의 의기양양함과 롱기누스의 장엄함을 동일시하기는 어렵다.

활기찬 상상력을 지닌 사람만 숭고를 산출할 수 있다면, '장엄함'을 산출하는 상상력은 여타의 감정을 낳는 것과는 남다른 측면을 지녀야 한다. 앞에서 숭고가 표현의 우수성이라고 할 때, 표현의 우수성이 사고의 우수성과 연결되듯이, 롱기누스는 활기찬 상상력을, 게다가 장엄함의 감정을 야기하는 상상력을 설명하기 위해 9장에서는 8장에서와 달리 장엄함의 원천으로 '영혼의 고결함', 마음의 고결함, 즉 영혼과 마음의 타고난 고결함을 제시한다. 활기찬 상상력을 발휘하는 자는 영혼과 마음이 고결한 자이며, 그런 자만이 일반적 문채와 달리 고결한 문채를 만들어 낼 수 있다. 고결한 문채를 만드는 자만이 숭고를 산출하는 탁월한 웅변가가 될 수 있다. 고결함을 지닌 자가 '사고의 우수성'을 지니며, 사고의 우수성을 지닌 웅변가가 활기찬 상상력을 통해 청중에게 생생함, 현실성, 개연성을 지니는 장엄함의 감정을 야기하여 청중이 신적인 감정에 닿을 수 있도록 한다.

(2) 웅변가가 청중의 감정을 압도하는 장엄함을 산출하려면, 영혼과 마음의 고결함에 기초하여 활기찬 상상력이 요동쳐야 하지만, 웅변가 자신이 '강력하고 영감이 가득한 정서'를 지녀야 청중의 감정과 만날 수 있다. 숭고 산출자는 자신의 능력을 '장엄함의 적당한 높이'로까지 끌어올려야 하며, 그것은 활기찬 상상력이 신의 영감을 발휘하는 사고의 우수성으로까지 올라가야 한다. 상상력을 끌어올리는 것은 정서를 끌어올리는 것과 맞물려 있다. 위대함으로까지 올라가는 감정과 열정(emotion, passion)이 가능할 때 한 번의 타격으로 청중에게 정서를 폭발시키는 것이 가능하다. 그러므로 정서가 결핍된 상상력은 완벽한 숭고를 산출할 수 없다.

숭고를 산출하는 두 번째 요소는 롱기누스 당대의 숭고론자와 비교하면 아주 중요한 원천이다. 롱기누스는『숭고에 관하여』에서 1장을 시작하기 위해 저술 목적을 제시하는데, 그 목적은 '세실리우스 논문이 지닌 결함'을 보완하는 것과 긴밀하게 관련된다. 세실리우스는 ① 숭고의 본질에 대한 정의가 불필요하다고 생각했으며, ② 우리의 능력을 장엄함의 적당한 높이로 끌어올릴 수단을 설명하지 않았기 때문에, 롱기누스가 보기에 그는 ①과 ② 면에서 결함이 있다. ①과 ②의 결함에 대한 롱기누스 비판은 숭고의 두 번째 원천인 '강력하고 영감이 가득한 정서'와도 직결된다. 롱기누스는 세실리우스가 정서, 감정에 대해 강조하지 않은 점을 비판하는 데 그치지 않는다. 저작의 마지막 부분에서 '앞으로 다룰 주제'를 언급하면서 글을 마칠 때 롱기누스는 "위대한 저술, 숭고한 작품에 담겨야 할 주제"는 "정서(열정)"[49]라고 하는데, 정서와 열정은『숭고에 관하여』에서는 숭고를 산출하는 두 번째 요소이며 이미 8장에서 설명했음에도 불구하고 앞으로 더 상세한 보충 설명이 필요한 것이다. 청중의 감동은 웅변가의 정서와 긴밀하게 연관되며, 장엄함의 감정은 웅변가가 정서를 발휘하는 수단에 대한 연구를 통해 실현되기 때문이다.

롱기누스는 세실리우스를 비판하는 것과 달리 데모스테네스는 '정서'에 대한 모범적 예로 부각시키고 있다. 데모스테네스는 롱기누스 저작 곳곳에서 숭고 이론의 원형이면서 최고의 숭고 산출자로 언급되곤 한다. 강력하고 영감이 가득한 정서는 탁월한 숭고를 산출하는 중요한 요소이지만, 그러나 정서와 감정이 너무 지나치면 오히려 숭고를 산출하는 데 실패한다는 맥락에서다. 과도한 감정은 상상력조차도 조야하게 만들기 때문에, "뛰어난 연사는 감상주의를 피(해야 — 필자 보충) 한다."[50] 언어, 표현의 우수성이 청중을 감동시키려면 '감정의 폭발'이 필요하지만 동시에 '감정의 통제'가 이루어지지 않으면 숭고 산출에 실패하게 된다. 그러므로 숭고 산출자는 청중의 감정을 폭발시키고 그들의 마음을 압도하면서도 쓸데없는 감정을 유출하는 과도한 감상주의로 빠져서는 안 된다. 그러기 위해서는 웅변가 자신이 과도한 감상주의를 극복해야 하는데 데모스테네스는 그런 전형을 보여주는 것이다.

롱기누스가 생각하기에 정서에는 여러 종류가 있다. ① 천박한 정서, ② 숭고를 적잖이 주는, 숭고와 관련이 있는 연민, 슬픔, 공포의 정서가 있다. 그러나 롱기누스가 보기에 ③ 숭고에는 그런 정서와 관련이 없는 것도 있다. 그러므로 버크와 칸트가 숭고와 연결하는 고통과 공포는 ②에 해당되며 ③과는 다르기 때문에, 롱기누스의 숭고는 후대 철학자들의 숭고를 예비하면서도 동시에 고유한 독자적 의미 규정을 지니고 있다. 그래서 롱기누스의 숭고는 공포를 야기하는 대상이 아니라 아름다움을 야기하는 대상 가운데서, 그래서 상상력이 활기차게 작동하도록 하는 가운데서 발휘되며, 아름다운 것 중에서 숭고가 산출된다는 숭고미로 이어지는 것이다.

정서 분류를 통해 숭고와 정서(열정)를, 장엄함과 공포를 구분하는 롱기누스는 '장엄함과 열정'을 구분하지 않음으로 해서 숭고와 여타의 정서를 동일시하는 세실리우스를 비판하고 숭고에 정서가 들러붙어 있거나 숭고가 열정으로 환원된다고 오인하는 것을 비판한다. 롱기누스는 이렇게 숭고와 열정을 구분하지만 동시에 숭고는 '올바른 정서'와 연결될 때 극대화된다. 그에게는 "올바르게 설정된 고상한 정서만큼 장엄한 문채에 영감을 주는 것은 없다."[51] 영혼과 마음의 고결함을 지닌 웅변가가 고상한 정서를 청중에게 언어적 효과로 제시할 때 청중의 영혼까지 '신의 영감'으로 살아 숨쉬게 된다. 그러나 이때 청중을 과도한 열정에 사로잡히게 해서는 안 된다. 과도한 열정이 숭고 감정을 잘못 뒤흔들지 않도록 감정을 통제해야 한다. 숭고를 산출하는 웅변가의 '신의 영감'은 아무에게서나 작동하지 않는 독특한 것이며, 위대한 시인들의 에로스와 예언자적 성격 간의 상호

작용이며, 동시에 감정 통제 속에서 발휘되는 것이다.

활기찬 상상력, 영감이 가득한 정서 이외의 나머지 것들, 즉 (3) 사고의 문채의 적절한 형성, (4) 담화의 문채의 적절한 형성, (5) 위엄이 있고 품위가 있는 배열(조사)은 숭고를 산출하는 독자적 요소이면서 동시에 공통성을 지니는 요소들이다. 이것들은 표현법이나 언어적 효과와 직접적으로 관련이 있다. (5)는 (3)과 (4)를 토대로 하여 적절한 언어 조합을 이루어야 한다는 점을 강조한다. 표현의 우수성과 독특성은 결국 탁월한 언어 효과를 낳는 것이며, 언어 효과를 이루기 위해서는 언어 조합과 배열이 적실하게 이루어져야 한다.

롱기누스는 (3)-(5)의 목적을 달성하기 위해 문채를 구성하고, 이를 통해 효과를 산출하기 위한 문법상의 방법들을 다양하게 제시한다. 소재를 선택하고 결합하는 점에서부터, 문채의 기품을 질적으로 표현하느냐, 수사의 양 내지 외연을 통해 표현하느냐의 문제, 수사적 표현 내지 비유들의 적절한 사용법, 접속사를 생략하는 문제, 수사들을 여러 개 연결하여 감동적 효과를 극대화하는 문제, 어순도치, 같은 단어를 여러 격으로 변형시키는 문제, 단수형과 복수형을 서로 전환시키는 문제, 3인칭 시점으로 말하다가 갑자기 1인칭 시점으로 바꾸는 표현법, 고귀한 사상과 고결한 이념을 드러내기 위해 완곡어법을 쓰는 것, 결점이 없는 완벽한 장엄함보다는 일부러 결점이 있는 장엄함을 구사하는 것,[52] 과장법을 지나치지 않게 활용하는 법, 진부하고 지나친 표현을 피하는 것과 관련된 설명들을 쭉 나열한다.

형식적인 면이지만, 오랫동안 내용에 버금가는 효과를 산출하는 것으로 간주되어 온 리듬, 운율의 문제도 다룬다. 롱기누스는 자료를 배열할 때 '장단단격 리듬'과 '강약약격 리듬', 즉 'daktylos'를 사용할 것[53]을 권한다. 숭고 산출자가 웅변가라는 점에서 리듬은 특히 중요하다. 헤겔도 『미학강의』에서 예술의 변증법을 주장할 때, 근대의 낭만적 예술 형식이 예술의 완성을 이루면서 철학으로 이행하기 위해 회화－음악－시문학으로 전개된다고 하면서, 시문학에서 철학과의 차이를 만들어 내는 최종적 예술 형식으로 '비극'을 제시한다. 서사시, 서정시가 아니라 비극을 제시하는 이유가 있다. 일단 시문학은 다른 예술들과 달리 철학과의 동질성을 야기하는 '언어'를 사용하기 때문에, 예술과 철학의 내용적 공속성을 가능하게 한다. 그러한 시문학 중에서 비극은 예술가의 정신성을 가장 탁월하게 표현하는[54] 것으로서 내용적 우위를 지니면서 동시에 '운문'이라는 형식 때문에 '산문' 내지 "철학적 사유의 산문"[55]과 구분된다. 비극 작품의 주인공은 그리스로 거슬러 올라가면 운명과 싸우는 공동체적 개인으로서 '전체와 부분의 관계'를 보여주는데, 주인공의 비극적 운명은 내용 면에서 숭고와 연결될 만한 요소들을 많이 드러낸다. 버크도 내용면에서 비극의 효과[56]를 중시하는데, 그러나 롱기누스와 헤겔에게 모두 내용적 효과를 낳는 동시적 요소로 간주되는 것은 리듬 내지 운율이다. 내용적 크기, 정신적 크기를 담아내기 위해 '형식적 효과'를 철저하게 이용하는 것이다. 그래서 롱기누스는 숭고를 표현하기 위해서는 — 'daktylos' 리듬과는 달리 — 리듬성이 지나치게 나타나는 '단단격 리듬', '장단격 리듬'과 '장단장단격 리듬'은 피하라고 요구한다.

문채의 형성과 언어의 조합은 부차적 설명처럼 보이지만, '활기찬 상상력'과 '강력하고 영감이 가득한 정서'를 드러내려면 형식적 요소로서 (3)-(5)가 없이는 불가능하다. 롱기누스에게 숭고 산출자는 웅변가이기 때문에, 단순히 자연이나 여타의 예술작품과 달리 언어적 효과를 증폭시키는 것이 활기찬 상상력과 영감이 가득한 정서를 적절하게 드러내는 결정적 요인이 된다. (1)-(2)가 없으면 탁월한 숭고를 산출할 수 없지만, (1)-(2)가 있어도 (3)-(5)가 뒷받침해 주지 않으면 숭고가 드러날 수 없다. 본질이 현상으로 드러나야 하듯이, 사고의 우수성을 드러내는 언어의 형식이 부적절하면 본질과 내용을 왜곡하고 은폐하는 장치가 된다. 현상이 본질에 버금가듯이 (3)-(5)는 (1)-(2)에 버금가는 요소가 된다. 그래서 롱기누스에게 효과적인 문채, 수사, 상징, 비유와 언어 배열법에 대한 표현법 연구는 숭고 산출의 결정적 원천이다. 표현법은 단지 문법적이거나 언어 배열 차원에 그치지 않고 숭고를 야기하는 고결한 영혼과 마음을 담아내는 내용의 담지자로서 형식이다. "사고와 언어가 서로 의존적"[57]이어서 사고의 우수성이 표현의 우수성에 의존하듯이 영혼의 고결함에서 나온 상상력과 정서는 언어적 배열과 문채에 의존한다. 언어의 우수성을 뒷받침하는 (3), (4), (5)가 없으면 숭고가 산출될 수 없다.

5. 숭고 산출 능력의 선천성: 천재와 일반인

숭고 산출의 다섯 가지 요소를 총체적으로 활용하여 탁월한 장엄함을 산출하려면 각 요소에 해당되는 능력은 타고나는 것이어야 한다. 그럼에도 불구하고 다섯 요소의 성격을 다시 구분하면 (1)-(2)는 타고나는 것, 자연으로부터 주어지는 것이며, (3)-(5)는 배워서 경험적 훈련을 통해 습득하는 것, 기술적인 것이 된다. 롱기누스의 숭고는 언어 효과를 낳는 수사학에 기인하기 때문에 (1)-(2)와 (3)-(5)를 엄격하게 나누어서 선천성과 후천성으로 구분하기에는 다소 무리가 있기는 하다. 그래서인지 김상봉은 '수사학적 교육의 방법론'에 기초하여 "천재적 웅변가는 교육과 훈련을 통해 만들어지는가 아니면 천부적으로 태어나는 것인가, 이것이 롱기누스의 근본 물음"[58]이라고까지 주장한다.

롱기누스에게 숭고를 판단하는 능력은 청중의 입장에서 볼 때 소위 문학 판단 능력이며, 이것은 오랜 경험을 통해 기르는 것[59]이고 배울 수 있는 것이다. 그러나 청중에게 감동을 일으키는 숭고 창출 능력은 판단 능력과 동일하지 않다. 뛰어난 감상자나 탁월한 비평가가 곧바로 뛰어난 예술가인 것은 아니듯이, 숭고 판단 능력이 곧바로 숭고 산출 능력과 동일시될 수 없다. 그러나 숭고를 산출하려면, 탁월한 숭고가 무엇인지를 알아야 하고, 그에게 제시되는 대상들이 숭고를 지니는지를 판단하는 능력을 지녀야 한다. 그러므로 단순한 숭고 판단자와 달리 숭고 산출자는 탁월한 판단 능력도 동시에 지녀야 하며, 그런 면에서 숭고 산출자도 문학 판단 능력을 기르기 위해 오랜 경험이 필요하다. 숭고 산출자는 후천적 경험 과정에서 숭고의 다섯 가지 원천을 충실하게 축적시켜야 한다. 탁월한 숭고 산출자는 게다가 오랜 경험을 통해 숙련되는 것 이상을 갖춰야 한다. 일반인이 오랜 경험에도 불구하고 모두 숭고 산출자가 되는 것은 아니듯이, 숭고 산출자에게는 타고난 능력으로서 천재성이 요구된다. "천재는 태어나는 것이고, 숭고는 배워서 터득할 수 있는 기술이 아니며, 숭고를 낳는 기술은 오직 자연만이 가지고 있다."[60] 롱기누스에게 (1)과 (2)는 선천적으로 타고나는 것이며, 탁월한 숭고를 산출하는 능력은 자연적으로 주어진다는 점은 무엇보다도 분명하다.

칸트와 비교해 보자. 그에게 숭고를 야기하는 것은 자연이기 때문에 숭고 산출자는 '자연 산출자'로서 '신'이 상정될 수 있다. 만약 인간이 숭고를 산출할 수 있다면, 그는 자연의 숭고를 '모방'하는 자가 될 것이다. 칸트는 취미 판단의 근거로 '대상에 대한 인간의 무관심성', '대상을 바라볼 때 주관 안에 쾌'를 야기하는 '자연의 합목적성' 내지 '자연미'를 제시하지만, 자연미를 탁월하게 모방하는 '예술미'와 예술작품도 취미 판단 근거로 간주하기는 한다. 그러므로 자연 산출자뿐만 아니라 예술(작품) 산출자도 미의 산출자로 상정할 수 있다. 그러나 이때 예술미는 자연미보다 열등하며 그 가치가 떨어진다. 그러므로 자연미에 버금가는 예술미를 산출하려면 예술가는 기본적으로 천재일 수밖에 없다. 롱기누스처럼 기본적으로 천재성을 지니는 자이지만, 그러나 칸트의 천재는 "예술에 규칙을 부여하는 재능"[61]을 의미한다. 천재는 만족을 주는 예술품을 자유롭게 만들고자 하는 의도를 지니고서 작업을 시작하지만, 산출된 작품은 마치 '자연의 산물'인 것처럼 보여야 하고, 쾌를 야기하는 "합목적성은 비록 의도적이기는 하지만 의도적으로 보여서는 안 된다."[62] 그러므로 천재의 예술을 모방하는 평범한 예술가는 예술가가 아니다. 천재조차도 자유로움과 무의도성을 상실하면 천재라고도 예술가라고도 부를 수가 없다. 칸트에게 예술가는 곧 천재이며, "미적 예술은 필연적으로 천재의 예술"[63]이 된다. 칸트가 취미 판단의 근거를 연역할 때, 연역의 최종점으로 '천재(Genie)'를 제시하는 것은 바로 이런 맥락에서다. 이때 천재의 역할은 새로운 규칙을 만드는 것이다. 예술은 학문이 아니기 때문에 학자처럼 규칙을 배우고 습득할 수는 없지만, 만약 규칙을 새로 만들 수 있는 자라면 그것은 '천재'이며 '천재'만이 가능한 일이다.

롱기누스에게 천재는 탁월한 수사학자이며, 숭고의 감정은 언어 효과다. 언어 효과는 사고와 담화의 문채, 단어 배열(조사)에 의해 형성되기 때문에 언어 배열을 선천성과 다르게 접근할 가능성도 있기는 하다. 이와 관련하여 롱기누스는 탁월한 숭고를 산출하는 원리 내지 조건을 설명하기 위해 데모스테네스의 주장을 활용한다. 데모스테네스는 숭고를 위해 가장 큰 축복(좋은 행운)과 두 번째 축복(훌륭한 조언)이 필요하다고 하는데, 롱기누스는 데모스테네스의 원리를 문학(웅변)에 적용하면서 숭고 산출을 위해 "자연"(좋은 행운)과 "기술"(좋은 조언)[64]을 제시한다. 숭고를 산출하는 능력은 자연적으로 타고나지만, 자연은 숭고를 산출하기 위한 명확한 규칙들을 지니며, 그 규칙은 '언어 효과'를 통해 드러나는 기술이다. 이때 롱기누스는 "언어의 어떤 효과들은 자연으로부터 타고난 것이라는 그 사실조차 배워서 알게 된다."[65]고까지 주장한다. 그러므로 후천성이 선천성을 발휘하게 하고 빛나게 하는 요소가 된다.

천재는 타고나는 것이며 자연이 주는 것인데, 선천성과 후천성이 복잡하게 얽혀 있다면, 천재를 일반인과 구분하는 가장 중요한 것은 무엇인가? 그것은 숭고 산출의 다섯 가지 요소 중에서 (1)과 (2)다. (3)-(5)도 천재성과 관련되지만, 훈련을 통해 접근할 수 있는 가능성이 (1)과 (2)보다는 다소 약하다. 심지어 천재조차도 (1)과 (2)라는 두 가지 원천이 약화되는 경우도 흔하다. 롱기누스는 숭고 산출자의 대표적 예로 호머, 플라톤, 데모스테네스, 투키디데스를 들면서, 위대한 시인이면서 최고 문학가인 호머도 노년에는 (1)과 (2)가 약화되어 주인공에 대한 '성격 묘사'에 치우친다고 비판한다.

롱기누스는 29장에서 장엄함을 산출하는 힘은 정서(감정과 열정)라고 하면서 열정(passion)을 강조한다. 그는 호머라는 시인을 통해 자연성보다는 열정(감정)이 중요함을 지적하는데, 열정은 자연성(naturalness)과 대비된다. 롱기누스가 주장하는 자연성은 소위 에토스(ethos)를 의미하며, 문학작품에서는 기질 묘사, 성격 묘사로 나타난다. 호머처럼 탁월한 숭고 산출자도 — 이미 9장에서 지적한 것에 따르면 — 『일리아스』와 『오디세이아』 간의 차이가 느껴진다는 것이다. 『오디세이아』는 『일리아스』보다 장엄함이 떨어지고 '진부한 서술식 표현'이 나타나는데, "위대한 시인도 절정기가 지나면 열정(감정)보다는 성격(인물) 묘사에 빠져드는 한계"를 드러낸다는 것이다. 그렇다면 일반인은 오죽하겠는가?

물론 일반인도 숭고를 판단하는 문학 판단 능력을 오랫동안 훈련하여 경험을 통해 참다운 숭고 판단에 이르듯이, 숭고 산출자도 동일하게 오랜 경험을 겪어야 한다는 점에서 숭고 산출의 후천성을 강조할 수도 있다. 그러나 숭고를 산출하기 위한 조사 배열을 훈련한다고 해도, 훈련 과정에서 일반인은 탁월성에 이르는 것에 대부분 실패한다. 실패 이유로서 가장 중요한 것은 선천적으로 타고나는 요소 중에서 과도한 감정을 제대로 통제하지 못하는 것을 지적할 수 있다. 강력하고 영감이 가득한 정서를 지니고 있으면서도 그 정서를 적절하게 통제하여 과장하거나 미숙하게 사용하거나 거짓 정서를 드러내는 일이 없어야 하는데, 그 고비를 넘지 못하는 것이다. 정서를 올바르게 사용하여 고상한 정서를 고결한 문채, 위대한 상징과 비유로 드러내야 한다.

그렇다면 일반인은 숭고 산출에 전혀 접근할 수 없는가? 선천성이 결핍된 웅변가라면, 즉 천재성을 지니지 못하는 일반인이라면, 영혼과 마음이 활기찬 상상력을 낳을 만큼 고결하지 못하고 영감이 가득한 정서를 지니지 못한 자라면, 애초부터 숭고를 산출하려는 부당한 희망을 가져서는 안 되는가?

롱기누스 당대에도 뛰어난 숭고 산출가, 즉 탁월한 웅변가로 자칭하면서 능력은 별로 없지만 뛰어난 웅변가가 되기 위해 악전고투하는 사람들도 있었다. 그래서 롱기누스는 선천성이 결핍된 사람들, 천재성이 부족한 사람들이 숭고를 산출하기 위한 다른 방법 내지 우회적 방법으로 "모방"[66]을 제시한다. 탁월한 숭고를 산출하는 호머, 플라톤, 데모스테네스, 투키디데스의 작품을 철저히 연구하고, 그들을 모방하고 그들과 겨루는 가운데 장엄하고 위대한 언어적 효과를 배우게 되는 것이다. 심지어 천재성을 지니는 플라톤조차도 호머를 철저하게 연구하고 모방하는 과정을 거쳤다.

칸트도 미와 숭고의 산출자를 자연이라고 할 때, 자연미를 모방하는 가운데 생기는 '예술미'를 중요하게 여기면서도 예술미를 부차적인 것으로 간주한다. 자연미를 모방하는 것은 인간에게 불가피하지만, 그러나 절대적 가치를 지닌 것은 아니다. 칸트는 위대한 학자나 모방자는 단지 정도 차이일 뿐이라고 평가하면서 학자나 모방자와 달리 천재는 "자연의 총아"[67]라고 부른다. "천재의 숙련성은 전달될 수가 없고 자연의 손에 의해 직접적으로 할당되는 것"[68]이기 때문이다. 그렇듯이 모방은 천재성의 발휘보다 그 가치가 떨어진다. 칸트처럼 롱기누스도 숭고 산출을 위해 모방 과정을 거쳐야 하지만 선천적으로 천재성을 지니지 못한 사람이 어쩔 수 없이 사용하는 방법을 "모방"[69]으로 간주한다.

6. 결론

롱기누스에게 숭고는 청중을 한순간에 감동에 휩싸이게 하는 신적 영감을 야기하는 것이며, 웅변가가 위대하고 고결한 문채를 발휘하여 장엄함을 산출하는 가운데서 이루어진다. 그에게 숭고는 웅변가의 언어 효과를 발휘하는 시(문학)를 통해 이루어진다. 이때 장엄함을 야기하는 시(문학)에서 숭고는 미와 엄격하게 구분되지 않는 측면이 있기 때문에 '숭고미'다.

롱기누스를 비판하는 버크는 사물과의 경험적이고 감각적인 유사성에 기초하여 생기는 감정의 강력함(강렬함)의 차이를 통해 미와 숭고를 구분한다. 미는 쾌락이며, 숭고는 고통(공포)이며 '가장 강한 감정'에 해당된다. 숭고를 야기하는 대상도 시(문학)에 국한시키지 않고 예술 전체에 확장시킨다. 게다가 예술뿐만 아니라 자연도 강한 감정을 자극하는 것이 된다. 그에 반해 칸트는 미와 숭고를 단순한 감정으로 설명하는 데 그치지 않고, 미와 숭고를 느끼는 인간의 주관적, 선천적 형식을 연역하는 데에 초점을 맞춘다. 미와 숭고를 야기하는 것은 자연이며, 예술은 부차적 모방품이 된다.

롱기누스의 숭고는 장엄함, 정신과 마음의 크기와 위대성을 강조하기 때문에 공포와 불쾌가 들러붙어 있는 버크 내지 칸트의 숭고와 차이가 있기는 하다. 롱기누스의 숭고에는 공포나 고통이 들러붙어 있기보다는 아름다움과 거대함이 들러붙어 있다. 그러나 공포도 대상의 거대함에서 나온 것이며, 장엄함 내지 장엄함이 주는 충격과 연관되기 때문에 거대함과 충격이라는 점에서 그들 간에 숭고 감정의 연관성이 있다. 게다가 숭고 산출을 위해 결정적으로 요구되는 '활기찬 상상력'과 '영감이 가득한 정서'를 기본 요소로 설명하고 상상력과 정서가 비교 불가능할 정도로 일순간에 이루어지는 한 번의 타격, 그래서 마음 안에 생겨나는 강한 충격을 주장한다는 점에서도 공통성이 있다. 숭고론의 다양한 분지들이 생겨나지만, 롱기누스가 주장한 숭고의 의미와 원천에 대한 설명방식은 후대 철학자들에게서 변형된 형태로 나타나고 있다.

롱기누스와 동일하지는 않지만, 헤겔의 숭고도 롱기누스처럼 미가 들러붙어 있다. 미에 대학 학문으로서 '예술철학' 내지 '아름다운 예술의 철학'을 정립하는 헤겔은 칸트와 달리 "예술미가 자연미보다 우월하다."[70]고 주장하는데, 그 이유는 예술미는 정신의 산출물이기 때문에, '정신으로부터 탄생한' 것이기 때문에 주어져 있는 미보다 우월하다. 예술미는 자연미와 달리 정신의 자유로움을 발휘하여 정신의 총체성인 '절대적인 것', '신적인 것'을 산출하며, 절대적인 것을 드러내기 위해 "모든 미는 그 자체로 더 숭고한 것에 참여하고, 숭고를 통해 생겨날 때 참으로 아름다운 것이다."[71] 아름다운 것 가운데서 거대한 것, 위대한 것이 숭고하며 신의 영감이 숨쉬게 한다는 롱기누스의 숭고는 정신이 미를 산출하며 그 미가 참으로 아름다운 것이려면 신적인 것으로서 절대자를 표상한다는 헤겔의 숭고와도 맞닿아 있다.

그러나 공통성 이외에도 차이점도 다양하게 나타난다. 여러 가지 면에서 정리를 할 수 있지만, 특히 롱기누스가 지니는 독특함을 지적한다면, 숭고 이론이 '누구를 겨냥하느냐'의 면에서다. 버크와 칸트는 숭고 판단자의 맥락에서 정치성이나 공공성이 그다지 중시되지 않는다. 그러나 롱기누스의 숭고는 웅변가를 통해 산출되는 것이며, 웅변가로서 영향력을 발휘하는 중요한 사람이 시인이나 문학가이기도 하지만, 정치적 영향력을 행사하는 그리스의 시대적 정치가를 반영하는 것이기도 하다.

숭고를 산출하려면 고결한 영혼이 작동해야 하며, '활기찬 상상력'과 '영감이 가득한 정서'가 이에 필수적인데, 상상력과 영감을 발휘하기 위해 결정적으로 요구되는 것은 '사상의 자유'다. 자유가 있어야만 고결한 영혼을 가진 자들의 상상력이 약동한다. 롱기누스는 자유와 상상력을 엮어 넣기 위해 책의 서두에서 다음과 같이 선언한다. "나의 논문이 공직에 있는 사람들에게도 가치 있는 기여를 할 수 있도록 고려하여 말하겠다."[72] 그러고 나서 그는 남아 있는 내용의 마지막 장에서 '자유의 몰락'이 '웅변술의 몰락'을 가져오며, 그 사실은 '참된 숭고와 초월의 본성'은 자유에서 나온다는 점을, 달리 말하면 "민주주의는 위대한 사람들의 유모이고, 위대한 문학자들은 민주주의 아래서만 융성했다가 민주주의와 함께 멸망한다."[73]는 증거라고 주장한다.

그의 입장에서 보면 "자유가 없으면 웅변가가 될 수 없다." 이러한 선언은 버크와 칸트에게서 나타나는 상상력의 자유로운 유희가 있지만, 그 자유로움 속에서도 고려되지 않은 정치적 자유와 관련이 있다. 롱기누스는 버크와 칸트가 주제로 삼지 않은 정치와 자유, 정치적 자유와 상상력의 자유로운 유희를 뗄 수 없는 관계로 간주한다. 사고의 우수성이 언어의 우수성을 낳으며, 탁월한 언어의 발휘는 자유로운 민주주의라는 정치적 토양을 필요로 하기 때문에, 자유와 민주가 약화되는 곳에서는 당연히 숭고 산출도 약화되는 것이다.

[주(註)]

1) 장 프랑수아 리오타르, 『칸트의 숭고미에 대하여』, 김광명 옮김, 현대미학사, 1991.
2) G. W. F. Hegel, *Vorlesungen über die Aesthetik*, I, *Werke in zwanzig Baenden*, Bd. 13, Frankfurt a. M.: Suhrkamp Verlag, 1983, S.22.
3) 『숭고에 관하여』의 저자가 롱기누스가 아니라 1세기의 하리카마소스 디오니시우스(Halikamassos Dionysious)라는 설도 있지만, 지금은 롱기누스의 저술로 분류되고 있다.
4) 블라디슬로프 타타르키비츠, 『여섯 가지 개념의 역사』, 이용대 옮김, 이론과실천, 1994, 199쪽. 숭고에 대한 소사는 이 책의 199쪽 이하를 참고하라.
5) 17세기 말 프랑스 페로와 부알로 간에 이루어진 논쟁(신구논쟁)에 관한 것은 김명복이 번역한 『롱기누스의 숭고미 이론』(연세대출판부, 2002)에 들어 있는 번역자의 해설을 참고하라.
6) C. 롱기누스, 『숭고에 관하여』, 44장. 롱기누스 책의 번역은 김명복(연세대출판부, 2002)과 천병희(문예출판사, 2002)의 것이 있다. 영어 번역은 *On Great Writing: on the Sublime*, translated with an introduction by G. M. A. Grube, New York: Liberal Arts Press, 1957을 참조한다. 롱기누스의 책을 인용할 때는 번역자를 언급하지 않으며, 번역 쪽수는 '장'을 제시하는 것으로 대체한다.
7) 블라디슬로우 타타르키비츠, 『여섯 가지 개념의 역사』, 180쪽.
8) E. 버크, 『숭고와 아름다움의 이념의 기원에 대한 철학적 탐구』, 김동훈 옮김, 마티, 2007, 44쪽.
9) 같은 책, 44쪽.
10) 19세기 워즈워스(W. Wordsworth)는 「숭고와 미」 논문에서 "비록 숭고미의 인상은 장엄함과 관련하여 발생하기는 하나, 아름다움의 영향력으로 인해 훨씬 더 강렬하게 느껴질 것이다."(재인용)라고 주장한다.
11) E. 버크, 『숭고와 아름다움의 이념의 기원에 대한 철학적 탐구』, 54쪽.
12) 같은 책, 60쪽 참조.
13) 같은 책, 63쪽.
14) 같은 책, 105쪽.
15) 같은 책, 83쪽.
16) 같은 책, 84쪽.
17) I. Kant, *Kritik der Urteilskraft*, Hrsg. v. K. Vorlaender, Hamburg: Felix Meiner Verlag, 1974(이하 KdU로 약칭하여 표기함), S.39.
18) 칸트는 버크의 미, 숭고론이 경험론에 기초하여 마치 감각적 인식처럼 설명하는 것을 비판한다. 미는 인식 판단에서처럼 감각적으로 인식되는 것이 아니라, 감각적 인식이 이루어질 때 동시에 반성적으로 생겨나는 비감각적 결과라고

본다. 칸트의 버크 비판에 대해서는 KdU, S.126을 보라.
19) KdU, S.41.
20) KdU, S.55 참조.
21) KdU, S.15.
22) KdU, S.15.
23) KdU, S.91.
24) KdU, S.91.
25) KdU, S.105.
26) KdU, S.104.
27) 미는 상상력이 오성과, 숭고는 상상력이 이성과 관계하여 도출된다.
28) C. 롱기누스, 『숭고에 관하여』, 1장.
29) 같은 책, 1장.
30) 같은 책, 8장.
31) 같은 책, 8장.
32) 같은 책, 7장.
33) 같은 책, 6장.
34) E. 버크, 『숭고와 아름다움의 이념의 기원에 대한 철학적 탐구』, 61쪽.
35) 같은 책, 62쪽 참조.
36) 같은 책, 68쪽.
37) 같은 책, 65쪽.
38) C. 롱기누스, 『숭고에 관하여』, 15장.
39) 김상봉, 『나르시스의 꿈: 서양정신의 극복을 위한 연습』, 한길사, 2002, 74쪽. 김상봉은 '시인'과 '좁은 의미의 웅변가'를 구분하면서 숭고를 산출하는 자는 한갓 웅변가에 국한되는 것이 아니라 '시인', '모든 종류의 문필가'에 해당된다고 주장한다.
40) C. 롱기누스, 『숭고에 관하여』, 30장.
41) 같은 책, 30장.
42) 같은 책, 8장.
43) E. 버크, 『숭고와 아름다움의 이념의 기원에 대한 철학적 탐구』, 84쪽.
44) 같은 책, 85쪽.
45) C. 롱기누스, 『숭고에 관하여』, 8장.
46) E. 버크, 『숭고와 아름다움의 이념의 기원에 대한 철학적 탐구』, 89쪽.
47) I. 칸트, 『칸트의 역사철학』, 이한구 편역, 서광사, 1992, 29쪽.
48) E. 버크, 『숭고와 아름다움의 이념의 기원에 대한 철학적 탐구』, 97-8쪽.
49) C. 롱기누스, 『숭고에 관하여』, 44장.

50) 같은 책, 8장.

51) 같은 책, 8장.

52) 결점이 있는 장엄함은 숭고 산출 능력이 수사학적 능력이나 언어 조합 이상의 정신적인 것을 요구한다는 단적인 증거가 된다.

53) C. 롱기누스, 『숭고에 관하여』, 39장 참조.

54) G. W. F. Hegel, *Vorlesungen über die Aesthetik*, III, *Werke in zwanzig Baenden*, Bd. 15, Frankfurt a. M.: Suhrkamp Verlag, 1983, S.234f.

55) 이정은, 「철학과 예술의 관계: 현대를 가르는 벤야민과 헤겔의 예술철학적 통찰을 통해」, 『시대와 철학』 11권, 2호, 한국철학사상연구회, 2000, 86쪽. 이 글과 더불어 「시문학과 산문비교와 철학과 예술의 관계」, 『헤겔과 근대예술』(헤겔연구 제10호), 한국헤겔학회, 2002, 179쪽 이하도 참조하라.

56) E. 버크, 『숭고와 아름다움의 이념의 기원에 대한 철학적 탐구』, 93쪽 이하 참조.

57) C. 롱기누스, 『숭고에 관하여』, 30장.

58) 김상봉, 『나르시스의 꿈: 서양정신의 극복을 위한 연습』, 70쪽.

59) C. 롱기누스, 『숭고에 관하여』, 6장 참고.

60) 같은 책, 2장.

61) KdU, S.160.

62) KdU, S.159.

63) KdU, S.160.

64) C. 롱기누스, 『숭고에 관하여』, 2장.

65) 같은 책, 2장.

66) 같은 책, 13장.

67) KdU, S.160.

68) KdU, S.161.

69) 롱기누스가 보기에 '현실성'을 담아내면서 동시에 설득 이상의 감동을 야기하여 청중을 사로잡으려면 "영혼과 마음의 위대함, 모방, 심상(imagery)"(C. 롱기누스, 『숭고에 관하여』, 15장)의 총체적 작용이 필요하다.

70) G. W. F. Hegel, *Vorlesungen über die Aesthetik*, I, *Werke in zwanzig Baenden*, Bd. 13, S.14.

71) 같은 책, S.15.

72) C. 롱기누스, 『숭고에 관하여』, 1장.

73) 같은 책, 44장.

서양 이성의 멜랑콜리

칸트의 경우

김동규

"그[멜랑콜리커]는 무엇보다도 숭고함으로 향한 감정을 가지고 있다."[1)]

_ 칸트

감정, 어떤 기분과 이어지지 않는 이성은 없다. 여러 가지 측면에서 이성을 감정과 구분할 수는 있지만, 이성은 언제나 어떤 감정을 전제하고 있다. 이성적 인식, 곧 테오리아를 처음 학문적으로 체계화했던 아리스토텔레스 역시 테오리아의 이면에 어떤 기분, 즉 "편하고(ῥᾳστώνη) 여유 있는(διαγωγῆ)" 기분이 있음을 밝히고 있다.[2)] 독단적인 이성을 맹신하는 사람들은 감정을 거론하는 사람에게 비합리주의라는 인식표를 붙이려 한다. 그러나 그런 태도는 사유의 중요 사태를 외면하는 태도이며, 사유의 편의주의이고, 그가 그토록 중시여기는 이성의 관점에서 보더라도, 그런 태도 자체가 비합리적이다. 감정을 이성과 연관지어 말하는 것은 도리어 인간을 전체 존재로 파악하려는 진지한 사유의 태도다. 이성을 감정과 연관짓는 것 역시 결코 불가능하지도 않으며, 부당하지도 않고, 비합리적이지도 않다. 더구나 "비합리주의는 — 합리주의의 반대급부로서 — 합리주의가 맹목적으로 반대하는 그것에 대해서 그저 사팔뜨기의 눈으로 이야기할 뿐이다."[3)]라는 하이데거의 말처럼 서양철학사에서 비합리주의는 합리주의의 한갓 반대급부에 지나지 않는다. 다시 말해 서양의 비합리주의는 합리주의가 볼 수 없는 것을 말한다고 호언장담하기는 하지만, 합리주의에 의존해서 그저 사팔뜨기의 눈으로 그것을 볼 뿐이다. 또한 단순한 반대는 반대하는 것에 의존해서 그것을 부정하는 것 이외에는 하는 일이 없는 까닭에, 반대하는 것에 여전히 예속될 뿐이다. 이성을 중시한 서양의 합리주의적 전통은 이성의 배후에 놓인 감정을 보지 못했다. 그리고 그 합리주의 전통에 반대한 비합리주의 전통 역시 다만 사팔뜨기의 눈으로 왜곡된 상(像)만을 보았을 뿐이다. 이런 점에서도 서양 이성과 맞닿아 있는 감정을 찾아보려는 우리의 시도는 서양적 비합리주의 전통과도 전혀 무관하다. 요컨대 이성의 배후에 놓인 감정을 찾아보려는 시도는 그 자체만으로도 정당하고 가능하며, 결코 비합리주의적인 태도가 아니다.

처음부터 서양의 이성은 어떤 특정한 정조(情調)와 맞닿아 있었다. 그것 역시 이미 아리스토텔레스가 말하고 있다. 그에 따르면 처음 서양의 이성이 사로잡혀 철학을 시작했던 정조는 "경이감(θαυμάζειν)"[4] 이다. 도대체 없지 않고 무엇인가 존재한다는 사실 자체가 서양 지성인들을 전율케 했고, 그런 경이로운 파토스 속에서 그들은 철학을 시작했던 것이다. 그러나 유감스럽게도 경이감만으로 서양 이성의 주요 특징을 잡아내기는 어렵다. 단지 그것을 통해서, 있음의 찬란한 빛에 사로잡혀 그것의 존재기반인 없음의 어두움을 망각했다는 것, 동일성을 유지하며 존재하는 것, 곧 형상의 아름다움에 서양인들이 매혹되었다는 것을 추측할 수 있을 뿐이다. 그래서 이 글에서 우리는 서양 이성의 근본 정조로서 '멜랑콜리'를 제안하고자 한다. 서양철학은 언제나 멜랑콜리라는 정조에 휩싸여 왔다. 피상적인 수준에서 보더라도, 서양철학사에 등장하는 어떤 철학자치고 무겁고 우울한 정조인 멜랑콜리에 빠지지 않았던 이가 있었던가? 이것은 이미 아리스토텔레스가 보고하고 있는 바이기도 하다. 그는 다음과 같은 물음을 던진 적이 있다. "철학과 정치, 시 또는 예술 방면의 비범한 사람들이 왜 모두 명백히 멜랑콜리커였을까?"[5] 이 물음 속에는 이미 모든 비범한 철학자가 멜랑콜리커라는 것이 전제되어 있다. 그런 전제 속에서 그 까닭을 묻고 있는 것이다. 서양 이성은 멜랑콜리라는 어두운 감정에 연결되어 있다. 서양 이성의 강렬한 빛은 그만큼 어두운 감정의 그림자를 남겼던 것이다. 아니 그와 반대로 말할 수도 있다. 곧 서양 이성은 멜랑콜리라는 검은 감정의 모태에서 스스로를 밝게 태울 수 있었다고 말이다.

서양 이성은 물론이고 그것의 저변에 놓여 있다고 가정된 멜랑콜리는 2,500년이 넘는 세월 동안 무수한 담론을 형성해 왔다. 그래서 그것을 다루는 작업은 어차피 거대담론으로 흐르기 쉽고 그럴수록 논의의 질적 수준이 떨어지기 쉽다. 때문에 이 글에서는 서양 이성의 전형적인 모습을 보여주고 있는 칸트 철학에 한정해서 살펴보기로 한다. 다시 말하면 서양 이성의 멜랑콜리를 잘 보여주는 하나의 사례로서 칸트 철학을 재조명해 보기로 한다. 계몽주의자 칸트는 이성을 누구보다 신뢰하면서도 이성의 한계를 숙고했던 철학자다. 그런 철학자였기 때문에 그는 이성과 함께 감정을 철학적 반성의 대상으로 삼을 수 있었다.[6] 다시 말해 그런 칸트였기 때문에, 바로 감정에 관한 이성적인 학문, 곧 미학(Ästhetik)을 체계적으로 구성할 수 있었고 멜랑콜리를 빠트리지 않고 다룰 수 있었다. 그런데 역으로 우리는 칸트적 이성을 감정으로부터 돌이켜 살펴보기로 한다. 다시 말해서 그가 감정을 이성적으로 체계화시킨 바로 그 지점(이성화된 감정)에서 다시 이성으로 돌아가 감정의 지평에서 이성을 반추해 보고자 한다. 그럼으로써 한편으로는 특정 감정을 통해 이성을 조망할 수 있는 기회를 얻을 수 있고, 다른 한편으로는 이성에게 숨겨진 또 다른 측면을 살펴볼 수 있을 것이다.

칸트가 보기에, 철학자가 다룰 만한 가치가 있는 감정은 크게 두 가지다. 하나가 아름다움이고 다른 하나는 숭고함이다. 두 감정이 다룰 만한 가치가 있는 까닭은 그 두 감정이 넓은 의미의 이성과 연관되어 있기 때문이다. 다시 말하면 그것들이 이성의 배후에 놓인 감정이기 때문이다. 전자가 오성과 연관되어 있다면, 후자는 (좁은 의미의) 이성과 연관된다.[7] 그런데 우리의 관심사인 칸트적 이성과 연관된 숭고함은 멜랑콜리라는 어두운 정조로 채색되어 있다. 이제 우리는 이런 그의 논의를 좀 더 자세하게 따라가 보고자 한다.

먼저 숭고와 연관된 멜랑콜리 담론을 살펴볼 필요가 있다. 숭고한 멜랑콜리의 간략한 특징과 그것에 대한 칸트적 이해를 따라가는 과정 속에서 칸트적 이성이 어떻게 멜랑콜리라는 정조에 휩싸일 수밖에 없는지 확인할 수 있을 것이다. 작은 결실 속에서 좀 더 많은 것을 기대해 볼 수 있다면, 이 작은 글을 통해 서양 이성이 빠져 있는 멜랑콜리의 정체가 무엇인지 희미하게나마 확인할 수 있을 것이다.

1. 멜랑콜리의 육화(肉化): 쓸개

어원적인 의미에서 볼 때, 멜랑콜리는 원래 '검은 담즙'이라는 뜻이다. 이 말의 어원에 충실하자면, 담즙(膽汁), 곧 쓸개즙이 멜랑콜리라는 특정 기분을 자아내는 모체(母體)다. 이 용어의 의미를 폭넓게 이해하기 위해서는 서양의 고대 의학, 그 가운데 4체액설을 살펴볼 필요가 있다. 멜랑콜리는 고대인들이 인간의 몸속을 운행한다고 믿었던 네 가지 체액 가운데 하나다.[8] 그런데 그냥 쓸개즙이 아니라 검게 변색된 담즙이 멜랑콜리라는 기질과 기분을 결정한다. 노란 담즙은 감정의 기복이 심한 다혈질을 결정짓지만, 검은 담즙은 그것의 색깔처럼 어둡고 음울한 성격을 형성한다. 그런데 여기에서 쓸개는 특별히 멜랑콜리커가 보여주는 격한 분노 감정의 진원지로 간주되고 있다. 그렇다면 신체의 한 기관을 멜랑콜리라는 특정한 기분과 연결시킬 수 있는 근거는 어디에 있을까? 현대의학에 따르면 멜랑콜리라는 기분은 쓸개와는 전혀 무관하다. 차라리 그것은 '세로토닌(serotonin)'과 같은 신경전달물질의 작용이다.[9] 그렇다면 고대인들이 멜랑콜리와 쓸개를 연결시킨 것은 실증적인 관찰에 의거한 것이라기보다는 비유적 상상력에 뿌리박고 있는 것이라 말할 수 있다. 자연과학의 영역에서 이것을 한갓 무지몽매했던 과거의 미신으로 폄하하고 일고의 가치도 없는 것으로 배제할 수 있을지는 모르겠지만, 인문학의 영역에서마저 그렇게 다룬다는 것은 경솔하고 무지한 일이다. 왜냐하면 상상력이 주조해 낸 이미지는 나름의 메커니즘을 가지고 정신현상을 드러내는 한 가지 방식이기 때문이다. 마치 프로이트가 사소하게 보이는 꿈이라는 이미지를 통해서 인간 내면의 정신현상과 그 메커니즘을 분석할 수 있었던 것처럼, 인간을 다루는 인문학은 상상력의 소산을 진지하게 다루어야만 한다.[10] 당연한 말이지만, 이런 이유로 이미지의 향연인 예술현상이 인문학적 대상의 보고(寶庫)로서 소중히 여겨질 수 있는 것이다.

이런 취지에서 멜랑콜리라는 기분을 자아낸다고 간주된 검은 쓸개즙에 사유의 시선을 좀 더 오래 고정시켜 보기로 한다. 담(膽), 곧 쓸개는 의학적으로 말해서 "간장에서 분비되는 쓸개즙을 일시적으로 저장, 농축하는 주머니"다. 쓸개즙은 음식물을, 특히 지방을 소화시키는 소화액이라고 한다. 그런데 이런 기능을 가지고 있는 쓸개즙이 기이하게도, 우리말 일상어법에서 그와는 전혀 다른 의미로 전치되어 사용된다. 즉 '줏대'를 뜻하는 말로 사용된다. 그래서 누군가를 '쓸개 빠진' 사람이라고 말하는 것은 그가 하는 짓이 사리에 맞지 아니하고 줏대가 없다는 것을 의미한다. 여기에서 줏대란 사전적으로 두 가지 의미를 지니고 있다. 하나는 "사물의 가장 중요한 부분"을 가리키는 말이며, 다른 하나는 "자기의 처지나 생각을 꿋꿋이 지키고 내세우는 기질이나 기풍"을 뜻한다.[11] '줏대가 서다', '줏대가 약하다', '줏대가 세다' 등등은 자기 나름의 생각을 지켜 나가거나 그렇지 못하는 모습을 형용하는 말이라 할 수 있다. 다시 말해서 줏대란 자기를 형성하는 가장 중요한 부분, 즉 자기정체성을 형성하는 주요 부분을 가리키는 말이다. 그렇다면 쓸개는 자기정체성을 형성하는 중요 부분을 빗대는 말이라고 추론할 수 있을 것이다. 그렇지만 언뜻 보기에 쓸개와 자기정체성은 쉽게 연결되지 않는다.

자기정체성이 위협받거나 침해되거나 무시당할 때, 우리는 보통 두려움과 분노를 느낀다. 자기를 해칠 수 있는 압도적인 위력 앞에서 전율스러운 두려움을 느끼며, 자기 존재를 무시하거나 인정하지 않는 자 앞에서 분노가 치밀어 오른다. 헤겔의 '인정투쟁'을 굳이 언급하지 않더라도, 자신을 인정해 주지 않는 타자에 대한 분노는 모든 투쟁의 주요 원동력이다. 이런 점에서 쓸개는 자기정체성이 위협당하고 무시당했을 때 발생하는 두려움과 분노의 진원지라고 말할 수 있다. 위협적인 타자와 부딪쳐 발생하는 무시무시한 두려움과 그 두려움 한가운데에서 적극적으로 타자에게 자기 존재를 펼쳐 보이는 분노는 같은 감정의 두 가지 모습이다. 두려움이 위협적인 타자에 대한 직접적이고 수동적인 반응이라면, 분노는 그것에 대한 능동적인 감정의 반응이다. 그래서 두려움이 커질수록 이후 분노가 커질 수밖에 없다. 분노는 두려움의 후속감정이자 떨쳐 버릴 수 없는 그것의 검은 그림자다. 그리고 두려움과 분노라는 감정을 생성하는 신체기관이자 그런 감정이 육화된 장소가 바로 쓸개다.

이것은 비단 한국어를 통해 본 한국인의 상상력에만 국한된 것은 아닌 것 같다. 고대 그리스인들의 상상력 역시 두려움과 분노를 쓸개와 연결짓고 있다. 아리스토텔레스도 언급한 바 있는 헤라클레스나 벨레로폰의 멜랑콜리한 분노가 그 대표적인 사례다.[12] 또한 그리스어로 분노는 콜로스(χόλος)다. 그 말은 쓸개를 뜻하는 콜레(χολή)와 발음상 거의 비슷한 단어다(실제로 두 단어는 혼용되어 사용되었다).[13] 발음상의 혼돈이라고도 말할 수 있지만, 오래전부터 서양인들도 분노의 감정을 자아내는 신체기관을 쓸개라고 생각했던 것만은 분명하다. 그런데 사실 현대의학의 관점에서 검은 담즙은 인체 속에 존재하지도 않는다. 담즙이 변색하더라도 검은색으로 바뀌는 경우는 없다고 한다. 그렇다면 고대 그리스인들은 왜 '검은' 담즙을 믿었던 것일까? 고대인들에게도 익숙했던 멜랑콜리 증상, 특히 두려움과 분노의 감정을 하나의 색감(色感)으로 이미지화시킨 것은 아닐까?

쓸개즙은 분노의 고통을 상징한다. 와신상담(臥薪嘗膽)이란 고사성어가 잘 보여주듯이, 분노한 자는 쓸개를 씹으며 거기에서 나오는 쓰디쓴 즙을 마신다. 그리고 분노라는 검은 정념에 사로잡히게 된다. 이런 이미지의 중첩 작용을 통해 검은 쓸개즙이 멜랑콜리로 분류된 성격과 기질을 낳는 신체의 일부분으로 설정될 수 있었다. 이 외에도 우리말의 어법에 보면, 이런 쓸개의 힘을 '담력(膽力)'이라고 말한다. 이 경우 담력이란 가공할 만한 두려움에도 굴하지 않는 용기이며, 그 말의 어법을 전체적으로 고려해 말하자면, 분노에 바탕을 두고 있는 용기다. 부가적으로 우리말 어법에서 미친 듯한 분노로 날뛰는 사람을 곧잘 '미친 개 같다'고 말한다. 아마도 그것은 광견병에 걸려 입에 거품을 물고 날카로운 어금니를 드러내는 개가 광적인 분노를 잘 형상화한다고 본 까닭일 것이다. 그런데 옛 서양인들도 마찬가지로 생각했던 것 같다. 더 나아가 그들은 개를 쓸개와 밀접하게 연관지었다. "전해 오는 옛 이야기에 따르면 '개의 생체를 지배하는 것은 쓸개다.' 이 점에서는 개와 멜랑콜리커는 같다. 특별히 민감한 기관으로 묘사되는 이 쓸개가 퇴화할 때 개는 활기를 잃고 광견병에 걸린다고 여겨졌다."14)

2. 숭고한 분노

분노는 자기정체성의 불인정, 무시, 침해, 파괴 등등을 통해 일어난다. 분노의 크기는 자기정체성이 훼손될 때 발생하는 고통의 크기에 비례한다. 정체성의 훼손에서 야기된 고통이 크면 클수록, 그만큼 분노가 커진다. 분노의 크기가 커질수록 분노는 광기로 돌변한다. 광기 어린 분노는 그 깊이를 측량할 수 없는 커다란 어둠의 심연으로 드러난다. 그런데 이런 광기 속에서 분출되는 분노의 파토스가 때때로 숨겨진 진실과 도래하는 미래를 밝히는 예언의 힘을 갖기도 한다. 고대 그리스어의 어원에 따르면, '예언하다(μαντεῦω)'와 '광적으로 분노하다(μαῖνομαι)'는 공통의 어간에 속한다.[15] 미친 듯한 분노는 도래하는 파국을 암시하는 불운한 전조(前兆)다. 이런 예언적 성격을 가지는 광기 어린 분노는 그래서 때때로 신적인 감정, 숭고한 감정으로 간주되기도 한다.

'숭고(崇高)'라는 말은 한자 그대로 '드높다'라는 뜻이다. 서양어의 경우에도(τὸ ὕψος, sublime, Erhabene) 숭고란 높이, 치솟은 높음을 뜻하는 말이다. 우리말의 어법에서 이 용어는 주로 윤리적인 의미로 사용된다. 즉 어떤 사람의 선한 행위, 고귀한 도덕적 행위를 수식하는 말로 사용된다. 또한 윤리적인 의미와 아울러 종교적인 의미로도 이 말은 종종 사용되곤 하는데, 특히 성인들의 행적을 칭송하는 말로 사용된다. 다시 말해서 숭고는 세간사의 유한성에서 초월한 성스럽고 신성한 영역을 형용하는 말이다. 그리고 우리에게는 아직 낯설지만, 미학적인 차원에서 숭고가 언명되기도 한다. 즉 예술작품을 규정하는 중요한 심미적 범주로 다루어지기도 한다. 그런데 이미 고대 그리스에서부터 숭고는 광기와 긴밀한 관련을 가지고 있었다. 고대인들에게 광기는 가혹한 질병의 하나이기도 했지만, 광기 가운데 어떤 것은 신들림, 접신(接神) 현상으로 이해되었던 것이다. 광기 어린 분노는 이런 신들린 분노로 이해되곤 했다. 여기에서 신들렸다는 것(ἐνθουασιασμός)은 말 그대로 '신 안에 있음(ἔνθεος εἶναι)'을 뜻한다. 자기에서 빠져나와 신 안에 들어서는 모습은 그 자체로

“무아지경(ἔκστασις)”이자 “광기(μανία)”다.16) 이런 점에서 광적인 분노는 더 이상 한 개인으로서의 자기 자신만을 침해하는 데서 오는 분노가 아니라, 보편자인 신을 모욕하는 데서 오는 분노이자 신을 대신해서 신을 모독한 자를 응징하고자 하는 정념이다. 다시 말해서 광적인 분노는 한 개인이 분출해 내는 것이기는 하지만, 신에게서 유래한 신의 분노다. 그리고 이렇게 무한한 크기의 힘을 소유한 신의 분노는 숭고하다.

고대인들의 이런 관념은 근대 이후까지 계승된다. 전통의 가치와 유산을 파괴했던 계몽주의에서도 이런 생각은 중단 없이 이어져 왔다. 우리는 그것을 칸트의 논의 속에서 확인할 수 있다. 칸트는 「아름다움과 숭고함의 감정에 관한 고찰」(1764)(이하 「고찰」로 약칭한다)에서 멜랑콜리와 분노, 그리고 숭고를 연결짓고 있다. 합리적으로 설명하기 어렵지만, 칸트가 보기에도 분노와 숭고는 긴밀하게 연관되어 있다.

> 악덕과 도덕적 위반 자체도 종종 숭고함이나 아름다움의 몇몇 특징들을 이끌어 낸다. 이것을 이성으로써 증명할 수는 없겠지만, 그런 것들이 적어도 우리의 감각적인(sinnlich) 감정에서 현상하는 것처럼 그렇다. 무서운 대상이 토해 내는 분노는 숭고하다. 이는 『일리아스』에서 아킬레우스가 보여준 분노와 마찬가지다. 대개 호메로스의 영웅은 두려우리만치 숭고하다(GS2, 212).

여기에서 이미 칸트는 도덕의 영역과 심미적 감정의 영역을 구분하고 있다. 『판단력비판』에서 사용하는 ‘심미적(ästhetisch)’이라는 용어 대신에 ‘감각적’이라는 용어를 쓰고 있기는 하지만, 도덕적 잣대로 설명되지 않는 감정의 영역을 고려하고 있다. 영웅적인 분노, 어마어마한 크기의 분노, 처절한 분노, 광기 어린 분노는 숭고하다.

그러나 왜 그러한지는 불분명하다. 다시 말해서 (실천)이성적으로 그 이유를 충분히 밝힐 수는 없다. 하지만 직감적으로 상상을 초월하는 크기와 위력이 탑재된 분노라는 파토스는 숭고한 것임에 분명하다고 칸트는 보고 있다. 윤리적인 관점에서 분노는 미덕이라고 말하기 어렵다. 차라리 그것은 '악덕' 또는 '도덕적 결함'이라고 할 수 있다. 그러나 '감각적인 감정'의 측면에서 혹은 심미적인 관점에서 보았을 때, 그것은 의심의 여지없이 숭고한 감정과 맞닿아 있다. 이처럼 멜랑콜리한 분노를 숭고와 연결짓는 것은 이후 『판단력비판』에서도 반복된다. "**강건한** 종류의 모든 정념은(말하자면 그것은 모든 저항을 극복하는 우리의 힘에 관한 의식[강건한 기질]을 생생하게 만든다) 심미적 숭고인데, 예를 들면 **분노, 심지어 절망**(**의기소침한 절망이 아닌 격분한 절망**)[인용자 강조]이 그것이다."[17] 이런 점에서 숭고라는 감정의 중심부에는 쓸개로 상징되는 분노의 정념(멜랑콜리)이 놓여 있다. 그리고 그 정념은 심미적으로 볼 때, 멜랑콜리한 숭고성을 주조한다. 그렇다면 좀 더 구체적으로 멜랑콜리와 숭고는 어떤 연관 속에 있는가? 멜랑콜리한 숭고 또는 숭고한 멜랑콜리는 어떤 모습으로 현상하며, 그 감정은 어떤 기제 속에서 생성되는가?

3. 「고찰」에서의 숭고와 멜랑콜리: 자유인의 숭고한 멜랑콜리

칸트는 학문 활동을 하는 동안 지속적으로 멜랑콜리 현상에 주목했다.[18] 그의 지속적인 이런 관심은 특히 『실천이성비판』과 『판단력비판』과 같은 주요 저작의 개념들과 접속되어 있으며, 모종의 영향을 미치고 있다. 이 글에서는 『판단력비판』에서 등장하는 숭고 개념을 멜랑콜리의 관점에서 해석하고자 한다. 그런데 양자 사이의 연관성을 살펴보기 위해서 먼저 「고찰」에서 등장하는 숭고와 멜랑콜리 개념을 살펴보고, 다음으로 『판단력비판』에서 더욱 정치하게 등장하는 숭고 개념을 살펴본 다음, 칸트적 의미의 멜랑콜리 개념을 좀 더 세밀하게 다듬어 보고자 한다.

주지하다시피 「고찰」은 총 4개의 장으로 이루어져 있다. 1장은 "숭고함과 아름다움의 감정이 갖는 다양한 대상에 관해", 2장은 "인간에게 일반적으로 나타나는 숭고함과 아름다움의 고유한 성질에 관해", 3장은 "여성과 남성의 상호관계에서의 숭고함과 아름다움의 구별에 관해"이고, 마지막 4장은 "숭고함과 아름다움의 여러 감정에 기인하는 한에서의 민족의 특성에 관해"이다. 「고찰」(1764)에서 우리의 주목을 끄는 부분은 앞의 두 장이다. 지적인 엄밀함과 원숙함이 여실히 드러난 『판단력비판』(1790)에 비해, 이곳에서 등장하는 숭고와 아름다움은 다소 피상적인 관찰과 미성숙한 성찰의 흔적을 남기고 있다. 하지만 이곳에서 우리는 26년 후에 등장하는 원숙한 개념들의 맹아적 형태를 확인할 수 있으며, 더욱이 원숙한 형태에서는 잘 보이지 않는 주목할 만한 의미소들을 소박하게 드러내고 있는 것을 볼 수 있다. 특히 숭고를 멜랑콜리와 연결짓고 있다는 점에서, 즉 '멜랑콜리한 숭고' 또는 '숭고한 멜랑콜리'를 볼 수 있는 접점을 찾을 수 있다는 점에서 이 텍스트는 소홀히 다루어서는 안 된다.

먼저 칸트는 숭고한 대상을 열거하고 있다. 그가 「고찰」에서 열거하는 숭고한 대상은 상당히 다양한 종류로 분류될 수 있다. 아마도 당시 일상어법에서 '숭고하다(erhaben)'라는 술어와 결합될 수 있는 모든 대상을 열거하고 있다는 인상을 줄 정도다. 예를 들어 숭고한 것에는 다음과 같은 것들이 있다. "구름 위로 솟아 오른 눈 덮인 봉우리의 산악 풍경", "성난 폭풍", "신성한 숲 속의 키 큰 너도밤나무와 쓸쓸한 그림자"(GS2, 208), "갈색과 검은 눈동자"(GS2, 213) 등과 같은 '자연 사물'이 있으며, "밤"(GS2, 208), "반짝이는 별빛이 밤하늘의 갈색 그림자 사이를 비집고 나올 때, 그리고 쓸쓸한 달이 눈앞에 떠오를 때"(GS2, 209), "장구한 것"(GS2, 210), "나이 많은 노인"(GS2, 213)과 같은 것은 '사물을 둘러싸고 있는 (특정) 시간'이 있고, "아주 깊은 것", "아주 높은 것"(GS2, 210)과 같이 '비유적인 것'도 있으며, "깊은 외로움"(GS2, 209), "존경"(GS2, 211), "우정"(GS2, 211), "분노"(GS2, 212)와 같은 '특정 감정'도 있고, "밀턴의 지옥에 대한 묘사"(GS2, 208), "비극"(GS2, 212)과 같이 특정한 '예술적 이미지'도 있다. 그런가 하면 상당히 '윤리적인 성격의 숭고'도 등장한다. "대담함" 자체, "우리를 위해서나 조국을 위해서 혹은 친구의 권리를 위해서 대담하게 위험을 감내하는 일"(GS2, 214), "원칙에 따라 자신의 격정을 자제하는 일", "참된 덕"(GS2, 215) 등이 그것에 해당한다. 또한 '지성적인 산물의 숭고'도 있다. 예를 들면, "지성" 그 자체, "우주의 무한한 크기에 대한 수학적 표상, 즉 우리 영혼의 무한성, 그 기원, 그리고 불멸성에 대한 형이상학적 성찰"(GS2, 215)이 그것이다. 여기에서도 쉽게 간파할 수 있듯이, 「고찰」에서 거론되는 숭고는 『판단력비판』에서 볼 수 있는 심미적 숭고, 곧 이론이나 실천과 구분되는 심미적 영역만의 숭고가 아니다. 이곳에서 등장하는 숭고는 인식적 영역과 윤리적 영역을 아우르는 넓은 의미의 숭고다.

아름다움과 숭고를 비교하면서, 칸트는 숭고를 멜랑콜리와 연결짓는다. 그에 따르면 멜랑콜리와 연관된 숭고는 일단 '두려운 숭고함'이다. 『판단력비판』에서와는 달리 「고찰」에서 칸트는 숭고의 종류를 여러 가지로 분류한다. 그에 따르면, 일단 크게 세 가지의 숭고가 있다.

> 숭고함의 감정은 때로는 어떤 전율(Grausen)이나 **우울**(Schwermuth) [인용자 강조]을, 또 몇몇 경우에는 단순히 고요한 경탄을, 그리고 또 다른 경우에는 숭고한 평원 너머로 펼쳐진 미까지도 수반한다. 나는 맨 앞의 것을 **두려운**(Schreckhaft) **숭고함**이라 부르고, 그 다음 것을

고상한(Edle) 숭고함, 그리고 맨 마지막 것을 화려한(Prächtige) 숭고함이라 부르고 싶다. 깊은 외로움은 숭고하지만, 두려움을 주는 방식으로 그러하다(GS2, 209).

여기에서 우리말 '우울'로 번역된 독일어 쉬베어무트(Schwermuth)는 고대 그리스어에서 차용된 멜랑콜리(Melancholie)를 순수 독일어로 번역한 말이다. 칸트는 멜랑콜리를 '두려운 숭고함'에 소속시키고 있다. 멜랑콜리는 홀로 떨어져 있는 고독감, 무시무시한 외로움과 밀접한 관련성을 갖는다. 깊은 고독을 두려운 숭고함과 연결시키면서 칸트는 각주에서 '카라찬(Carazan)'이란 사람을 소개한다. 지독한 구두쇠[19]이자 타인에게 마음의 문을 열지 않았던 카라찬은 꿈속에서 "영원한 침묵과 외로움 그리고 암흑의 두려운 영토"를 목도하고 난 다음 회개하는 인물이다. 꿈속에서 카라찬이 휩싸인 멜랑콜리는 전율스럽고 두려운 고독이었다. 이처럼 치명적인 고독이 야기하는 멜랑콜리는 숭고하다. 그러나 어떤 점에서 그것이 숭고한지는 아직 분명하지 않다. 그 까닭은 「고찰」에서는 아직 숭고를 개념적으로 명백하게 규정하지 않고 있기 때문이다. 이곳에서는 단지 일상적인 상식과 어법에 의존하여 숭고를 분류하고 있다. 그러나 전혀 숭고에 대한 정의가 없는 것은 아니다. 칸트가 보기에 숭고한 것은 "언제나 반드시" "거대한 것"이다(GS2, 210). 이것은 『판단력비판』에서 "절대적으로 크고 위력적인 것"이라는 규정의 단초가 되는 숭고 개념이라 할 것이다. 정리하자면 숭고란 거대한 것이고, 그 거대한 것이 전율과 두려움의 대상이 될 때, 그곳에서 우리는 멜랑콜리라는 기분에 젖게 된다.

칸트는 명시적으로 멜랑콜리커가 '숭고함으로 향하는 감정'을 지니고 있다고 말한다. 그렇다면 그에게 멜랑콜리는 어떤 것일까? 일단 칸트는 히포크라테스 이래의 고대 서양 의학적 개념인 4체액설을 그대로 반복하고 있는 듯이 보인다. 4체액설에 따르면, 인간의 몸속에는 네 가지 체액, 즉 혈액, 노란 담즙, 검은 담즙, 점액이 흐르고 선천적으로 각각이 과잉 분비되어 네 가지 체질을 형성한다. 「고찰」에서 주목하는 감정, 즉 아름다움은 혈액질에 속하고 숭고는 검은 담즙, 즉 멜랑콜리에 속한다. 쓸개와 관련된 노란 담즙은 화려한 숭고 감정을 낳기도 하지만, 그것은 숭고함의 '희미한 빛'에 불과하다. 반면 점액질은 숭고나 아름다움의 감정과는 거의 아무 관련이 없다.

숭고 감정을 주된 정조로 갖고 있는 멜랑콜리커는 "다른 사람들이 판단하는 것, 말하자면 다른 사람들이 좋다거나 참이라고 여긴다는 것 때문에 슬퍼하지 않으며 단순히 자신의 고유한 통찰에 의지"하는 사람이다. 그는 완고하고 고집불통처럼 보일 수도 있지만 원칙들에 따라 행위하고 유행의 현란함을 경멸하며 우정을 소중히 여기고 사려 깊고 과묵하다. 또한 "타인의 비밀을 지켜 주며", "거짓과 허위를 혐오"하고 자긍심을 가지고 있으며, "그 어떤 타락한 비굴함에도 굴하지 않으며 고귀한 가슴으로 자유를 숨쉰다."(GS2, 221 참조) 이상을 종합해 보건대, 숭고한 멜랑콜리 기질의 사람은 한마디로 스스로의 이성을 사용하여 원칙을 세워 윤리적으로 행위할 수 있는 자긍심 높은 자유인이다.[20] 하지만 이런 멜랑콜리도 퇴락할 수 있다. 이런 멜랑콜리의 특성이 퇴락하면, "진지함은 우울함을 향해 기울어 가고, 경건한 신앙은 광신(Schwärmerei)으로, 또 자유에 대한 열망은 밀교적인 열광(Enthusiasmus)"(GS2, 221)으로 바뀐다. 이런 감정의 퇴락은 "계몽된 이성이 결여"[21]될 경우에 발생한다. 계몽주의자 칸트가 보기에 건강한 멜랑콜리는 이성이 동반될 때에만 가능하다. 그렇지 않으면 멜랑콜리는 곧장 일종의 정신병으로 퇴락한다. 그래서 유덕한 자유인이었던 멜랑콜리커가 삽시간에 "공상가(Phantast)" 내지 "망상가(Grillenfänger)"(GS2, 222)로 둔갑해 버린다.

칸트가 기술하는 멜랑콜리커의 모습을 살펴보면, 전통적인 멜랑콜리커의 모습과 미묘한 차이를 보이고 있다. 전통적인 멜랑콜리커는 천재와 광기의 야누스적 얼굴을 가지고 있는 반면, 칸트의 멜랑콜리커는 자유인과 비자유인 또는 유덕한 자와 그렇지 못한 자의 이중적인 모습으로 그려지고 있다. 자유의 원칙에 토대를 둔 이성적이고 유덕한 사람이 건강한 멜랑콜리커이고 그것이 변질된 형태가 망상과 광기에 휩싸인 사람이다. 멜랑콜리의 이중성을 말한다는 점에서는 전통적인 견해와 일치하지만, 그 이중성의 내용이 다르다. 계몽주의자 칸트에게 멜랑콜리의 이중성을 가르는 결정적인 기준은 이성이다. 또 다른 변화는 전통적 멜랑콜리커가 천재이든 광기이든 간에 탈아적인 성격을 강하게 가지고 있음에 반해, 그래서 신적인 성격이 부각되었던 데 반해, 칸트적 멜랑콜리커는 자유로운 주체 또는 자기의식적 주체로 등장한다. 다시 말해서 칸트의 해석에서는, 멜랑콜리에 대한 신비적이고 종교적인 부분이 대폭 삭제된다. 신이든 타인이든, 그 누군가에게 맹목적으로 따르지 않고 자신의 이성적 판단에 따라 행위하는 주체, 곧 계몽된 주체가 건강한 멜랑콜리커다. 다시 말해 주변 상황이나 변덕스러운 타인들의 생각에 휘둘리는 것이 아니라, 자신의 보편적 이성에 기초한 원칙을 가지고 모든 것을 그 원칙하에서 행위하는 사람, 그래서 인간의 존엄성을 실현한 존경받을 만한 사람, 그런 사람에게 속해 있는 숭고한 감정이 바로 건강한 멜랑콜리다. 반면 자신의 이성을 사용하지 못하는 멜랑콜리는 이미 병적인 퇴락의 기분으로 변질된 것이다. 멜랑콜리가 건강한 감정이든 병든 감정이든 그 감정을 해명하기 위해 굳이 신을 도입할 필요는 없다. 그것은 인간의 숭고한 존엄성에서 유래하는 감정이든지, 아니면 질병으로 퇴락한 감정이든지 둘 중 하나일 뿐이다. 결국 칸트에 이르러 멜랑콜리는 신비한 종교의 사원에서 떠나, 숭고라는 인간의 '감각적인 감정' 속에 그 둥지를 틀게 된다.

4. 『판단력비판』에서의 숭고: 숭고한 이성의 멜랑콜리

「고찰」에서 이미 칸트는 아름다움과 숭고를 대비시키고 있다. 이런 대비는 후기의 『판단력비판』에서도 그대로 반복된다. 아름다움과 숭고의 차이점과 공통점에 관해서는 이미 충분한 연구가 진행되었다. 때문에 여기에서 그것을 장황하게 반복하지는 않겠다. 단지 『판단력비판』에서 확정되는 숭고의 주요 특징과 정의를 간략히 살펴보고 그것을 토대로 멜랑콜리외의 접합점을 찾는 것이 이 글의 과제다. 주지하다시피, 칸트에게 더 이상 아름다움과 숭고는 객관적인 사물의 속성이 아니다. 다시 말해서 더 이상 아름다움과 숭고는 우리 밖에 놓여 있는 사물적 존재 또는 그것의 속성이 아니다. 더 이상 우리는 그것의 객관성을 말할 수 없으며, 그럴 필요도 없다. 주관적 인식능력들 사이의 관계와 그것들의 상호작용이 인간의 고차적인 감정, 즉 아름다움과 숭고의 감정을 산출하는 주요 원천이다.

숭고는 아름다움과 몇 가지 점에서 공통점을 갖고 있다. 「고찰」에서는 아름다움과 숭고가 모두 "외부 사물의 성질에서 기인"한 것이 아니라 "모든 사람들 각각의 고유한 감정"이며(GS2, 207), 그것도 "세련된 감정"으로 등장한다. 여기에서 아름다움과 숭고를 '세련된(fein)' 감정이라 부르는 까닭을 칸트는 세 가지로 제시한다. 첫째는 아름다움과 숭고의 감정은 질리거나 소진됨이 없이 향유될 수 있기 때문이고, 둘째는 그런 감정이 영혼을 도덕적으로 고양시키는 데 자극을 줄 수 있기 때문이며, 마지막으로 그런 감정은 재능과 뛰어난 지성을 보여주기 때문이다(GS2, 208 참조). 이것에 비해 『판단력비판』에서 열거되는 공통점은 좀 더 세분화된다. (1) 그 자체로 만족을 주고, (2) 개념에 의존하지 않으면서 모든 사람에게 보편타당성을 요구하며, (3) 단칭판단이며, (4) 규정적 판단이 아니라 반성판단이라는 점에서 숭고는 아름다움과 일치한다(GS5, 74 참조).

이런 공통점을 가지고는 있지만, 아름다움과 숭고 사이에는 간과될 수 없는 차이점이 존재한다. 「고찰」에서는 특별한 설명 없이 양자의 차이점을 대비하고 있다. 그래서 어떤 본질적인 차이라기보다는 단지 차이 현상을 열거하는 수준에 머물고 있다.[22] 다시 말하자면, 「고찰」에서는 아름다움과 숭고, 양자의 차이가 어떤 본질적인 차이의 기반 위에 놓여 있는지에 대한 분명하고 자세한 언급은 없다. 이것은 이후 『판단력비판』에서 나타난다. 『판단력비판』에서 칸트는 아름다움과 숭고의 차이점을[23] 다음과 같이 설명하고 있다. 가장 쉽게 언급할 수 있는 아름다움과 숭고의 차이점은, 전자가 형식을 가지고 있는 데 비해 후자는 철저히 몰형식적이라는 점이다. 아름다움은 일정한 형식이 있는 표상, 이미지, 형상이다. 그것은 형태의 윤곽을 가지고 있다. 반면 숭고는 형식화할 수 없는 대상, 특정 윤곽을 가지고 있는 이미지로 상상될 수 없는 대상을 접했을 때 얻어지는 감정이다. 아름다움이 오성과 상상력의 자유로운 유희를 통해 확정되지 않는 오성 개념을 현시하는 것이라면, 숭고는 감성화될 수 없는 이성 개념, 그것도 불확정적인 이성 개념을 현시하는 것이다.

칸트는 숭고를 두 가지로 측면에서 정의 내린다. 하나는 수학적 숭고이고 다른 하나는 역학적 숭고다. 수학적 측면에서 숭고는 "단적으로 큰 것" 그래서 "절대적인 것, 비교할 수 없이 큰 것(absolute, non comparative magnum)"을 뜻한다(GS5, 79). 역학적 측면에서는 커다란 장애를 극복할 수 있는 압도적인 '힘(Macht)'으로 정의된다(GS5, 102). 숭고는 이루 헤아릴 수 없는 압도적인 힘을 가진 것에 직면하여 얻게 되는 감정이다. 절대적인 크기로 표상되는 숭고의 대상은 이미지를 주조하는 능력인 상상력이 도저히 그려 보일 수 없는 것이고, 결국 상상력의 한계를 드러내는 동시에 상상력의 좌절과 절망을 일으키는 것이다. 그래서 숭고는 먼저 즐거움이 아닌 고통의 감정으로 다가온다. 역학적 측면에서 볼 경우에도 마찬가지다. 어마어마한 힘의 대상인 숭고의 대상은 먼저 우리를 압도하면서 두려움을 유발시킨다. 이런 점에서 아름다움이 직접적으로 느껴지는 쾌감인 것에 비해, 숭고는 간접적이다. 다시 말해서 절대적인 크기의 힘으로 등장하는 숭고의 대상 앞에서 우리는 먼저 고통을 느끼는데, 이후 고통이 더 강렬한 쾌감으로 반전된다. 칸트에게 그런 감정의 반전은 우리 내부의 이성 때문에 가능하다. 다시 말해서 원칙적으로 감성화될 수 없는 이성 이념에 비추어 상상력의 고통과 좌절을 해명함으로써, 숭고 감정에서 일어나는 상상력의 운명적인 절망을 이해할 수 있기 때문이다. 숭고의 대상이 감성적 이미지로 잡히지 않아 절망과 고통에 빠져 있다가 그 자체가 이성적임을 깨닫고 얻게 되는 즐거움은 강렬하다. 숭고가 고통이 즐거움으로 반전된 부정적이고 간접적인 쾌감임에도 불구하고, 숭고의 감정이 쾌감의 강도에 있어서 아름다움보다 더욱 강렬하다.

아름다움은 지상의 모든 사물들이 우리의 지성에 합목적적일 것이라는 희망 아래 자유로운 비행을 감행하는 상상력을 통해서, 그 상상력의 이미지 창조를 통해서, 그 유비적 화해의 방식을 통해서 직조된 이미지가 창작되면서 발생한 즐거운 감정이다. 지상에 존재하는 모든 개별적 존재자 하나하나를 “사랑”(GS5, 115, 120)의 원리 속에서 하나로 통합시켜, 새로운 존재자를 창조함으로써, 상상력은 자신이 날아 오른 곳까지 오색 창연한 무지개다리를 만든다. 일체의 감각적 관심과 지적 관심에서 자유로운 상상력은 오직 양자를 자연스럽게 일치시킬 수 있는 지점을 찾아 유희하며 꿈의 다리를 축조한다. 미리 주어진 오성적 개념으로 환원되지 않지만 미지의 오성 개념이 전제된 감성적 형상, “객체의 일정한 질의 표상”(GS5, 113), 즉 윤곽 있는 이미지를 상상력은 새롭게 창조한다. 사랑을 통한 창조, 그것의 결과물이 아름다움이다.

반면에 숭고는 아름다움의 이미지, 그 꿈의 가교가 무너지는 붕괴의 경험에서 시작한다. 비록 창조된 것이기는 하지만, 감성적 이미지로 분열된 세계 사이의 틈을 메우려는 시도는 처음부터 불가능한 것이었다. "글자 그대로 해석하고 논리적으로 고찰하면, 이념들은 현시될 수 있는 것이 아니다."(GS5, 115) 자유로운 상상력의 비상(飛上)도 그것의 무한한 창조력도, 심연의 폭과 깊이를 메울 수는 없다. 자신의 모든 가능성과 모든 힘을 남김없이 발휘해도 안 되는 것이 있는 법이다. 아름다움은 결국 헛된 가상의 무지개임이 폭로된다. 무한하고 초감성적인 이념을 향해 날아오르지만 상상력은 종국에는 태생적 한계로 말미암아 좌절할 수밖에 없다. 날개 꺾인 상상력의 추락(GS5, 203 참조), 상상력의 "희생(Aufopferung)", 그것의 자유 "박탈(Beraubung)"(GS5, 117 참조), 일체의 우상(偶像) 금지(GS5, 124-125 참조)는 처음부터 필연적인 수순이었다. 이 모든 것은 감성적 현상계와 초감성계가 분리되면서 이미 예정된 사건이다. 칸트가 처음부터 설정한 감성적인 것과 초감성적인 것 사이의 '차이'는 결코 해소될 수 없다. 그렇지만 이 경우에도 모든 감성적 이미지의 소멸은 단순한 소멸로 끝나지 않는다. 상상력의 비극적 운명은 무의미한 것만은 아니다. 인간 이성은 이제 초감성적 것의 징표, 참된 현시로서 상상력의 운명을 이해한다. 도덕법칙을 통해서 알려지는 초감성계와 관계시킴으로써 소멸된 이미지는 형체 없는(formlos) 이미지로 부활한다. 숭고의 감정 속에서, 이 지상에서는 낯선, 유령 같은 이미지의 부활은 긍정된다. 그리고 그것은 자연이 아닌 우리 내부의 자유(도덕법칙을 통한 자유)의 도움, 즉 그것이 이성의 도구로 간주됨으로써만 긍정될 수 있다. 결국 상상력의 극한적 확장, 박탈, 희생 그리고 이성적 이념에의 자발적인 굴복과 "존경"(GS5, 115)을 통해서 상상력의 고통은 숭고한 감정으로 승화된다.

이와 같이 인식능력들 간의 관계를 통해서 아름다움과 숭고의 차이점을 더 세밀하고 엄밀하게 다루지만, 칸트는 「고찰」에서 생각했던 숭고를 그대로 이어 가고 있다. 특히 두려움과 연관된 숭고 개념만큼은 변화된 바가 거의 없다. 『판단력비판』에서 칸트는 두려움과 연관된 숭고를 다음과 같이 서술하고 있다.

> 대담하게 높이 솟아올라 있는 위협적인 절벽, 번개와 우뢰를 몰고 다가오는 하늘 높이 피어 있는 먹구름, 엄청난 파괴력을 지닌 화산, 폐허를 남기고 지나가는 태풍, 파도가 치솟는 끝없는 대양, 힘차게 쏟아져 내리는 폭포 같은 것들은 그것들이 지니는 위력과 비교할 때 우리의 저항력은 무의미하고 사소한 것으로 만들어 버린다. 그러나 우리가 안전한 곳에 있기만 하다면 그 광경은 두려우면 두려울수록 더욱 우리의 마음을 매혹한다(GS5, 104).

절대적인 크기의 힘은 연약한 인간에게 가공할 만한 두려움의 대상이다. 자기를 위협하는 압도적인 대상 앞에서 인간은 두려움에 전율할 수밖에 없다. 그런데 절대적이고 무한한 크기와 그런 힘은 두렵지만 동시에 매혹적이다. 물론 칸트가 동의하는 버크식의 논의처럼, 그것과의 안전거리가 확보된 상태를 전제한다는 조건이 필요하기는 하다. 그러나 그렇다고 하더라도, '두려우면 두려울수록' 매혹의 강도가 더욱 커진다는 것은 놀라운 일이 아닐 수 없다. 그렇다면 어떻게 이런 현상이 발생할 수 있는 것일까? 칸트는 그 이유를 다음과 같이 간명하게 밝히고 있다.

> 우리가 이러한 대상들을 기꺼이 숭고하다고 부르는 것은 그 대상들이 정신력을 일상적인 범용 이상으로 고양시켜 주며 또 우리의 내면에 전혀 다른 종류의 저항능력이 있어서 그러한 저항능력이 우리에게 자연의 외관상의 절대적인 힘에 도전할 수 있는 용기를 불러일으킨다는 것을 알려주기 때문이다(GS5, 104).

어마어마한 크기의 자연력 앞에서 인간은 압도당한다. 압도적인 자연의 힘은 연약한 인간에게는 공포의 대상이다. 그러나 인간은 그런 자연력에 대항할 수 있는 저항능력을 지니고 있다. 더구나 그 저항능력은 대상이 위력적이면 위력적일수록, 더욱더 커져만 간다. 강한 적과의 대련을 통해서 한층 더 강력한 전투력을 체득하는 전사(戰士)처럼, 위력적인 자연을 만날수록 인간은 자기 내부에 가능성으로서만 존재해 온 또 다른 대항 능력을 찾아낸다. 평소에는 감추어져 있다가 그런 숭고한 대상을 만나 환기되고 드러난다고 말할 수 있다. 그 숨겨진 능력은 한마디로 인간의 이성능력이다. 도처에서 볼 수 있는 자연현상이 아무리 위력적이고 무한한 크기를 지닌 것처럼 보인다 하더라도, 이성적으로 생각해 본다면 그것이 무한한 것은 아니다. 즉 상대적인 크기에 유한한 위력을 지닌 것에 불과하다. 예컨대 아무리 거센 폭풍우라도 우주의 움직임과 비교해 볼 때, 미동(微動)이라고 할 수도 없는 것이다. 물론 연약한 인간에게 덮쳐 오는 그것은 두려움의 감정을 야기하기에는 충분하다. 파스칼의 말처럼, 한 방울의 물방울로도 인간은 죽을 수 있다. 하지만 절대적인 크기의 무한한 힘은 자연 안에는 그 어느 곳에도 존재하지 않으며, 오로지 무한과 절대를 사유하는 인간, 자연법칙에서 자유로운 인간의 이성만이 자연을 넘어서는 초현상계에 접근할 수 있다. 그런 점에서 자연의 외관상의 절대적인 힘에서 파생되는 두려움은 결국 가상에 현혹된 유약한 감정에 불과하다. 하지만 그런 두려움은 감추어진 이성의 힘을 다시금 환기시키는 촉매 역할을 한다. 이런 점에서 볼 때 진정한 의미의 숭고 감정은 절대적 크기와 위력을 사유할 수 있는 이성에서 유래하는 것이다. 결국 숭고한 것은 이성이고, 이성은 숭고 감정의 존재론적 원천이다. 이런 이성적 자각으로 북돋아진 용기로 말미암아 인간은 자연의 위력에 저항할 수 있고, 그렇듯 자연에 저항하고 자연을 극복함으로써 고통과 두려움은 즐거움으로 급격하고 강렬하게 반전(反轉)된다. 이런 숭고 감정의 반전 메커니즘은 광적인 분노의 메커니즘과 동일하다. 둘 다 두려움에서 시작하지만, 마지막에는 두려움을 극복한 자기고양의 감정이란 점에서 그러하다.

5. 숭고한 멜랑콜리의 정체: 나르시스적 이성의 멜랑콜리

「고찰」에서 칸트는 숭고를 멜랑콜리와 연관지었다. 그에 따르면, 아름다움은 혈액 기질과 연관되어 있고, 숭고는 멜랑콜리 기질을 가진 사람과 깊은 연관을 가지고 있다. 앞서 언급한 대로, 멜랑콜리는 고대 의학에 기초를 둔 인간학적 분류체계의 용어다. 고대로부터 칸트가 살던 시기까지 서양인들은 줄곧 인간을 네 가지 체액으로 분류하며 파악했다. 칸트 역시 이런 인간학적 분류체계 속에서 인간을 바라보았다. 「고찰」이 보여주는 것과 마찬가지로 비판 이전 시기에도 그러했고, 후기에도 그러했다. 『실용적 관점에서 본 인간학』은 후기 칸트의 이런 견해를 잘 보여주고 있다. 여기에서 칸트는 많은 부분 전통적인 견해에 따라 멜랑콜리를 이해한다. 전통적으로 멜랑콜리가 머리를 많이 쓰는 지성인들에게 찾아오는 질병으로 여겨졌던 것처럼, 칸트 역시 그것을 지식인의 질병으로 여긴다. 때때로 멜랑콜리를 순수 독일어 'Schwermut(무거운 심정)'로 번역하는 대신에, 칸트는 그것을 'Tiefsinnigkeit(심사숙고)'로 번역하기도 한다. 멜랑콜리가 우울하게 자기 학대를 하는 광기로 돌변할 수 있고 그런 경향이 있지만, 그 자체가 마음의 병인 것은 아니다. 멜랑콜리는 깊이 사유하지만 번번이 문제를 해결하는 데 실패하는 자의 정조다. 그래서 칸트는 전형적인 멜랑콜리커로서 "심사숙고하는 수학자"[24]를 사례로 들고 있다.

또한 칸트는 4체액설의 근본적인 문제를 제기한다. 즉 어떻게 한 사람의 기질이 결정되느냐의 문제가 그것이다. 결론부터 말하자면,

그가 보기에 한 인간의 기질은 육체와 영혼 모두의 영향을 통해 결정된다. 그러나 전통적인 4체액설에서는 오직 인간의 육체에 따라 그것이 결정된다고 보았다. 물론 칸트도 그 견해를 무시하지는 않는다. 그에 따르면, "생리학적으로 고찰해 보면 기질이 문제되는 경우에는 그것은 **육체적인 구조**(강하거나 약한 체격)와 그것의 **배합**(유동적인 것들, 그것은 육체 안에서 생명력을 통해서 규칙적으로 움직이는 체액으로, 그 안에 이 체액이 작동되면서 열기나 냉기가 함께 포함되어 있다)으로 이해된다."[25] 여기에서 칸트는 생리학적 측면에서 4체액설을 서술하고 그것을 긍정한다. 그렇지만 그는 육체의 일방적인 기질 결정은 받아들일 수 없었다. 도리어 칸트는 '심리학적인 측면에서' 보자면, 4체액설이 영혼의 작용을 단지 육체와의 '유비(Analogie)'를 통해 설명해 주는 것이라고 이해한다. "그러나 심리학적으로 고찰해 보면, 즉 영혼(감정능력과 욕구능력)의 기질로서 보는 경우에는, 혈액의 성질로부터 빌려 온 이와 같은 표현들은 단지 감정이나 욕망의 활동을 육체적인 활동의 원인(그 안에는 혈액이 가장 중요하다)과 유비시켜 보는 것이라 간주된다." 이렇듯 생리학적이고 심리학적인 측면에서 4체액설을 재조명한 다음, 칸트는 다음과 같은 결론을 도출한다. "그리하여 그 결과로서 다음의 사실이 도출되어 나온다. 말하자면 우리가 단지 영혼에만 귀속시키는 기질은 아마 또한 인간의 육체적인 것을 비밀스럽게도 공동 작용 원인(mitwirkende Ursache)으로서 가질 수도 있다."[26]

인간을 파악하는 하나의 방법인 기질은 영혼에만 귀속시킬 수 있는 것이 아니다. 그렇다고 4체액설이 말하고 있듯이, 육체에서만 유래하는 것이라고 보는 견해도 문제다. 그래서 감정이나 욕망을 결정짓는 기질은 영혼과 육체가 모두 '비밀스럽게 공동 작용 원인'으로서 두 곳 모두에서 유래하는 것이다. 다시 말해서 인간의 기질은 단지 영혼이나 육체 가운데 어느 하나의 원천에서 형성되는 것이 아니라, 몸과 마음 전체에서 형성되는 것이다. 물론 칸트는 어떻게 서로 다른 두 실체가 기질을 형성하는 공동 원인이 되는지는 분명히 밝히지 못하고 있다. 다만 4체액설을 무시할 수 없는 한, 기질을 형성하는 몸의 권리 역시 인정해야 한다고 보고 있다. 영혼과 육체 어느 하나로 환원할 수 없는 미지의 영역을 두고 칸트는 단지 "비밀 속에 있다(ingeheim)."고만 말한다.

칸트가 심신관계를 어떻게 해명하였는지를 살펴보는 것이 이 글의 목적은 아니다. 다시 이 글의 주관심사인 멜랑콜리로 돌아가 보자. 그렇다면 좀 더 구체적으로 칸트는 멜랑콜리커를 어떻게 이해하고 있을까? 고대인들의 생각을 그저 답습하는 수준에 머무르고 있을까? 아니면 이전과는 다른 이해를 가지고 있을까? 멜랑콜리에 관한 칸트의 말을 직접 들어보기로 하자.

> 멜랑콜리한 기분에 젖은 사람(Der zur Melancholie Gestimmte)은 … 자기 자신이 관계하는 모든 것들에 큰 의미를 부여하며, 모든 곳에서 근심(Besorgnis)의 원인을 발견하고, 다혈질인 사람이 성공의 희망으로부터 시작하는 데 반해서, 그는 무엇보다도 어려움에 주의를 기울인다. 그래서 다혈질인 사람이 단지 표면적인 것만을 생각하는 데 반해서, 멜랑콜리한 사람은 심각하게 생각한다. 그는 어렵사리 약속을 한다. 왜냐하면 약속을 지키는 것은 그에게 소중한 것이지만, 그것을 지킬 그의 능력은 의심스러운 것이기 때문이다.[27)]

이곳에서 기술되는 멜랑콜리커의 특징을 요약하고 좀 더 확장시켜 말해 보면, 멜랑콜리커는 (1) 자기중심적이다. 그는 모든 것을 자기와 연관지어 생각하고 그럴 경우에 한에서 의미 부여를 한다. (2) 그는 비극적인 세계관을 가지고 있다. 다행히 무엇인가를 성공할 경우에도 그는 그것이 도래하는 불행의 씨앗이 되리라 여긴다. (3) 멜랑콜리커는 모든 것을 깊고 심각하게 생각한다. (4) 그는 자신을 믿지 못한다. 여기에서 묘사된 멜랑콜리커는 4체액설에서 일반적으로 거론되는 멜랑콜리커의 전형적인 모습이다. 「고찰」에서 그려진 모습과는 약간 다른 모습이기는 하지만, 전후기를 막론하고 칸트의 논의 속에서 여전히 일관되게 나타나는 공통적인 점은 멜랑콜리커의 자기중심성이다. 멜랑콜리커는 자기중심적 인간이다. 그에게 자기와 매개되지 않는 모든 것은 무의미하며 공허한 타자로 남는다. 과도한 자기중심성은 확고한 자기정체성을 형성하며 그것을 위협하고 무시하는 듯 보이는 어떤 행위도 용납하지 않는다. 그는 타자의 조그마한 침해에도 광기 어린 분노로 응수한다. 그렇다고 멜랑콜리커가 언제나 고집만 세고 자기 확신에 가득 찬 사람인 것은 아니다. 자기중심적이면서도 그는 언제나 자기를 의심한다. 이따금씩 밀려오는 중심의 공허함에 시달린다. 꼬리에 꼬리를 무는 자신에 대한 의심이 자기 이외의 다른 것에는 눈을 돌리지 못하게 만든다. 여기에서 언급되고 있는 자기란 근대철학적 의미로 의심하는 주체, 생각하는 주체, 이성적 주체를 뜻할 수도 있고, 한갓 경험적이고 생물학적인 개체를 뜻할 수도 있다. 이미 살펴본 바와 같이 칸트의 입장에서 본다면, 전자의 경우는 자기중심적이라 하더라도 건전한 멜랑콜리커이고 후자의 경우에는 정신질환을 앓고 있는 멜랑콜리커다. 그러나 어떤 경우든 멜랑콜리커는 자기가 모든 것의 중심에 놓여 있으며, 모든 것을 자기로 환원시키고 수렴시키고자 하며, 그런 자기 의지를 관철시킬 수 있는 자신의 전능함에 매혹된 나르시스트라는 점에는 변함이 없다. 전자의 경우처럼 이성을 중심으로 세계를 구축하려고 하든, 후자의 경우처럼 통속적인 정신질환으로 귀착되든 간에, 멜랑콜리가 나르시스트적 특징을 갖는다는 점은 일치한다. 프로이트가 정확히 보았던 것처럼, 멜랑콜리는 나르시스트의 근본 정조다.[28]

멜랑콜리커는 자기의식이 과도한 사람이다. 4체액설에 따르면 멜랑콜리커는 검은 담즙이 과도하게 분비되어 생기는 체질이다. 이에 비해 칸트의 해석에 따르면 멜랑콜리커는 자기의식이 과도하게 작동해서 생겨나는 체질이다. 자기중심적인 멜랑콜리커는 주변의 사소한 일에도 예민하게 반응한다. 그는 자기 경계를 침입하려는 타자에 민감하게 반응한다. 그 반응의 첫 번째 모습은 두려움이다. 이런 두려움과 불안 속에서 멜랑콜리커는 인생의 대부분을 보낼 수도 있다. 하지만 그렇지 않은 멜랑콜리커도 존재한다. 자신이 소유하고 있는 이성을 통해 두려움을 극복하는 자가 바로 그런 멜랑콜리커다. 그는 자신보다 크고 뛰어나고 강한 타자를 만나 어떤 방식으로든 이성을 통해 그것을 동화시켜 마침내 자기고양(自己高揚)을 시도한다. 그리고 이런 자기고양, 자기상승의 희열이 드높이 치솟는 숭고한 감정을 일으킨다. 이와 같이 칸트의 멜랑콜리는 숭고한 멜랑콜리이고 그것의 내용은 이성을 통한 자기고양의 감정이다. 그러나 이런 멜랑콜리는 숭고하지만 동시에 고독하기도 하다. 왜냐하면 숭고한 멜랑콜리는 결국 자기중심적 나르시스트의 고유한 감정으로 귀착되기 때문이다. 칸트는 「고찰」에서 숭고한 것들을 나열하면서 이렇게 말한 적이 있다. "깊은 고독은 숭고하지만 두려운 방식으로 그러하다."(GS2, 209) 그런데 칸트의 후기 작품까지 살펴본 우리는 이렇게 말할 수 있다. 두려울 만큼 깊은 고독은 한갓 숭고한 대상에만 머무르는 것이 아니다. 도리어 숭고한 멜랑콜리의 핵심부에 고독이 자리 잡고 있다. 나르시스트의 숭고한 고독은 칸트적 멜랑콜리의 본질이다. 그리고 그런 멜랑콜리는 칸트적 이성, 곧 나르시스적 이성이 휩싸일 수밖에 없는 고유한 정조다.

이상의 논의를 종합해 보면, 칸트적 이성과 연관된 감정은 숭고이고 그 숭고함에는 멜랑콜리의 정조가 짙게 배어 있다. 그에게 이성의 세계는 외적 자연을 초월하고 내적 욕망을 지배해야만 열리는 세계다. 달리 말하면 자연의 위력에 광기 어린 분노를 분출하는 칸트적 이성은 자연을 (우리 내부의 자연적 욕망과 함께) 희생의 제단 위에 바쳐야만 드높이 숭고해질 수 있다. 또한 수직 상승하며 숭고의 높이를 조성하는 칸트적 이성은 자기를 중심으로 모든 것을 재편해야만 직성이 풀린다. 칸트가 의기양양하게 선언한 코페르니쿠스적 전회는 이성의 이런 성격을 잘 보여준다. 이런 나르시스적 이성은 자기와 매개되지 않는 것에 무관심하며, 매개된 타자 속에서 자신만을 바라보며, 자신이 이미 타자를 통해 매개된 것임을 알지 못한 채 성공적으로 타자를 자기에 동화시킬 수 있는 자기 자신의 권능에 매혹된다.[29] 존재하는 모든 것을 자기와 매개시키고 자기로 동화시키려는 이성, 그래서 무한히 확장된 힘을 숭고 감정 속에서 향유하는 이성, 그런 숭고한 자기 모습에 매혹된 이성은 자기의 바깥을 알지 못하고, 타자와의 진정한 만남을 이루지 못해 마침내 치명적인 고독에 빠질 수밖에 없다. 때문에 신화 속의 나르키소스가 깊은 절망 속에서 자살하였듯이, 나르시스적 이성은 언제나 자살 충동에 휘둘리는 멜랑콜리한 정조에 젖어 있지 않을 수 없다.[30]

그런데 이것은 단지 칸트적 이성에만 한정되는 이야기일까? 니체를 필두로 한 현대 서양철학자들은 자기네 전통철학의 문제점, 특히 서양 이성의 문제점을 가혹할 만큼 비판한다. 그들 비판의 내용에는, 삶의 약동을 잃어버린 플라톤주의(니체), 존재 혹은 존재론적 차이의 망각(하이데거), 도구적 이성의 팽창(아도르노), 동일성 철학에 기반한 이성중심주의, 음성중심주의, 남근중심주의를 비롯한 숱한 중심주의(데리다) 등과 같은 것들을 열거할 수 있을 것이다. 이런 비판을 피상적으로 들여다보면, 칸트적 이성과 현대철학의 이성비판은 화해할 수 없는 것처럼 보인다. 왜냐하면 비판의 거리가 광활하고, 비판의 강도 역시 높게 보이기 때문이다. 그러나 과연 그럴까? 잘 알다시피, 이성비판의 선구자는 다름 아닌 지금 비판의 표적이 되고 있는 칸트 자신이다. 칸트 역시 이성의 한계를 분명히 함으로써 언제나 이성의 월권을 경계하고자 했다. 그런 점에서 현대철학자들의 서양 이성비판의 지적 행보는 칸트적 정신의 확장과 심화 또는 극단화라고 평할 수 있을 것이다.[31] 지금까지 살펴본 것처럼 칸트적 이성은 멜랑콜리라는 정조에 휩싸여 있다. 왜냐하면 그 이성은 많은 점에서 나르시스적이며, 멜랑콜리는 나르시스적 이성의 고유한 정조이기 때문이다. 그렇다면 그 서양 이성을 신랄하게 비판했던 서양의 현대철학자들은 멜랑콜리한 정조에서 자유롭다고 할 수 있을까? 니체, 하이데거, 데리다, 푸코, 레비나스, 들뢰즈 등과 같은 쟁쟁한 현대 서구 지성인들의 철학적 얼굴을 떠올려 보자. 그들의 철학에서 여전히 진한 멜랑콜리를 감지할 수 있지 않는가? 만일 그렇다면, 그들의 이성비판 역시 서양적 이성, 멜랑콜리한 이성의 큰 테두리 내에서 변죽만 울리고 있는 것이라고 의심해 볼 수 있지 않을까?

서구 정신의 근본 정조로서 멜랑콜리를 지목할 수 있다면, 그리고 현대 서양철학에서도 그 정조를 확인할 수 있다면, 현대 서양철학자들의 자기비판이 여전히 불철저하고 지엽적일 수 있다는 혐의를 쉽게 풀어서는 안 될 것이다. 지식인은 복잡하고 난해한 개념을 통해 자기 자신은 물론 타인을 쉽게 기만하고 현혹시킬 수 있지만, 자신의 몸과 영혼(그리고 철학)에 배어 있는 분위기는 그도 어쩔 수 없기 때문이다. 물론 너무도 당연한 말이지만, 멜랑콜리라는 하나의 기분만으로 서양적인 모든 것을 샅샅이 드러낼 수는 없다. 그러나 적어도 철학적 존재이해의 변화를 판별하는 소중한 잣대로서 하나의 기분, 멜랑콜리를 고려할 수는 있을 것이다. 왜냐하면 하이데거의 통찰에 따라, 기분(Stimmung)은 존재의 목소리(Stimme)[32]일 수 있기 때문이다.

[참고문헌]

Andrew Solomon, *The Noonday Demon*, 『한낮의 우울』, 민승남 옮김, 민음사, 2004.

Aristotles, *Problems* II, Book XXX, trans. by W. S. Hett, London and Cambridge, 1957.

_____, *The Metaphysics*, B I, trans. by Hugh Tredennick, London, Massachusetts and Cambridge: Harvard University Press, 1975.

Ewin Panofsky, 『인문주의 예술가 뒤러 2』, 임산 옮김, 한길아트, 2006.

Greek-English Lexicon, (compiled by) Henry George Liddell & Robert Scott, Oxford, 1968.

I. Kant, *Gesammelte Schriften*, hrsg. von der Königlich Preußischen Akademie der Wissenschaft, Bd. II, Berlin, Druck und Verlag von Georg Reimer, 1912. 『아름다움과 숭고함의 감정에 관한 고찰』, 이재준 옮김, 책세상, 2007.

_____, *Gesammelte Schriften*, hrsg. von der Königlich Preußischen Akademie der Wissenschaft, Bd. V, Berlin, Druck und Verlag von Georg Reimer, 1913.

_____, *Gesammelte Schriften*, hrsg. von der Königlich Preußischen Akademie der Wissenschaft, Bd. VII, Berlin, Druck und Verlag von Georg Reimer, 1917. 『실용적 관점에서 본 인간학』, 이남원 옮김, 울산대학교 출판부, 1998.

László F. Földényi, *Melancholie*, übersetzt von Nora Tahy, München: Matthes und Seitz, 1988.

M. Ficino, *Three Books on Life(De triplici vita)*, A Critical Edition and Translation by C. V. Kaske and J. R. Clark, Arizona, 1998.

M. Heidegger, *Sein und Zeit*(Gesamtausgabe Bd. 2), hrsg. von Friedrich-Wilhelm von Herrmann, Frankfurt a. M.: Vittorio Klostermann, 1977.

Michel Haar, "Attunement and Thinking", in *Heidegger: A Critical Reader*, ed. by Hubert Dreyfus and Harrison Hall, Oxford and Cambridge: Blackwell, 1992.

S. Freud, "Trauer und Melancholie", in *Psychologie des Unbewußten* (Studienausgabe Bd. III), von hrsg. von A. Mitscherlich, A. Richards J. Strachey, Frankfurt a. M.: Fischer Taschenbuch Verlag, 2000.

Sybille Krämer, "Melancholie: Skizze zur epistemologischen Deutung eines Topos", *Zeitschrift für philosophische Forschung*, Bd. 49(1994), 3.

Walter Benjamin, *Gesammelte Schrifte* I-1, in Ursprung des deutschen Trauerspiels, hrsg. von R. Tiedemann und H. Schweppenhäuser, Frankfurt a. M.: Suhrkamp, 1997.

국립국어연구원 엮음, 『표준국어대사전(하)』, 두산동아, 1999.

김동규, 「하이데거의 멜랑콜리 해석: 창작하는 자유인의 무거운 심정」, 『해석학 연구』 제21집, 한국해석학회, 2008.

김상봉, 『나르시스의 꿈: 서양정신의 극복을 위한 연습』, 한길사, 2002.

_____, 『서로주체성의 이념: 철학의 혁신을 위한 서론』, 길, 2007.

박순영, 「이해 개념의 이해」, 우리사상연구소 엮음, 『우리말철학사전 1: 과학 · 인간 · 존재』, 지식산업사, 2001.

한국칸트학회 엮음, 『포스트모던 칸트』, 문학과지성사, 2006.

[주(註)]

1) I. Kant, *Gesammelte Schriften*, hrsg. von der Königlich Preußischen Akademie der Wissenschaft, Bd. II, Berlin, Druck und Verlag von Georg Reimer, 1912(이하 GS2로 약칭하여 본문에 표기함), 220.

2) Aristoteles, *The Metaphysics*, B I, trans. by Hugh Tredennick, London, Massachusetts and Cambridge: Harvard University Press, 1975, 982b 22 이하. 이 부분에 대한 하이데거의 해석은 『존재와 시간』, §29 참조. 기분의 불가피성에 관한 논의는 필자의 다음의 글에 더 상세하게 논의되고 있다. 「하이데거의 멜랑콜리 해석: 창작하는 자유인의 무거운 심정」, 『해석학 연구』 제21집, 한국해석학회, 2008, 267-293쪽.

3) M. Heidegger, *Sein und Zeit*(Gesamtausgabe Bd. 2), hrsg. von Friedrich-Wilhelm von Herrmann, Frankfurt a. M.: Vittorio Klostermann, 1977, 181쪽.

4) Aristoteles, *The Metaphysics*, 982b 이하.

5) Aristoteles, *Problems* II, Book XXX, trans. by W. S. Hett, London and Cambridge, 1957, 953a.

6) 시빌레는 멜랑콜리의 인식론적 의미를 탐색하는 연구를 한 적이 있다. 거기에서 그는 필자와 같은 문제의식 속에서 다음과 같은 질문을 던진다. "분석론과 변증론, 인식함과 사유함을 구분함으로써 합리적 인식의 자기 한계 이론을 제출했던 칸트가 놀라울 정도로 자주 멜랑콜리 현상과 대결했던 것은 우연일까?" Sybille Krämer, "Melancholie: Skizze zur epistemologischen Deutung eines Topos", *Zeitschrift für philosophische Forschung*, Bd. 49(1994), 3, 416쪽.

7) 칸트 철학 내에서의 '오성'과 '이성'의 차이, 그리고 그 개념들과 연관하여 더 포괄적인 의미로 사용되는 '이해'의 개념사는 다음의 글에 잘 정리되어 있다. 또한 이 글의 장점은 서양 이성의 가장 유연한 개념(이해)조차도 우리 또는 동양의 그것과 미묘한 차이가 있음을 밝히고 있다는 점이다. 박순영, 「이해 개념의 이해」, 우리사상연구소 엮음, 『우리말철학사전 1: 과학 · 인간 · 존재』, 지식산업사, 2001, 135-176쪽 참조.

8) 4체액설에 관한 서양 고대인들의 유비적 사유는 다음과 같은 도표로 간명하게 살펴볼 수 있다. Roland Lambrecht, *Melancholie: Vom Leiden an der Welt und den Schmerzen der Reflexion*, Hamburg: Rowohlt Taschenbuch Verlag, 1994, 31쪽 참조.

원소	공기	불	땅	물
체액	피	노란 담즙	검은 담즙	점액
성질	따뜻함/축축함	따뜻함/건조함	차가움/건조함	차가움/축축함
계절	봄	여름	가을	겨울
연령	유아기	청년기	장년기	노년기
하루	아침	점심	저녁	밤
색깔	붉은색	노란색	검은색	흰색
맛	달콤한 맛	쓴맛	매운(신)맛	짠맛
기분	쾌활하다	대담하다	반항적이다	비활동적이다
행성	금성(또는 목성)	화성	토성	달(물을 가진 별)
기질	Sanguiniker: 밝고 쾌활하고 낙천적인 기질	Choleriker: 정열적이며 흥분하기 쉬운 기질	Melancholiker: 우울과 슬픔에 젖은 기질	Phlegmatiker: 조용하고 냉담한 기질

9) Andrew Solomon, *The Noonday Demon*, 『한낮의 우울』, 민승남 옮김, 민음사, 2004, 488쪽 이하 참조.

10) 서양 지성사는 이미 멜랑콜리에 관한 풍부한 인문학적 담론(의학적 담론만이

아니라)을 가지고 있다. 멜랑콜리에 관한 담론사를 한눈에 살펴볼 수 있는 자료로는 다음과 같은 것이 있다. Jean Clair(hrsg.), *Melancholie: Genie und Wahnsinn in der Kunst*, Hatje Cantz Verlag, 2005; László F. Földényi, *Melancholie*, übersetzt von Nora Tahy, München: Matthes und Seitz, 1988; R. Klibansky, E. Panofsky and F. Saxl, *Saturn and Melancholy: Studies in the History of Natural Philosophy, Religion and Art*, London, 1964; M. Ficino, *Three Books on Life(De triplici vita)*, A Critical Edition and Translation by C. V. Kaske and J. R. Clark, Arizona, 1998; Julia Kristeva, *Soleil Noir: Dépression et Mélancolie*, Gallimard, 1987; Roland Lambrecht, *Melancholie: Vom Leiden an der Welt und den Schmerzen der Reflexion*, Hamburg: Rowolt Tachenbuch Verlag, 1994.

11) 국립국어연구원 엮음, 『표준국어대사전(하)』, 두산동아, 1999, 5672쪽 참조.

12) Aristoteles, *Problems* II, Book XXX, 953a 참조

13) *Greek-English Lexicon*, (compiled by) Henry George Liddell & Robert Scott, Oxford, 1968, 1997쪽.

14) Walter Benjamin, *Gesammelte Schrifte* I-1, in: Ursprung des deutschen Trauerspiels, hrsg. von R. Tiedemann und H. Schweppenhäuser, Frankfurt a. M.: Suhrkamp, 1997, 329쪽.

15) László F. Földényi, *Melancholie*, übersetzt von Nora Tahy, München: Matthes und Seitz, 1988, 28쪽.

16) 김상봉, 『나르시스의 꿈: 서양정신의 극복을 위한 연습』, 한길사, 2002, 89쪽 참조.

17) I. Kant, *Gesammelte Schriften*, hrsg. von der Königlich Preußischen Akademie der Wissenschaft, Bd. V, Berlin: Druck und Verlag von Georg Reimer, 1913(이하 GS5로 약칭하여 본문에 표기하고, 쪽수는 다른 판본에도 나와 있는 여백쪽수를 기입하기로 한다), 122.

18) 비교적 초기에 등장한 「고찰」(1764), 「두뇌의 질병에 관한 시험적 에세이(Versuch über die Krankheiten des Kopfes)」(1764), 「어느 시령자(視靈者)의 꿈, 형이상학의 꿈을 통해 해명하다(Träume eines Geistersehers, erläutert durch Träume der Metaphysik)」(1766)(세 글 모두 프로이센판 전집 2권에 수록되어 있다)에서만이 아니라, 『실용적 관점에서의 인간학』과 같은 후기 저작에서도 멜랑콜리를 다루고 있다.

19) 통속적인 이해에 따르며, 종종 멜랑콜리커는 구두쇠로 묘사된다. 파노프스키의 흥미로운 해석에 따르면, 이런 점에서 주먹 쥔 손은 보통 탐욕스러운 멜랑콜리커의 상징이다. “하지만 주먹을 쥔 손(pugillum clausum)은 탐욕의 전형적 상징(오늘날 우리는 주먹을 꽉 쥐고 놓지 않는 사람을 ‘구두쇠’라고 하고 단테는 구두쇠가 ‘주먹을 쥐고[col pugno chiuso]’ 되살아날 것이라고 말했다)이다.

혹시 이 우울증적인 악덕이 진짜 정신이상을 나타낸다면, 그 환자들은 손가락을 펴려 하지 않을 것이다. 왜냐하면 그들은 자기가 보물을 쥐고 있거나 혹은 전체 세계가 자기 손아귀에 들어가 있다고 여기기 때문이다." 그러나 그는 뒤러 작품(「멜렌콜리아 I」)에 등장하는 천사와 같은 경우 그런 통속적인 구두쇠, 정신박약자가 아니라, 해결될 수 없는 문제를 고집스럽게 움켜쥐고 있는 '혼돈스러운 사색가'의 모습이라고 해석한다. Ewin Panofsky, 『인문주의 예술가 뒤러 2』, 임산 옮김, 한길아트, 2006, 114-115쪽 참조.

20) 멜랑콜리가 자유인의 고유한 정조라는 점에서 하이데거도 의견을 같이하고 있다. 다만 하이데거의 자유 개념과 칸트의 그것이 각각 현존재의 개방성과 윤리적 주체의 자발성을 의미한다는 점에서 크게 상이할 뿐이다. 하이데거의 자유 개념과 그것에서 유래하는 멜랑콜리에 관해서는 다음의 글을 참조할 수 있다. 김동규, 「하이데거의 멜랑콜리 해석: 창작하는 자유인의 무거운 심정」.

21) 원문은 "Ist der Verstand noch schwächer"이다. 굳이 직역을 하자면, "오성[지성]이 더욱 약화될 경우"라고 번역할 수 있다. 그런데 텍스트 문맥의 의미상 "계몽된 이성"으로 번역하는 것도 무난할 것도 같다. 이 번역은 다음의 우리말 번역본을 따랐다. I. Kant, 『아름다움과 숭고함의 감정에 관한 고찰』, 이재준 옮김, 책세상, 2007, 38쪽.

22) 간단히 「고찰」에서 등장하는 아름다움과 숭고의 대상들을 비교하면 다음과 같다.

아름다움	숭고
구름 위로 솟아 오른 눈 덮인 봉우리의 산악 풍경이나 성난 폭풍에 관한 묘사/ 밀턴의 지옥에 관한 묘사	꽃들로 가득한 들녘/ 시냇물이 굽이쳐 흐르고 풀을 뜯는 가축들로 뒤덮인 계곡의 풍경/ 엘리시온에 관한 이야기/ 비너스의 허리띠에 관한 호메로스의 묘사
화단과 낮은 산울타리 그리고 그림 속의 잘 가꿔진 꽃/ 낮/ 황금색과 파란 눈동자	신성한 숲 속의 키 큰 너도밤나무와 쓸쓸한 그림자/ 밤/ 어두운 색과 검은 눈동자
매료/ 희극/ 보편적인 호의의 근거	감동/ 비극/ 보편적인 존경의 근거
작은 것/ 장식적이고 치장된 것	거대한 것/ 단순한 것
위트/ 사랑/ 남녀간의 사랑/ 젊은이/ 선한 마음씨/ 여성/ 아름다운 지성	지성/ 존경/ 우정/ 노인/ 고귀한 마음씨/ 남성/ 심오한 지성
유치/ 맵시 있는 자/ 멋쟁이/ 엉터리 (아름다움이 퇴화된 모습)	공상/ 기괴한 것/ 환상가/ 망상가 (숭고가 퇴화된 모습)
연민/ 자비로운 감정/ 사교성/ 채용된 덕(adoptierte Tugende)	참된 덕/ 순수한 덕/ 정의로운 사람
혈액질적(sanguinisch)	흑담즙질적(melancholisch)
이탈리아(매혹적, 감동적 아름다움)/ 프랑스(우습고 감미로운 아름다움)	독일(화려한 숭고)/ 영국(고상한 숭고)/ 스페인(공상적, 위협적인 숭고)

23) 『판단력비판』에 등장하는 아름다움과 숭고의 차이점을 도식화시키면 다음과 같다.

아름다움	숭고
성질/ 대상의 형식/ 형태/ 한계	분량/ 몰형식적 대상/ 한계 없음
불확정적 오성 개념의 현시	불확정적 이성 개념의 현시
직접적인/ 긍정적인 쾌/ 고요한 관조	간접적인/ 부정적인 쾌/ 심정의 동요
유희하는 상상력	진지한 상상력
인식능력(판단력, 상상력)에 합목적적/ 적합/ 자연스런 일치	인식능력(판단력, 상상력)에 반목적적/ 부적합/ 폭력적

24) I. Kant, *Gesammelte Schriften*, hrsg. von der Königlich Preußischen Akademie der Wissenschaft, Bd. VII, Berlin, Druck und Verlag von Georg Reimer, 1917, 213쪽.

25) I. Kant, 『실용적 관점에서 본 인간학』, 이남원 옮김, 울산대학교 출판부, 1998, 234쪽. 번역본을 참조하였지만, 본문에 수록된 인용 구절은 대폭 다시 번역하였다. *Gesammelte Schriften*, hrsg. von der Königlich Preußischen Akademie der Wissenschaft, Bd. VII, Berlin: Druck und Verlag von Georg Reimer, 1917, 286쪽.

26) 같은 책, 235쪽(원본 286쪽).

27) 같은 책, 237쪽(원본 288쪽).

28) 멜랑콜리를 나르시시즘과 연관시킨 대표적인 사람은 프로이트다. 프로이트는 「슬픔과 멜랑콜리」(1917)에서 집중적으로 멜랑콜리를 분석한다. S. Freud, "Trauer und Melancholie", in *Psychologie des Unbewußten*(Studienausgabe Bd. III), von hrsg. von A. Mitscherlich A. Richards J. Strachey, Frankfurt a. M.: Fischer Taschenbuch Verlag, 2000. 제목이 보여주고 있는 것처럼 글의 주요 내용은 슬픔과 멜랑콜리를 '비교'하는 가운데, 멜랑콜리의 주요 특징과 그것의 메커니즘을 부각시키는 것으로 이루어져 있다. 슬픔과 멜랑콜리가 모두 사랑하는 대상을 상실한 데에서 발생하는 감정이기는 하지만, 전자가 애도작업을 통해 자연스럽게 대상 상실을 극복해 가는 반면, 후자는 대상을 자신과 동일시하며 상실의 현실을 거부한다. 자타를 구분하지 않는 상태, 그래서 대상을 자기와 동일시할 수밖에 없는 상태를 프로이트는 "나르시스적 동일시(narzißtische Identifizierung)"(203쪽)라 부르며, 태어나자마자 인간이 처음 처하게 되는 상황으로 묘사한다. 결국 멜랑콜리는 사랑의 상실에 대처하는 어린아이 같은 태도, 즉 유아기에 겪게 되는 나르시스적 동일시로 퇴행하면서 겪게 되는 질병이다.

29) 이미 김상봉은 서양 이성의 나르시스적 특징을 정확하고 분명하게 간파하였다. 서양 이성, 특히 칸트적 이성의 멜랑콜리를 논하고자 하는 필자의 작업에서 그의 연구 성과는 중요한 이론적 버팀목 역할을 했음을 밝혀둔다. 서양 이

성의 나르시시즘에 관한 좀 더 정치한 그의 최근 논의는 김상봉, 『서로주체성의 이념: 철학의 혁신을 위한 서론』, 길, 2007, 제1부 「서양정신의 나르시시즘과 홀로주체성」이 참조할 만하다.

30) 이미 고대 그리스 시대에도 멜랑콜리와 자살을 긴밀하게 연결시켜 사유했다. Aristoteles, *Problems* II, Book XXX, 954b 이하 참조.

31) 이러한 포스트모더니즘과 칸트 철학의 연관성에 관해서는 다음의 책이 참조할 만하다. 한국칸트학회 엮음, 『포스트모던 칸트』, 문학과지성사, 2006. 특히 최소인의 다음과 같은 결론은 음미심장하다. "오히려 진정한 칸트의 비판정신은 이 사이에서 균형감각을 유지하는 것이며, 칸트 철학의 진정한 의미는 **이 사이에서 흔들리고 동요하는 인간의 삶이 지닌 본래적 비극성**을 보여주는 것이라고 할 수 있다."(150쪽. 인용자 강조) 비극성의 원천을 다른 각도에서 보고 있기는 하지만, 이런 결론에서도 우리는 칸트 철학의 멜랑콜리를 다시금 확인할 수 있다.

32) 하이데거의 이런 입장에 관해서는 미셸 아의 글이 참조할 만하다. Michel Haar, "Attunement and Thinking", in *Heidegger: A Critical Reader*, ed. by Hubert Dreyfus and Harrison Hall, Oxford and Cambridge: Blackwell, 1992, 160쪽 이하 참조.

제 3 부

이성과 현실

사회비판과 합리성

김원식

1. 문제 제기

모든 비판적 사유는 현실의 불합리와 부정의, 그리고 그로 인해 야기되는 고통에 대한 고발이며, 이러한 고발은 언제나 주어진 사태를 넘어설 수 있는 사유의 가능성을 전제한다. 그리고 그러한 사유의 넘어섬이 한갓 주관적 감정이나 소망 이상의 것이고자 한다면, 그것은 언제나 모두가 동의할 수 있는 이성적인 혹은 합리적인 비판의 기준을 설정할 것을 요구받게 된다.[1)] 비판이 현실에 대한 단순한 기술(記述)이나 폭로 혹은 주관적 불만에 그치고자 하지 않는다면, 모든 비판은 비판의 이성적 혹은 합리적 규준 설정이라는 요구로부터 자유로울 수 없을 것이다. 이와 같이 비판과 이성 혹은 합리성이라는 개념은 필연적인 연관 속에 존재한다.

이러한 일반적인 연관하에서 보자면, 모든 사회비판은 이미 합리성(Rationalität) 이론을 함축하고 있다고 말할 수 있을 것이다. 현실에 대한 비판적 진단과 그에 대한 해방적 대안의 모색이라는 비판사회 이론의 일반적 과제는 비판의 합리적 기준 설정의 문제와 불가분한 연관관계 속에 존재한다. 이런 점에서 합리성 이론은 사회비판 일반이 성립하기 위한 전제로서 기능한다. 물론 합리성 이론이 단지 비판의 규범적 기준으로서만 기능하는 것은 아니다. 모든 사회질서는 그 나름의 정당화 원리, 조직 원리를 가지고 있다는 점에서 합리성 이론은 그러한 사회질서를 해명하는 데에도 역시 기여할 수 있기 때문이다. 특히 베버 이래로 서구적 근대화 과정이 합리화 과정으로 해석되어 왔다는 점을 고려할 때, 합리성 개념은 사회질서를 해명하는 데에서도 중요한 역할을 담당한다고 할 수 있을 것이다.

이 글의 목적은 프랑크푸르트학파 1, 2세대의 논의를 중심으로 사회비판과 합리성 이론과의 관계를 살펴보고, 나아가서 합리성 이론에 기초한 사회비판에게 남겨진 과제들을 검토하는 데에 있다. 이를 위해 이 글은 첫째, 베버의 논의를 통해 서구적 근대화가 합리화 과정으로 규정될 수 있음을 밝히고, 둘째, 이러한 합리화 과정을 계몽의 자기 파괴로 규정하는 호르크하이머와 아도르노의 논의를 살펴본 후, 셋째, 이러한 진단에 대한 하버마스의 의사소통 이론적 대응을 검토할 것이다. 그리고 마지막으로는 합리성 이론에 기초한 사회비판에게 남겨진 과제들에 대한 검토를 진행하고자 한다.

2. 합리화 과정으로서의 근대

주지하듯이 베버의 주된 관심은 특정한 시기, 서구라는 특정한 지역에서 근대성, 자본주의가 출현하게 된 기원을 해명하는 데에 있었다. 그리고 이러한 문제의식으로부터 출발한 베버는 서구적 근대화 과정의 핵심을 '합리화' 과정으로 규정하였다.

베버에 따르면 자본주의는 그 어떤 문화권도 아닌 특정한 시기의 서구 문화권 내에서만 출현할 수 있었다. 왜냐하면 현대적 자본주의가 창출되기 위한 다양한 문화적 조건들을 갖춘 유일한 지역이 서구

사회뿐이었기 때문이다. 그는 자본주의 출현을 가능하게 한 조건들로 근대 자연과학에 바탕을 둔 기술의 발전, 합리화된 법과 행정, 나아가서는 이러한 요인들의 기저에 존재하는 근대적인 서양의 합리주의를 들고 있다.[2] 사회변동의 원인을 경제적인 원인들로 환원하는 유물론적 설명방식을 비판하면서 베버는 사회변동을 야기하는 문화적 조건들에 주목할 것을 강조하고 있다.[3] 이러한 입장에서 그는 서구적 합리주의가 종교, 과학, 예술, 국가, 경제 등 다양한 영역에서 구현되고 있다는 점에 주목하였다.

합리화 과정이란 사회생활의 각 영역에서 합리적 행위가 증대된다는 것을 의미한다. 그런데 현대적 자본주의를 출현하게 하는 토대가 되었던 종교적 변화를 비롯한 다양한 사회 문화적 변동을 이와 같은 합리화 과정으로 규정하려면, 이 경우 합리성이 의미하는 바가 무엇인지가 먼저 해명되어야만 할 것이다. 베버는 합리적이라는 술어가 다양한 맥락에서 사용될 수 있으며, 또 특정한 영역에서 추구하는 합리성이 다른 관점에서는 매우 비합리적인 것일 수도 있다고까지 인정하고 있다.[4] 그렇기 때문에 그에게 중요한 것은 합리성에 관한 그 어떤 초역사적이고 보편적인 이론이라기보다는 서구적 근대를 가능하게 한 특정한 서구적 합리성의 의미를 밝히는 것이다.

베버의 논의에 따르면 사회적 행위는 크게 두 가지 의미에서 합리성을 갖는다. 목적합리성과 가치합리성이 그것이다. 목적합리성은 결과에 대한 고려를 포함하여 주어진 목적을 실현하기 위한 수단을 선택하는 데에서 발견되는 합리성을 말한다. 특정한 목적을 실현하는 데에 현실적으로 기여하는 바가 큰 수단일수록 그 수단을 선택하는 행위는 목적합리성을 갖는다. 반면에 가치합리성은 결과와는 무관한 특정한 목적 자체의 설정과 관련된다.[5] 크게는 진리와 선, 아름다움 중 무엇을 목적으로 추구할 것인지, 나아가서는 경합하는 다양한 가치들 중 어떤 것을 추구할 것인지를 선택하는 데에서 가치합리성은 작동한다. 베버에 따르면 가치합리성의 차원은 실존적인 선택과 연관되어 있으며, 따라서 다원주의적 영역이다.

베버의 분석에 따르면 근대화 과정은 탈주술화 과정인 동시에 가치 영역들의 분화 과정이기도 하다. 근대화는 전통적인 통일적 세계관이 소멸되고 분화되어 나가는 과정이자 그 산물이다. 인간과 우주를 포괄하고 진, 선, 미를 총괄하여 관장하던 종교적인 통일적 세계관의 해체는 세계에 대한 탈주술화를 가능하게 한다. 이는 근대 자연과학에서 나타나는 세계에 대한 객관적 관찰의 정신에서 뚜렷하게 표현된다. 근대의 기계론적 세계관 속에서 자연적 세계는 더 이상 그 어떤 자체적인 목적이나 조화로운 질서를 표현하지 않는 무의미한 세계일 뿐이다.

통일적 세계관의 해체와 더불어 인간 정신의 영역은 과학, 도덕과 법, 예술의 영역으로 분화되어 나간다. 베버에 따르면, 이들 각각의 영역은 서로에 대해서 독립적이다. 사실적 진리와 규범적 올바름, 그리고 아름다움은 각기 독자적인 판단의 기준을 요구한다.[6] 그뿐만 아니라 베버에 따르면 학문의 각 영역들은 그 영역 자체의 '궁극적 의미'에 대한 정당화를 제시할 수도 없다. 과학은 객관적 지식의 궁극적 의미가 무엇인지에 대해, 의학은 삶 자체의 가치에 대해, 미학은 예술의 존재근거 자체에 대해 더 이상 답할 수 없다는 것이다.[7] 이런 맥락에서 그는 궁극적 가치들과 관련해서 '가치 다신교'에 대해 말하고 있다.

베버가 문화적 합리화 과정에 대한 이러한 분화된 설명틀을 가지고 있음에도 불구하고, 그에게 근대사회의 합리화 과정은 주로 목적합리성에 기초한 형식적 합리화 과정으로서 분석되고 해석된다. 베버가 근대사회의 합리화 과정의 핵으로 보는 것은 자본주의 경제와 근대국가의 출현이다. 물론 그가 일차적으로 이러한 제도들이 출현할 수 있었던 다양한 문화적 조건들을 해명하기도 하지만, 그에게 이러한 제도들의 기능적 핵심은 언제나 목적합리적 행위의 확산과 강화라는 측면에서 파악되고 있다.

예를 들어 『프로테스탄트 윤리와 자본주의 정신』에서도 그의 주된 작업은 자본주의 출현의 문화적 조건들을 추적하는 것이었지만, 그의 고찰은 합리적 국가기관과 근대적 형식법을 전제로 하는 자본주의 체제가 일단 성립되고 나면 그 체제는 이러한 과거의 흔적들을 스스로 지워 나간다는 점을 잘 보여주고 있다. 프로테스탄트적 금욕주의와 구원에 대한 욕망이 자본주의 정신의 기원이었음에도 불구하고, 일단 자본주의 체제가 작동하기 시작하면 이윤 추구의 욕망은 자립화되고 개인들은 모두 이 운명적인 쇠우리 속으로 갇힐 수밖에 없다는 것이다.8) 그렇기 때문에 "영혼이 없는 전문가, 사랑이 없는 감각주의자라"는 그의 잘 알려진 자본주의의 미래에 대한 우울한 전망이 제시되고 있는 것이다. 근대적 합리화 과정은 통일적 세계관의 해체를 통해 '의미 상실'을 초래하며, 관료적 합리성을 통한 물화된 현실을 통해 '자유 상실'을 초래하게 된다.

근대화 과정을 주로 목적합리성 차원에서만 해석하는 경향은 그의 법해석에서도 마찬가지로 등장하고 있다. 그는 근대법의 합리화 과정을 분석하면서도 주로 법의 형식적 합리성, 내적 정합성이라는 차원에서의 변화에만 관심을 집중하고 있다. 이런 점에서 베버의 법이론은 합법성과 정당성을 동일시하는 법실증주의적 경향을 띠고 있다. 하버마스가 『사실성과 타당성』에서 해명하고자 하는 사실, 즉 근대법 자체가 민주주의적 입법 과정을 통해서 그 정당성의 차원에서 변형이 이루어지고 있다는 사실은 베버의 법해석에서는 관심 대상이 아니다. 이와 같이 근대적 합리화 과정에 대한 그의 고찰 전반은 주로 경제적인 영역에서의 합리화, 법적이고 행정적인 측면에서의 합리화를 목적합리성의 증대라는 차원에서 해명하는 데에 치중하고 있다고 할 수 있다.

결국 베버는 자본주의 경제체제와 관료국가를 핵심으로 하는 근대 사회의 변화를 목적합리성의 증대라는 차원에서 사회적 합리화 과정으로 규정하고 있다. 서구적 근대화를 합리화 과정으로 규정하는 베버의 이러한 작업은 이후 비판이론 1, 2세대가 합리성 이론에 기초한 비판사회 이론을 구축하는 데에 커다란 영향을 미치게 된다. 베버의 논의를 기초로 해서 그들은 근대화 과정을 특정한 유형의 합리성이 구현되는 과정으로 해석할 수 있었으며, 그러한 합리성의 기준에 대한 비판적 논의를 통해 비판사회 이론의 모델을 구축할 수 있게 되었던 것이다.

3. 도구적 이성과 계몽의 자기 파괴

근대화 과정을 합리화 과정으로 규정한 베버의 작업에 기초하여, 『계몽의 변증법』의 호르크하이머와 아도르노는 계몽의 자기 파괴에 대한 그들의 비관적 시대진단을 도구적 이성비판의 형태로 제시하고 있다. 계몽의 변증법은 사회학적 수준에서 제시된 베버의 근대화에 대한 진단을 철학적이고 개념적인 반성의 수준으로 급진화시킨다. 그리고 이러한 급진적 반성을 통해 자유로운 이성의 실현을 목표로 하였던 초기 비판이론의 기획은 이제 근대성, 나아가서는 문명화 과정 전체에 대한 비관적인 진단으로 극적으로 전환되어 나간다.[9)]

호르크하이머와 아도르노는 이제 문명화 과정 자체를 더 이상 인간 해방을 실현하는 진보의 과정으로 평가하지 않게 된다. “계몽의 변증법이 필연적이고 해방적인 사회주의로 나아가는 역사의 진보에 대한 초기의 신화를 성공적으로 파괴해 버렸기 때문에, 미래는 매우 의심스러운 것이 되어 버린다.”[10)] 그들은 이제 문명화된 현실 전체가 야만에 빠져 있으며, 또 야만으로 빠져 버릴 수밖에 없었다는 비관적 시대진단을 제시하게 된다.

이러한 급진적이고 비관적인 현실진단은 개념적 사유와 노동이라는 범주 자체에 대한 근원적인 반성에 기초하고 있다. 계몽의 변증법에서 인간의 노동이나 개념적 사유는 이제 더 이상 자연의 자기실현 행위로, 인간의 자기실현 행위로 긍정적으로 이해되지 않는다. 그들은 사유와 노동 그리고 그것의 지침과 기준이 되었던 '이성' 자체가 주체의 자기보존을 위한 전략적 수단, 도구에 지나지 않는다고 진단하기 시작한다.

이성이란 자기보존 행위가 가지는 효율성을 판단하기 위한 척도에 불과하다. 인간이 자연으로부터 배우고 싶어 하는 것은, 자연과 인간을 완전히 지배하기 위해 자연을 이용하는 법이다. 사유와 노동이라는 인간의 이론적이고 실천적인 행위 전체가 타자에 대해 가지는 폭력적이고 지배적인 성격이 이제 근본적 반성의 대상이 된다. 타자에 대한, 나아가서는 자기 자신에 대한 지배의 지침이 되는 근대적 합리성을 호르크하이머와 아도르노는 '도구적 이성(instrumentelle Vernunft)'이라고 명명한다. 비판이론 1세대의 진단은 헤겔이나 마르크스의 비판정신을 이어받고 있지만, 그들의 비판을 사유와 노동, 그리고 이성 자체에 대한 비판으로 급진화하고 있다는 점에서 그 고유성을 갖는다.

이제 비판의 목적은 더 이상 상실된 사회통합의 힘을 재건하는 데 있지 않다. 비판이론 1세대들이 처한 시대적 상황은 진보에 대한 그 어떤 낙관적 기대도 허용하지 않았다. 계몽에 대한, 이성에 대한 낙관은 이제 불가능한 것이 되어 버렸다. 현실에는 엄청난 재앙들과 어두운 그림자들만이 존재한다. 나치 치하의 전체주의적인 독일의 현실이나 그들의 망명지였던 미국에서 실현된 자본주의적인 풍요로운 대중 소비사회 속에서, 그리고 스탈린 체제 속에서 변질되어 버린 사회주의의 현실에서 그들은 어떠한 희망도 발견할 수 없었다. 더 이상 현존하는 탈출구는 없다. 체제와는 무관하게 현대문명 전체는 쇠퇴의 경로를 걷고 있다.

현실에 팽배한 소외와 사물화 현상들은 이제 더 이상 상품의 물신성에 대한 분석을 통해서 해명되지 않는다. 마르크스는 『자본론』의 첫 장에서 화폐로 완성되는 교환가치의 자립화에 대한 통찰을 기반으로 상품의 물신성에 대한 분석을 시도했다. 그러나 호르크하이머와 아도르노는 더 이상 마르크스의 유물론적 현실 독해 방식을 추종하지 않는다. 이미 그들의 비판은 인간의 모든 사유와 행위 영역으로, 역사 전체로 확장되고 있다. 이제 오히려 상품 교환의 형식 자체와 사물화 현상이 동일성 원리를 통해서 설명된다.

"시민사회는 등가물에 의해 지배된다. 시민사회는 동일하지 않은 것을 추상적인 크기로 환원함으로써 비교 가능한 것으로 만든다. 계몽에게 숫자로 환원될 수 없는 것, 나아가 결국에는 하나로 될 수 없는 것은 가상이 되어 버린다. 근대의 실증주의는 이런 것들을 문학 속으로 추방해 버린다. 통일성은 파르메니데스로부터 러셀에 이르기까지 제시되어 온 표어였다. 신들과 질(質)의 파괴는 지속적으로 고수된다."[11] 이러한 진단에서 현실과 이론을 유물론적으로 읽어 내라는 마르크스의 권고는 그 의미를 잃어버리게 된다. 이제 시민사회의 등가원리는 파르메니데스의 동일성 사유의 사례이거나 산물에 불과한 것으로 이해될 뿐이다.

이들의 비판의 표적은 이제 현실의 특정한 국면이 아니다. 현실에 더 이상 탈출구는 없다. "『계몽의 변증법』의 관점에서 보면 이성의 자기부정은 극단적으로 확장된 것처럼 보인다. 그래서 호르크하이머와 아도르노, 그리고 국가자본주의 이론을 세운 폴록(Pollock)조차도, 정치적 제도들과 모든 사회적 제도와 일상의 실천에서 이제 이성은 흔적도 없이 사라져 버렸다고 생각하게 되었다. 그들에게 이성은 문자적 의미에서 유토피아적(utopisch)이 되어 버렸으며, 그것이 존재할 장소를 상실하게 되었다."[12]

『계몽의 변증법』에서 저자들은 문명화 과정을 자연에 대한 인류의 지배과정, 자기화 과정으로 읽어 낸다. 지배나 자기화라는 개념은 이미 타자에 대한 조작, 억압을 나타내고 있다. 인류 역사는 지배와 억압이 인간의 자연 지배, 인간의 인간 지배, 인간의 자기 내적 지배라는 세 측면에서 극대화되어 나타나는 과정일 뿐이다. 사이렌의 유혹을 이겨내기 위해 자신의 몸을 돛에 묶었던 오디세우스의 예를 통해서 『계몽의 변증법』의 필자들은 자연 지배와 타자 지배가 이미 자기 자신에 대한 지배와 억압을 전제하고 있다는 사실을 상징적으로 보여주고 있다. 인류 역사는 주체-객체 대립을 전제로, 주체가 객체를 일방적으로 지배하고 이러한 지배를 내면화시켜 나가는 과정으로 읽힌다. 현실은 폭력적 지배의 현장이 되어 가고 있다. 이제 남아 있는 유일한 과제는 이 총체적인 억압의 구조에 대해 전면적인 비판을 행하는 것뿐이다.

그러나 이러한 비판은 애초부터 소박한 희망과는 거리가 먼 것이다. 왜냐하면 이미 현실에는 이러한 비판을 수행할 이론적 기점이나 실천적 주체가 더 이상 존재하지 않기 때문이다. 『계몽의 변증법』이 제기하는 도구적 이성비판은 자본주의적 근대의 역설이라는 주제를 비판이론의 역사 속에서 처음으로 명확하게 정식화했다는 점에서 그 의의를 찾을 수 있을 것이다. 호르크하이머와 아도르노는 쇠락하는 현실에 대한 민감한 감수성을 바탕으로 근대적 합리성에 내재하는 지배 본성을 간파하고, 그것이 산출하는 위험성을 날카롭게 지적하였다. 이성의 실현을 목표로 하는 근대의 기획 자체를 타자에 대한 동일화와 지배의 기획으로 규정하는 이러한 시대인식은 오늘날 탈근대적 시대진단 일반의 기초를 제공하고 있는 것으로 보인다.

그러나 도구적 이성비판은 합리성 이론에 기초한 사회비판을 더 이상 불가능하게 만드는 역설적 결과에 부딪치게 된다. 그들의 비판은 총체적 이성비판을 통해 수행적 모순을 범하는 결과를 초래하게 되기 때문이다.[13] 그들은 이성 전체를 주체의 자기보존 욕구에 기초한 도구적 이성으로 규정함으로써, 그들의 비판이 성립할 수 있는 지반 자체를 붕괴시키는 결과를 낳았던 것이다. 이러한 문제를 인식한 아도르노가 개념적 사유를 통한 개념적 사유의 극복과 미학으로의 탈주를 시도했지만, 이러한 시도들은 비판을 위한 보편적 규범의 확보 및 정당화라는 측면에서 보자면, 이론적 파산에 다름 아니다.[14]

이들의 시대진단 역시 이러한 이론 내재적 문제로 인해서 학제적 연구를 포기하는 결과를 산출하였다. 자본주의적 근대화의 역실에 대한 고찰을 넘어서 문명사 전체에 대한 근원적 반성을 시도하게 되면서, 역사와 현실에 대한 그들의 진단은 추상적인 철학적 개념의 수준으로 퇴행하게 된다. 이는 비판이론 기획의 한 축이었던 학제적 연구를 불가능하게 한다는 점에서 치명적 약점이라고 평가할 수 있을 것이다. 그리고 이러한 이론적 난점들은 결국 민주주의적 법치국가가 가지는 사회정치적 의미에 대한 과소평가로 귀결되었다. 이성에 대한 총체적 회의는 민주적 공론장 속에서 형성되는 합리적인 의사소통적 권력의 출현과 이를 통한 도구적 이성의 제어 가능성을 파악 불가능하게 만들었으며, 철학적 개념 수준으로 퇴행한 사회분석은 근대화 과정의 복합성을 분석할 수 있는 경로를 차단하고 말았다.

4. 의사소통 합리성과 미완의 기획으로서의 근대

하버마스의 가장 중요한 과제는 도구적 이성비판이 봉착한 이론적이고 실천적인 난관을 극복하고, 사회비판의 합리성 이론적 기초를 회복하는 것이었다. 이를 위해 하버마스는 상호주관성의 차원에 착안하여 포괄적 이성 개념을 제시함으로써, 근대적 이성의 협소화를 비판하고 나아가서 복합적인 근대의 차원들을 포착할 수 있는 새로운 길을 마련하고자 한다. 이러한 그의 작업에서 핵심을 이루는 것이 바로 '의사소통 행위(Kommunikatives Handeln)'라는 개념이다.

하버마스에 따르면 베버를 비롯하여 프랑크푸르트학파 1세대들로 하여금 근대화 과정을 단지 도구적 이성의 지배나 그로 인한 총체적 물화(物化)로 진단하게 만든 근본 원인은 그들이 사회적 행위를 협소하게 규정한 데에 있다. 베버는 사회적 근대화에 대한 해석에서 목적합리적 행위 유형의 확산에만 주목하였으며, 이러한 영향하에서 호르크하이머와 아도르노의 『계몽의 변증법』은 근대화 과정뿐 아니라 문명화 과정 전체를 자기보존을 위한 도구적 행위와 도구적 이성의 확대 과정으로만 해석하게 되었다는 것이다.

인간의 모든 행위를 도구적 행위로 환원하는 이러한 해석의 근저에는 근대적 의식철학 모델이 존재한다고 하버마스는 주장한다. 데카르트 이후 자기의식의 확실성으로부터 출발하는 근대 의식철학은 주체와 객체라는 근본 구도 속에서만 세계를 이해한다. 그리고 주체-객체 구도를 전제하게 되면 타인을 포함한 세계 전체, 나아가서는 자기 자신 역시 주체의 대상으로 규정될 수밖에 없게 된다. 그렇기 때문에 하버마스는 의식철학의 패러다임을 넘어서 주체와 주체 사이의 상호작용을 행위의 근본 모델로 삼는 의사소통 패러다임을 도입할 것을 요구하게 된다.

이를 위해 먼저 하버마스는 사회적 행위의 유형을 도구적 행위, 전략적 행위, 의사소통 행위라는 유형들로 분화시켜 나간다. 초기에 '노동과 상호작용'의 구분을 시도한 이래 그는 도구적 행위로 환원될 수 없는 의사소통 행위의 영역이 존재한다는 사실을 입증하고자 지속적으로 노력해 왔다.[15] 하버마스의 분류에 따르면 인간의 행위는 크게 비사회적 행위인 도구적 행위와 사회적 행위로, 사회적 행위는 다시 성공을 지향하는 전략적 행위와 상호 이해를 지향하는 의사소통 행위로 구별된다.

도구적 행위나 전략적 행위는 비판이론 1세대들이 주목했던 인간의 행위 유형이다. 도구적 행위 모델에 따르면, 인간은 자기보존을 위해 객체나 타자를 도구로 규정하고 이용할 수밖에 없다. 인간의 개념적 사유는 이미 타자에 대한 동일화, 차이의 배제와 억압의 기제를 내장하고 있으며, 그런 한에서 인간의 모든 인식과 행위는 자기보존을 위한 타자에 대한 지배와 억압 행위에 다름 아니다.

그러나 하버마스는 언어적이고 사회적인 존재인 인간에게는 타자를 단지 도구화하지 않고 타자의 타자성을 인정하는 의사소통적 행위의 가능성 역시 존재한다고 말한다. 의사소통 행위는 사회적 행위자들이 상호 이해를 목적으로 서로의 행위 계획을 조정하는 데에서 성립한다. 여기서 행위자들에게 일차적으로 중요한 것은 자신의 목적을 성취하는 것이 아니라 공동의 행위 계획에 대한 합의를 성취하고 이를 통해 각자의 행위를 조정하는 것이다. 하버마스는 화용론적인 언어분석을 통해 이러한 의사소통 행위 유형의 특징을 밝혀내고자 하였으며, 이러한 분석을 통해서 그는 인간의 언어에는 상호 이해라는 본래적 목적이 내재되어 있음을 보여주었다.

의사소통 행위 속에서 화자는 자신의 주장을 제기하며, 청자는 그러한 주장의 타당성을 인정하거나 그에 대해 비판을 제기한다. 이러한 상호 주관적 관계 속에서 주체는 타자를 나와 동등한 주체로 인정한다. 만일 이러한 상호 인정이 전제되지 않는다면 합리적 대화 자체가 성립할 수 없게 될 것이다. 하버마스의 분석에 따르면 화자의 주장에는 일반적으로 세 가지 타당성 요구가 함축되어 있다. 진리(Wahrheit), 규범적 올바름(Richtigkeit), 진실성(Wahrhaftigkeit) 요구가 그것들이다. 하버마스는 의사소통 행위에서 이러한 타당성 요구의 복합적 차원이 등장한다는 사실에 주목하여, 포괄적 이성으로서의 '의사소통 이성' 개념을 제시하고 있다.

사실적 진리, 규범적 올바름, 의도의 진실성 여부 모두에 대해 비판과 논거를 통한 토론 및 정당화가 가능하다는 점에서 이 영역들 전체는 이제 합리적 논의가 가능한 영역으로 인정된다. 그의 분석에서는 특히 사실적 진리에 대한 논의와 구별되기는 하지만, 규범적 논의들 역시 보편적 정당화가 가능하다는 점이 강조되고 있다. 이렇게 규범적 차원의 합리성을 회복해 내는 것은 하버마스에게, 나아가서는 비판적 사회이론 일반의 수립을 위해서 매우 중요한 의미를 갖는다. 이성의 도구화는 모든 규범의 정당화를 불가능하게 만든다. 만일 철저히 도구적인 이성의 기준에서 본다면, 살인을 하지 말아야 하는 그 어떤 이성적인 당위적 논거도 제시될 수 없게 될 것이다.[16)] 그리고 이는 결국 사회비판의 성립 자체 역시 불가능하게 만들 수밖에 없게 된다. 현실에 대한 모든 비판은 그러한 비판이 전제하는 척도에 대한 보편적인 규범적 정당화를 전제할 수밖에 없기 때문이다.

의사소통 행위와 이성이라는 개념에 기초해서 하버마스는 도구적 이성과 질서의 전면화라는 획일화된 일면적 사회관을 극복하고, 나아가서 포괄적 이성 개념을 기초로 이성의 일면화를 비판할 수 있는 기점을 확보하게 된다. 이제 본래적인 근대의 기획은 포괄적 이성의 실현을 지향하는 것이었지만, 자본주의적인 일면적 근대화로 인해 의사소통 이성의 파괴와 도구적 이성의 지배 현상이 나타나게 되었다는 방식의 시대진단이 비로소 가능해질 수 있게 된 것이다.

이러한 의사소통 패러다임으로의 전회를 기초로 삼아 하버마스는 1세대 비판이론의 시대진단이 봉착한 난관들을 돌파하고자 한다. 그는 체계와 생활세계 개념을 핵심으로 하는 이층위적 사회 개념을 제시하고 이에 기초하여 '생활세계 식민화(Kolonialisierung der Lebenswelt)'라는 고유한 시대진단 테제를 도출한다. 베버와 1세대 비판이론의 시대진단이 가지는 한계를 극복하기 위해 그는 사회를 '체계'와 '생활세계'라는 두 차원에서 동시에 파악할 것을 제안했다.

베버와 루카치, 그리고 그들의 작업을 수용하고 있는 1세대 비판이론가들은 사회적 합리화의 과정을 단지 도구적이고 기능적인 행위 및 질서의 확대과정으로만 해석해 왔다. 베버는 경제체계나 행정체계의 차원에서 진행되는 행위체계의 합리화만을 파악했을 뿐 생활세계 내의 일상적 실천에서 나타나는 다차원적인 합리화 과정을 올바로 해명하지 못했다. 그렇기 때문에 베버는 결국 근대적 합리화 과정을 단지 목적합리성의 증대과정으로만 해석하게 된다. 이러한 이론적 결함은 1세대 비판이론에서도 마찬가지로 반복된다. 호르크하이머나 아도르노는 프롤레타리아 계급에 대해 루카치가 가지고 있었던 역사철학적 희망을 거부한 채, 그의 사물화 이론을 수용했다. 그 결과 그들 역시 근대적 합리화를 도구적 이성의 확대과정에 지나지 않는 총체적 물화의 과정으로 해석할 수밖에 없게 된다.

하버마스는 이층위적 사회관을 통해서 근대적 합리화 과정에 대한 이러한 일면적 이해와 그에 따른 비관주의적 시대진단에 저항하고 있다. 이를 위해 먼저 필요한 것은 근대적 합리화 과정에 대한 새로운 진단과 해석의 개념적 기초를 마련하는 것이다. 앞서 살펴본 의사소통 행위와 합리성에 대한 하버마스의 탐구는 이를 위한 기초 작업이라고 할 수 있다. 이러한 작업에 기초해서 이제 그는 사회적 합리화의 과정을 좀 더 포괄적이고 복합적인 과정으로 그려 내고 있다.

하버마스에 따르면, 모든 사회는 두 차원에서, 즉 사회통합과 체계통합이라는 차원에서 스스로의 통합성을 유지하며 따라서 사회진화 과정 역시 구별되는 두 차원에서 진행된다. 모든 사회는 그것의 존속을 위해 물질적인 차원과 상징적 차원에서의 재생산을 필요로 한다. 하버마스는 상징적 차원의 재생산을 생활세계에, 물질적 차원의 재생산을 체계에 할당하고 있다. 상징적 차원의 통합과 재생산, 물질적 차원에서의 통합과 재생산이 각각 생활세계와 체계라는 개념을 통해서 포착되고 있는 것이다.

전략적 행위와 의사소통적 행위를 구별했듯이, 하버마스는 사회질서의 차원에서 체계와 생활세계의 개념을 구별하고자 한다. 그렇기 때문에 체계와 생활세계라는 개념 쌍은 전략적 행위와 의사소통 행위라는 행위 이론적 구별과도 연관되는 것으로 보아야 한다. 물론 행위 유형과 사회질서 사이에 명확한 귀속관계가 성립하지는 않는다. 생활세계는 단지 의사소통 행위만이 귀속되는 영역이 아니며, 체계 내에서 의사소통 행위가 성립 불가능한 것도 아니다. 그렇지만 행위 유형들이 그것이 지향하는 목적을 통해 구별되는 두 가지 유형으로 설정되었던 것과 마찬가지로 체계와 생활세계도 사회질서를 구성하는 분석적으로 구별되는 두 가지 측면으로서 도입된다.[17)]

한 사회가 생활세계의 상징적인 통합과 재생산을 이루어 내기 위해서는 다양한 차원에서의 통합과 연속성이 보장되어야만 한다. 원칙적으로 볼 때, 생활세계 질서는 오직 상호 이해를 지향하는 의사소통 행위를 통해서만 유지되고 재생산될 수 있다. 왜냐하면 문화적 의미나 규범의 정당성은 화폐로 구매되거나 권력에 의해 강요될 수 없기 때문이다. 한 사회는 그 문화적 지속성과 정체성을 유지하기 위해서 공유된 문화적 해석의 틀과 전통을 유지해야 한다. 또한 한 사회는 그 자신의 존속을 위해 도덕이나 법과 같은 규범적 질서를 확보해야 한다. 그리고 한 사회는 그 자신의 존속을 위해 새 세대들에 대한 사회화 과정을 지속해야 한다. 그렇기 때문에 하버마스는 문화, 사회, 인격을 생활세계의 구성요소들로 제시하게 된다. 이를 통해서 그는 후설 이래로 '항상 이미' 전제되어 있는 선이해의 지평으로만 다루어지던 생활세계 개념을 사회학적 차원으로 확장하고 있다.

나아가서 모든 사회는 그 물질적 재생산을 위해 경제적 질서와 정치적 질서의 수립을 필요로 한다. 하버마스에 따르면, 생활세계가 주로 참여자 관점과 관련되는 상징적 차원과 관련되는 데 반해서 체계적 통합은 관찰자 관점에서 드러나는 행위 결과들의 기능적 안정화의 차원과 관련된다. 교환과 관련된 경제적 질서, 권력과 관련된 정치적 질서는 참여자 관점에서 포착되는 행위 동기들과는 무관하게 진행되는 행위 결과들 사이의 객체화된 조정과 통합의 과정이라고 할 수 있다.

사회진화 과정 속에서는 이러한 구별되는 두 차원에서의 발전이 동시에 진행된다. 생활세계는 점차 합리화되어 나가며, 이와 더불어 체계의 복잡성도 증대되어 간다. 사회진화의 초기 단계에서 체계와 생활세계는 밀접하게 서로 결합되어 있다. 미분화된 사회에서 체계를 구성하는 경제적 질서나 정치적 질서는 생활세계의 규범적 질서에 의존하며 그것과 명확하게 구별되지 않는다. 그렇지만 사회적 근대화 과정을 통해 체계와 생활세계의 영역은 분화되며, 나아가서 체계는 자립적인 성격을 가지게 된다. 경제체계와 행정체계에서 복잡성이 증대하면서 유발되는 의사소통의 부담을 줄여주기 위해 화폐와 권력과 같은 매체들이 등장하며, 이를 통해 체계는 점차로 생활세계의 명령으로부터 분리되어 자립화되어 나간다.

이미 베버가 지적하였듯이 사회적 근대화의 주된 특징은 근대국가와 자본주의 경제체제의 성립이라고 할 수 있다. 체계의 측면에서 보자면 근대국가의 성립은 권력을 매체로 하는 공공 행정 영역이 자립화되는 것을 의미한다. 근대국가 체제는 법적으로 정의된 위계적 권력질서를 통해 국민들에게 명령권을 행사한다. 이러한 명령의 정당성 근거는 이미 제정된 법적 절차에 의해서 주어지며, 명령에 대한 거부는 곧 제재의 위협에 직면하게 된다. 여기서 일반 시민들은 명령을 수용하거나 거부하는 단순한 선택지만을 가지게 되며, 그러한 명령의 정당성은 법적으로 정의된 형식적 절차를 준수했는지 여부와 관련될 뿐이다. 화폐를 매체로 하는 자본주의적 시장질서 역시 규범적 질서로부터 자립화된다. 화폐는 거래 당사자들 사이의 관계를 표준화하고 단순화함으로써 상품 교환을 확대시킨다. 권력이나 화폐 매체들은 당사자들 사이의 의사소통을 우회하여 사회적 상호작용을 가능하게 해주며, 이를 통해 체계의 질서들은 의사소통 행위를 통해 재생산되는 생활세계 질서로부터 자립화되어 나간다.

물론 체계와 생활세계의 분리가 양자 사이의 완전한 단절을 의미하지는 않는다. 왜냐하면 체계를 성립 가능하게 하는 제도들이나 법체계는 궁극적으로 생활세계에 기초하고 있기 때문이다.[18] 제도나 법체계들이 화폐나 권력과 같은 매체들이 성립하기 위한 전제조건들이기는 하지만, 매체들이 이러한 제도들과 동일시될 수는 없다. 법제도는 매체들이 기능하기 위한 전제일 뿐이며, 화폐나 권력과 같은 매체들은 제도와는 구별되는 자율적인 자기 확장 논리를 가지고 있다. 하버마스는 이러한 사실을 각별히 강조하고 있는데, 이는 그가 경제와 행정 체계의 자율성 자체가 가지는 진화적 성과를 인정하고자 하며 복잡화된 체계를 생활세계 논리를 통해 제어하는 것은 불가능하다고 보고 있기 때문이다.

체계 복잡성의 증대 및 자립화와 더불어 법과 도덕규범의 차원을 중심으로 진행되는 생활세계의 합리화 역시 진척되어 나간다. 그리고 이러한 생활세계 합리화의 과정은 근대에 이르러 전통적 세계관의 탈주술화와 문화적 가치 영역들의 분화를 요구하게 된다. 진선미의 세계관적 통일성을 보장하던 종교적, 형이상학적 세계관은 해체되고 의사소통 합리성에 내재하는 타당성 요구들은 과학과 기술, 도덕과 법, 예술과 예술비평이라는 제도적 영역으로 분화되어 나간다. 가치 영역들 사이의 제도적 분화와 민주주의적 사회제도의 확립은 근대에 이루어진 생활세계 합리화의 과정을 표현하고 있다.

그렇지만 체계와 생활세계 사이의 이러한 분화 과정이 순조롭게만 진행되는 것은 아니다. 자본주의 체제 안에서 이루어지는 사회진화는 체계의 자립화를 넘어서 체계의 명령이 생활세계에 침투하는 '생활세계 식민화'를 야기하기 때문이다. 여기서 한 가지 주의할 부분은 하버마스가 문제 삼는 것은 체계의 매체들이 생활세계를 식민화하는 문제일 뿐이지, 체계의 복잡화나 자립화 그 자체는 아니라는 점이다.

마르크스는 자본주의적인 경제 자체를 소외로, 계급 착취의 한 양식으로 규정하고, 그러한 물화된 질서 자체를 생활세계 질서로 대체할 것을 요구하였다. 그리고 이는 현실 사회주의 체제에서 프롤레타리아 독재에 기초한 중앙집권적 계획경제의 형태로 구체화되었다. 하버마스는 이러한 구사회주의적 기획은 첫째, 자본주의 경제체계의 발전이 가지는 생산에서의 효율성이라는 장점을 무시하고 있다는 점에서, 둘째, 화폐라는 매체를 단지 권력이라는 매체로 대체할 뿐이라는 점에서 근본적인 문제를 가지고 있다고 말한다. 따라서 그는 화폐와 권력을 매체로 하는 체계의 자립화가 가지는 일차적인 의의를 인정하는 조건에서 그러한 매체들이 자신들이 기능하기에 적합한 영역을 넘어서서 생활세계 질서를 파괴하는 경우만을 문제 삼게 된다.

효율성만을 지향하는 체계의 명령이 상호 이해의 메커니즘을 요구하는 생활세계에 침투하면서 여러 가지 부정적 효과들이 나타나기 시작하며, 생활세계는 이러한 효과들에 대해 저항하게 된다. 하버마스는 가족, 학교, 문화 영역 등 상호 이해에 기초한 의사소통적 질서를 통해서만 유지될 수 있는 영역들에 화폐나 권력과 같은 매체들이 침투하는 과정을 통해 생활세계 식민화 현상들이 발생한다고 말하며, 특히 법제화 경향에 대한 분석을 통해서 이러한 현상들을 구체적으로 다루고 있다. 가족법이나 학교법 등의 제정은 그것이 아동이나 여성 혹은 학생이나 학부모들의 권리를 보호한다는 목적에서부터 시작된 것이기는 하지만, 가족이나 학교를 그와는 이질적인 화폐나 권력과 같은 매체들을 통해 재정의하게 되면서 다양한 저항들을 불러일으키게 된다는 것이다. 생활세계 영역들에 대한 체계 논리의 침투는 합리적 의사소통을 통한 생활세계 질서 유지를 교란하고, 생활세계를 물화하는 결과를 초래한다. 예를 들어 문화 영역이 시장에서의 이윤추구 논리에 의해 지배되고, 교육이 경제성장을 위한 노동력 재생산 과정으로만 정의되는 곳에서 자율적인 문화적 가치의 추구나 전인적인 교육이 이루어지기를 기대할 수는 없을 것이다.

하버마스에 따르면 이러한 식민화에 대한 저항은 단순히 화폐나 권력을 통한 체계의 보상책을 통해서 해결될 수 있는 성격의 문제가 아니다. "여기서는 사회복지국가가 베풀어 주는 보상이 우선적으로 문제되는 것이 아니라 위협받고 있는 생활방식을 방어하고 회복하는 일, 또는 변혁된 생활방식을 관철하는 일이 중요하다. 이제 분배의 문제가 아니라 생활형태의 문법이 중요하다."[19] 체계 논리에 의한 식민화 효과에 대해 이러한 저항들이 진행되기는 하지만, 다른 한편으로 이러한 사회적 저항은 파편화된 의식으로 인해 억압되고 있다. 문화적 영역들이 전문화되고 그것들이 일상적 의식과 소통하는 계기를 상실하게 되면서 일상적인 의식은 사회 전체에 대한 조망을 상실한 채 파편화된다. 그렇기 때문에 하버마스는 이제 왜곡된 이데올로기가 아니라 파편화된 의식이 저항의 잠재력의 실현을 방해하게 된다고 말한다.

하버마스는 새로운 사회운동의 활성화를 생활세계 식민화에 대한 저항의 표출로 해석하고, 이러한 갈등을 신정치라고 표현하고 있다. "구정치는 경제적, 사회적, 국가 내적, 그리고 군사적 안전 문제와 관련되며, 신정치는 새로운 삶의 질과 평등권, 개인적 자기실현, 참여와 인권의 문제 등과 관련된다."[20] 이러한 저항의 시도는 그 성격상 특정한 계급에 국한된 저항이 아니다. 이러한 저항은 현대사회의 자기 파괴적 경험에 당면하거나 그에 민감하게 반응하는 사람들에 의해 나타난다. 그리고 '성장에 대한 비판'이라는 주제는 이들을 결합하는 끈이다.

하버마스는 본래적인 근대의 기획이 의사소통 합리성에 담겨 있는 풍부한 합리성의 차원을 포괄하고 있다고 본다. 그렇기 때문에 우리가 체험하는 근대성의 역설, 합리화의 역설은 단지 자본주의적 근대화 속에서 포괄적 합리성이 제한적으로 실현되고 있다는 사실에 대한 징표일 뿐이다. 그는 사회진화 과정을 설명하기 위해 '발전논리(Entwicklungslogik)'와 '발전역학(Entwicklungsdynamik)'이라는 개념을 사용하고 있다. 사회적 진화의 과정은 구체적이고 경험적인 상황 속에서 이루어지는 발전역학과 보편적 발전논리의 수준에서 접근될 수 있다.[21] 이러한 개념적 구별에 따르면 생활세계 식민화로 인한 현대적 병리현상의 출현은 발전역학에 해당하는 문제일 뿐 발전논리 그 자체의 문제는 아니다.

생활세계 식민화를 통해 나타나는 현대적 병리현상들, 즉 계몽의 한계는 이제 더 이상 불가피한 것이 아니다. 발전논리의 측면에서 보자면, 근대라는 기획은 과학기술의 발달, 보편주의적 윤리의 가능성, 예술의 자립화라는 세 측면을 모두 포괄하며, 그것들 사이의 조화를 모색하는 종합적 기획으로 파악된다. 그렇기 때문에 하버마스는 탈근대적 시대비판들에 맞서서 근대를 '미완의 기획(unvollendetes Projekt)'으로 규정하면서 근대성의 이념을 옹호하고자 했다. 물론 이러한 근대의 기획이 가지고 있는 잠재적 가능성이 실제로 실현될지 여부는 미리 결정될 수 있는 문제가 아니다. 왜냐하면 그러한 잠재성의 실현은 결국 역사적이고 우연적인 요소들 및 비판적 실천과 결부된 발전역학의 문제일 수밖에 없기 때문이다.

5. 합리성 이론에 기초한 사회비판: 평가와 과제

지금까지 이 글은 베버의 근대화론에 기초하여 진행된 프랑크푸르트학파 1, 2세대의 합리성 이론에 기초한 사회비판 모델들에 대해서 주로 발전사적 관점에서 서술하였다. 이에 따르면, 베버는 근대화 과정을 합리화 과정으로 규정함으로써 합리성 이론에 기초한 사회비판의 가능성을 정초한 것으로, 호르크하이머와 아도르노는 이성의 도구화라는 근대화의 역설을 최초로 정식화한 것으로 평가할 수 있다.

하버마스는 1세대 비판이론의 이성의 도구화에 관한 문제의식을 계승하는 동시에 그들이 봉착한 난관을 극복하기 위해서 포괄적 이성으로서 의사소통 이성 개념을 제시하고, 이를 기초로 근대적 이성의 도구화를 이성의 일면화로 새롭게 규정했다.

비판이론 내에서 진행된 합리성 이론의 발전과정은 그들의 시대진단 및 사회비판 양식의 변화와도 밀접한 연관관계를 갖는다. 1세대 비판이론은 도구적 이성 개념에 기초하여 근대화 과정을 도구적 질서의 총체화 과정으로 지배의 전면화 과정으로만 규정하였다. 반면에 하버마스는 포괄적 이성 개념에 기초하여 근대화 과정을 생활세계 합리화와 체계 복잡화의 복합적이고 이중적인 발전과정으로 규정하였으며, 이를 기초로 현대사회의 병리현상을 진단하는 동시에 그의 극복 가능성을 정초하였다.

이제 이러한 발전사적 평가를 전제로 하여 합리성 이론에 기초한 사회비판 이론이 기여한 바는 무엇이며, 그러한 기획에게 남겨진 과제는 무엇인지를 검토해 보고자 한다.

합리성 이론에 기초한 사회비판의 성과는 무엇보다 먼저 사회비판의 규범적 준거를 명확히 제시했다는 데에서 찾을 수 있을 것이다. 앞서 지적하였듯이 모든 사회비판은 보편적 동의를 획득할 수 있는 규범적 준거를 전제로 해서만 성립할 수 있다. 이런 점에서 볼 때, 하버마스의 의사소통 합리성 이론은 규범적 차원에 관한 담론의 성립 가능성을 확보하고, 나아가서 그러한 담론의 정당화 원칙을 설정함으로써 비판의 준거점을 마련하는 데에 기여하였다. 이는 사회적 부정의에 관한 기술이나 폭로에 머물고 있는 탈근대적 사회비판 모델에 대해 합리성 이론적 사회비판이 가지는 장점이라고 할 수 있을 것이다.

둘째, 합리성 이론에 기초한 사회비판은 이성의 도구화, 일면화가 가지는 문제점을 발견하고, 나아가서 이를 극복할 수 있는 대안을 제시하였다. 하버마스의 생활세계 식민화 테제는 체계 논리에 의한 생활세계 논리의 침식으로 이를 규정하고 토의 민주주의론에 기초한 생활세계 활성화를 통해 체계 논리의 침식을 제어할 수 있는 대안을 제시하였다. 나아가서 그는 새로운 사회운동의 발전이라는 실천적 요구와 이러한 진단을 연계시킴으로써 진보적 실천을 위한 대안 모색의 길을 마련하였다.

그러나 이러한 성취에도 불구하고 합리성 이론에 기초한 비판이론에 대해서 다음과 같은 문제들이 제기되고 있다.

첫째, 합리성 이론에 기초한 사회비판 모델이 사회비판의 폭을 축소시키고 있다는 것이다. 이러한 비판은 합리성 이론이 사회질서 속에서 합리화 과정을 해명하는 데에만 치중한 나머지 합리성 실현 과정과 연계되고 있는 비합리성의 측면들, 즉 지배와 폭력이 발생하고 작동하는 기제들에 대한 분석을 약화시키고 있다고 주장한다. 예를 들어 하버마스는 시민사회의 공론장을 주로 의사소통적 권력이 형성되는 장소로 간주하고 있는데, 이는 그가 시민사회와 공론장 내부에서 작동하는 불평등과 지배의 기제를 간과하고 있음을 보여준다는 것이다.

특히 하버마스의 의사소통 패러다임에 대해서는 그것이 주체들 사이의 대화와 상호 인정을 가능하게 하는 반면에 합리적 주체가 자기 자신의 내면적 욕구에 대해 행사하는 억압과 배제의 문제, 그리고 자연에 대해 행사하는 억압과 배제의 문제를 포착하지 못하고 있다는 지적이 제기되고 있다. 사회적 합리화가 인간의 내면적 욕망의 차원에 대해 행사하는 억압적 효과와 생태계 위기의 급박성을 고려할 때, 이에 대해서는 좀 더 적극적인 대응 논리가 필요한 상황이다.

둘째, 합리성 이론은 도구적 합리성의 지배나 침식 과정만을 문제삼음으로써 이러한 틀로 환원되거나 해석될 수 없는 사회적 갈등을 은폐하고 있다는 것이다. 예를 들어 하버마스의 생활세계 식민화 테제는 사회갈등 일반을 체계 논리의 침식에서 발생하는 문제로 환원하고 있다. 그러나 사회갈등 일반의 원인을 체계 논리, 돈과 권력의 효율성 논리의 침식으로만 진단하는 방식은 다양한 사회 영역에서 발생하는 고유한 갈등 구조들을 무시하는 결과를 초래하게 된다.

생활세계 식민화 테제가 체계 논리의 침식으로 인한 다양한 핵심적 사회갈등들, 예를 들어 교육 부문의 산업화, 행정 권력에 의한 사생활권의 침해 등의 문제를 명확하게 해명하고 있다는 점을 부정할 수는 없을 것이다. 그러나 이러한 진단만으로는 각이한 차원에서 발생하는 사회갈등과 인정투쟁의 고유한 구조들을 해명할 수 없다. 예를 들어 동성애자의 인정투쟁, 이민자의 인정투쟁, 소수문화 집단의 인정투쟁은 단지 효율성 논리의 침투에 대한 거부가 아니라 생활세계 내부에 존재하는 배제와 무시에 대한 거부와 저항이라는 틀 속에서만 적합하게 접근되고 해명될 수 있을 것이다. 소수자 정체성의 인정을 둘러싼 갈등이 현재 전 세계적인 차원에서 정치적 동원의 핵심 요인이 되고 있는 현재 상황을 고려할 때, 이러한 문제 제기는 중요한 실천적 의의를 갖는다고 할 수 있을 것이다.

서두에서 지적한 바와 같이 사회비판은 합리성 이론을 전제할 수밖에 없으며, 그런 점에서 합리성 이론에 기초한 사회비판은 사회비판 일반이 성립하기 위한 필수적 전제일 수밖에 없다. 그리고 프랑크푸르트학파의 합리성 이론에 기초한 사회비판은 근대화의 역설을 지적하고, 나아가서 그에 대한 대안을 모색하는 데서 중요한 기여를 하였다고 평가할 수 있다. 그럼에도 불구하고 앞서 지적한 바와 같이 기존의 합리성 이론이 사회비판 일반을 위한 완벽한 이론적 틀을 제공하고 있는 것은 아니다. 합리성 이론에 기초한 사회비판의 기획은 그것이 간과하고 있는 사실들에 대한 분석에 의해 보완되고 새롭게 출현하는 사회적 갈등들에 대한 고찰을 통해서 확장될 수 있을 때 그 현실적 생명력을 유지할 수 있을 것이다.

[참고문헌]

김원식, 「의사소통 이성과 해석학적 상상력」, 사회와철학연구회 편, 『철학과 합리성』, 이학사, 2002.

_____, 「이성비판의 가능성과 한계: '수행적 모순' 개념을 중심으로」, 한국해석학회 편, 『해석학 연구』 제12집, 2003.

_____, 「하버마스의 행위 이론」, 한국해석학회 편, 『해석학 연구』 제14집, 2004.

막스 베버, 『경제와 사회 1』, 박성환 옮김, 문학과지성사, 1997.

_____, 『막스 베버 사상 선집 I』, 전성우 옮김, 나남, 2002.

_____, 『프로테스탄티즘의 윤리와 자본주의 정신』, 이종오 옮김, 계명대학교 출판부, 1998.

막스 호르크하이머, 『도구적 이성비판』, 박구용 옮김, 문예출판사, 2006.

문성훈, 「이성 실현에서 이성비판으로」, 『현대철학의 모험』, 길, 2007.

J. Habermas, "Entgegnung", *Kommunikatives Handeln*, hg. A. Honneth und H. Joas, Frankfurt a. M., 1986.

_____, *Die Neue Unübersichtlichkeit*, Frankfurt a. M., 1985.

_____, *Theorie des kommunikativen Handelns* 2, Frankfurt a. M., 1981.

_____, *Zur Rekonstruktion des Historischen Materialismus*, Frankfurt a. M., 1982.

M. Horkheimer und T. W. Adorno, *Dialektik der Aufklärung*, Frankfurt a. M., 1969.

P. Piccone, "General Introduction", *The Essential Frankfurt Reader*, eds. A. Arato et. al., New York, 1982.

[주(註)]

1) 이성과 합리성은 일반적으로 대체 가능한 개념이다. 그러나 이성이라는 개념이 역사적으로 존재론적이거나 실체론적 함축을 가지고 있기 때문에, 그리고 베버의 합리성 이론과의 연관성을 고려하여 하버마스 이후 프랑크푸르트학파의 논의에서는 이성 개념보다는 주로 합리성 개념이 사용되고 있다.

2) 막스 베버, 『프로테스탄티즘의 윤리와 자본주의 정신』, 이종오 옮김, 계명대학교 출판부, 1998, 19-21쪽.

3) 그렇다고 해서 베버가 역사에 관한 유물론적 설명방식을 관념론적 역사 이해로 대체하고자 한 것은 아니다. 같은 책, 170쪽.

4) 같은 책, 21쪽.

5) 막스 베버, 『경제와 사회 1』, 박성환 옮김, 문학과지성사, 1997, 146-149쪽. 감성적 행위나 전통적 행위에 대해서도 언급은 하고 있지만, 이 경우들은 의미있게 지향된 행동이라고 보기 어렵다는 점에서 이해사회의 사회적 행위 분석에서 중요한 대상은 아니다.

6) 막스 베버, 『막스 베버 사상 선집 I』, 전성우 옮김, 나남, 2002, 61쪽 이하 참조.

7) 같은 책, 53쪽 이하 참조.

8) 막스 베버, 『프로테스탄티즘의 윤리와 자본주의 정신』, 168-169쪽.

9) 이에 관해서는 문성훈, 「이성 실현에서 이성비판으로」, 『현대철학의 모험』, 길, 2007, 433쪽 이하 참조.

10) P. Piccone, "General Introduction", *The Essential Frankfurt Reader*, eds. A. Arato et. al., New York, 1982, XV.

11) Max Horkheimer und T. W. Adorno, *Dialektik der Aufklärung*, Frankfurt a. M., 1969, 13-14쪽.

12) J. Habermas, *Die Neue Unübersichtlichkeit*, Frankfurt a. M., 1985, 177쪽.

13) 이에 대해서는 김원식, 「이성비판의 가능성과 한계: '수행적 모순' 개념을 중심으로」, 한국해석학회 편, 『해석학 연구』 제12집, 2003 참조.

14) 이에 대해서는 김원식, 「의사소통 이성과 해석학적 상상력」, 사회와철학연구회 편, 『철학과 합리성』, 이학사, 2002, 52-61쪽 참조.

15) 김원식, 「하버마스의 행위 이론」, 한국해석학회 편, 『해석학 연구』 제14집, 2004 참조.

16) 이에 대해서는 막스 호르크하이머, 『도구적 이성비판』, 박구용 옮김, 문예출판사, 2006, 43쪽 이하 참조.

17) 하버마스는 체계와 생활세계라는 구별이 독립적인 사회적 영역을 지시하는 개념이 아니라고 강조해서 말한다. 체계와 생활세계라는 구별은 애초에 사회를 분석하기 위한 두 관점으로서 도입된 것이다. J. Habermas, "Entgegnung", *Kommunikatives Handeln*, hg. A. Honneth und H. Joas, Frankfurt a. M., 1986, 379쪽.

18) "생활세계는 사회체계 전체의 존립을 정의하는 하부 체계로 머문다. 체계의 기제는 생활세계에 정박할 필요가 있다. 체계의 기제는 제도화되어야만 한다." (J. Habermas, *Theorie des kommunikativen Handelns* 2, Frankfurt a. M., 1981, 230쪽)

19) 같은 책, 576쪽.

20) 같은 책, 577쪽.

21) 이에 대해서는 J. Habermas, *Zur Rekonstruktion des Historischen Materialismus*, Frankfurt a. M., 1982, 12쪽 이하 참조.

인정윤리의 개념적 구조

문성훈

인정윤리란 인정 행위가 함축하고 있는 윤리적 의미에 근거하여 타인에 대한 인정을 개인 상호간의 의무로 규정하려는 윤리적 입장을 말한다. 여기서 전제된 인정 행위의 윤리적 의미란 인정 경험을 통해 해당 개인이 자기 자신에 대한 긍정적 의식을 형성할 뿐만 아니라, 이를 통해 성공적 자아실현에 이르게 된다는 데 있다. 이런 점에서 인정윤리란 개인의 성공적 자아실현을 보장하기 위해 타인에 대한 인정을 개인 상호간의 의무로 설정한다. 그리고 더 나아가 행복한 삶을 자기 자신의 삶에 대한 만족감으로 이해한다면 긍정적 자기의식과 성공적 자아실현을 가능하게 하는 상호 인정 의무는 결국 행복한 삶의 가능 조건일 수 있으며, 이런 점에서 인정윤리는 정당성을 갖는다.

이 글은 무엇보다도 인정윤리의 구체적 윤곽을 밝히기 위해 그 개념적 구조를 해명하는 데 목적이 있다. 그런데 사실 어떤 윤리적 입장이든 그것이 구체적으로 어떤 문제 상황과 결부되어 있는지를 이야기하지 않는다면 그 윤리가 일상적이고 실천적인 차원에서 어떤 의미를 지니고 있는지 가늠하기 어렵다. 또한 어떤 윤리적 입장이든 그것이 다른 윤리적 입장과의 관계 속에서 어떤 위상을 차지하는지를 파악하지 못한다면 그것이 어떤 이론적 특징을 지니고 있으며, 또한 어떤 점에서 다른 입장에 비해 설득력을 지니는지 이해할 수 없다. 이런 점에서 이글은 첫째, 인정윤리의 개념적 구조를 밝히기에 앞서 인정윤리가 연관되어 있는 문제 상황을 일상언어와 사회운동과 연관하여 설명한다(1절). 둘째, 인정윤리 정립에 주도적 역할을 한 악셀 호네트의 입장에 따라 인정 윤리의 개념적 윤곽을 밝힌다. 특히 여기서 논의되는 것은 인정 행위가 왜 윤리적인가, 인정을 통해 해결되는 갈등은 어떤 갈등인가, 그리고 과연 인정 행위를 경험적으로 정당화할 수 있는가 하는 점이다(2절). 셋째, 오늘날 서구에서 가장 유력한 윤리학적 입장이라 할 수 있는 담론윤리, 공동체주의 윤리, 배려윤리와의 관계 속에서 인정윤리가 어떤 이론적 위상을 갖는지를 설명함으로써 인정윤리의 이론적 특징과 장점을 밝힌다(3절). 그리고 끝으로 인정윤리가 많은 장점을 지니고 있음에도 불구하고 좀 더 정교한 윤리적 입장이 되기 위해서는 어떤 이론적 과제를 해결해야 하는가 하는 점을 지적한다(4절).

1. 인정의 일상적 의미와 실천적 문제 상황

일상생활에서 사용되는 인정이란 단어의 용법은 매우 다양하다. 물론 개념적으로 볼 때 인정윤리가 말하는 인정이란 단어는 개인적 정체성이나 생활방식과 관련하여 상대방을 긍정하려는 일차적 의도에 따라 수행된 행위를 뜻한다.[1] 그러나 이런 개념적 규정만으로는 인정윤리가 말하는 인정 행위가 구체적으로 무엇을 의미하는지 파악하기 어렵다. 왜냐하면 이러한 규정은 너무나 추상적이어서 일상생활에서 사용하는 인정이란 단어의 다양한 맥락과 의미를 제대로 살리지 못하고 있기 때문이다. 따라서 인정이란 단어의 다양한 용법을 구별하면서 인정 행위의 일상적 의미를 파악하는 것은 인정윤리가 우리의 실제적 삶과 어떤 연관을 갖고 있는가를 이해하는 데 있어서 필수적이다. 이를 위해 이 글은 인정이란 단어가 사용되는 의미를 다섯 가지 사례를 통해 살펴볼 것이다. 즉 존엄성, 존재, 가치, 우월성, 진리성에 대한 인정이 그것이다.

첫째, 우리는 "무시하지 마, 나도 사람이야!"와 같은 표현을 흔히 듣는다. 물론 이 예에서 인정이란 단어가 등장하지는 않지만, 이는 이미 인정을 암묵적으로 전제하고 있다. 왜냐하면 이 표현은 비록 개인적 능력의 차이는 있지만 인간으로서의 존엄성을 부정하지 말고 하나의 독립된 인간으로 인정할 것을 간접적으로 요구하고 있기 때문이다. 따라서 이 경우 인정이란 단어는 상대방이 인간인 한 그 존엄성을 인정한다는 의미로 해석된다.

둘째, "서로의 존재를 좀 인정합시다. 그래야 대화를 하든지 협상을 하든지 뭔가 할 수 있지 않겠습니까?"라는 표현을 떠올려 볼 수 있다. 이 역시 인정이란 단어의 의미가 무시와의 연관 속에서 사용되고 있는 예이다. 왜냐하면 이 표현이 전제하고 있는 것은 무시(無視), 즉 없는 것으로 본다는 한자말 그대로 이미 상대방이 존재하고 있음에도 불구하고 존재하지 않는 사람처럼 취급하는 행위에 대한 반발이기 때문이다. 따라서 이 경우 인정이란 단어는 상대방의 존재함을 부정하지 말고 상대방을 상호작용 상대자로 수용하라는 의미를 갖는다.

셋째, "여자는 집에서 살림이나 해야지!"라는 표현은 남성에 비해 여성의 가치를 폄하하는 태도가 표현된 것으로 이는 간접적으로 여성이 남성과 동등한 가치를 지니고 있음을 인정하지 않는 것이다. 따라서 이런 무시 행위는 여성의 동등한 가치를 인정하라는 저항에 직면하게 된다. 이렇게 상대방의 가치를 인정하는 행위가 앞에서 말한 인정의 용법과 차별화될 수 있는 것은 비록 상대방의 가치를 평가절하한다 하더라도 그것이 상대방이 인간인 한 지니고 있는 존엄성과 상호작용 상대자로서 존재함을 부정한다는 뜻은 아닐 수 있기 때문이다. 즉 상대방의 가치를 무시한다 하더라도 그 사람이 여전히 상호작용 상대자로 남아 있을 뿐만 아니라, 최소한 인간 이하의 대접에서는 벗어날 수 있다는 것이다.

넷째, "그 사람이 밤잠 안 자고 노력하는 게 다 인정받기 위한 것이겠지."라는 표현은 앞의 예들과는 전혀 다른 의미를 지니고 있다. 그 이유는 앞의 예들에서는 인정의 의미가 타인의 존엄성이나 존재 혹은 가치를 부정하는 무시 행위에 대한 반대말로 규정되면서, 인정이란 단어가 인간 상호간의 동등한 존엄성이나 가치 혹은 동등한 상호작용 상대자로서의 지위를 긍정한다는 의미로 사용되지만, 후자의 경우에는 인정의 의미가 동등화에 대한 거부라는 맥락과 연관되어 있기 때문이다.

사실 앞의 예에서 말한 타인의 존엄성, 존재, 가치에 대한 인정은 인간 상호간에 선별적이고 차별적으로 일어나는 것이 아니다. 왜냐하면 여기서 인정이란 남과 다른 특정한 인간의 존엄성, 존재, 가치를 인정한다는 것이 아니라, 상대방이 인간인 한 다른 사람과 마찬가지로 그의 존엄성과 존재 그리고 가치를 인정한다는 뜻이기 때문이다. 따라서 이 경우 인간 상호간에 형성된 인정관계는 동등한 존엄성을 지닌 존재간의 수평적 인간관계이다. 그러나 인정받기 위해 노력한다는 말은 다른 사람보다 우월한 존재로 인정받기 위해 노력한다는 뜻이다. 따라서 이 경우 인정이란 우월성을 보이는 특정한 인간에게 선별적이고 차별적으로 이루어지며, 여기서 인정이란 동등화가 아니라 차등화나 우열화의 근거가 된다. 이런 점에서 우월성에 근거한 인정관계는 열등한 사람과 우월한 사람과의 위계적 인간관계일 수밖에 없다.

다섯째, 이렇게 인정이란 단어가 수평적 관계에서든 위계적 관계에서든 타인의 존재와 속성에 대한 반응이나 태도와 관련해서 사용되지만, 이와는 달리 타인의 주장이나 말에 대한 태도와 관련해서도 인정이란 단어가 사용된다. 예를 들어 "나는 네 주장을 인정한다."라든지, "자기주장만 하지 말고 남의 주장도 인정해야지."라는 표현이 여기에 해당된다. 의심할 바 없이 이러한 표현은 사용의 흔함만큼이나 의미 또한 분명하다. 즉 전자의 경우 인정이란 단어는 '동의'라는 의미로 이해될 수 있다. 다시 말해 인정이란 단어가 타인의 주장을 진리라고 간주할 때 사용되고 있다는 것이다. 이에 반해 후자의 경우 인정이란 단어는 타인의 주장에 동의하지는 않지만 최소한 고려해 본다는 의미로 이해될 수 있다. 다시 말해 인정이란 단어가 비록 타인의 주장을 진리라고 간주하지는 않지만, 그것이 진리일 가능성이 있음을 부인하지 않을 때 사용되고 있다는 것이다.

이처럼 일상생활에서 사용되는 인정이란 단어는 그 사용 맥락에 따라 다양한 의미를 지니고 있으며, 지금 제시한 예 이외에 더 많은 차별화가 가능할 것이다. 그러나 우리가 인정윤리가 등장하게 된 사회적 배경에 주목한다면, 여기서 전제된 인정의 의미가 개인의 존엄성, 존재, 가치에 대한 긍정과 연관된 것임을 알 수 있을 뿐만 아니라 그것이 사회정치적 차원에서 어떤 실천적 의미를 갖는지를 이해할 수 있다.

서구에서는 대략 1980년 이후로, 그리고 한국에서는 형식적 민주화가 달성된 1990년대 이후부터 종래의 사회운동과 구별되는 새로운 형태의 사회운동이 등장했다. 다시 말해 자본주의적 정치경제 질서를 비판하면서 경제적 불평등 해소나 정치적 민주화를 요구하는 사회운동이 아니라, 여성, 성적 소수자, 소수 민족, 외국인 노동자 등을 중심으로 개인이나 집단의 정체성을 인정받기 위한 사회적 투쟁이 정치적 논쟁이나 사회운동의 새로운 흐름을 형성하기 시작했다는 것이다. 이러한 투쟁은 근본적으로 자신의 존엄성이나 가치 그리고 존재를 무시당한 사회적 주변부 세력에 의해 추동되었다는 점에서 여기서 말하는 인정은 자신들도 다른 사람과 마찬가지로 동등한 존엄성과 가치를 지닌 존재로 인정하라는 뜻이다. 인정윤리는 이렇게 사회정치적 차원에서 제기된 규범적 요구를 체계화하고 정당화하기 위한 철학적 시도를 통해 등장했으며, 따라서 인정윤리가 전제하는 인정의 의미 역시 이러한 실천적 맥락을 통해 이해되어야 한다.

물론 인정투쟁이라는 새로운 형태의 사회운동은 한 사회의 정당성이 단지 경제적 평등과 정치적 민주주의로 환원될 수 없다는 새로운 경험에 기반하고 있다. 그러나 이것이 종래의 사회운동 이념과 대립하는 것은 아니다. 오히려 인정투쟁은 한 사회의 정치경제적 질서가 어떻게 해당 사회구성원에 대한 사회적 인정과 연관되어 있는가에 주목하게 함으로써 사회운동의 폭을 확장시키고 있기 때문이다.[2] 예를 들어 경제가 침체될 때 노동자 역시 이로 인한 고통을 분담할 수 있고, 경제가 활황일 때 그 성과에 대해 자신의 몫을 주장할 수 있다. 물론 고통 분담이나 이익 배분을 둘러싸고 자본가, 경영자, 노동자 간의 갈등이 발생하지만, 이러한 갈등은 서로가 합의한 공정한 분배의 원칙이 설정될 때 산술적 계산의 문제로 축소된다. 그러나 분배의 원칙을 설정함에 있어서 노동자의 역할과 가치를 무시하고 노동자를 노동력이라는 단순한 생산비 요소로 취급할 뿐만 아니라, 분배 원칙을 설정하려는 집단적 의사소통에서 원천적으로 배제한다면 노동자의 저항은 생사를 건 전면적 투쟁으로 발전할 수밖에 없다. 물론 이러한 투쟁이 노동자의 역할과 가치에 대한 사회적 인정을 목표로 한다는 점에서 이미 경제적 불평등에 대한 저항의 차원을 벗어나 있지만, 그럼에도 이와 분리된 것은 아니다. 왜냐하면 노동자의 역할, 가치, 존재에 대한 사회적 인정 여부는 사회적 분배를 통해 실현되며, 역으로 사회적 분배는 특정한 개인이나 집단에 대한 사회적 인정 여부를 반영하기 때문이다.

이렇게 새로운 사회운동이라는 인정윤리의 사회적 등장 배경을 전제할 때 '인정의 원칙'을 인간 상호간의 보편적 의무로 설정하려는 인정윤리는 우월한 개인에 대한 선별적이고 차별적인 인정과는 무관하다.[3] 오히려 개인적 우월성에 대한 인정 여부는 인정윤리의 문제가 아니라 개인적 업적에 대한 사회적 평가의 문제이며, 따라서 이는 사회적 평가 기준의 정당성 여부와 관련된다. 그러나 사회적 평가 기준의 정당성 여부가 인정윤리와 무관한 것은 아니다. 왜냐하면 사회적 평가 기준이 인정의 원칙을 부정할 때 인정윤리는 이를 비판할 수 있는 규범적 토대가 되기 때문이다. 한국사회에 만연한 학벌주의 현상은 이에 대한 전형적인 예가 된다. 이미 주지의 사실이 되었듯이 학벌주의 현상이란 특정 대학 출신들이 돈, 권력, 명예 등 사회적 재화를 독점하는 현상을 말하며, 이는 우리 사회를 학벌사회로 규정하게 할 만큼 광범위한 영향력을 발휘하고 있다.[4] 여기서 문제가 되는 것이 바로 개인적 우월성에 대한 사회적 평가다. 물론 수학능력을 평가하고 이에 따라 대학에 입학하는 것은 어떻게 보면 당연한 절차인 것처럼 보인다. 그러나 이렇게 정해진 대학이 사회적 재화를 분배하는 데 있어서 보편적 등가물 역할을 한다면 그것은 단지 불공정한 분배일 뿐만 아니라, 근본적으로 인정의 원칙을 부정하는 것이다.

물물교환은 등가교환의 원칙에 따라 행해진다. 그리고 오늘날 모든 교환은 돈이라는 보편적 교환수단을 통해 이루어진다. 왜냐하면 돈은 옷에 대해서도 집에 대해서도 보편적 등가물 역할을 하기 때문이다. 이에 비해 학벌사회에서는 바로 특정 대학 출신이라는 하나의 사실이 보편적 등가물 역할을 한다. 즉 학벌에 따라 돈을 벌고, 높은 지위에 올라 권력과 명예를 향유하는 것이 결정된다면 이는 바로 학벌이 사회 모든 분야에서 돈, 권력, 명예를 얻을 수 있는 보편적 수단이 된다는 뜻이다. 따라서 학벌주의 현상이란 바로 이러한 보편적 수단을 소유한 사람들이 사회적 재화를 독점함으로써 우리 사회의 특권층으로 등장하는 현상을 말한다. 그러나 과연 수학능력 평가에서 우수한 성적을 받았다는 하나의 사실이 정치, 경제, 사회, 문화 등 모든 사회 분야에서도 탁월한 활동을 할 수 있다는 증거이자 평가의 기준이 될 수 있을까?

학벌사회가 문제되는 것은 일차적으로 이것이 다원주의적 사회관을 훼손하고 있기 때문이다. 즉 학벌사회는 모든 사회 분야가 각각의 고유한 합리성에 따라 분화되어야 하고, 이러한 다양성 속에서 사회가 발전한다는 우리의 일상적 신념을 부정한다는 것이다. 왜냐하면 출신대학이라는 하나의 척도가 사회적 재화를 획득하는 보편적 수단으로 절대화된다면, 사회 각 분야가 지니고 있는 고유한 합리성과 이에 내재된 고유한 평가척도 자체가 부정됨으로써 이제 다원적 사회가 아니라 독점화된 사회가 등장하기 때문이다. 따라서 우리가 다양한 사회 각 분야의 고유한 척도와 절차에 따라 사회적 재화가 분배되어야 한다는 요구를 다원주의적 사회의 일반적 정의 원칙으로 규정한다면[5] 학벌사회는 정의롭지 못한 사회로 비판될 수 있다.

하지만 우리가 학벌사회를 단지 사회정의 차원에서 비판하는 것이 아니라, 그것이 결과하는 개인적 삶의 왜곡 현상에 주목한다면 이는 근본적으로 인정의 원칙을 훼손하는 비윤리적 사회가 된다. 왜냐하면 출신대학이라는 하나의 척도가 다양한 사회적 재화를 획득하는 독점적 수단이 된다면, 각 사회 분야에서 활동하는 다양한 개인들은 비록 자신이 해당 분야의 합리성에 따라 전체 사회의 발전에 이바지하고 있음에도 불구하고 자신의 고유한 능력과 가치가 무시됨으로써 자신에 대한 긍정적 의식은 고사하고 성공적 자아실현의 기회가 차단될 수 있기 때문이다. 이런 점에서 학벌주의 현상이란 출신대학을 사회적 인정의 절대적 척도로 삼음으로써 다양한 개인의 능력과 가치를 무시하는 비윤리적 현상이다.

또한 인정윤리가 말하는 인정의 의미는 타인의 주장을 진리로 간주하거나 진리일 수 있는 가능성을 인정하는 데 있는 것이 아니라, 인간의 존엄성, 존재, 가치에 대한 긍정과 관련된 것이다. 그러나 이러한 인정이 타인의 주장에 대한 개인적 태도와 무관한 것은 아니다. 왜냐하면 타인의 주장을 인정하지 않거나 고려의 대상으로 삼지 않는 것이 그 사람의 가치나 존재에 대한 무시와 관련이 있을 수 있기 때문이다. 다시 말해 우리가 특정한 개인을 사고능력이 있는 존재로 인정하지 않을 경우 우리는 그 사람의 주장을 고려해 보기도 전에 미리 무시하는 경향이 있다는 것이다. 따라서 우리가 어떤 사람의 사고능력을 이미 인정하고 있다면 그 사람의 주장 역시 인정할 수 있는 태세를 이미 갖추고 있다고 말할 수 있다.

2. 인정윤리의 개념적 구조

인정이란 앞서 서술했듯이 우리의 일상생활에 뿌리박혀 있을 뿐만 아니라, 이에 대한 관심은 새로운 사회운동이라는 실천적 맥락 속에서 활성화되기 시작했다. 그러나 인정에 대한 체계적 연구가 시도되고 그 윤리적 의미가 강조된 것은 악셀 호네트에 이르러서다.[6] 왜냐하면 그가 비로소 심리학, 개성이론, 개념사적 연구 등에 기초하여 청년 헤겔의 인정 개념에 대한 '경험과학적 전회'를 시도했을 뿐만 아니라, 이를 제반 철학 영역에 적용함으로써 인정 개념을 새로운 철학의 패러다임으로 제시했기 때문이다. 이러한 호네트의 작업에 근거하여 인정윤리의 개념적 구조를 밝힌다면 이는 대략 세 가지 단계를 통해 실행될 수 있다. 즉 인정 행위의 윤리성, 인정 행위에 따른 갈등 이해, 그리고 인정의 유형이 그것이다.

(1) 우리는 흔히 서양 윤리학의 전통을 두 가지 흐름으로 나눈다. 즉 목적론적 윤리관과 법칙론적 윤리관이 그것이다. 전자의 입장에

따르면, 인간의 삶은 어떤 목적을 가지며, 윤리적 행위가 필요한 것은 이러한 목적을 실현하기 위해서다. 이에 반해 후자의 입장에 따르면, 인간 사회에는 올바른 행위와 잘못된 행위를 구별하게 하는 도덕적 법칙이 존재하며, 우리 각자가 어떤 조건에 처해 있든 이를 따라야 한다. 그러나 만약 인생의 목적을 달성하기 위해 우리 모두가 따라야 할 어떤 원칙이 있다고 가정한다면 목적론적 윤리관이 반드시 법칙론적 윤리관과 대립되는 것은 아니다.7) 마찬가지로 법칙론적 윤리관 역시 인생의 목적을 배제하는 것이 아니다. 왜냐하면 도덕적 법칙에 따라 올바른 삶을 사는 것을 인생의 목적이라 규정할 수도 있기 때문이다. 따라서 우리는 윤리적 관점을 단지 목적론이나 법칙론이 아니라, 윤리적 행위의 원칙과 목적을 무엇으로 보느냐에 따라 구별해 낼 수 있으며, 이를 통해 제반 윤리관의 장점과 한계를 드러낼 수 있다.

이런 점을 전제할 때 이른바 법칙론적 입장을 대표하는 칸트적 윤리관은 '정언명법'을 보편타당한 윤리적 행위 원칙으로 설정할 뿐만 아니라, 윤리적 행위의 목적을 '올바른 삶'으로 규정한다고 할 수 있다. 이러한 윤리관은 인간의 행위를 규율하는 공동의 규범 설정을 가능하게 한다는 점에서 모든 인간관계에 보편적 질서를 부여하게 할 수 있다. 그러나 이러한 관점은 보편타당한 행위 원칙이나 공동의 규범에 대한 준수를 무조건적 의무로 만듦으로써 도대체 이러한 행위 원칙이나 규범이 개개인의 삶에 어떠한 의미가 있기에 이를 준수해야 하는가 하는 개인적 행위 동기를 해명하지 못한다. 이에 반해 목적론적 입장의 대표자인 아리스토텔레스적 윤리관에 따르면 윤리적 행위의 목적은 '행복한 삶'에 있으며, 이는 다양한 상황과 특수한 개인적 조건에 맞추어 적절한 행위를 선택할 수 있는 중용의 원칙을 통해 달성된다. 이러한 입장은 삶의 만족을 위해 우리 자신을 어떻게 훈련하고 결국 어떤 사람이 되어야 하는가를 말해 준다는 점에서 행복한 삶을 위한 충분한 지침을 마련해 줄 수 있다. 그러나 이러한 관점은 우리가 각자의 행복을 위해 서로 어떤 의무를 가지는가에 대해 아무런 대답도 제시하지 않다는 점에서 여기서 말하는 윤리적 지침은 인간관계를 규율할 수 있는 규범적 성격을 결여하고 있다.

호네트의 인정윤리는 이 두 가지 관점을 수용하면서도 그 한계를 넘어설 수 있는 제3의 윤리관을 전제한다.[8)] 즉 호네트는 윤리를 인간 상호간의 의무로 규정하면서도 이를 단지 칸트 식의 보편타당한 행위 원칙이 아니라 아리스토텔레스 식의 '행복한 삶'을 위한 조건으로 간주한다는 것이다. 다시 말해 윤리란 개인 상호간의 의무를 말하지만, 이는 기능적으로 볼 때 각 개인이 자신의 삶의 목적을 실현하도록 하는 일종의 '보호 장치'로서 결국 개인들이 서로의 행복한 삶을 보장하기 위해 수용해야 할 일반적 행위 원칙이라는 것이다. 인정윤리란 바로 이러한 제3의 윤리관에 따라 개인 간의 상호 인정을 서로가 지켜야 할 의무로 설정하지만, 이런 의무는 무엇보다도 각 개인의 행복한 삶을 보장하기 위한 것이다. 다시 말해 상호 인정이란 의무를 통해 각 개인은 자신의 삶의 목적을 성공적으로 달성할 수 있을 뿐만 아니라, 이를 통해 행복한 삶에 도달한다는 것이다. 그러나 이러한 인정윤리의 기본 입장이 단순히 선언적 의미가 아니라, 이론적 설득력을 가지려면 불가피하게 해명되어야 할 문제가 있다. 즉 그것은 도대체 어떤 이유에서 인간의 삶이 윤리적 보호 장치를 필요로 할 정도로 타인으로부터 훼손될 가능성이 있는 것인가, 그리고 이러한 훼손으로부터 개인의 삶을 보호하는 방법이 왜 인간 상호간의 인정인가 하는 점이다. 왜냐하면 이러한 문제가 해명되지 않는다면 사실 우리는 인정과 윤리 간의 아무런 개념적 연관성도 주장할 수 없기 때문이다.

우선 이 문제에 대해 대답하기 위해서는 두 가지 가설이 전제되어야 한다. 첫 번째 가설은 개인의 행복한 삶이란 '성공적 자아실현'을 통해 달성된다는 사실이다. 즉 인간은 타인과의 관계에서 자신은 누구이고, 또 누구이고 싶으며, 무엇을 어떻게 하며 사는 사람인가 하는 자아의 문제를 스스로 제기하고 대답하는 가운데 '자아정체성'을 형성하며, 바로 이를 통해 자신의 삶의 목적 또한 규정한다. 따라서 삶의 행복이란 이렇게 형성된 개인적 자아정체성이 성공적으로 실현될 때 해당 개인이 자신의 삶에 대해 갖는 심리적 만족감이라는 것이다. 두 번째 가설은 개인의 자아정체성 실현은 해당 개인이 자기의 자아상에 대해 긍정적 태도를 가질 때 가능하며, 이 긍정적 자기관계는 다시 자신에 대한 타인의 평가에 의존하고 있다는 점이다. 사실 개인이 혼자 사는 것이 아니라 타인과 함께 사는 한, 자신의 자아를 형성하고 이를 실현하는 데는 자기 자신만의 유아론적 확신이 아니라 타인의 긍정이 필요하다. 왜냐하면 타인이 자신의 정체성에 대해 부정적 의식을 갖고 있다면 해당 개인은 자기 자신의 삶에 대해 긍정적 확신을 갖기 어려울 뿐만 아니라, 타인과의 관계에서 자아실현을 성공적으로 이루어 낼 수도 없고, 결국 자신을 변화시키지 않는 한 고립적 삶을 살 수밖에 없기 때문이다.

이러한 두 가지 가설을 받아들인다면 왜 개인의 삶이 타인과의 관계에서 항상 훼손될 가능성이 있는지, 그리고 왜 개인의 삶을 보호하기 위해 인정이라는 윤리적 의무가 필요한지가 분명해진다. 즉 개인의 행복한 삶이 성공적 자아실현을 통해 가능하며 성공적 자아실현의 가능성이 타인의 긍정적 태도에 달려 있다면, 개인은 타인과의 관계에서 항상 자신의 정체성이 긍정되기를 기대한다고 할 수 있으며, 따라서 개인은 이러한 기대감의 충족 여부에 따라 심리적 상처는 물론 자신의 정체성과 삶에 대한 긍정적 관계가 훼손될 위험에 놓이게 된다는 것이다. 따라서 인간관계에 내재해 있는 훼손 가능성으로부터 개인의 삶을 보호하기 위해서는 인간 상호간의 윤리적 의무가 필요하며, 그 의무의 내용이란 각 개인이 자신의 삶에 대해 긍정적 태도를 가질 수 있게 하는 상호간의 긍정적 태도다. 타인에 대한 인정이란 바로 이러한 긍정적 평가나 반응의 총체를 의미하며, 따라서 개인은 이러한 인정을 경험하면서 자신에 대한 긍정적 관계를 형성함은 물론 아무런 내적 갈등이나 외적 방해 없이 자신을 실현할 수 있게 된다. 이런 점에서 인정이란 성공적 자아실현 또는 행복한 삶을 보장하는 필수적 조건이며, 이러한 인정을 인간 상호간의 의무로 설정한다면, 이제 우리는 윤리적 행위가 개인의 행복한 삶을 보장하기 위한 보호 장치라는 제3의 윤리관을 충족할 수 있다.

(2) 인정윤리는 이렇게 윤리를 기능적 차원에서 행복한 삶의 보호 장치로 보고 있지만, 이와는 달리 윤리의 기능을 갈등 해결로 보는 경우도 많다.9) 물론 인간이 혼자 사는 것이 아니라, 타인과 함께 산다는 것을 전제한다면, 모든 인간이 따라야 할 행위 원칙이 존재하지 않는 한 개인 간의 갈등은 불가피하다. 더구나 갈등을 해결하는 방식이 어느 한 개인이나 집단만의 삶을 보호하고, 다른 개인이나 집단의 삶을 희생시키는 것일 수는 없다. 왜냐하면 이는 새로운 대립과 갈등을 낳을 수밖에 없기 때문이다. 이런 점에서 칸트 식으로 우리가 모든 사람에게 동등한 의무를 부과하는 공동의 행위 원칙을 설정할 수 있다면 개인 간의 갈등을 막을 수 있다.

그러나 윤리의 기능을 단지 갈등 해결로만 규정한다면 사실 이는 불충분한 규정이다. 왜냐하면 우리가 왜 갈등 해결이 필요한가에 대해 다시 질문한다면, 결국 우리는 갈등이 없어야 개인적 삶에 장애가 생기지 않는다고 대답할 수밖에 없기 때문이다. 다시 말해 개인 간의 갈등은 근본적으로 성공적 자아실현의 장애가 되며, 따라서 갈등을 해결하려는 윤리적 노력은 결국 각 개인의 성공적 자아실현을 보호하기 위함이라는 것이다. 이런 점에서 우리는 윤리의 가장 근본적인 기능은 여전히 개인적 자아실현의 보호에 있다고 규정할 수 있다. 그러나 여전히 남는 문제는 갈등의 원인이 무엇인가 하는 점이다. 왜냐하면 이 원인이 밝혀지지 않는다면, 갈등을 극복하면서 개인의 성공적 자아실현을 가능하게 하는 공동의 의무가 무엇인지 역시 이야기할 수 없기 때문이다.

인정윤리가 비록 개인적 삶의 보호 장치라는 윤리관을 따르고 있지만, 이것이 갈등 해결로서의 윤리적 기능을 부정하는 것은 아니다. 인정윤리에서도 갈등 해결이란 성공적 자아실현의 보장이라는 의미에서 필수적이며, 상호 인정이 개인의 성공적 자아실현을 보장하듯이 이는 또한 갈등 해결의 근본 전제이기도 하기 때문이다. 그러나 갈등의 원인이 무엇인가에 따라 이를 해결할 수 있는 공동의 의무 역시 달라질 수밖에 없다면, 인정윤리는 이제 갈등의 원인이 바로 인정관계의 훼손에 있음을 논증해야 한다. 그렇지 않으면 인정윤리가 제시하는 상호 인정이 갈등 해결을 위한 공동의 의무로 규정될 수 없기 때문이다. 다시 말해 인정윤리가 성립하기 위해서는 단지 인정과 윤리의 연관성만이 아니라, 인정과 갈등 해결 간의 개념적 연관성 또한 해명되어야 한다는 것이다. 사실 이러한 해명이 전제되지 않는 한, 상호 인정을 통해 개인 간의 갈등이 해소될 뿐만 아니라 개인의 성공적 자아실현이 가능하다는 인정윤리의 핵심적 주장은 설득력을 갖기 어렵다.

호네트는 홉스의 '만인에 대한 만인의 투쟁' 개념을 재해석한 청년 헤겔의 '인정투쟁' 개념에 주목하면서 인정과 갈등 해결 간의 필연적 관계를 해명한다.[10] 주지하다시피 홉스는 인간을 자기보존을 위해 자신의 이익만을 관철하려는 이기주의적 존재로 보았다. 따라서 인간 간의 갈등은 필연적이며 타인의 이익 관철에 대항하여 자신의 생존을 보존하기 위해서는 타인과 투쟁할 수밖에 없다. 홉스는 이러한 인간관에 기초하여 만인에 대한 만인의 투쟁 상황을 모든 사회적 관계에 앞선 '자연 상태'로 규정했다. 따라서 사회적 규약이나 법제도는 바로 이러한 갈등을 해결하기 위해 등장하게 되며, 투쟁

상태를 휴전 상태로 바꾸는 것을 최고의 목표로 둘 수밖에 없다. 그러나 청년 헤겔은 이런 자연 상태에 선행하여 상호 인정 상태가 전제될 수밖에 없음을 주장하면서, 만인에 대한 만인의 투쟁 역시 자기보존을 위한 이기주의적 투쟁이 아니라, 자신의 존재를 인정받기 위한 인정투쟁으로 재해석한다.

예를 들어 개인들이 목적의식적으로 체결한 어떠한 사회적 규약이나 법제도도 형성되어 있지 않는 상황, 즉 자연 상태에서는 어떤 개인이 한 마지기의 땅이라도 자신의 소유물로 장악하려는 순간 타인과의 갈등은 불가피하다. 왜냐하면 우리가 홉스 식으로 생각할 때 이 사람이 토지를 독점적으로 소유하게 된다면 다른 사람들은 이 토지를 사용할 수 없으며, 이를 통해 아무런 경제적 이익도 얻어 낼 수 없기 때문이다. 따라서 각 개인들은 자신의 이익과 생존을 위해 토지 소유를 둘러싼 투쟁을 감행하게 된다. 하지만 청년 헤겔에 따르면 토지를 둘러싼 투쟁이 발생하는 것은 단지 한 개인이 토지를 독점적으로 소유함으로써 다른 사람의 이익을 침해하고, 또 이를 통해 그의 생존을 위협했기 때문이 아니다. 한 개인의 독점적 토지 소유가 투쟁을 야기한 이유는 그가 이에 앞서 존재했던 상호 인정관계를 훼손했기 때문이다. 사실 어떤 개인의 독점적 소유가 자기 자신 이외에 아무도 존재하지 않는 곳에서 이루어졌다면 이로 인한 투쟁은 일어나지 않는다. 이에 저항하는 투쟁의 상대방 자체가 없기 때문이다. 따라서 투쟁이 일어난다는 것은 이미 서로 다른 개인들이 공존하고 있다는 사실을 전제할 수밖에 없다. 그렇다면 독점적 토지 소유 이전에 어떻게 서로 다른 개인들이 공존할 수 있었을까?

청년 헤겔의 통찰력은 바로 이를 비록 목적의식적이진 않지만 서로에 대한 초보적인 인정이라고 보는 데 있다. 즉 서로 다른 개인들이 공존하기 위해서는 어떤 식으로든 각 개인이 서로의 존재를 긍정해야 한다는 것이다. 따라서 서로 공존하고 있는 개인들이 서로에 대해 암묵적으로 갖고 있는 인정에 대한 믿음과 기대가 훼손되지 않는 한 이들 사이에 투쟁은 일어나지 않는다. 이런 점에서 한 개인의 일방적 소유 행위가 투쟁을 야기하는 것은 바로 이런 행위를 통해 상대방의 존재를 부정하고, 마찬가지로 상대방이 갖고 있던 인정에 대한 믿음과 기대를 훼손했기 때문이다. 따라서 독점적 토지 소유에서 배제된 사람이 이에 대해 저항하는 이유는 이것이 장차 자신의 생존을 위협할 것이라는 단순한 공포감 때문이 아니라, 이로 인해 자신의 존재가 무시당하고 공존의 전제였던 상호 인정관계가 훼손되었다는 억울한 감정에 있다는 것이다.

만약 우리가 청년 헤겔의 통찰처럼 투쟁이 발생하는 원인을 단지 이익 침해나 생존 위협이 아니라, 여기에 선행하는 상호 인정관계에 대한 훼손에서 찾는다면 투쟁의 목표 역시 달라진다. 즉 자신의 존재가 무시당한 사람의 투쟁은 단지 남이 소유한 토지를 빼앗음으로써 자신의 물질적 욕구 충족을 하려는 것이 아니라, 상대방으로부터 다시금 자신의 존재를 인정받기 위함이라는 것이다. 그러나 단지 자신의 존재를 인정받기만 하면 투쟁은 종식될까? 더구나 한 사람의 독점적 토지 소유가 이미 일어난 상황에서 자신의 존재를 다시금 인정받는다는 것은 어떤 의미를 지닐까?

토지 소유에서 배제당한 사람의 입장에서 보면 이는 자신의 존재에 대한 부정이지만, 일방적 토지 소유로 인해 저항에 직면한 사람의 입장에서 보면 이는 자기중심적 관점에서 벗어나는 계기가 된다. 왜냐하면 이제 주체는 자신의 행위가 상대방에게 얼마나 다른 의미를 갖고 있는가를 인식하게 되기 때문이다. 더구나 주체는 소유에서 배제된 사람이 저항을 통해 자신을 압박하고 있음을 경험하면서 자신의 행위가 얼마나 타인과 연관되어 있는지를 깨닫게 된다. 그런데 이러한 상황은 비대칭적이다. 왜냐하면 소유물 획득자는 자신에게 저항하는 사람으로부터 재인정을 강요받지만 그 자신은 자신의 의지를 인정받을 수 있는 가능성이 결여되어 있기 때문이다. 따라서 이제 소유물 획득자 역시 자신에게 저항했던 사람과 마찬가지로 자신의 의지를 인정받기 위한 투쟁에 나서게 된다. 왜냐하면 소유물 획득자도 상대방의 저항을 통해 자신의 의지가 무시된다는 모욕감을 갖기 때문이다. 따라서 이제 두 주체는 자신의 의지와 자신의 존재를 인정받기 위해 서로에 대한 인정투쟁에 나서게 된다.

이런 점에서 인정투쟁을 종식시킬 수 있는 방법은 일방적 토지 소유 이전 상태로 돌아가는 데 있는 것이 아니다. 투쟁하는 두 주체가 각기 상대방으로부터 무시당했다는 경험을 공유하지만 그 내용이 정반대이기 때문이다. 즉 한편에서는 자신이 토지 소유에서 배제된 것이 문제이지만, 다른 한편에서는 자신의 토지 소유가 부정되는 것이 문제라는 것이다. 청년 헤겔은 바로 이러한 상호 무시가 새로운 인정관계 형성을 통해 해결된다고 본다. 즉 과거의 인정관계가 투쟁을 통해 훼손되었지만 이것의 복구는 새로운 인정관계를 통해 이루어진다는 것이다. 예를 들어 우리는 문제가 되는 토지를 서로 반분하자는 타협을 통해 두 주체 간의 투쟁 상태가 종식된다고 생각할 수 있다. 그러나 중요한 것은 이러한 타협이 어떻게 가능한가 하는 점이다. 만약 타협이 가능하다면 그것은 이미 새로운 인정관계를 전제할 수밖에 없다. 왜냐하면 그 이전엔 단지 서로의 존재를 긍정했을 뿐이라면, 이제는 서로를 토지 소유라는 동등한 권리 담지자로 인정하는 것이나 다름없기 때문이다. 이러한 새로운 상호 인정이 전제되지 않는다면 과연 토지를 반분하자는 타협이 등장할 수 있을까? 자신만이 토지를 소유할 수 있는 권리가 있다고 생각하는 사람이 과연 타인에게 동등한 토지 소유를 허락할 수 있겠는가 말이다. 그러나 이러한 인정관계가 과거의 인정관계를 부정하는 것은 아니며, 오히려 이를 새로운 단계로 고양시킨 것이다. 왜냐하면 권리 담지자로서의 인정은 그 이전에 상호 공존을 가능하게 했던 서로의 존재에 대한 인정을 여전히 전제하기 때문이다.

이처럼 새로운 상호 인정관계가 형성된다면 개인 간의 갈등 해결은 물론 각 개인에게는 자기실현에 이를 수 있는 새로운 길이 열리게 된다. 왜냐하면 현상적으로 볼 때 단순히 서로의 존재가 인정된 상황이 이제는 토지 소유에 대한 상호 인정관계로 발전함으로써 해당 당사자들은 토지 소유를 통해 자신의 생존 욕구를 실현할 수 있게 되기 때문이다. 그러나 이것이 해당 당사자들이 자신의 정체성을 단지 생존 욕구를 가진 존재로 인식하고 이를 실현한다는 뜻은 아니다. 왜냐하면 새로운 인정관계는 오히려 해당 당사자들이 자기 자신을 동등한 권리의 주체로 인식하게 하기 때문이다. 즉 인정투쟁이라는 갈등을 통해 각 개인은 자기 자신에 대한 더 고양된 정체성을 형성하고 이제 이를 실현할 수 있게 된다는 것이다. 따라서 권리 주체로서의 각 개인은 단지 자신의 생존 욕구를 충족하는 것이 아니라, 이를 가능하게 하면서도 이 속에 포함되어 있지 않은 더 높은 차원의 권리 의식을 실현한다. 이런 점에서 상호 인정이 개인의 성공적 자아실현을 보장한다는 것은, 이미 개인적 자아가 형성되어 있고 이의 실현을 저해하는 갈등이 해결됨으로써 비로소 각 개인이 자아실현의 기회를 얻게 된다는 뜻이 아니다. 오히려 갈등을 통해 고도화된 상호 인정관계는 각 개인으로 하여금 고양된 자아정체성에 도달하게 하고, 따라서 더 고차원적인 자아실현을 가능하게 한다는 것이다.

(3) 지금까지 서술되었듯이 인정윤리는 상호 인정이 개인의 성공적 자아실현을 보장한다는 근본이념에 근거하고 있으며, 이는 인정과 윤리 그리고 갈등 해결 간의 개념적 연관성을 통해 설명될 수 있다. 그러나 호네트가 인정윤리를 단지 이러한 개념적 설명만을 통해 정당화시키는 것은 아니다. 호네트는 이를 넘어서 인정윤리의 정당성을 경험과학적으로 논증하기 위해 인정 행위의 '유형학'을 도입한

다.[11] 이는 근본적으로 인정 행위의 일반적 유형과 이를 통해 형성된 긍정적 자기관계의 형태를 구별함으로써 인정 행위가 성공적 자아실현의 보호 장치라는 사실을 경험적으로 구체화하기 위함이다.

우선 호네트는 인정의 일반적 유형을 제시하기 위해 인간의 정체성 심급을 세 가지로 구분하고, 이에 상응하여 세 가지 긍정적 자기관계 유형을 구별한다. 즉 인간은 본능적 욕구와 감정을 지닌 자연적 존재, 다른 사람과 동일한 보편적 존재, 그리고 다른 사람과 구별되는 특수한 존재이며, 이에 상응하여 세 가지 유형의 긍정적 자기관계를 갖는다는 것이다. 첫 번째 유형의 긍정적 자기관계는 '자신감'으로서 개인은 자신의 욕구나 감정을 실현 가능한 것으로 믿게 될 때 이러한 심리적 상태를 유지한다. 두 번째 유형의 긍정적 자기관계는 '자존심'으로서 개인은 타인과 마찬가지로 자신도 동등한 존재로 존중된다고 믿게 될 때 이러한 심리적 상태를 유지한다. 세 번째 유형의 긍정적 자기관계는 '자긍심'으로서 개인은 타인과 구별되는 자신의 특수한 가치를 믿게 될 때 이러한 심리적 상태를 유지한다. 이러한 긍정적 자기관계가 인정윤리를 경험적으로 정당화하는데 핵심 틀이 되는 이유는 바로 타인의 인정이 긍정적 자기관계 형성의 전제가 되며 이를 통해서 개인의 성공적 자아실현이 가능하기 때문이다. 사실 긍정적 자기관계가 전제되지 않은 자아실현이란 어불성설일 수 있다. 왜냐하면 자기 자신의 감정이나 동등성 내지 개성의 가치를 부정하는 사람이 자아실현의 욕구를 갖는다는 것은 그 자체 모순이기 때문이다. 더구나 자신을 열등하게 평가하면서 그리고 자신의 삶을 무가치하다고 평가하면서 자기실현의 만족감뿐만 아니라, 삶의 행복을 느낀다는 것이 과연 가능할까? 따라서 호네트는 이러한 긍정적 자기관계를 가능하게 하는 인정의 유형을 구별함으로써 인정 행위의 윤리적 성격을 경험과학적으로 논증한다.

첫째, 개인에게 자신감을 갖게 하는 인정 유형은 '사랑'이다. 호네트에 따르면 사람들 사이에 사랑이라는 관계가 형성되는 것은 이들이 자신들의 욕구나 감정이 서로에게 향하고 있다는 사실을 경험하게 될 때다. 따라서 사람들은 자신의 욕구나 감정이 타인에 의해 정서적으로 수용될 때, 자신이 타인에 의해 사랑받고 있음을 느끼게 된다. 이러한 사랑을 인정의 한 유형이라고 규정할 수 있는 것은, 바로 나의 욕구나 감정이 타인에 의해 수용된다는 것이 결국 내가 타인으로부터 수용가치가 있는 욕구나 감정의 담지자로 인정되고 있다는 것과 마찬가지이기 때문이다. 즉 사랑이란 해당 당사자들이 서로의 구체적인 욕구와 정서를 긍정하고, 또 서로를 이러한 욕구와 정서의 실현을 바라는 존재로 인정함으로써 이들 간에 형성된 상호관계라는 것이다. 헤겔의 표현을 빌리자면 사랑하는 사람들은 서로 자신과 구별되는 특수한 상대자의 욕구와 정서를 실현가치가 있는 것으로 인정하고 또 인정받음으로써 '타인 속에서 자기 자신으로 존재함'이 가능하게 된다.

바로 이러한 인정 경험에 대한 심리적 동반 현상으로 해당 개인이 자신감을 갖게 된다는 호네트의 주장은 위니코트의 심리학에 근거한다.[12] 위니코트에 따르면 유아기의 성숙과정은 '절대적 의존성'에서 벗어나 '상대적 의존성'으로 이행하는 과정이다. 우선 갓 태어난 젖먹이와 어머니는 서로 분리되지 않은 일체적 공생 상태에 있다. 왜냐하면 이들은 서로의 욕구를 충족하기 위해 전적으로 서로에 의존해 있기 때문이다. 젖먹이는 어머니의 보호 없이는 생존할 수 없으며 자신의 욕구를 충족시킬 수 없다. 마찬가지로 어머니 역시 젖먹이와 떨어져 살 수 없다. 왜냐하면 임신 기간 동안 어머니는 아이와 자기 자신을 동일시함으로써 아이의 모든 움직임과 반응을 자신의 행위의 일부처럼 체험했기 때문이다. 따라서 출산 직후에도 어머니는 흡사 자기 자신을 보호하듯 본능적 충동에 따라 아이를 보호하게 된다. 그러나 어머니가 다시 일상생활로 돌아가면서 다른 사람과의 관계를 복원하고, 점차 젖먹이를 혼자 있게 하는 시간이 길어지면 길어질수록 젖먹이는 어머니와의 일체적 공생 상태에서 벗어나게 되지만, 그럼에도 불구하고 여전히 어머니에 대한 의존성을 유지하는 상대적 의존기로 이행한다. 즉 젖먹이는 어머니의 어떤 청각적 혹은 시각적 신호를 차후에 있게 될 자신에 대한 어머니의 보호의 표시로 지각함으로써 어머니의 부재를 견딘다는 것이다. 이러한 상태를 절대적 의존이 아닌 상대적 의존 관계로 규정하는 것은 이러한 상태에서 젖먹이는 어머니를 자신과 서로 의존해 있는 동일체로 지각하면서도 동시에 어머니가 자신으로부터 독립된 독자적 존재임을 인정하게 되기 때문이다.

이러한 유아기 성숙과정에 대한 위니코트의 분석은 사랑과 자신감과의 연관성을 입증하는 실마리가 된다. 왜냐하면 젖먹이가 상대적 의존기에 혼자 있을 수 있는 능력은 자신의 존재에 대한 자신감에 있다고 할 수 있으며, 이는 다시 어머니의 사랑과 보살핌에 근거한 것이기 때문이다. 즉 유아기 어린아이는 어머니의 반복적인 보살핌을 경험하면서 어머니가 항상 자신을 보살필 것이라는 믿음을 갖게 되며, 이러한 믿음은 아이가 어머니와의 일체적 공생 상태에서 벗어나 있을지라도 아무런 불안감 없이 혼자 있을 수 있는 자신감의 원천이라는 것이다. 따라서 이러한 사랑과 보살핌이 지속되면 될수록, 그리고 그것이 믿음을 주면 줄수록 아이 역시 자신의 존재와 욕구충족에 대한 믿음을 강화시킨다. 이러한 자기관계가 바로 자신으로부터 독립된 타인에게서 사랑받고 있다는 경험이 누적될 때 형성되는 긍정적 자기관계다.

둘째, 개인에게 자존심을 갖게 하는 인정 유형은 '권리 부여'다. 우선 개개인은 공동체 내에서 다른 사람들과 동등한 권리를 부여받을 때 타인과 권리에 기초한 동등한 인간관계를 형성할 수 있다. 이러한 관계를 인정관계로 규정할 수 있는 이유는, 이를 통해 각 개인이 권리의 주체라는 사회적 지위를 갖게 됨은 물론 공동체 구성원들이 서로를 권리의 주체로 존중하는 상호관계 역시 형성되기 때문이다. 오늘날 민주주의 사회는 신분적 질서에 따라 권리가 차등화되는 전통사회와는 달리 모든 인간에 대한 동등한 권리 부여를 근본이념으로 삼고 있다. 왜냐하면 민주주의는 사회적 정당성을 구성원들의 자발적 동의에서 찾을 수밖에 없으며, 이런 점에서 사회구성원 모두를 합리적 판단 능력이 있는 권리의 주체로 인정해야 하기 때문이다. 따라서 다른 사람과 동등한 권리를 부여받는다는 것은 사회적으로 합리적 판단 능력이 있는 이성적 존재로 인정받는다는 것과 마찬가지다.

그러나 권리 부여의 역사적 과정을 살펴보면 신분사회가 붕괴한 이후 모든 사회구성원이 곧바로 현대 민주주의 사회의 제반 권리를 부여받은 것은 아니다. 마샬의 역사적 연구는 권리 부여의 역사가 바로 권리 확대의 역사임을 보여준다.[13] 이에 따르면 권리는 18세기 자유권적 기본권에서 19세기 참정권적 기본권으로, 그리고 20세기에 와서는 사회복지권으로 확대되어 왔으며, 이는 모든 사람이 해당 공동체의 완전한 구성원으로서의 지위를 갖고자 하는 사회적 요구를 반영한 것이다. 호네트에 따르면 이러한 권리 확대의 과정은 바로 개인이 자신의 합리적 판단 능력을 실질적으로 행사할 수 있는 사회적 조건을 확립하는 과정이며, 동시에 모든 공동체 구성원이 합리적 판단 능력이 있는 존재로, 그리고 공동체의 완전한 구성원으로 인정되는 과정이기도 하다.

이러한 권리 부여라는 인정 유형이 자존심이라는 긍정적 자기관계를 가능하게 한다는 것은 이를 통해 해당 개인이 바로 자신의 행동이 다른 사람으로부터 합리적 판단 능력의 표현으로 존중받고 있음을 경험하기 때문이다. 파인버그는 역으로 권리 없는 삶에 대한 상황을 가상적으로 설정함으로써 이를 입증한다.[14] 그에 따르면 권리 부여가 없는 상황에서 공동체 구성원은 비록 그들의 요구가 정당한 것이라 하더라도 이를 공식적으로 제기할 수 없다. 따라서 공동체 구성원은 자신의 요구가 사회적으로 존중됨을 경험할 수도 없으며 자기 자신에 대한 존중 의식 역시 가질 수 없다는 것이다. 파인버그가 제시한 가상적 상황을 전제한다면, 권리란 공동체 구성원에게 자신의 요구를 정당하게 제기할 수 있는 기회를 부여해 주며, 이를 통해 공동체 구성원은 사회적으로 활동할 수 있는 기회를 합법적으로 획득하게 된다고 할 수 있다. 이런 점에서 공동체 구성원은 자신이 정당하게 활동할 수 있는 공간이 권리 부여를 통해 마련될 때, 자신의 합리적 판단 능력이 사회적으로 존중되고 있음을 경험하며, 이러한 경험이 결국 자신에 대한 존중감을 갖게 하는 토대가 된다.

셋째, 개인에게 자긍심을 갖게 하는 인정 유형은 사회적 가치 부여를 통해 형성된 사회적 '연대'다. 즉 공동체 구성원은 자신이 공동체의 가치와 목적 실현에 기여하는 개인적 특성을 갖고 있다고 사회적 가치 평가를 받을 때 사회적 연대에 포함되며, 해당 개인은 이러한 사회적 연대를 경험하면서 자기 스스로도 자신이 가치 있다고 느끼는 자긍심을 갖게 된다는 것이다. 물론 개인적 특성에 대한 가치 부여와 사회적 연대, 그리고 이로 인한 자긍심의 형성은 과거 전통사회에서는 볼 수 없는 오늘날의 새로운 현상이다. 호네트에 따르면 신분사회에서의 사회적 가치 부여는 명예라는 차원에서 이해될 수 있으며, 공동체 구성원은 신분에 따라 자신에게 부과된 특수한 삶을 실천하면서 명예를 획득한다. 그러나 신분적 삶의 가치란 이미 신분의 귀천을 결정하는 위계적 인정질서에 따라 정해져 있기 때문에 개인의 명예의 정도 역시 신분 간의 위계를 벗어날 수 없었다. 즉 사회적 가치 부여는 개인의 특성이 아니라 개인적 신분의 한계 내에서 이루어졌다는 것이다. 이런 점에서 사회적 가치 부여는 해당 개인에게 자신이 소속된 신분 내에서의 가치 있는 구성원이라는 사회적 인정을 경험하게 하지만, 이는 신분으로부터 독립된 해당 개인의 고유한 특성에 대한 인정은 아니었다.

이에 반해 현대사회의 가치 부여는 더 이상 신분적 질서에 구속된 것이 아니라 개인적 특성에 대하여 이루어진다. 이러한 역사적 변화는 사회적 가치관의 근본적인 변화를 반영한 것으로, 이제 누가 사회에 기여하는가에 대한 평가는 신분적으로 규정된 삶의 형태가 아니라, 개개인이 공동체의 목적 달성에 기여할 수 있는 개별적 특성을 지니고 있는가에 대한 평가로 이전된다. 따라서 사회적 가치 부여 역시 공동체 내의 개별적 구성원 간의 관계로 이전되며, 공동체 구성원들이 서로에게 가치를 부여한다는 것은 해당 개인들이 서로를 공동체의 개별적 구성원으로, 그것도 가치 있는 구성원으로 인정한다는 것을 의미하게 된다. 더구나 우리가 공동체의 목적 달성은 누가 혼자 이루어 낼 수 있는 것이 아니라 구성원 간의 연대를 통해 이루어진다는 점을 받아들인다면, 사실 사회적 가치 부여는 개인적 가치에 대한 인정일 뿐만 아니라, 동시에 해당 개인과 함께 공동생활을 유지하려는 사회적 연대감의 표현이기도 하다. 이런 점에서 사회적 가치 부여는 해당 개인으로 하여금 사회적 연대를 경험하게 하며, 이를 통해 자신도 해당 공동체의 가치 있는 구성원이라는 자긍심을 갖게 된다.

호네트는 이렇게 인정 유형을 구분하고 각각의 인정 경험이 어떤 유형의 긍정적 자기관계를 가능하게 하는가를 경험적으로 해명하면서 인정윤리를 정당화하고 있지만, 이러한 정당화로 그의 유형학적 논증이 마무리되는 것은 아니다. 호네트는 역으로 인정에 반대되는 무시 행위가 어떻게 긍정적 자기관계를 훼손함으로써 개인적 삶을 파괴하는가 역시 유형학적으로 설명하면서 사회적 인정이 개인적 삶에 대한 보호 장치가 될 수 있음을 논증한다. 이러한 무시의 유형학은 앞서 설명한 세 가지 인정 유형에 상응한다.[15)]

첫 번째 무시의 유형은 성폭력, 고문, 폭행과 같이 신체에 가해지는 '학대 행위'로서 이는 가장 근본적이고 가장 파괴적인 무시 행위다. 왜냐하면 신체적 학대를 통해 해당 개인은 신체적 고통을 당할 뿐만 아니라, 자신에 대한 믿음과 세계와의 관계 자체를 상실하기 때문이다. 즉 신체적 학대는 해당 당사자에게 아무런 보호 없이 자신의 신체가 타인의 의지에 내맡겨져 있다는 의식을 갖게 함으로써, 자신의 몸을 자주적으로 움직이면서 자신의 의지를 실현할 수 있다는 '자신감'을 상실하게 한다. 그뿐만 아니라 신체적 학대는 해당 개인이 자신의 몸을 움직이며 자신의 의지를 관철할 수 있는 가능성을 파괴함으로써, 해당 개인이 자신의 세계와 맺을 수 있는 모든 관계를 단절시킨다. 물론 신체적 학대 행위는 폭행과 같이 직접적인 무시를 통해 이루어지지만, 개인이 신체적 부자유를 경험함으로써 자신감뿐만 아니라 세계와의 관계 자체를 상실하게 되는 간접적인 무시 또한 존재한다. 즉 장애인이나 노약자는 비록 폭행과 같은 신체적 학대를 당하지 않더라도, 자신들에 대한 아무런 보호 장치나 보조 시설이 설비되어 있지 않을 경우, 자신의 신체를 자유롭게 움직일 수 있는 가능성을 상실하게 되며, 따라서 세계와 관계를 맺으며 자신의 의지를 관철시킬 수 있다는 믿음 자체를 갖기 어렵다. 이런 점에서 이들은 자신들을 위한 보조 시설이 미비되어 있을 때도 사회적 무시를 경험한다.

두 번째 무시의 유형은 '권리의 배제'로서, 이는 해당 개인의 자기 자신에 대한 존중 의식, 즉 '자존심'을 파괴한다. 앞서 지적했듯이 개인은 권리 향유를 통해 다른 사람과 마찬가지로 자신도 공동체의 제도적 질서에 참여함으로써 자신의 합리적 의사 능력을 정당하게 실현시킨다. 따라서 자신이 권리에서 배제된다는 것은 자신이 다른 사람과 동등한 능력을 지닌 존재가 아니라는 것을 함축한다. 이로부터 결과하는 것은 해당 개인이 자신의 합리적 의사 능력을 정당하게 실현할 수 있는 제도적 수단을 가질 수 없다는 것이며, 또한 이러한 권리 배제를 경험하면서 해당 개인은 자신 역시 다른 사람과 마찬가지로 합리적 판단 능력을 지닌 존재라는 자기 존중 의식을 상실하게 된다. 그런데 여기서 말하는 권리의 배제는 단지 국가가 제도적으로 보장하는 권리 향유에서의 배제만을 의미하지는 않는다. 이런 거시적 공동체뿐만 아니라 미시적 공동체 내에서의 권리 배제 역시 해당 당사자로 하여금 사회적 무시를 경험하게 하기 때문이다. 즉 다양한 사회적 단체나 조직에서 어떤 개인이 다른 사람이 향유하는 권리를 향유하지 못할 때, 자신 역시 동등한 존재로 존중받고 있음을 경험할 수 없다는 것이다.

세 번째 무시의 유형은 개인의 속성 또는 삶의 방식에 대해 '가치부여를 유보'하거나 열등한 것으로 '평가절하'함으로써 사회적 연대에서 배제하는 것을 말한다. 한 사회의 문화적 전통은 특정한 개인적 속성이나 삶의 방식을 높게 평가하는 가치 척도를 포함하고 있다. 만약 이러한 가치 척도가 반대로 특정한 개인적 속성이나 생활방식을 열등한 것으로 평가하는 위계적 가치 질서 형태를 띤다면, 이와 관련된 해당 당사자는 자신의 정체성과 삶에 사회적 가치를 부여할 수 있는 기회를 송두리째 빼앗기게 된다. 이로부터 결과하는 것은 해당 당사자가 특정한 인간상을 전제로 형성된 사회적 공동체에서 배제되고 고립화될 뿐만 아니라, 그 자신 역시 해당 공동체의 가치 있는 구성원이라는 자긍심을 상실하게 된다는 점이다. 이런 무시의 유형은 권리의 배제라는 무시 형태와 구별되어야 한다. 즉 사회적 연대에서의 배제와 권리의 배제는 개념적으로 서로 다르다는 것이다. 왜냐하면 전자는 개인의 특수성에 대한 무시이지만, 후자는 개인의 보편적 능력에 대한 무시이기 때문이다. 그러나 이 양자가 항상 경험적으로 분리되어 나타나는 것은 아니다. 왜냐하면 사회적 연대에서 배제된 사람은 흔히 권리 부여에서도 배제되기 때문이다.

3. 인정과 윤리적 다원성

이렇게 우리가 인간의 정체성 심급에 따라 인정과 무시의 유형을 구별한다면 인정이 왜 성공적 자아실현의 조건인가 하는 점을 경험적으로 입증할 수 있다. 그러나 이러한 유형학적 설명이 단지 인정의 윤리적 기능만을 보여주는 데 그치는 것은 아니다. 왜냐하면 이로부터 우리는 인정윤리가 어떤 인간관계 영역에 적용될 수 있는지를 알 수 있기 때문이다. 또한 이러한 점이 중요한 이유는 바로 이를 통해 인정윤리가 오늘날 서구의 윤리학적 논의에서 어떤 이론적 위상을 가질 수 있는지를 가늠할 수 있기 때문이다.

최근 서구의 윤리학적 논의를 살펴보면 대략 세 가지 입장이 주된 흐름을 형성하고 있음을 알 수 있다. 즉 칸트적 전통에서 유래한 '담론윤리', 헤겔적 전통에서 기원한 '공동체주의 윤리', 그리고 서구의 윤리적 전통을 남성주의적이라고 비판하면서 등장한 '배려윤리'가 그것이다.[16] 이러한 세 가지 입장은 각기 다른 윤리적 원칙을 최고의 행위 원칙으로 제시한다는 점에서 기존의 윤리학적 논의 지평을 확장시키고 있지만, 이들이 상호 환원 불가능한 경쟁적인 입장으로 이해될 때, 우리의 윤리학적 입장은 불가피하게 분열과 대립에 빠질 수밖에 없다.

예를 들어 하버마스가 정식화시키고 있듯이 담론윤리는 더 나은 논증에 근거한 합의, 즉 담론 원칙을 모든 규범을 정당화할 수 있는 최종 근거로 설정함으로써 이제 이 담론 원칙 자체가 최고의 윤리적 원칙으로 고양되며, 이 원칙은 어떤 상황에서든 또한 어떤 사람과의 관계에서든 보편적으로 적용된다는 점에서 보편주의적 윤리관을 따르고 있다. 따라서 배려윤리의 입장에 설 때 담론윤리의 이러한 입장은 모든 사람에게 보편적 원칙에 따라 행동할 것을 요구하는 '정의의 윤리'의 한 형태로서 모든 사람에 대한 동등 대우를 최우선의 원칙으로 삼는다고 할 수 있다. 이런 점에서 담론윤리는 구체적 타인을 보살피고 그와의 관계를 배려할 뿐만 아니라, 이러한 상대방과의 정서적 합일을 중시하는 배려윤리와 대립한다. 왜냐하면 배려윤리에서 중요시하는 것은 그 어떤 사람과의 관계에서든 담론 원칙에 따라 행동하는 것이 아니라, 내가 구체적으로 관계를 맺고 있고 정서적으로 교류하는 사람들과의 관계망 자체를 유지하는 것이기 때문이다. 이에 비해 공동체주의 윤리는 보편주의적 입장을 견지하는 것도, 그렇다고 정서적 교류 관계에 있는 특수한 사람들에 대한 배려를 주장하는 것도 아니다. 오히려 공동체주의 윤리에서 중요한 것은 '좋은 삶' 내지 '의미 있는 삶'이며, 이것을 가능하게 하는 것은 공동체 구성원들이 공유하는 있는 제반 가치의 실현이다. 이러한 입장에 설 때 담론윤리는 단지 어떻게 행동해야 하는가를 이야기할 뿐 무엇을 해야 하는가를 이야기하지 못하는 공허한 윤리적 입장일 수 있고, 배려윤리는 정서적 교류만을 강조할 뿐 이러한 교류 속에서 어떻게 가치 있는 삶이 가능한가를 설명하지 못하는 맹목적 윤리관일 수 있다.

인정윤리는 이러한 경쟁적 입장들을 '윤리적 다원주의'라는 관점에서 이해할 수 있게 할 뿐만 아니라,[17] 이들을 통합할 수 있는 개념적 실마리를 제시한다는 점에서 윤리학적 논의의 새로운 지평을 열고 있다. 왜냐하면 비록 이 세 가지 입장이 각기 다른 행위 원칙을 윤리적 정당성의 최고 원칙으로 삼고 있지만, 우리가 인정이란 개념에 주목한다면, 이러한 원칙들을 각기 다른 주체와 상호 주관적 관계, 그리고 이에 상응하는 상이한 인정 유형으로 해석할 수 있기 때문이다. 다시 말해 더 나은 논증과 이에 근거한 합의를 모든 규범을 정당화할 수 있는 최고의 윤리적 원칙으로 삼는 '담론윤리'는 의사소통적 합리성에 따라 행동하는 이성적 주체와 이들 간의 의사소통 관계를 전제하고 있으며, 사실 이러한 관계는 각 개인이 서로를 의사소통 과정에 참여할 수 있는 동등한 권리를 지닌 존재로 인정하지 않는 한 불가능하다. 그리고 타인에 대한 애정 어린 관심과 배려를 윤리적 행위의 최고 원칙으로 삼는 '배려윤리'는 정서적 주체와 이들 간의 사랑이라는 정서적 합일 관계를 전제하고 있으며, 사실 이러한 관계는 상대방을 고유한 욕구와 바람을 지닌 유일무이한 존재로 인정하지 않는 한 불가능하다. 또한 보편타당성을 가정한 어떤 선험적 원칙이 아니라 자신이 속한 공동체의 가치 실현을 윤리적 행위의 궁극적 목적으로 삼는 '공동체주의 윤리'는 이를 내면화한 개성적 주체와 이를 매개로 한 사회적 유대 관계를 전제하고 있으며, 사실 이러한 관계는 서로를 공동체에 없어서는 안 될 가치 있는 구성원으로 인정하지 않는 한 불가능하다.[18]

이런 점에서 호네트가 개인의 정체성 심급에 따라 구분한 상호 인정 형태, 즉 권리, 사랑, 연대란 각기 담론윤리, 배려윤리, 공동체주의 윤리가 관철되는 특수한 인간관계를 인정이란 개념으로 포섭한 것이라 할 수 있으며, 이렇게 인정 개념하에 각각의 윤리적 입장을 포섭할 수 있다는 점이 중요한 이유는 이를 통해 각각의 윤리적 입장을 대립적이고 경쟁적으로 바라보는 것이 아니라, 이들의 타당성 영역을 구별하고 이들을 각기 다른 인간관계 영역에 배치할 수 있기 때문이다. 즉 서로 다른 윤리적 목소리를 인정이라는 공통의 규범적 언어로 근거 지을 수 있을 뿐만 아니라, 인정윤리를 구체적 맥락에 따라 적용하기 위해 서로 다른 윤리적 목소리를 사용할 수 있다는 것이다.

4. 인정윤리의 이론적 과제

앞서 지적했듯이 인정 행위가 개인의 긍정적 자기관계를 형성하고, 반대로 무시행위가 개인의 삶 자체를 파괴할 수 있다는 점을 받아들인다면, 인정윤리는 성공적 자아실현을 위한 보호 장치로서 그 정당성을 획득할 수 있다. 그러나 사실 이러한 정당화 방식은 윤리를 기능주의적으로 파악할 때 가능하다. 다시 말해 지금까지 설명한 인정과 무시의 유형학은 인정이라는 윤리적 행위가 그 수혜자의 삶을 위해 어떤 기능을 하는가에 초점이 맞추어져 있다는 것이다. 그러나 이러한 정당화 방식은 인정 수혜자가 아니라 인정 행위자가 부딪치는 윤리적 판단 문제를 해결할 수는 없다. 사실 인정 행위자는 항상 실제적이고 구체적인 상황에서 무엇을 인정하고 무엇을 인정하지 말아야 올바른 행동인가 하는 진위 판단의 문제에 직면하게 된다. 그러나 인정 행위자가 올바른 인정 행위에 대한 아무런 합리적 기준을 갖고 있지 않다면 실제 인정 행위는 불가능하며, 그것이 가능하다 하더라도 인정 행위자는 그 행위의 타당성을 주장하기 어려운 자의성에 빠지고 만다. 따라서 인정 행위자의 관점에서 볼 때 인정 행위는 옳고 그름에 대해 이야기할 수 있는 인지주의적 정당화가 필요하다는 것이다.

그러나 아마도 결정적인 문제는 인정 행위를 규범적으로 정당화하는 이 두 가지 방식이 서로 분열되는 지점에 이르면 양자 간의 갈등을 피할 수 없다는 점이다. 사실 개인의 정체성은 근본적으로 내가 어떤 사람이고 싶고 또 어떤 삶을 원하는가의 문제이지만 이것이 단지 원자론적으로 분리된 고독한 개인의 선택은 아니다. 한 개인의 정체성은 타인과 공유하는 공통의 가치질서를 내면화함으로써 형성된 것이며, 따라서 내가 어떤 사람이 되고 싶은가에 대한 대답은 이미 해당 사회의 가치지평에 의해 결정되어 있다고 말할 수 있다. 이런 점에서 한 개인에게 좋은 삶으로 판단되는 것은 사실 한 공동체 내의 다른 구성원에게도 공통된 것이며, 내가 나의 삶에 가치를 부여하는 것처럼 타인 역시 나의 삶에 가치를 부여할 수 있다. 이런 점에서 우리가 공동체 내의 일반적 가치지평을 전제한다면 이를 통해 어떤 개인적 속성이나 생활방식이 인정가치가 있는지를 판단할 수 있으며, 실제 인정 행위가 이런 가치관에 근거하여 이루어질 때 우리는 이를 올바른 인정 행위로 평가할 수 있다. 따라서 비록 기능주의적 관점에서 볼 때 해당 인정 행위가 인정 수혜자의 성공적 자아실현을 보장한다 하더라도 그것이 기존의 가치지평에서 벗어난 것이라면 이에 대한 인지주의적 정당화는 불가능하다. 그런데 이 경우에도 비록 기존 가치지평에서 인정할 만한 것으로 평가받을 수 없는 개인적 속성이나 생활방식이라 하더라도 이에 대한 인정이 해당 당사자의 성공적 자아실현을 보장한다는 점에서 이를 윤리적으로 정당하다고 할 수 있을까? 아니면 기존 가치지평 내에서 수용할 수 있는 인정 요구만 수용하고 이에 어긋나는 인정 요구는 비록 해당 당사자의 성공적 자아실현을 훼손한다 하더라도 이를 거부해야 하는 것일까?

만약 인정윤리가 인지주의적 정당화 요구에도 불구하고 기능주의적 정당화만 따른다면 상호 인정이란 의무는 개인의 행위동기를 고려하지 않는 강제적 의무로 전락할 수 있다. 왜냐하면 인정윤리는 결국 인정할 수 없는 것, 인정하고 싶지 않은 것을 인정하라는 요구가 될 수 있기 때문이다. 그러나 반대로 인정윤리가 기능주의적 정당화 요구에도 불구하고 인지주의적 정당화만 따른다면 인정윤리는 역설적이게도 무시 행위를 조장할 수 있다. 왜냐하면 행위주체가 자신의 인정 행위를 특정한 가치지평 내에서 정당화하려 한다면, 이는 필연적으로 이 가치지평에서 허용되는 특정한 인간상을 절대화하는 것이나 마찬가지이기 때문이다. 따라서 이러한 인간상에서 벗어난 개인이나 집단의 정체성 요구는 사회적 무시의 대상이 되거나 사회적 인정에서 배제될 수밖에 없다. 즉 무엇을 인정하고 무엇을 인정하지 말아야 하는가에 대한 실체적 기준이 설정되자마자 이는 곧바로 무시의 기준이 된다는 것이다.

이렇게 인정윤리에 대한 기능주의적 정당화는 자칫 강제를 조장하고, 인지주의적 정당화는 자칫 무시 행위를 조장하는 역설에 빠질 수 있다. 그러나 과연 이러한 두 가지 역설에 빠지지 않으면서도 인정 행위를 정당화하는 것은 불가능한가? 다시 말해 기능주의적 정당화를 수용하면서도 인정 행위의 합리적 기준을 배제하지 않고, 인지주의적 정당화를 수용하면서도 기존 가치지평의 절대화를 막을 수 있는 정당화 방식은 불가능한가? 아마도 인정윤리가 그 실천적 의미보다 이론적으로 정교해지기 위해서는 무엇보다도 이러한 정당화 문제에 대한 적절한 해법을 찾아야 할 것이다.

[참고문헌]

김동춘, 「21세기에는 학벌주의가 사라져야 한다」, 『1997년 이후 한국사회의 성찰』, 길, 2008.

김동훈, 『한국의 학벌, 또 하나의 카스트인가』, 책세상, 2001.

김상봉, 『학벌사회』, 한길사, 2004.

김태길, 『윤리학』, 박영사, 1998.

마이클 왈쩌, 『정의와 다원적 평등』, 철학과현실사, 1999.

문성훈, 「인정개념의 네 가지 갈등 구조와 역동적 사회발전」, 『사회와 철학』, 2005/2.

_____, 「소수자 등장과 사회적 인정질서의 이중성」, 『사회와 철학』, 2005/1.

박병춘, 『배려윤리와 도덕교육』, 울력, 2002.

악셀 호네트, 『인정 투쟁』, 동녘, 1996.

_____, 『정의의 타자』, 나남, 2008.

윌리엄 S. 사하키안, 『윤리학의 이론과 역사』, 박영사, 1986.

이정은, 『사람은 왜 인정받고 싶어 하나』, 살림출판사, 2005.

프랜시스 후쿠야마, 『역사의 종말』, 한마음사, 1992

허라금, 『원칙의 윤리에서 여성주의 윤리로』, 철학과현실사, 2004.

홍성우, 『자유주의와 공동체주의 윤리학』, 선학사, 2005.

Axel Honneth, "Der Grund der Anerkennung. Eine Erwiderung auf kritische Rückfragen", *Kampf um Anerkennung*, Suhrkamp, 2003.

Donald W. Winnicott, *Reifungsprozesse und fördernde Umwelt*, Ffm., 1984.

_____, *Vom Spiel zur Kreativität*, Stuttgart, 1989.

Joel Feinberg, "The Nature and Value of Rights", *Justice and the Bounds of Liberty. Essay in Social Philosophy*, Princeton, N.J., 1980.

Nancy Fraser and Axel Honneth, *Umverteiltung oder Anerkennung?*, Suhrkamp, 2003.

Thomas H. Marshall, "Citizenship and social Class", *Sociology at the Crossroads*, London, 1963.

[주(註)]

* 이 글은 악셀 호네트의 『인정 투쟁』(동녘, 1996)과 『정의의 타자』(나남, 2008)를 주 텍스트로 하고 그동안 필자가 발표한 논문 「인정개념의 네 가지 갈등구조와 역동적 사회발전」(『사회와 철학』, 2005/2)과 「소수자 등장과 사회적 인정질서의 이중성」(『사회와 철학』, 2005/1) 등을 토대로 작성되었다.

1) Axel Honneth, "Der Grund der Anerkennung. Eine Erwiderung auf kritische Rückfragen", *Kampf um Anerkennung*, Suhrkamp, 2003, 320쪽.

2) 악셀 호네트와 낸시 프레이저는 인정투쟁과 종래의 사회운동 간의 관계를 특히 '인정'과 '분배'의 관계에 대한 논쟁으로 발전시키고 있다. Nancy Fraser and Axel Honneth, *Umverteiltung oder Anerkennung?*, Suhrkamp, 2003.

3) 프랜시스 후쿠야마는 개인의 동등성에 대한 인정과 우월성에 대한 인정을 '대등욕망'과 '우월욕망'이라는 개념을 통해 구별한다. 프랜시스 후쿠야마, 『역사의 종말』, 한마음사, 1992. 그리고 이에 대한 비판으로는 이정은, 『사람은 왜 인정받고 싶어 하나』, 살림출판사, 2005, 70-84쪽 참조.

4) 김동훈, 『한국의 학벌, 또 하나의 카스트인가』, 책세상, 2001; 김상봉, 『학벌사회』, 한길사, 2004; 김동춘, 「21세기에는 학벌주의가 사라져야 한다」, 『1997년 이후 한국사회의 성찰』, 길, 2008.

5) 마이클 왈쩌, 『정의와 다원적 평등』, 철학과현실사, 1999.

6) 인정의 윤리적 의미에 대한 호네트의 입장을 알 수 있는 저작으로는 『인정 투

쟁』과 『정의의 타자』 등이 있다.

7) 김태길, 『윤리학』, 박영사, 1998, 제1장, 3-12쪽.

8) Axel Honneth, “Zwischen Aristoteles und Kant. Skizze einer Moral der Anerkennung”, *Das Andere der Gerechtigkeit*, Suhrkamp, 2000.

9) 김태길, 『윤리학』, 447-454쪽.

10) 악셀 호네트, 『인정투쟁』, 40-120쪽.

11) 같은 책, 164-221쪽.

12) Donald W. Winnicott, *Reifungsprozesse und fördernde Umwelt*, Ffm., 1984; *Vom Spiel zur Kreativität*, Stuttgart, 1989.

13) Thomas H. Marshall, “Citizenship and social Class”, *Sociology at the Crossroads*, London 1963.

14) Joel Feinberg, “The Nature and Value of Rights, Rights”, *Justice and the Bounds of Liberty. Essay in Social Philosophy*, Princeton, N.J., 1980.

15) 악셀 호네트, 『인정투쟁』, 222-234쪽.

16) 이에 대해 체계적으로 서술한 국내 문헌으로는 홍성우, 『자유주의와 공동체주의 윤리학』, 선학사, 2005; 허라금, 『원칙의 윤리에서 여성주의 윤리로』, 철학과현실사, 2004; 박병춘, 『배려윤리와 도덕교육』, 울력, 2002 등이 있다.

17) ‘윤리적 다원주의’는 ‘윤리적 상대주의’와 구별되어야 한다. 윤리적 상대주의는 인간의 행위를 평가할 수 있는 보편적 원칙을 부정한다. 따라서 이 입장에 따를 때 윤리적 원칙은 개인이나 집단의 주관적 선호감정의 표현일 뿐이다. 그러나 이에 반해 윤리적 다원주의는 인간의 행위를 평가할 수 있는 보편적 원칙이 존재한다고 볼 뿐만 아니라, 이것이 어떤 단일한 원칙으로 환원될 수 없는 복수의 원칙들이라고 가정한다는 점에서 윤리적 상대주의와 구별된다. W. S. 사하키안, 『윤리학의 이론과 역사』, 박영사, 1986, 1-12쪽 참조.

18) Axel Honneth, “Zwischen Aristoteles und Kant. Skizze einer Moral der Anerkennung” 참조.

하이데거의 양심 개념

양태범

1. 들어가는 말

하이데거의 양심 개념을 이해하는 데 무엇보다도 문제가 되는 것은 아마 그가 말하는 양심 개념이 사람들이 흔히 말하는 양심 개념과 여러 모로 다르다는 데에 있을 것이다. 예컨대 사람들이 '양심(良心)'을 '선량한' '착한' '마음'이라고 이해한다면, 하이데거는 '좋은(gut)' '양심(Gewissen)'이란 "도대체가 양심 현상이 아니"라고 한다.[1] 또한 '나쁜(schlecht)' 양심이라고 하는 것도 '통속적인(vulgär)' 양심해석일 뿐, 양심에 대한 '실존론적(existenzial)' 해석이 아니라고 한다.[2] 그리고 양심의 '가책(Schuld)'이라고 하는 것도 통상 사람들이 이해하는 대로 그렇게 이해하는 것이 아니라 '책임(Schuld)'이라는 의미로 이해한다.[3] 물론 하이데거도 통속적인 양심해석과 마찬가지로 '양심의 소리(Stimme des Gewissens)'라는 현존재의 '일상적인 자기해석(alltägliche Selbstauslegung)'으로부터 자신의 실존론적 해석을 시도한다.[4] 그러나 그가 이해하는 '말(Rede)'은 사람들이 흔히 말하는 '말(Sprache)'이라고 하는 것과 성격을 달리한다.[5] 그러나 그렇다고 한다면 하이데거의 양심에 대한 실존론적 해석은 통속적인 양심해석과 어떻게 관계를 맺고 있으며, 어떻게 해석을 달리하는가?

그런데 하이데거에 따르면 통속적인 양심해석은 현존재의 일상적인 자기해석에 근거하는 것으로, 일상성에서 현존재는 자기 자신의 존재를 세계 안에서 만나는 존재자의 존재방식에 따라 해석하는 경향이 있다. 이러한 경향은 고대 그리스 존재론에서 비롯하여 중세를 거쳐 근대, 현대에 이르기까지 지속하는 것으로, 현재의 일상성이란 바로 이와 같은 존재론 역사의 결과이기도 하다. 통속적인 양심해석이란 바로 이와 같이 해석된 일상성에서 현존재의 자기해석인 것이다. 그러나 하이데거는 존재 일반의 의미에 대한 물음이란 문제의식 속에서 그와 같은 통속적인 해석 경향에 반하여 현존재의 분석이란 차원에서 양심에 대한 새로운 해석을 시도한다. 그에 따르면 양심이란 바로 일상성에 매몰되어 그때그때 살아가는 세상 사람들을 그 자신의 본래적인 존재 가능으로 부르는 현상이다. 그와 같은 현상은 본래 현존재의 존재방식에 속하는 것이므로 그것은 현존재의 고유한 존재방식에 따라 실존론적으로 해석되어야 한다. 이러한 이유로 하이데거의 양심에 관한 실존론적 해석은 통속적인 양심해석과 방향을 달리한다. 그러나 현존재의 존재방식은 세계 안에서 만나는 존재자들을 그들 자신의 존재에서 존재하게 하는 가능근거다. 그러므로 통속적인 양심해석은 양심에 관한 실존론적인 해석을 근거로 한 해석이다.

이 논문에서 필자는 하이데거의 실존론적 양심해석이 통속적인 양심해석과 어떤 관계를 맺고 있으며, 어떻게 해서 해석을 달리하는지를 해명하고자 한다. 이를 위하여 먼저 양심 개념이 고대로부터 어떻게 이해되었으며 그로부터 하이데거가 어떤 영향하에서 통속적인 양심 개념을 이해하였는지를 밝히고, 그런 다음 그가 어떻게 자신의 실존론적 해석을 수행하였는지를 밝히고, 마지막으로 실존론적 해석과 통속적인 해석 사이의 관계를 밝힐 것이다. 그런데 우리말 양심이 그에 해당하는 독일 말과 기원을 달리하기 때문에 우리말 양심과 그에 해당하는 서양 말이 어떤 관계에 있는지를 먼저 알아볼 것이다.

2. 양심 개념의 역사 속에서 하이데거의 위치

우리가 흔히 '양심(良心)'이라 옮기는 독일어 'Gewissen'은 그 말의 의미와 기원에 있어 우리말 양심과 역사를 달리한다. 쇼펜하우어에 따르면, 독일어 'Gewissen'은 '확신(gewiß)', '인식(gewußt)', '지식(Wissen)'을 함축하는 말로, 라틴어의 'conscientia'와 그리스어의 'συνείδησις'와 맥을 같이하는 말이다.[6] 반면 우리말의 양심은 『맹자』에서 유래하는 말로,[7] 맹자는 '인의의 마음(仁義之心)'을 '양심(良心)'이라 하면서 '양심'을 '선량(善良)'한 '마음(心)'으로 이해하였다. 그로부터 우리는 지금까지도 여전히 '양심'이란 말을 '선한 마음', '착한 마음'이란 의미로 이해하고 있다. 그런데 서양에서도 문맥을 달리하지만 우리가 '양심'이라고 할 만한 것을 '어떤 좋은 것(etwas Gutes)', 말하자면 '어떤 신적인 것(θεῖόν τι)'과 연결시킨다. 일찍이 소크라테스는 자신이 무엇인가 '잘못(ἁμαρτία)'을 하려고 할 때마다, 그것을 말리는 어떤 '다이모니온(δαιμόνιον)'의 '소리(φωνή)'를 듣는다고 하면서[8] 우리가 '양심'이라고 하는 것의 현상을 말하였으며, 플라톤은 『파이드로스』에서 그러한 소크라테스를 어떤 신적인 것과 관계해서 잘잘못을 가름하는 '예언가(μάντις)'로 이해하고 '영혼(ψυχή)'을 '어떤 예언가적인 것(μαντικόν τι)'이라 규정하였다.[9] 이 올바름의 근거를 플라톤은 올바름의 '이데아'라고 생각하였다. 그런데 소크라테스가 '다이모니온'을 '소리'로 듣게 되는 근거는, 인간을 당시의 본질 규정에 따라 '로고스를 지닌 동물(ζῷον λόγον ἔχον)'로 이해하였기 때문이다. 말하자면 우리 인간존재는

'로고스(λόγος)'를 지닌 존재이기 때문에, 그 로고스를 통해 이해된 말을 어떤 소리로 받아들인다. 물론 이 소리는 우리의 목소리를 통해서 발음되어 나오는 소리가 아니라, 단지 우리의 마음 안에서만 들리는 소리다. 이 내면의 소리가 그리스어로 'συνείδησις', 라틴어로 'conscientia', 독어로 'Gewissen'이라 불리는 바로 '양심(良心)'의 소리다. 이와 같은 이해의 연장선상에서 근대에 루소는 '양심(la conscience)'을 "마음의 소리(la voix de l'âme)"[10]라고 하고, 칸트는 생각의 능력인 '이성(Vernunft)'과 관계하여 '양심(Gewissen)'을 "인간에게 매번 어떤 법칙의 경우에 자신의 의무를 무죄 방면 또는 유죄 판결 하기 위해 미리 알려주는 실천이성(die dem Menschen in jedem Fall eines Gesetzes seine Pflicht zum Lossprechen oder Verurteilen vorhaltende praktische Vernunft)"[11]이라고 규정한다. 여기서도 양심은 매 법칙의 경우에 옳고 그름을 알려주는 '마음' 내지는 '이성'의 작용이라고 이해된다. 다만 이와 같은 전개과정 속에서 '로고스(λόγος)'는, 일찍부터 세계 안에서 만나는 존재자를 그것 자신에게 고유한 특별한 존재방식에서, 말하자면 '현존(Anwesenheit)' 내지는 '현전(Vorhandenheit)'에서 '지각(Vernehmen)'하는, '이성(νοῦς, ratio, Vernunft)'에 근거하여 해석되었다.[12] 하이데거 자신이 지적하듯이 이와 같은 전환은 이미 파르메니데스로부터 시작하였고, 중세를 거쳐 근대에 헤겔에 와서 정점을 이루는 듯하다. 이와 같은 조건에서 양심 개념은 하이데거에 이르기까지 다시금 쇼펜하우어, 니체, 그리고 현상학자들에 의해 몇 번의 굴곡을 더 겪었던 것 같다.

그런데 하이데거는 이와 같은 역사 속에서 어떤 위치를 점하고 있는 것인가? 『존재와 시간』에서 그는 양심 문제와 관련하여 캘러(M. Kähler), 리츨(A. Ritschl), 그리고 셸러(M. Scheler)의 영향권 아래 있는 스토커(H. G. Stoker)를 주목할 만하다고 말하고 있지만,[13] 그들보다는 칸트, 헤겔, 쇼펜하우어, 니체를 더 의식하는 듯하다. 우선 그는 '통속적인 양심 경험에 근거한 양심이론들(die auf die vulgäre Gewissenserfahrung gegründeten Gewissenstheorien)'의 전형을 칸트의 양심해석에서 발견한다.[14] 그리고 그는, 쇼펜하우어가 칸트의 양심/법정 비유를 양심에 고유하거나 본질적이지 않은 '형식(Form)'이라고 비판한 것에 대하여,[15] 그것이 '비유(Bild)'라고 하는 것을 인정하지만,[16] 우연적인 것이 아니라 '도덕법칙의 이념(die Idee des Sittengesetzes)'에 의해 제시된 것이라 생각하며 어떻게 양심이 '판사(Richter)'와 '권고자(Mahner)'로 나타나는지를 설명한다.[17] 그에 따르면 그것은 계산하며 거래하는 현존재에게 양심이 '경험에(der Erfahrung)' 나타나는 방식이다. 그러면서 그는 양심을 '신학적으로(theologisch)' 설명해서도 안 될 뿐 아니라, 또한 '심리학적으로(psychologisch)', '생물학적으로(biologisch)' 설명해서도 안 된다고 한다.[18] 양심을 신학적으로 설명하는 것은 고대로부터 하나의 전통이 되었으며, 중세를 거쳐 근대, 현대까지 이르는 것이다. 신학적인 설명은 양심을 신의 소리로 해석한다. 그로부터 신학적인 설명은 '좋은 양심(das gute Gewissen)'을 설명한다. 그러나 양심의 '가책(Schuld)'을 느끼지 않는 '좋은 양심'이란 하이데거에게 있어서는 어떠한 양심 현상도 아니다. 심리학적으로 설명하는 것은 고대와 중세에도 있었겠지만 무엇보다도 근대 이후의 주된 흐름이며, 생물학적으로 설명하는 것은 19세기 생물학의 발전과 더불어 쇼펜하우어와 니체가 취한 설명방식이다. 쇼펜하우어는 칸트의 양심해석에 대한 비판에서 칸트가 말하는 양심의 형식이란, "보증을 서라, 그러면 손해가 옆에 있다(ἐγγύα, πάρα δ᾽ἄτα)."라고 하는 고대 격언이 말하는 것과 같이, 보증을 서서 손해가 나는 경우에 자기가 행한 행위나 행할 수 있었던 행위에 대해 '반추(Rumination)'하는 것과 같은 것이라고 하면서 양심을 외적인 사태의 이해관계에 기초시킨다. 쇼펜하우어에 따르면 삶의 맹목적인 의지를 충족시키는 것은 좋은 것이고 그렇지 않은 것은 나쁜 것이다.19) 이와 같은 선악의 개념을 니체는 『도덕의 계보』에서 역사적으로 설명하면서,20) 가책을 느끼는 '나쁜 양심(schlechtes Gewissen)'에서 '죄(Schuld)'라는 도덕적인 개념이 '부채(Schulden)'라는 물질적인 개념에서 유래하여 각인되기 위해서는 얼마만큼의 피나 고문, 희생이 필요했는지를 설명한다.21) 하이데거는 이와 같은 양심해석을 전제로 하는 듯하다. 그러나 그에 의하면 '양심'이나 '가책'은 사물의 존재방식에 속하는 것이 아니라, 현존재의 고유한 존재방식, 즉 '실존(Existenz)'에 속하는 것으로 생물학적으로나 심리학적으로 설명되어야 할 것이 아니라 실존론적으로 설명되어야 할 것이다. 하지만 쇼펜하우어는 경험적인 행위의 근거가 되는 자유를 "작용은 존재를 따른다(operari sequitur esse)."는 스콜라적인 명제에 따라 설명함으로써,22) '책임(Schuld)'의 존재방식을 현존재의 고유한 존재방식에 따라 규정하는 것이 아니라 전통적인 존재론의 방식으로 설명한다. 그러나 하이데거에게 '양심'이나 '가책' 내지 '책임'은 현존재의 존재방식에 속하는 것으로 세계 안에서 만나는 존재자의 존재방식에 속하는 것이 '아니'다. 그렇다고 해서 양심이나 가책을 규정하는 데에 있어 그가 '변증법(Dialektik)'을 신뢰하는 것도 아니다. 오히려 그는 양심의 '가책'에 특징적인 '아니(不, Nicht)'의 '존재론적 본질'을 해명하는 데에서, "모든 부는 결여라는 의미에서 부정적인 것이라는 것이 그렇게 자명한가? 그것의 긍정성은 '이행'을 조성하는 데에서 소진되는가? 왜 모든 변증법은 그와 같은 것들 자체를 변증법적으로 근거시키지도 못하고 또 그렇다고 해서 단지 문제로서 확정하지도 할 수 없으면서 부정에로 도피를 하는가?"라고 물으면서 헤겔을 비판하고 있다.23) 하이데거에게 양심과 가책은 변증법으로 정초되어야 할 사태가 아니라 현존재의 존재방식에 속하는 것으로 실존론적으로 해석되어야 할 현상인 것이다.

3. 하이데거의 실존론적 양심해석

현재 사람들이 통상 '양심'이라고 하는 것은, 어떤 것을 행하고자 할 때나 했을 때, 또는 해야 할 것을 하지 않고 놔두었을 때, 우리 안에서 들리는 어떤 소리를 통해 그런 행위들의 좋고 나쁨, 옳고 그름을 알려주는 마음의 작용을 의미한다. 그러나 하이데거는 이와 같은 양심이해를 '통속적 양심해석(die vulgäre Gewissensauslegung)'이라고 하면서 자기의 '실존론적 해석(die existenziale Interpretation)'과 구별한다. 물론 그 자신의 양심해석에 있어서 하이데거도 '양심의 소리(Stimme des Gewissens)'라고 하는 "현존재의 일상적인 자기해석(die alltägliche Selbstauslegung des Daseins)"에서 출발한다.[24] 하지만 그에게 '양심(Gewissen)'이란 '현상(Phänomen)'이 그 자체 '현사실적으로(faktisch)' 고유하게 '증거(Bezeugung)'하는 것은 '실존(Existenz)'의 '본래성(Eigentlichkeit)'이다. 그에 의하면 양심이란 '일상성(Alltäglichkeit)' 속에서 자기 자신을 상실한 채 그때그때 살아가는 세상 사람들을 그 자신의 '본래적인 존재 가능(eigentliches Seinkönnen)'으로 부르는 현상이다.

그런데 하이데거가 양심 현상을 이와 같이 해석하고자 하는 배후에는, '존재 일반의 의미에 대한 물음(die Frage nach dem Sinn vom Sein überhaupt)'이라는 '기초 존재론적인 과제(fundamentalontologische Aufgabe)'에서 존재 일반의 의미를 탐구할 수 있는 '근원적인' 지평을 확보하고자 하는 의도가 깔려 있다. 그렇기 때문에 그는 먼저 현존재의 존재의 '전체성(Ganzheit)'을 죽음에로의 선구적 기투를 통해서 확보한 다음에,[25] 현존재의 실존의 '본래성(Eigentlichkeit)'을 양심 현상에 대한 실존론적 해석을 통해서 확보함으로써[26] 현존재 분석의 '근원성(Ursprünglichkeit)'을 확보하고자 한다. 그런 와중에 양심 현상은 현존재의 '근본 정서(Grundstimmung)'인 불안과 죽음으로의 선구적 기투를 실존의 본래성에서 연결시키는 역할을 수행한다.[27] 그런데 하이데거가 이와 같은 기초 존재론적인 과제를 수행하는 이유는, 결국 존재 일반의 의미에 대한 물음의 연관 속에서 기존의 존재에 대한 이해를 근원으로부터 재해석하기 위해서다.

물론 이와 같은 문제의식은 『존재와 시간』의 양심 분석 단계에서는 아직 충분히 전개될 수 있는 것이 아니겠지만, 그럼에도 이미 몇 가지 점에서 명백히 제기되어 있다. 하이데거에 따르면, 양심에 대한 통속적인 해석은 일상성에 근거하는 것이며, 일상성에서는 현존재가 자기 자신의 존재를 세계 안에서 만나는 존재자의 존재방식으로부터 해석하는 경향이 있다. 이러한 경향은 고대 그리스 존재론으로부터 발원하여 중세를 거쳐 근대와 현대에 이르기까지 지속되는 것이다. 그러므로 현재의 일상성이란 바로 이러한 존재론 역사의 결과이기도 하며, 통속적 양심해석이란 바로 이와 같이 해석된 일상성에 근거하는 양심에 대한 해석인 것이다. 그러나 하이데거는 존재 일반의 의미에 대한 물음이라는 문제의식 속에서 이와 같은 통속적인 해석 경향에 반하여 존재의 의미라는 차원과 현존재의 분석이란 차원에서 양심에 관한 해석 문제를 제기한다. 말하자면 하이데거에게 있어 양심의 소리는 소크라테스에서처럼 어떤 신적인 것의 부름이 아니라 불안감(Unheimlichkeit)의 부름이며, 양심의 가책도 세계 안에서 만나는 존재자의 존재방식에 따라 이해되어야 할 현상이 아니라 현존재의 고유한 존재방식에 따라 이해되어야 할 현상으로 해석된다. 왜냐하면 양심의 소리나 가책은 현존재의 존재방식에 속하는 것으로서 세계 안에서 만나는 존재자의 존재방식에 따라 해석되어서는 안 되고 현존재의 고유한 존재방식에 따라 해석되어야 하기 때문이다. 이러한 이유에서 하이데거의 실존론적 양심해석은 현존재의 존재구조라고 규정된 '염려(Sorge)'에 따라 수행되며 그 결과 하이데거의 양심 개념은 통속적인 양심 개념과 내용에서 상당한 차이를 보인다.

그에 따라 하이데거는 양심의 소리를 소크라테스처럼 어떤 신적인 것의 소리라고 생각하지 않으며, 칸트처럼 이성의 작용이라고 생각하지 않는다. 그에 따르면 양심은 고유하게 현존재에 속하는 현상으로서 현존재의 고유한 존재방식에 따라 해석되어야 하기 때문이다. 하이데거는 전통 존재론에서 존재 일반의 의미와 그것에 대한 물음의 의미가 해명되어 있지 않을 뿐 아니라, 또한 그 물음을 묻는 존재자, 말하자면 '인간'의 '존재' 의미가 해명되어 있지 않다고 생각한다. 가령 인간을 '로고스를 지닌 동물(ζῷον λόγον ἔχon)' 내지는 '이성적인 동물(animal rationale)'이라고 할 때, 비록 '동물'의 존재방식이 어떤 방식으로 규정되었다고 하더라도 여전히 '로고스(λόγος)' 내지는 '이성(ratio)'의 존재방식이 해명되어 있지 않으며, 그 복합체의 존재방식은 더더욱 해명되어 있지 않다는 것이다. 그리고 인간이 '영혼(ψυχή, anima)'과 '육체(σῶμα, corpus)'의 복합체라고 할 때에도 인간의 고유한 존재방식이 해명되어 있지 않기는 마찬가지라는 것이다. 고전철학에서 영혼이란 '생명(ζῶη, anima)'의 원리이며, 육체는 마치 '물질(ὕλη, materia)'과도 같이 존재하는 것이기 때문이다. 이런 이유에서 하이데거는 '우리' 인간의 '존재'를 '존재' 물음 속에서 규정하여야 한다고 생각하며, 그런 물음의 가능성을 지니고 있는 존재자를 '현존재(Dasein)'라고 파악한다.28) 하이데거에 따르면 여기서 '현(顯, Da)'이란 '개시성(Erschlossenheit)'을 뜻하며, 또한 세계 안에서 만나는 존재자를 우리가 발견하게 하는 것도 바로 이 개시성에 의거해서이다. 현존재란 바로 '우리 자신(wir selbst)'을 말하는 것으로서 그 자신의 존재에서 그 존재 자체가 문제가 되는 그런 존재자인 것이다. 이와 같은 존재자의 존재를 하이데거는 '탈존(eksistens)'이라는 의미에서 '실존(Existenz)'이라고 지칭한다. 그런데 하이데거에게 양심은 일상성 속에서 자기 자신을 상실한 채 실존하는 현존재를 바로 실존의 본래성으로 부르는 현상이다.

이 현상은 고유하게 현존재에 속하는 것으로서 현존재의 존재방식에 따라 해석되어야 한다. 그런데 현존재는 '자기 자신에 앞서서(Sich-vorweg)' '(세계 안에서 만나는 존재자) 곁의 존재로서(als-Sein-bei (innerweltlich begegnendem Seienden))' '(세계) 내에 이미 존재(schon-sein-in (der Welt))'한다는 형식에 따라 '염려(Sorge)'의 구조를 지닌다고 한다.[29] 그로부터 하이데거의 실존론적 양심해석은 양심을 염려의 구조 속에서 해명한다. 그러나 하이데거가 양심을 염려의 구조 속에서 해명한다고 하는 것은, 단지 염려의 형식적 구조에 따라 양심을 도식적으로 해석한다는 것이 아니라, 오히려 염려의 구조를 양심 현상의 분석을 통해서 더 근원적으로 드러나게 한다는 것이다.

이와 같은 염려의 구조 속에서 하이데거는 양심을 무엇보다도 먼저 '어떤 것을 이해하게 해주는(gibt etwas zu verstehen)', 즉 '개시하는(erschließt)' 것으로 이해한다. 그리고 그것이 '소리(Stimme)'로 들리는 한에서, 그것은 '말(Rede)'에 의해 그렇게 된다고 한다. 그로부터 하이데거는 양심을 '부름(Ruf)'이라 하고, 부름을 '말의 한 가지 방식(ein Modus der Rede)'이라 한다. 그리고 부름이 말의 한 가지 방식인 한에서, 무엇이 불리고 어디로 불리는지가 해명되어야 한다고 한다. 양심을 일상성 속에서 자기 자신을 상실한 현존재의 비본래적 양태로부터 실존의 본래성으로의 부름이라고 파악하는 하이데거에게 '불리는 것'은 ≪세상≫(≫Welt≪)으로부터 자기 자신을 이해하는 사람, 이른바 '세상 사람(das Man)' '자신(selbst)'이며, 불리는 곳은 '고유한 자기(das eigene Selbst)'다. 그렇기 때문에 그는 "세상 사람 자신이 자기에게로 불린다."[30]고 한다. 그런데 세상 사람 자신이 자기에게로 불리는 곳에서 부름은 세계의 사건들에 대해서는 '어떠한 것도 말하지 않으며(sagt nichts aus)', 그렇기에 부름은 목소리를 통하여 나오는 말이 아니라 오히려 침묵의 방식으로 말하는 말로서 불린 현존재를 그 자신의 침묵으로 강요한다는 것이다.

그러나 여기서 하이데거는 한 걸음 더 나아가서 '불린 자(das Angerufene)'뿐만이 아니라 또한 '부르는 자 자신이 누구인지(wer selbst ruft)'를 염려의 구조 속에서 규정하고자 한다. 그에게 일단 부르는 자로 기능하는 것은 '가장 고유한 자기 존재 가능(das eigenste Selbstseinkönnen)'이다. 그러나 부르는 자는 불린 자와 마찬가지로 현존재라는 것은 분명하다. 물론 이것은 존재론적으로 충분한 대답이 될 수 없다. 그로부터 부르는 자가 불린 자와 존재론적으로 다르다는 것을 보이기 위해, 부름은 "**우리 자신에 의해** 계획된 것도, 준비된 것도, 의도적으로 수행된 것도 아니며(*von uns selbst* weder geplant, noch vorbereitet, noch willentlich vollzogen)", 오히려 "≪그것≫이 기대와 의도에 반하여 부른다(≫es≪ ruft, wider Erwarten und gar wider Willen)."고 한다. 그로부터 "부름은 **나로부터** 와서 내 **위로**(der Ruf kommt *aus* mir und doch *über* mich)" 오는 것이다. 이와 같은 현상 때문에 양심의 소리는 낯선 힘, 예컨대 신에 속하는 것으로 해석하거나 아니면 거꾸로 생물학적으로 해석하곤 하였다고 한다. 그러나 이러한 해석은 현상적인 기반을 벗어나는 것이며, 그와 같은 해석은, 존재하는 것은 현전하는 것이며 현전하지 않는 것은 존재하지 않는 것이란 존재론적 테제에 의해 용이하게 되었다고 한다. 그러나 하이데거에 따르면 부름은 나로부터 내 위에 오는 것일 뿐만 아니라 또한 나에 관한 것이며, 나아가 그것은 현존재의 현상으로 해석되어야 할 것이다. 그리고 "≪그것≫이 부른다(≫es≪ ruft)."는 사태는 현존재의 '피투성(Geworfenheit)'에 의해 현사실적으로 해명되어야 할 사태다. 이때 문제가 되는 것은 어떤 '정서(Stimmung)'가 현사실적인 실존의 피투성을 본래적인 방식으로 개시할 수 있는 정서인가 하는 것이다. 하이데거는 세상 사람이 '불안감(Unheimlichkeit)'으로부터 실존의 비본래적인 양태인 안정된 일상성으로 도피한다는 현사실로부터 현존재의 근본 정서인 '불안(Angst)'이 바로 현사실적인 실존의 피투성을 본래적인 방식으로 개시할 수 있는 정서라고 본다. 그로부터 하이데거에게 양심의 부름에서 부르는 자는 어떤 신적인 존재나 생물학적 존재가 아니라, 현존재의 근본 정서인 불안에 처해서 피투성에서 자신의 존재 가능을 불안해하고 있는 현존재인 것이다.[31]

그러나 하이데거에 따르면, 양심이 증거하는 것을 완전히 규정하기 위해서는 부름의 성격이나 불린 자 그리고 부르는 자를 규정하여야 할 뿐만이 아니라 또한 그 부르는 자의 부름을 '들어야(hören)' 한다고 한다. 말하자면 부름을 '이해(verstehen)'하여야 한다고 한다. 왜냐하면 부름을 이해함으로써 양심을 그 자체에서 완전히 '체험(Erlebnis)'하기 때문이라는 것이다. 그런데 이와 같은 '부름의 이해(Anrufverstehen)'에는 사람들이 흔히 양심의 '가책(Schuld)'이라고 하는 '책임 있음(schuldig sein)'이 개시된다고 한다. 부름은, 하이데거가 반복하여 말하듯이, 세계의 사건들에 대해서는 어떠한 것도 말하지 않는다.[32] 그로부터 부름은 세계 안에서 만나는 존재자들에 관계하는 것이 아니라 본래적인 실존에 관계할 따름이다. 그런데 하이데거에 따르면 부름은 '자신의 존재 가능에로의 앞서 부름으로서(als Vorruf auf sein Seinkönnen)' '책임 있음에로의 되부름(Rückruf zum Schuldigsein)'이다. 이런 방식으로 부름의 이해에는 '책임 있음'이 함께 개시되어 있다. 물론 하이데거가 말하는 '책임 있음'의 실존론적 개념은 사람들이 일상적으로 말하는 '가책(Schuld)'과 내용에 있어 다르다. 그럼에도 불구하고 하이데거에게 부름은 염려의 구조에 따라서 단순히 자신의 존재 가능으로의 부름일 뿐만이 아니라 또한 동시에 현사실적으로 책임 있음으로의 부름이기도 하다. 이에 따라 하이데거는 '양심'을 "세계 내 존재의 불안감으로부터 현존재를 가장 고유한 책임 존재 가능으로 부르는 염려의 부름"이라고 규정한다.[33]

하이데거에 따르면 일상적인 양심해석은, 비록 양심 현상이 고유하게 현존재의 존재에 속한다 하더라도, 세계 안에서 만나는 존재자들의 존재방식에 근거하여 양심을 해석한다. 그로부터 일상적인 양심이해는 또한 양심의 '가책(Schuld)'을, 비록 그것이 양심과 마찬가지로 고유하게 현존재의 존재에 속한다고 하더라도, 세계 안에서 만나는 존재자들의 존재방식에 근거하여 해석한다. 그러나 하이데거는 양심의 '책임 있음(schuldig sein)'을 양심과 마찬가지로 고유하게 현존재의 존재에 속하는 것이라고 이해함으로써 현존재의 존재방식에 따라 실존론적으로 해석한다. 그로부터 일상적인 양심이해가 양심의 '책임 있음(Schuldigsein)'을 '빚짐(schulden)'으로부터 해석한다고 한다면, 하이데거의 실존론적 해석은 그와 같은 '책임 있음'을 현존재의 존재방식으로부터 해석하고자 한다. 이러한 해석을 위해 하이데거는 '책임 있음(schuldig)'을 통속적인 책임 현상이 떨어져 나갈 정도로 완전히 형식화해서 단지 '아니(Nicht)'의 성격을 갖도록 한다. 그로부터 그는 실존론적인 의미에서 '책임 있음'을 형식적으로 "어떤 '아니'에 의해 규정된 존재의 근거존재, 즉 어떤 허무성의 근거존재"[34]라고 규정한다. 여기서 '허무성(Nichtigkeit)'은 단지 현존재의 '던져짐(Geworfenheit)'이나 '던짐(Entwurf)'만을 규정할 뿐 아니라, 또한 '전락(Verfallen)' 속에서 비본래적인 현존재도 규정한다. 그로부터 하이데거는 "염려 자신이 그것의 본질에서 철저히 허무성에 의해 관철되어 있다."[35]고 하면서 "**현존재는 그 자체로 책임이 있다.**"[36]고 한다.

이와 같은 현존재의 책임 있음을 양심의 부름 속에서 이해하는 것이 양심의 완전한 체험이다. 부름은 '앞서 부르는 되부름(vorrufender Rückruf)'으로서, 그것은 현존재에게 "그가 자기 자신의 존재의 가능성으로 그 자신의 허무한 던짐의 허무한 근거로서 세상 사람으로의 상실로부터 자기 자신으로 자신을 되찾아야 한다는 것, 즉 **책임이**

있다는 것"을 이해하게 해준다. 그로부터 부름의 올바른 들음이란 자신의 가장 고유한 존재 가능에서 자기 자신을 이해하는 것으로서 가장 고유한 본래적인 책임 있게 될 수 있음으로 자신을 기획하는 것이다. 이에는 부름에 대해 자유롭게 됨, 즉 불릴 수 있음에 대한 준비가 포함되어 있고, 그로부터 부름의 이해는 양심을 갖길 원함이다. 이러한 양심을 갖길 원함이 현사실적인 책임 있음의 가능성을 위한 가장 근원적인 실존적 전제다. 여기서 양심은 현존재를 자신의 가장 고유한 존재 가능으로 부르는 증거로서 자신을 개시한다. 그런데 그와 같은 양심이 불리는 것은 세계 내 존재의 불안감으로부터다. 그로부터 하이데거는 양심을 "세계 내 존재의 불안감으로부터 현존재를 가장 고유한 책임 존재 가능으로 부르는 염려의 부름"이라 규정한다.

4. 하이데거의 실존론적 양심해석과 통속적 양심해석의 관계

결과적으로 하이데거의 양심해석의 결과는 통속적인 양심해석과는 많은 점에서 차이를 보인다. 그렇다면 이 두 해석의 관계는 어떤 성격의 것인가? 지금까지 하이데거의 양심해석이 통속적인 양심해석과 방향을 달리했던 것은, 후자가 세계 안에서 만나는 존재자들의 존재방식에 따라 자기 자신을 이해하는 세상 사람들의 일상적인 자기해석에 근거한다고 한다면, 전자는 양심과 책임 있음의 현상을 현존재의 존재방식에 고유하게 속하는 것으로 보고 양심의 부름을 세계 안에서 발생하는 사건들에 대해서는 어떠한 것도 말하지 않으며 도리어 일상성에 매몰되어 있는 세상 사람들의 자기를 자기 자신의 고유한 존재 가능으로 부르는 것으로 이해하였기 때문이다. 그로부터 하이데거의 실존론적인 양심해석은, 비록 그것이 통속적인 양심해석과 마찬가지로 현존재의 일상적인 자기해석에서 출발한다고 하더라도, 현존재의 고유한 존재방식인 염려의 구조에서 양심을 해석하였다. 그러나 하이데거의 실존론적인 양심해석은 단지 통속적인 양심해석과 방향을 달리할 뿐만 아니라, 또한 통속적인 양심해석의 실존론적인 가능근거를 형성하는 것이기도 한다. 그로부터 하이데거에게 있어서는 실존론적인 양심해석을 근거로 해서 통속적인 양심해석의 가능성을 설명하는 것이 가능하다. 그러나 하이데거는 통속적인 양심해석도 양심의 현상을 '전(前)존재론적(vorontologisch)'이나마 마주쳐야 한다고 하면서, 통속적인 양심해석이 실존론적인 양심해석에 대해 제기하는 문제를 '본질적인 문제들'에 한정하여 실존론적인 양심해석에 근거하여 해명하고자 한다. 그에 따르면 통속적인 양심해석이 실존론적인 양심해석에 제기하는 본질적인 문제들은 다음과 같다.

(1) 양심은 본질적으로 비판적인 기능을 지닌다.

(2) 양심은 매번 어떤 특정한 수행된 또는 의도된 행위와 관계하여 말한다.

(3) '소리'는 경험상 결코 그렇게 뿌리로부터 현존재의 존재에 연관되어 있지 않다.

(4) 실존론적 해석은 양심 현상의 근본 형태들, 이른바 '악한', '좋은', '질책하는', '경고하는' 양심에 대해 어떠한 고려도 하지 않는다.

제기된 문제들에 대해 하이데거는 역순으로 대답한다. 먼저 그는 모든 양심해석에서 '악한(böse)', '나쁜(schlecht)' 양심이 우선권을 지닌다는 것을 인정하지만, '나쁜' 양심은 양심 현상의 근원적인 이해에 도달하지는 못한다는 입장이다. 그리고 '가책'을 느끼지 않는 '좋은' 양심은 도대체가 양심 현상이 아니라고 한다. 양심이 '나쁜' 양심이라고 하는 것은 '가책'과 같은 어떤 것을 경험하기 때문이다.

그러나 나쁜 양심에는 어떻게 '악한(böse)' 것이 나타나는 것인가? 하이데거의 설명에 따르면, '양심에 대한 체험(Gewissenserlebnis)'은 수행된 행위 내지 방기에 따라 등장한다. 그로부터 양심의 소리는 '과오(Vergehen)'에 뒤따라 나와서, 그로 인해 현존재에게 '책임(Schuld)'이 부가하게 된 발생사건을 돌아보게 한다. 그리하여 양심이 '책임 있음(Schuldigsein)'을 알린다면, 그것은 '~에로의 부름으로써'가 아니라, 부가된 책임을 '상기시키면서 지시함으로써(als erinnerndes Verweisen)'다. 나쁜 양심에게 '악'이란 이렇듯 '책임'을 상기시키면서 지시함으로써 나타난다.

그러나 나쁜 양심이 책임을 상기시키면서 지시함이란 하이데거에 따르면 양심 현상의 근원적인 이해가 아니다. 이 점을 그는 나쁜 양심에서 "소리가 뒤따라 나온다는 ≪사실≫(die ≫Tatsache≪ des Nachkommens der Stimme)"을 통해 보여주고자 한다. 그렇다고 그에게 "소리가 뒤따라 나온다는 ≪사실≫"이 부름이 앞서 부름이라고 하는 것을 배제하는 것은 아니다. 왜냐하면 부름은 소리의 가능성의 실존론적인 조건이기 때문이다. 그러나 소리는 양심 현상의 근원적인 이해에 도달하지 못한다. 왜냐하면 나쁜 양심에서 책임 지움이란 단지 양심의 부름을 위한 '유인(Veranlassung)'에 불과하기 때문이다. 그렇기에 근원적인 양심 현상의 중도에 머물러 있는 것이다. 그에 의하면 소리는 세계 안에서 만나는 존재자의 존재방식에 따라 규정된 것이다. 즉 '소리'는 "등장하는 어떤 것"이며, "현전하는 체험들의 순차적인 진행과정 속에 자신의 자리를 갖고 행위의 체험에 뒤따라 나오는" 것이다.[37] 그러나 부름이나 발생한 행위나 부가된 책임은 현전하는 성격의 것이 아니며, 도리어 부름은 현존재의 염려의 존재방식을 지니는 것으로 그 부름 속에서 현존재는 자기 자신에 앞서 자신의 던져짐으로 되돌아가는 것이다. 그로부터 현존재를 체험들의 순차적인 진행과정의 연관관계라고 설정하는 것은, 소리를 이후에 뒤따라 나오는 것이자 필연적으로 되돌아 지시하는 것으로 파악하는 것을 가능하게 하지만, 그것은 또한 발생한 행위를 넘어서, 모든 책임 지움에 앞서 있는, 던져진 책임 있음으로 되부르는 것이다. 그러나 되부름은 동시에 책임 있음으로 앞서 부름으로서 본래적인 실존적인 책임 있음은 바로 부름에 뒤따라 나오는 것이지, 그 역은 아닌 것이다. 그로부터 나쁜 양심은 근본에 있어서 그렇게 단지 질책하며 되돌아 지시하는 것만은 아닌 것이며, 오히려 앞서 지시하면서 던져짐에로 되부르는 것이다. 그 결과 하이데거는 "진행하고 있는 체험들의 순서는 실존의 현상적 구조를 제시하지 못한다."고 한다. 그렇기에 나쁜 양심은 근원적인 양심현상에 도달하지 못하는 것이다.

그렇다고 가책을 느끼지 않는 '좋은' 양심이 양심의 근원적인 현상에 이르는 것도 아니다. 오히려 '나쁜' 양심이 근원적인 현상에 이르지 못하는 것보다도 더 그에 못 미치는 것이다. 나쁜 양심이 악을 알리는 것과 같이 좋은 양심은 현존재의 선을 알린다. 그러나 하이데거에 따르면 그로부터 양심은 신적인 힘의 유입으로 바리세주의의 노예가 된다. 왜냐하면 이제 그것은 '나는 선하다(ich bin gut)'고 말하여야 하고, 그렇게 말하는 자는 곧 '선한 자(der Gute)'이어야 하기 때문이다. 그리고 이 근거로부터 이제 양심은 어떤 '책임 있음'을 불러야 하기 때문이다. 여기서 양심은 나쁜 양심의 결여로서, 나쁜 양심의 체험된 결여로서 규정된다. 그러나 그렇다고 한다면, 그것은 소리의 등장을 경험하지 못할 것이며, 나는 나에 대해 어떠한 것도 꾸짖을 필요가 없는 것이다. 그러나 그때 결여란 어떻게 체험되는가? 이때 체험이란 부름의 체험이 아니라, 오히려 현존재에 귀속하는 행위가 행해지지 않았다는 체험이며, 그렇기에 무구의 체험이다. 그러나 행하지 않았다는 것에 대한 확신은 결코 양심 현상의 성격이 아니라, 도리어 그것은 양심에 대한 망각이며 불릴 수 있음의 가능성으로부터의 이탈이다. 그것은 양심을 갖기 원함에 대한, 즉 고유한 지속적인 책임 있음의 이해에 대한 안심을 유혹하는 억제다. 그러므로 하이데거에게 좋은 양심은 자족적인 양심의 형태도, 어디에 근거하는 양심의 형태도 아니며, 도대체가 어떠한 양심현상도 아닌 것이다.

하이데거에 따르면 세 번째 문제는, 일상적인 양심 경험은 책임 있음으로의 불림과 같은 것을 알지 못한다는 데 성립한다. 그러나 그것은 일상적인 양심 경험에 양심의 소리가 부르는 모든 내용이 담겨 있다는 것을 의미하는 것이 아니다. 도리어 그것은 단지 현존재의 한 가지 본질적인 존재방식, 말하자면 현존재는 자기 자신을 존재적으로는 일차적으로 그리고 대체로 '고려(Besorgen)'의 지평으로부터 이해하며, 존재론적으로는 존재를 '현전(Vorhandenheit)'의 의미에서 규정한다는 '전락(Verfallen)'을 보여줄 뿐이다. 이와 더불어 양심은 그때마다 어떤 특정한 실현된, 또는 의도된 행위에 관계한다고 하는 두 번째 문제 제기의 효력도 상실된다. 왜냐하면 실존론적인 해석에 대한 이와 같은 비판은, 비록 부름이 종종 그와 같은 방식으로 경험된다고 하더라도, 부름을 완전히 불러내는 것은 아니기 때문이다. 그리고 질책하고 경고하는 양심이 부름에서 근원적이지 못하다고 한다면, 실존론적인 해석이 양심의 본질적으로 '비판적인' 기능을 오해하고 있다는 첫 번째 문제 제기 또한 기반을 상실한다. 사실상 부름의 내용에는 소리가 적극적으로 권고하고 명령하는 것이 어떠한 것도 지시될 수 없다고 하더라도, 적극적인 것에 대한 요구는 그때마다 유용하며 처리, 계산 가능한 확실한 행위의 가능성들을 제시할 수 있다는 기대로부터 발생하는 것이다. 그러나 그와 같은 기대는 양심에 의해 기만적인 것으로 나타나는데, 왜냐하면 양심의 부름은 현존재를 단지 실존, 즉 가장 고유한 자기 존재 가능으로 부를 뿐이기 때문이다.

결국, 통속적인 양심해석과 실존론적 해석의 관계는 통속적인 양심이 권고하고 명령하는 것은 부름 속에 어떠한 것도 지시될 수 없으며, 부름은 현존재를 오직 실존, 즉 현존재의 가장 고유한 자기 존재 가능으로 부른다는 데에 성립한다. 그런데 양심에 대한 실존론적 해석은 통속적인 양심해석의 가능근거를 제시한다. 그러나 통속적인 양심해석은 현존재의 본질적인 한 가지 존재방식, 말하자면 '전락(Verfallen)'에 의거할 뿐이다. 그로부터 총괄하여 말하자면, 양심에 대한 실존론적인 해석은 통속적인 양심해석의 가능근거로서, 한편으로는 통속적인 양심해석에 친숙한 현상들을 부름의 근원적인 현상에로 되돌아가 지시함으로써 존재론적으로 적합하게 해명하는가 하면, 다른 한편으로는 통속적인 양심해석이 현존재의 '전락하는(verfallend)' 자기해석의 제약성에서 기인한다는 것을 보여준다.

5. 나가는 말

양심에 대한 실존론적인 해석의 통속적인 양심해석에 대한 관계는 실존적인 양심해석이 통속적인 양심해석의 실존론적인 가능근거라는 데에 성립한다. 그리고 양심에 대한 실존론적인 해석은 일상성에 매몰된 현존재의 자기해석이 의미하는 것을 양심은 어떠한 것도 말하지 않고 단지 현존재 자신의 본래적인 실존으로 부른다는 데에 근거한다. 그러나 그로부터 현존재의 일상적인 자기해석에 의거하는 통속적인 양심해석은 현존재의 한 가지 존재방식에 제약되어 있다는 것이 드러난다. 이로부터 양심에 대한 하이데거의 실존론적 해석은 통속적인 양심해석과 성격을 달리한다.

그런데 하이데거의 실존론적인 해석의 통속적인 양심해석에 대한 이와 같은 관계설정은 오직 우리 인간존재가 하이데거가 말하는 대로 그러한 존재방식을 지닌다는 전제하에서만 성립하다. 하이데거는 인간의 그와 같은 존재방식을 존재 일반의 의미에 대한 물음의 상관 수행자로서 인간을 이해함으로써 규정한다. 그리고 그런 바탕 위에서 하이데거는 세계 안에서 만나는 존재자들의 존재방식에 매몰되어 있는 세상 사람들을 그들 자신의 고유한 존재 가능으로 부르는 현상을 양심이라 규정하며, 자신을 고유한 존재 가능과 책임 있음으로 부르는 양심은 세계 안에서 발생하는 사건에 대해서는 어떠한 것도 말하지 않으며, 그런 까닭에 일상적인 경험에서 양심은 일차적으로 자기 자신의 실존의 행위에 대해 책임을 느끼는 '나쁜' 양심이라고 하고, 자기 자신의 실존의 행위에 대해 책임을 느끼지 않는 '좋은' 양심은 도대체가 양심 현상이 아니라고 한다.

그러나 하이데거의 양심 개념은 존재 일반의 물음과의 연관 속에서 실존론적으로 구성된 것처럼 보인다. 우리가 하이데거가 말하는 그러한 양심의 부름을 듣는가는 실로 커다란 의문사항이다. 그러나 그에 앞서 우리는, 하이데거가 뭐라고 하든, 양심을 일차적으로 좋은 양심이라고 이해하지 않는가? 더욱이 그것은 인간의 본성이 어떻게 규정되든 바로 인간의 본성에 근거하여 그러한 것이 아닌가? 그리고 양심의 가책을 느끼는 나쁜 양심이란 바로 우리가 이 세계에서 어떤 잘못을 하였을 때 발생하는 것은 아닌가? 그러나 하이데거는 자신의 실존론적 양심해석에서 바로 그와 같이 이 세계 안에서 만나는 존재자의 존재방식에 의거하여 자신을 이해하는 양심을 통속적인 양심해석이라고 하면서 양심을 그에 고유한 실존의 구조에 따라 실존론적으로 해석하고자 하며, 양심을 일상성에 매몰되어 있는 세상 사람들을 그 자신의 고유한 존재 가능과 책임 있음으로 부르는 현상으로 규정한다.

[참고문헌]

『原本孟子集註大全』, 金丁鎭 譯, 螢雪出版社,

Hegel, G. W. F., *Phänomenologie des Geistes*, in: *Hegel, Gesammelte Werke* 9, hrsg. v. Wolfgang Bonsiepen u. Reinhard Heede, Hamburg: Felix Meiner, 1980

Heidegger, M., *Sein und Zeit*, Tübingen: Max Niemeyer, [12]1972

Kant, I., *Metaphysik der Sitten*, in: *Kants gesammelte Schriften*, Bd. 6, Akademische Ausgabe, 1902-23.

Nietzsche, F., *Zur Genealogie der Moral*, in: *Kritische Studienausgabe*, Bd. 5, hrsg. Giorgio Colli & Mazzno Montinari, Berlin: de Gruyter, 1967, [15]1980.

Platon, *Apologia Socratis*, in: *Platonis Opera*, tom. I, ed. John Burnet, Oxford: Clarendon, 1900-7.

_____, *Phaedrus*, in: *Platonis Opera*, tom, III, ed. John Burnet, Oxford: Clarendon, 1900-7.

Rousseau, J.-J., *Émile ou De l'éducation*, in: *Oevres complètes*, 5 vols., sous la direction générale de Bernard Gagnebin et Marcel Raymond, Gallimard, Bibliothèque de la Pléiade, 1959-95, vol. IV, 1969.

Schopenhauer, A., *Die Welt als Wille und Vorstellung* I, in: *Sämtliche Werke*, Bd. I, Suhrkamp, [4]1993.

_____, *Kleinere Schriften*, in: *Sämtliche Werke*, Bd. III, Suhrkamp, [3]1993.

Waelhens, A. de, *La philosophie de Martin Heidegger*, Louvain, [4]1955.

F. 니체, 『도덕의 계보학』, 니체전집 14, 김정현 옮김, 책세상, 2002.

A. 쇼펜하우어, 『의지와 표상으로서의 세계』, 곽복록 옮김, 을유문화사, 2007.

플라톤, 『에우티프론, 소크라테스의 변론, 크리톤, 파이돈』, 박종현 역주, 서광사, 2003.

_____, 『파이드로스』, 조대호 역해, 문예출판사, 2008.

M. 하이데거, 『존재와 시간』, 이기상 옮김, 까치, 1998.

_____, 『존재와 시간』, 소광희 옮김, 경문사, 1995.

G. W. F. 헤겔, 『정신현상학』 1, 2, 임석진 옮김, 한길사, 2005.
김종두, 『하이데거에 있어서 존재와 현존재』, 서광사, 1977.
김형효, 『하이데거와 마음의 철학』, 청계, 2000.
소광희, 『하이데거 「존재와 시간」 강의』, 문예출판사, 1966.
이기상, 『「존재와 시간」 용어해설』, 까치, 1998.

[주(註)]

1) M. Heidegger, *Sein und Zeit*, 292쪽을 보라.

2) 같은 책, 290쪽 아래 참조.

3) 하이데거는 'Schuld' 개념을 양심의 '가책'이란 의미에서 쓴다기보다는 오히려 실존의 '책임'이란 의미에서 쓰는 것 같다. 이에 대해서는 같은 책, 280쪽 아래, 특히 281쪽 아래를 보라. 드 와렌스는 하이데거의 'Schuld' 개념을 'culpabilité'로 옮기면서 하이데거가 프랑스어에서는 구분되지만 독일어에서는 구분되지 않는 'Schuld' 개념의 'faute'와 'dette'라는 이중의미를 자신의 해석에 활용하고 있다고 지적한다. De Waelhens, *La philosophie de Martin Heidegger*, 160쪽을 보라. 그러나 김형효는 드 와렌스가 "하이데거의 저 개념을 죄의식(culpabilité)으로 옮기고 있는데, 죄의식이 저 두 개념의 혼합이라고는 보기 어렵다."고 하면서 " 'Schuld'가 타인에게 가해진 과오의 의미를 지니고 있고, 그 잘못을 갚아야 하는 책임의 뜻이 없는 것은 결코 아니지만, 하이데거는 그런 구체적으로 범해진 과오가 저 'Schuld(흠)'의 개념에서 파생되어 나온 것이지, 구체적인 현실 과오가 저 '흠'의 개념보다 앞지를 수가 없다고 말하였다."고 하며 "우리는 저 개념을 의미론적인 차원에서 접근해서는 안 되고 통사론적인 해석으로 접근해야" 한다고 하면서 'Schuld'를 '흠'이라 옮길 것을 제안한다. 김형효, 『하이데거와 마음의 철학』, 280쪽 아래를 보라. 그러나 이와 같은 통사론적인 해석은 'Schuld'의 기본 의미를 망각하는 것 같다. 김형효가 말하는 대로 하이데거에서 구체적인 현실 과오가 'Schuld' 개념을 앞지를 수 없고, 구체적으로 범해진 과오가 'Schuld' 개념에서 파생되어 나온 것이라고 하는 것은 옳은 지적이지만, 과오나 빚이 하이데거의 'Schuld' 개념에서 파생되어 나올 수 있었던 것은 기본적으로 그와 같은 것들이 현존재의 실존에 근거하여 있기 때문이지 단지 현존재의 실존에 흠이 있어서 때문만은 아니다. 그렇기 때문에 하이데거는 'schuldig'를 '어떤 것에 대한 근거존재(Grundsein für …)'로 규정한다. 이런 이유에서 'Schuld' 개념을 우리말 번역에서 이기상은 '탓'으로, 소광희는 '책임'으로 옮겼다고 생각한다. "Die formale existenziale Idee des ≫schuldig≪ bestimmen wir daher also: Grundsein für ein durch ein

Nicht bestimmtes Sein - das heißt Grundsein einer Nichtigkeit." M. Heidegger, *Sein und Zeit*, 283쪽. 물론 현존재가 세계 안에서 만나는 존재자들과의 교섭에서 과오나 빚이 생기는 것은 현존재의 실존에 어떤 '아니(Nicht)', 말하자면 '흠'이 있어서다. 그러나 빚이나 과오와 같은 것에 우리가 '가책' 내지는 '책임'을 느끼는 것은, 하이데거에 따르면 현존재의 실존이 그것의 근거이기 때문이다.

4) M. Heidegger, *Sein und Zeit*, 268쪽을 보라.
5) '양심(Gewissen)'과 관련하여 사람들이 흔히 말하는 '말(Sprache)'의 첨예한 철학적 서술에 대해서는, G. W. F. Hegel, *Phänomenologie des Geistes*, 601쪽 아래를 보라. 여기서 헤겔은 '언어(Sprache)'를 다음과 같이 규정한다. "여기서 다시금 언어가 정신을 체현하는 것으로 나타난다. 언어는 타인에 대해서 존재하는 자기의식이라고 하겠으니, 이 자기의식이 직접 자기의식으로 현존하면서 있는 그대로의 보편적인 모습을 드러내 주는 것이 언어다." 우리말 옮김은 헤겔, 『정신현상학 2』, 임석진 옮김, 216쪽을 따랐음.
6) A. Schopenhauer, *Über die Grundlage der Moral*, §9, in: *Sämtliche Werke*, Bd. III, Suhrkamp, 699쪽을 보라.
7) 『孟子』, 告子, 上, 11, 8, 2를 보라. "비록 사람에게 간직한 것인들 어찌 인의의 마음이 없으리오마는 그 양심을 잃어버린 바의 까닭이 또한 도끼와 자귀가 나무에 대하여 아침마다 찍는 것과 같거니 아름다워질 수 있겠는가?(雖存乎人者, 豈無仁義之心哉 其所以放其良心者, 亦猶斧斤之於木也, 旦旦而伐之, 可以爲美乎?)" 우리말 옮김은, 『原本孟子集註大全』, 金丁鎭 譯, 螢雪出版社, 230-231쪽을 따랐음.
8) Platon, *Apologia*, 31c 아래와 *Phaidros* 242b 아래를 보라.
9) Platon, *Phaidros*, 242c를 보라.
10) J.-J. Rousseau, *Émile ou De l'éducation*, 170-171쪽.
11) I. Kant, *Die Metaphysik der Sitten*, 37-30쪽.
12) 이와 같은 변화과정에 대해서는, M. Heidegger, *Sein und Zeit*, 32쪽 아래를 보라.
13) 같은 책, 272쪽, 각주 1 참조.
14) 같은 책, 292쪽 아래를 보라.
15) A. Schopenhauer, *Über die Grundlage der Moral*, §9, 700쪽 아래를 보라.
16) Heidegger, *Sein und Zeit*, 271쪽을 보라.
17) 같은 책, 292쪽 아래를 보라.
18) 같은 책, 269쪽을 보라.
19) A. Schopenhauer, *Die Welt als Wille und Vorstellung*, §65, in: *Sämtliche Werke*, Bd. I, Suhrkamp, 491쪽을 보라.
20) F. Nietzsche, *Zur Genealogie der Moral*, in: *Kritische Studienausgabe*, Bd. 5,

de Gruyter, 257쪽 아래를 보라.

21) 같은 책, 291쪽 아래를 보라.

22) A. Schopenhauer, *Über die Grundlage der Moral*, §10, in: *Sämtliche Werke*, Bd. III, Suhrkamp, 706쪽 아래 참조.

23) M. Heidegger, *Sein und Zeit*, 283쪽 아래, 특히 285쪽 아래를 보라.

24) 같은 책, 268쪽. "Was in der folgenden Interpretation als solche Bezeugung in Anspruch genommen wird, ist der alltäglichen Selbstauslegung des Daseins bekannt als *Stimme des Gewissens*."

25) 같은 책, §§46-53을 보라.

26) 같은 책, §§54-60을 보라.

27) 같은 책, §§45-62을 보라. "Die vorlaufende Entschlossenheit versteht erst das Schuldigseinkönnen *eigentlich und ganz*, das heißt *ursprünglich*." 같은 책, 306쪽.

28) 같은 책, 7쪽. "Dieses Seiende, das wir selbst je sind und das unter anderem die Seinsmöglichkeit des Fragens hat, fassen wir terminologisch als *Dasein*."

29) 같은 책, 192쪽.

30) 같은 책, 273쪽. "Auf das Selbst wird das Man-selbst angerufen."

31) 같은 책, 276쪽과 277쪽. "Wenn das im Grunde seiner Unheimlichkeit sich befindende Dasein der Rufer des Gewissensrufes wäre? … Das Gewissen offenbart sich als Ruf der Sorge: der Rufer ist das Dasein sich ängstigend in der Geworfenheit (Schon-sein-in) um sein Seinkönnen. Der Angerufene ist eben dieses Dasein, aufgerufen zu seinem eigensten Seinkönnen(Sich-vorweg …). Und aufgerufen ist das Dasein durch den Anruf aus dem Verfallen in das Man(Schon-sein-bei der besorgten Welt)."

32) 같은 책, 273쪽과 280쪽. "Was ruft das Gewissen dem Angerufenen zu? Streng genommen - nichts. Der Ruf sagt nichts aus, gibt keine Auskunft über Weltereignisse, hat nichts zu erzählen. … der Ruf sagt nichts, was zu bereden wäre, er gibt keine Kenntnis über Begebenheiten."

33) 같은 책, 289쪽.

34) 같은 책, 283쪽.

35) 같은 책, 285쪽.

36) 같은 책, 285쪽.

37) 같은 책, 290-291쪽.

인간의 자연성과 자연의 인간성

마르크스의 『경제학-철학 수고』를 중심으로

권순홍

1. 서론

마르크스(K. Marx)의 『경제학-철학 수고(*Ökonomisch-philosophische Manuskripte*)』 곳곳에서는 "인간의 **자연적** 본질"과 "자연의 **인간적** 본질"[1] 또는 인간의 감성적, 실천적 자연화와 자연의 감성적, 실천적 인간화를 피력하고 있는, 즉 자연과 인간 사이의 감성적, 실천적 상호 전화(轉化)를 역설하는 구절들이 자주 보인다. 가령 "자연은 … 진정한 **인간학적** 자연이다."[2] "역사 자체는 **자연사**, 즉 자연의 인간화 과정의 **현실적인** 일부분이다."[3] "인간의 일차적인 대상 — 즉 인간 — 은 자연, 곧 감성이다."[4] "자연과 인간이 각기 상대방을 통해서 존재한다."[5] "완성된 자연주의 = 인간주의, 완성된 인간주의 = 자연주의",[6] "사회는 … 인간의 실행된 자연주의이자 자연의 실행된 인간주의다."[7] 등등이 그것들이다. 말할 것도 없이 이러한 구절들의 배경에는 자연과 인간 사이의 통일성이 전제로 깔려 있다.

이것은 비단 청년 마르크스의 실천적 유물론에만 해당하는 것은 아니다. 자연을 절대정신의 외화(外化, Entäußerung)로 간주한 관념론자 헤겔(G. W. F. Hegel)도, 자연과 인간 사이의 통일성에 관한 한, 역시 마찬가지다. 다만 헤겔의 경우 자연이란 "절대이념이 단지 추상태로서, 사유물(Gedankending)로서 자기 자신 속에 감추어" 두다가 "**자기 자신 바깥으로 방출한**"[8] 것, 한마디로 "**추상적 자연**"[9]에 지나지 않을 뿐이다. 그러므로 자연은, 유물론에서 그렇게 주장되듯이 인간의 의식에 대해서 독립해 있는 외부 세계의 객관적 현실이나 현실적인 자연이 아니라, 절대이념으로부터 외화된 그것의 "사유물", 곧 "자연이라는 사유물"[10]에 불과하다. 헤겔의 절대적 관념론에서 자연이 이와 같이 규정되는 한, 그의 이른바 자연과 인간 사이의 통일성도, 마르크스에게는 고작 절대이념의 순수한 사유 지평 안에서 일어나는 현실적 자연에 대한 추상적인 탈자연화(脫自然化)와 "눈과 귀 등의 본질 능력(Wesenskraft)"[11]을 감성적으로 발휘하는 현실적 인간에 대한 추상적인 정신화로 여겨질 따름이다. 이러한 까닭으로 마르크스는 자연과 인간에 대한 헤겔의 관념론적 변조를 두고 비판하기를, "**자기의식의 외화**(*Entäußerung des Selbstbewußtseins*)가 **사물성**(*Dingheit*)을 정립한다. 인간 = 자기의식이기 때문에, 인간의 외화된 대상적 본질 혹은 **사물성**(**인간에 대해서 대상**인 **것**, 그런데 대상은 실로 인간에 대해서만 존재한다. 그것은 인간에게 본질적인 대상이 되며, 이렇게 인간의 **대상적**인 본질이 된다. 이제 **현실적인 인간** 자체도, 따라서 **자연** ― 인간은 **인간적 자연**이다 ― 도 주체가 되지 못하고 오히려 인간의 추상물인 자기의식만이 주체가 되기 때문에, 사물성은 그저 외화된 자기의식이 될 수 있다)은 **외화된 자기의식**이 되며, **사물성**은 이러한 외화를 통해서 정립된다."[12]라고 한다.

물론 헤겔의 이러한 관념론적 견해는 버클리(G. Berkeley)의 주관적 관념론이 무너지는 것과 같이 상식적인 반박으로는 무너지지 않겠지만, 자연은 어디까지나 절대이념의 외화된 사유물이고 인간은 현실적인 인간 본질로부터 소외된 "**자기의식**"[13]에 지나지 않는다.

그래서 헤겔의 관념론에서는 현실적인 자연의 물질성과 현실적인 인간의 의식성 사이의 차이가 제거되기는커녕 도리어 심각하게 부각된다. 예컨대 양자의 차이는 절대이념의 지평에서 미리 앞질러서 자연과 인간의 행태를 사유하는 철학자의 눈에서나 제거된 것으로 보일 뿐이지, 그 행태를 그냥 경험적으로 좇고 있는 일상인의 눈[14)]에는 그대로 남아 있게 마련이다. 즉 철학자의 눈에서 볼 때에나 자연은 외화된 자기의식이라는 의미에서 그것과 동일한 것으로 간주될 뿐이라는 말이다. 그렇기 때문에 우리는 자연과 인간 사이의 통일성을 헤겔처럼 절대정신의 추상적, 사변적 차원에서 논구해서는 안 되고, 현실적 자연에 대한 현실적 인간의 감성적, 실천적 대응에서 해명해야 한다. 주지하다시피 포이어바흐(L. Feuerbach)의 자연주의적 인간학이 그 단초를 제공해 준다는 것은 말할 나위가 없다.

포이어바흐의 인간학은 신의 본질이 유적(類的) 인간(Gattungsmensch)의 본질의 관념적 객관화에 지나지 않는다는 기독교 비판을 통해서, 이를테면 헤겔의 관념론에서 유지되고 있는 주어(신)-술어(인간) 관계를 전도시킴으로써 유적 인간의 감성적 본질을 발견하고 있다.[15)] 물론 인간의 감성적 본질이란, 적어도 그가 보기에는, 인간의 자연적 본질과 다르지 않다. 이러한 인간의 감성적, 자연적 본질의 발견과 함께 헤겔의 추상적, 사변적 인간관, 가령 현실적 인간을 몸이 없는 자기의식으로 간주하는 인간관은 여지없이 무너지게 된다. 예컨대 사랑과 성욕의 감성은 몸 없는 유령의 속성이 아니라, 인간의 감성적, 자연적 존재방식일 따름이다. 인간에게 사랑과 같은 육체적 감성이 깃들어 있다는 것은, 인간이 유적 인간으로 규정되는 데에서 나타나듯이, 인간이 홀로 있는 개체적 존재가 아니라 함께 있는 공동체적 존재임을 뜻한다.[16)] 말하자면 사랑은 공동성의 시작이자 끝이라는 것이다. 그리고 인간의 감성적 본질로 본 사랑은 인간이 몸 없는 유령과 같은 추상적 존재가 아니라 자연적 존재임을,

즉 자연에 둘러싸인 몸임을 또한 뜻한다. 그러나 포이어바흐의 경우 인간의 자연성은 몸의 온갖 감관들이 자연의 객관적 조건들과 곧이 곧대로 일치한다는 의미에서 그저 몸을 둘러싸고 있는 객관적 실재에 불과하다.[17] 이것은 하늘을 자유로이 나는 새나 물속을 자유자재로 헤엄치는 물고기처럼 자신의 감관들이 자연의 객관적 조건들과 어긋나지 않기에 인간이 자연 속에서 아무런 걸림 없이 편안함을 느낀다는 말밖에 되지 않는다. 요컨대 그는 인간의 자연성과 자연의 인간성을, 한마디로 자연과 인간 사이의 동일성을 양자를 매개하고 통일시키는 근거에 대한 어떠한 해명도 없이 그냥 제시하고 있을 뿐이다.

이 근거를 밝히지 못한 것이 그의 자연주의적 인간학의 허점이라는 것을 간과해서는 안 된다. 마르크스가 볼 때, 그 근거는 인간의 물질적 생산 활동이다.[18] 그래서 그는 포이어바흐의 자연주의적 유물론을 비판하기를, "포이어바흐의 유물론을 포함하여 — 이제까지 모든 유물론의 주요한 결점은 대상, 현실 및 감각 등이 오직 **객체**나 **직관**의 형식에서만 파악되고 있을 뿐, **인간의 감각적 활동**이나 **실천**으로서, 즉 주체적으로 파악되지 못하고 있다는 데에 있다."[19]라고 하고 있다. 인간은 자연을, 감관들을 통하든지 이성을 통하든지 간에, 또 지각하거나 관조하거나 간에, 결코 자연 속에서 그냥 그대로 편안함을 향유할 수가 없다. 왜냐하면 "자연은 — 객관적으로나 주관적으로나 — **인간** 본질에게 무매개적으로 적합한 것으로 현존하지는 않기"[20] 때문이다. 포이어바흐는 헤겔의 추상적 인간관에 반대하여 인간의 감성적, 자연적 본성을 발견하였지만 감성적, 자연적 인간을 생산이라는 사회적 실천으로부터 소외시키고 말았다. 그러나 마르크스가 보기에는, 자연은 포이어바흐의 경우처럼 직관의 대상이 아니라 실천의 대상이고, 또한 향유의 대상이 아니라 죽음의 대상일 따름이다.

2. 자연적 존재와 유적 존재로 본 인간

포이어바흐가 제시하는 인간과 자연 사이의 통일성에서 드러나는 비실천적, 관조적 성격을 비판하면서 마르크스는 양자 사이의 통일성을 매개하는 것으로 유적 인간의 사회적 실천을 거론한다. 이를테면 자연은 일단 유적 인간에게는 자신의 물질적인 생활을 생산하는 대상인 한편, 아울러 자신의 물질적인 생활수단을 생산하는 대상이 되기도 한다. 자연을 대상으로 하여 유적 인간으로서 자기 자신의 생활과 생활수단을 생산할 뿐만 아니라, 자기 자신의 유적 능력들을 발휘하는 활동이야말로 청년 마르크스가 생각하는 사회적 실천 개념의 본질이다. 한마디로 인간의 실천이란 사회적 생산 활동이라는 것이다. 이미 이야기되었듯이, 이러한 인간의 생산 활동은 "**자연, 즉 감각적인 외부 세계** 없이는"[21) 이루어질 수 없다. 그래서 인간의 생산 활동은 자연이라는 질료를 대상으로 하여 행해지게 마련이다. 그러나 여기에서 중요한 것은, 이러한 사회적 생산 활동이 자연을 대상으로 하여 전개되기 위해서는 먼저 인간이 자기 자신을 자연과 매개시켜야 할 것이다. 인간과 자연 사이의 매개가 성립하지 못한다면, 인간은 자연으로부터 아무것도 얻어 내지 못할 것이다. 사정이 이와 같은 한, 이러한 매개의 가능성을 살피기 위해서라도 인간 "개개인들의 신체 조직 및 이를 통해서 성립하는 여타 자연에 대한 그들의 관계" 또는 "인간 자신의 물질적 성질"과 "인간에 의해서 발견되는 자연 조건들"[22)]이 어떠한지가, 즉 인간이 어떻게 자연적 존재와 유적 존재로 규정될 수 있는지가 먼저 논구되어야 할 것이다.

마르크스는 인간과 자연 사이의 매개 가능성을 먼저 인간의 존재론적인 대상성에서 구한다. 요컨대 인간은 자신 바깥에서 자신과 독립해 있는 대상들을 갖는다는 말이다. 물론 대상들이 인간에 대해서 독립해 있다고 해서 인간과 무관하게 존재한다는 것은 아니다. 오히려 대상들은 다름 아니라 "인간의 **욕구의 대상들**이자, 인간의 본질 능력들을 실증하고 확인하는 데에 필요불가결한 본질적인 **대상들**이다."[23] 이러한 이유로 해서 인간은 "대상적 존재(das gegenständliche Wesen)"[24]로 규정된다. 당연히 대상적 존재로서의 인간은 자신의 유적 능력들을 실현시키고 확인하기 위해서 대상들과 서로 작용하게 마련이다. "왜냐하면 대상적 존재는 대상들에 의해서 정립되기 때문이며, 본디는 **자연**이기 때문이다."[25] 게다가 인간의 욕구의 대상들이 바로 자연의 대상들인 한에서, 자연의 대상들을 통하여 자신의 유적 능력이나 욕구를 실현시키는 "**인간**은 직접적으로 **자연적 존재**(*Naturwesen*)가 된다. 즉 인간은 한편으로 자연적 존재로서, 그것도 생명을 가진 자연적 존재로서 **자연력**, **생명력**을 갖추고 있으며, **활동적인** 자연적 존재가 된다."[26]

그러나 인간이 대상적 존재가 된다는 것은 한편으로는 인간이 수동적 존재이기도 하다는 것을 뜻한다. 가령 "인간은 자연적이고 몸이 있고 감각적이고 대상적인 존재인" 까닭에, 외부의 자연 대상들에 의하여 "**감응하고** 조건 지어져 있고 제약되어 있는 [수동적인] 존재다."[27]라는 말이다. 일단 인간이 자신의 유적 능력들의 현실적인 실현을 위해서 자연의 대상들에 의존하지 않으면 안 된다는 것이 인간의 수동성을 입증한다. 또한 "**배고픔**은 자연적인 **욕구**"로서 "충족되고 진정되기 위해서 자신 바깥의 **자연**을, 자신 바깥의 **대상**을 필요로 하"되, 자신 바깥의 아무것이나 취할 수 있는 것이 아니라, 배고픔의 "본질을 표현하는 데에 필요불가결한 **대상**"[28]을, 한마디로 먹을 수 있는 것을 취해야 한다는 것도 인간의 수동성의 한 경우가 된다. 그뿐만 아니라 "눈의 대상이 **귀**의 대상과 서로 **다르**"[29]듯이, 인간의 감관들마다 서로 간에 취할 수 있는 대상들도 제약되어 있다. 이러한 인간의 수동성은 의식 또는 이성의 경우에도 마찬가지다. 아무리 인간의 이성적 능력이 감관들보다 보편적이고 감관들의 대상들을 초월한다 하더라도, 무(無)를 대상으로 하여 사유할 수는 없는 일이다.

이러한 연유로 해서 인간이 수동적 존재가 될망정, 다른 한편 인간은 수동적 존재로 그냥 머무는 것이 아니라 능동적 존재가 되기도 한다. 비록 인간의 욕구 대상들이 욕구 자체의 성격 여하에 따라서 한정되어 있고 제약되어 있다 하더라도, 인간은 그러한 대상들을 더욱 많이 확보하여 욕구를 충족시키는 한편으로 욕구를 키울 수 있도록 의당 더욱더 적극적으로 그것들과 작용해야 할 것이다. 이를테면 인간은 자신 바깥에 자립하고 있는 자연적 대상들을 욕구의 유적 실현과 발전을 위해서 더욱더 적극적으로 자기화해야 한다는 말이다. "인간이 **몸이 있고** 자연력이 있고 생명이 있는 현실적이고 감각적이며 대상적인 존재라는 사실은 인간이 **현실적이고 감각적인 대상들**을 자신의 본질, 자신의 생활 표현의 대상으로 삼거나, 인간이 현실적이고 감각적인 대상들에서 자신의 생활을 **표현할** 수 있다는 사실을 의미한다."[30]라는 말이 인간의 능동성을 입증한다. 바로 이러한 까닭에 인간은 능동적 존재로도 규정되는 것이다.

요약하자면, "대상들을 자신 바깥에서 갖고 있지 않은 존재는 대상적 존재가 아니다."[31]라는 말이 반증하듯이, 인간이 대상적 존재가 되는 것은 자신의 욕구나 유적 능력을 실현시키고 더욱 발전된 형태로 전개시키기 위하여 자신 바깥에서 자연적인 대상들을 갖고 있기 때문이다. 그리고 "자신의 자연을 자신 바깥에서 갖고 있지 않은 존재는 **자연적** 존재가 아니며, 자연의 본질에 참여하지도 않는다."[32]라는 말이 거꾸로 반증하듯이, 인간은 자신의 욕구나 능력을 실현시키고 전개시키기 위한 대상으로서 자신 바깥에서 자연을 두르고 있는 한에서 자연적 존재로 규정된다. 다시 말해서 인간의 유적 능력의 대상들이 자연에서 오는 이상, 인간이 대상적 존재라는 것은 인간이 자연적 존재라는 것과 다르지 않다는 말이다.

다른 한편으로 인간은 자신 바깥에서 자연적 대상들을 갖고 있는 동시에 그 자신이 다른 인간이나 다른 자연적 대상에 대해서 역시 대상이 되기도 한다. 이러한 맥락에서 마르크스는 "대상적이고 자연적이고 감각적으로 **존재한다**는 것 및 대상과 자연과 감각을 자신 바깥에서 갖는다는 것과, 스스로 제3자에 대해서 대상과 자연과 감각으로 존재한다는 것은 동일한 경우들이다."[33]라고 언급하거니와, 또는 "제3의 대상에 대해서 나는 그것과 **다른 현실**, 즉 **그것의** 대상이 된다. 이렇게 다른 존재의 대상이 되지 않는 존재는 **어떠한** 대상적 존재도 실유(實有)하지 **않는다**는 것을 가정하고 있는 것이다. 내가 한 대상을 갖자마자, 이 대상은 나를 대상으로 삼는다."[34]라고 언급한다. 이것은 각각의 인간들이 서로서로 대상적 존재가 될 수 있다는 말이다. 이를테면 내가 나의 유적 능력을 실현시키기 위해서 너를 대상으로 삼고 있는 한에서, 이와 마찬가지로 너도 나를 너 자신의 유적 능력을 실현시키기 위해서 대상으로 삼을 수 있다는 것이다. 인간이 상대방을 대상으로 하여 상호간에 대상적 존재로 존재한다면, 당연히 인간은 자신의 온갖 활동에서 다른 인간과 협력해야 하는, 그리고 다른 인간을 매개로 하여 자신의 유적 능력과 감각들을 발휘하고 성취해야 하는 그러한 유적 혹은 사회적 인간이 되지 않을 수 없다. 마르크스가 "인간의 개별적인 삶과 유적인 삶이 서로 **상이한** 것이 아니다."[35]라고 말하고 있는 것도 바로 이러한 이유에서다. 그래서 "개인은 **사회적 존재**가 되는" 것이고, "개인의 삶의 표현은 … **사회적 삶**의 표현이자 확인이 되는 것이다."[36] 한마디로 말하자면, 인간은 혼자서가 아니라 오직 다른 인간들과 함께할 때에나 비로소 자신의 본질적인 유적 능력들을 발휘할 수 있는, 자신의 생명 활동을 유지할 수 있는 유적, 사회적 존재가 된다는 것이다.

3. 인간의 자연적 규정성과 유적 규정성 사이의 통일성

지금까지 우리는 인간의 자연적 규정성을 그의 대상적, 자연적 존재에서, 그리고 그의 유적 규정성을 그의 유적, 사회적 존재에서 살펴보았으나, 이제는 그 두 규정성들 사이의 통일성을 검토해야 할 것이다. 그것도 동물들의 경우와 비교함으로써 인간의 자연적 규정성과 유적 규정성 사이의 통일성을 더욱더 엄밀하게 밝혀야 할 것이다.

1) 동물들의 경우

먼저 동물들의 경우를 살펴보자면, 어느 동물이라도 주어진 자연환경에서 생존하기 위해서는 자신의 자연적 규정성과 유적 규정성에 충실해야 할 것이다. 일례로 개구리는 물이 있는 곳이나 습한 곳에서나 편안함을 향유할 것이다. 이것은 개구리가 물이 있는 습한 곳에서나 허파를 통해서든지 피부를 통해서든지 간에 숨을 쉴 수 있기 때문이다. 그리고 개구리는 움직이는 것만을 먹이로 취할 수 있다. 이것은 개구리의 시각 구조상 오로지 움직이는 것만이 개구리의 눈에 정확하게 포착될 수 있기 때문이다.

이와 같은 개구리의 독특한 피부 호흡과 먹이 취득의 방식은 개구리만의 신체 조직의 고유성에 의해서 규정되는 한편, 그것을 둘러싸고 있는 자연적 조건에 의해서도 규정된다. 전자의 규정성이 개구리를 개구리가 아닌 다른 동물과 구별하는 조건, 즉 유적 규정성이라면, 후자의 규정성은 개구리가 주어진 생명의 활동을 펼치면서 생존하기 위한 조건, 즉 자연적 규정성이다. 그러나 문제는 어디까지나야 규정성들 사이의 관계다. 우선 다른 동물들도 마찬가지이겠지만, 개구리는 자신의 유적 규정성을 결코 벗어날 수는 없다. 가령 개구리는, 먹이가 되는 것을 예외로 한다면, 다른 동물들과, 특히 그것의 천적인 뱀이나 올빼미와 함께 살 수는 없는 일이다. 아무리 천적들이 그것들의 자연적 규정성에 따라서 개구리의 생존의 터전에 침투한다 하더라도, 그것들과 어울려서 함께 살거나 서로 협력해서 살 수는 없는 노릇이다. 오로지 개구리는 자신의 유(類)의 동일성을 확인하고 확보할 수 있는, 즉 자기 자신을 다른 것이 아닌 개구리로서 규정할 수 있는 그러한 생존의 유적 조건에서만 살 수 있다. 요컨대 개구리는 혼자서도 살 수 없거니와 다른 동물이 아닌 개구리들과 함께해야만 살 수 있다는 말이다. 개구리는 동료 개구리들과 함께 사는 것이지 그 이상도, 그 이하도 아니라는 의미에서 이처럼 유적 삶을 영위할 따름이다. 물론 이러한 유적 삶은, 그것이 "생명을 산출하는 삶인"37) 한에서 개구리의 유의 재생산에 지나지 않는다. 이것은 비단 개구리의 경우에만 국한된 것이 아니라, 다른 모든 동물들에게도 다를 바가 없다. 동물들은 각자의 유적 동일성을 확인할 수 있는, 또는 유적 동일성이 견지되는 그러한 유적 삶을 살아감으로써 각자의 유를 재생산하게 마련이라는 것이다. 이와 같은 유의 재생산을 위하여 "동물은 자기 자신이나 그 새끼들에게 직접 필요한 것만을 생산한다."38) 한마디로 모든 동물들의 경우 유적 삶이란 자신의 유를 생산하고 보존하는 유적 생명 활동에 지나지 않는다는 말이다.

다른 한편으로 개구리를 비롯하여 모든 동물들은, "비유기적 자연을 생존의 근거로 삼고 있는"39) 한, 역시 각자의 자연적 규정성을 탈피하지 못한다. 예컨대 개구리는 물기가 전혀 없는, 가령 사막과 같은 건조한 곳에서는 결코 살 수가 없다. 만약 개구리가 사막과 같은 곳에 던져진다면, 개구리는 사막에서 생존할 수 있도록 그곳에서 생존하는 사막 꿩이나 전갈과 같은 신체 조직으로 진화해야 하거나 죽음을 피할 수 없거나 할 것이다. 개구리에게는 개구리로서 생존할 수 있는 자연 환경이 미리부터 결정되어 있다는 것을 잊어서는 안 된다. 개구리가 개구리로서 유적 생명 활동을 전개시켜 나가기 위해서는 자신의 신체 조직의 생리적 조건들과 곧이곧대로 일치하는 그러한 자연 환경이 꼭 필요하다는 말이다. 개구리는 이러한 자연 환경의 조건들을 거부하거나 뜯어 고칠 수는 없다. 개구리의 경우에서 보이듯이, 동물들은 저마다 신체 조직의 생리적 조건들과 아무런 매개 없이 직접적으로 일치하는 자연 환경에 적응해서 거기에서 직접적인 자연적 삶을 영위하게 마련이다. 왜냐하면 그러한 자연 환경이야말로 각각의 동물들에게는 저마다 유적 삶의 터전이 되기 때문이다.

여기에서 이러한 개구리의 생존의 자연적 조건이 그것의 유적 규정성과 통일되어 있다는 것을 놓쳐서는 안 된다. 말하자면 개구리가 물가 등 습지를 떠나지 못한다는 그것의 자연적 규정성은 그것의 유적 삶을 좌우한다는 것이다. 그래서 동료 개구리들과 함께 나누는 한 개구리의 유적 삶 전체를, 즉 그것의 탄생, 성장, 번식 및 죽음까지도 그것의 자연적 규정성이 지배한다. 이러한 의미에서 개구리의 자연적 규정성은 그것의 유적 규정성을 직접적으로 담보한다. 물론 이것은 다른 모든 동물들의 경우에도 다르지 않다. 동물들의 경우, 그것들의 자연적 규정성은 그것들의 탄생에서부터 죽음에 이르기까지 유적 삶 전체를 직접적으로 결정한다.

그렇다 하더라도 자연적 규정성이 유적 규정성보다 존재론적으로 앞선다고 생각해서는 안 된다. 왜냐하면 그 두 규정성들은 상호간에 서로 의존하고 있기 때문이다. 즉 그것들은 서로 의존한 채 각기 상대편으로 전화하기 때문이라는 것이다. 이러한 까닭에 동물들의 경우 유적 규정성은 자연적 규정성을 조건 짓는다. 이를테면 개구리가 습지에서나 편안하게 호흡하고 움직이는 것만을 먹이로 삼고 물속에 알을 낳고 일정한 기간 동안 물속에서 올챙이로 지내야 한다는, 여타의 동물들과는 다른 개구리의 유적 규정성은 역시 개구리로 하여금, 다른 동물이라면 생존할 수도 없거니와 설령 생존할 수 있다 하더라도 개구리의 경우와는 다른 생명 활동을 보이게 되는 그러한 자연 환경을 찾아가게 한다는 말이다. 이러한 점에서 개구리의 유적 규정성은 그것만의 특유한 자연 조건 또는 자연적 규정성을 요구하게 마련이다. 이것은 역시 다른 동물들의 경우에도 마찬가지다. 동물들은 각자의 유적 규정성에 따라서 각자의 유적 삶을 보장하는 그러한 자연 환경이나 조건에서 살게 마련이라는 것이다.

이와 같이 동물들의 경우에는 유적 규정성이 자연적 규정성으로, 자연적 규정성이 유적 규정성으로 서로 전화한다. 그것도 어떠한 매개도 없이 직접적으로 전화하거니와, 또한 동물들 자신의 생명 활동 자체에 준해서 직접적으로 전화한다. 한마디로 동물들의 경우 그 두 규정성들은 즉자적(卽自的), 무매개적으로 상호간에 전화한다는 말이다. 이러한 연유로 해서 유적 규정성과 자연적 규정성 사이의 즉자적, 무매개적 통일성이야말로 동물들 각자의 고유한 유적, 자연적 존재 방식을 이룬다고 보아야 할 것이다. 어떠한 동물들이라도 이러한 통일성에 따라서 생존하는 까닭에, 이 동물들 각자의 생존은 곧 저마다 자신만의 특수한 유적, 자연적 삶으로 보아야 옳을 것이다. 마르크스가 "동물은 자신의 [유적, 자연적] 생명 활동과 무매개적으로 통합되어 있다. 동물은 자신의 [유적, 자연적] 생명 활동과 구별되지 않는다. 동물은 **자신의 [유적, 자연적] 생명 활동**이다."[40]라고 역설하는 것도 바로 이러한 까닭에서다. 풀어 말하자면, 동물들에게는 유적 삶이 즉자적, 무매개적으로 자연적 삶이 되고 자연적 삶이 유적 삶이 될 뿐만 아니라, 자연적 죽음이 역시 즉자적, 무매개적으로 유적 죽음이 되고 유적 죽음이 자연적 죽음이 된다는 것이다. 이것은 혼자만의 개체적, 생물학적 삶이 불가능하듯이 혼자만의 개체적, 생물학적 죽음이 불가능하다는 말과 같다. 어떠한 동물들이라도 즉자적, 무매개적으로 통일된 자신만의 유적, 자연적 규정성에서 이탈할 수는 결코 없다. 만약 이탈하게 된다면, 그야말로 생명 자체가 고통이 되고 자연 자체가 지옥이 될 것이다.

2) 인간의 경우

인간의 유적 본질을 해명하는 데에서 밝혀졌듯이, 각각의 인간은 각자의 유적 능력을 실현시키기 위해서 자신의 삶을 대상으로 삼을 뿐만 아니라 상대방의 삶을 각자의 대상으로 삼기도 한다는 점에서 다른 동물들과는 구별되는 유적 존재로 보아야 한다. "동물은 자신의 생명 활동과 구별되지 않"고 또 "동물은 **자신의 생명 활동**이다."[41]라는 점에서 동물이 자신의 생명 활동과 무매개적으로 통일되어 있다면, 인간은 자신이나 동료의 삶 혹은 생명 활동을 매개로 해서 자신의 유적 능력의 실현과 발전을 꾀할 수 있다. 다시 마르크스의 말을 인용하자면, "인간이 자신의 생명 활동 자체를 자신의 의지와 의식의 대상으로 삼는다."라는 의미에서 "인간이 의식적인 생명 활동을 갖고 있다."[42]라는 것인데, 바로 이것이 동물들이 자신의 생명 활동을 대상으로 삼지 못하는 한, 그것들과 구별되는 인간만의 특유한 유적 성격을 이룬다. 즉 인간의 "의식적인 생명 활동이 인간을 동물적인 생명 활동과 곧장 구별한다."[43]라는 말이다.

인간은, 동물들의 경우와는 달리, 이러한 의식적인 생명 활동을 통해서 자기 자신 및 다른 사람들을 대상으로 삼고 또 그렇게 해서 자신의 유적 능력들을 그때마다 실현시키고 발전시키기 위해서 다른 사람들과 협력해야 한다는 점에서 역시 유적 본질을 전개하기는 한다. 그러나 여기에서 중요한 것은, 의식적 존재로서의 인간이 이러한 의식의 본질 능력에 힘입어서 자신의 생명 활동을 자유롭게 펼칠 수 있다는 사실이다. 사실 이것은 이미 인간이 자신의 생명 활동을 대상화한다는 점에서 예시되고 있던 바다. 인간의 대상화의 능력은 인간의 자유로운 생명 활동에 근거를 두고 또 인간의 자유로운 삶은 바로 인간의 의식의 본질 능력에 근거를 둔다. 동물들과 본질적으로 구별되는 인간만의 고유한 유적 규정성은 다름 아니라 "자유로운 의식적 활동이 인간의 유적 성격이다."[44]라는 말에서 밝혀지듯이, 인간에게 자유로운 생명 활동을 보장하는 인간의 의식의 본질 능력에 놓여 있다.[45]

인간을 동물들과 결정적으로 구별하는 인간만의 유적 규정성이 자유로운 의식의 본질 능력임은 자못 분명하지만, 인간의 감관들도 역시 인간만의 유적 능력들을 펼쳐 보인다. 물론 동물들도 인간과 마찬가지로 저마다 고유한 감각적 활동을 수행하기는 하겠지만, 그렇다 하더라도 인간의 감각적 활동은 동물들의 그것과는 본질적으로 다른 것이다. 그것은 동물들이 자신의 생명 활동과 무매개적으로 통일되어 있는 터에, 감각적 활동 역시 그것들의 생명 활동의 부분인 한에서 동물들의 생존과 무매개적으로 통일되어 있게 마련이기 때문이다. 동물들의 감각적 활동은 오로지 생존을 위한, 번식을 위한 생명 활동의 수단 또는 기능에 불과하다는 말이다. 게다가 동물들의 감각적 활동의 기능은 이미 생물학적으로, 즉 생리적 구조에 따라서 결정되어 있다. 이에 반해 "인간의 활동이 자유로운 활동인"[46] 한에서, 인간의 감각적 활동은 동물들의 경우와는 달리 인간적인 삶의 자유로운 의식적 활동에 복무할 뿐만 아니라, 그 기능도 생물학적으로 미리 결정되어 있기는커녕 도리어 인간의 그러한 활동 여하에 따라서 풍부하게 발전하고 진보한다.

물론 인간의 의식적인 삶의 활동은, 적어도 인간이 유적 존재인 만큼 당연히 사회적 활동임이 틀림없다. 그렇다면 "**사회적** 감관들이 사회의 **형태**에서 형성된다."[47]라고 말할 수 있을 것이다. 이것은 인간의 감관들이 동물들의 그것처럼 "무매개적인 감관들"[48]이 아니라, 유적 인간의 사회적 실천에서 사회적으로 형성되고 발전한다는 말이다. 생리적인 구조의 측면에서 보자면, 인간인 한에서 누구라도 귀나 눈과 같은 감관들을 갖고 있다는 것은 부정할 수 없는 생물학적 사실이지만, 인간은 여타의 동물들과는 다른 유적 본질을 지니고 있다는 점에서, 즉 자유로운 의식적인 사회 활동을 수행한다는 점에서 귀나 눈과 같은 감관들은 단순한 생물학적인 감관들이 아니다. 가령 "비음악적인 귀에게는 가장 아름다운 음악일지라도 **어떠한** 의미도 **없으며** [**어떠한**] 대상도 되지 [**못한다.**]"[49]라는 말이나 "**인간적인** 눈은 인간답지 못한 조야한 눈과는 다른 것을 향유하고 인간적인 **귀**는 조야한 귀와는 다른 것을 향유한다 등등은 자명하다."[50]라는 말이 그것을 입증한다. 결국 "사회적 인간의 **감각들**은 비사회적 인간의 감각들과 **다르다.** 대상적으로 전개되는 인간 본질의 재부(財富)를 통하여 주관적인 **인간적** 감성, 음악적인 귀, 형식미를 관상하는 눈 등이 형성된다. 간단히 말하자면, 인간적으로 향유할 능력이 있는 **감각들이**, 즉 **인간적인** 본질 능력들로서 확증된 채 완성되기도 하고 산출되기도 하는 감각들이 비로소 형성된다. 왜냐하면 오감(五感)뿐만 아니라 이른바 정신적인 감각들, 실천적인 감각들(의지나 사랑 등), 한마디로 **인간적인** 감각 또는 감각들의 인간성도 그 대상의 현존을 통하여, 즉 **인간화된** 자연을 통하여 형성되기 때문이다. 오감의 **형성**은 이제까지 세계사 전체가 이룩한 하나의 노동이다."[51]라는 말에서 보이거니와, 인간의 감관들과 그 감각적 활동들은 유적 인간의 사회적 실천 또는 생산 활동에서 형성되고 역사적으로 풍부하게 전개되고 발전하는 역사적, 사회적 산물로서 인간의 유적 능력들을 실현시킬 수 있는 유적 인간의 대상화의 능력과 다르지 않다.

인간의 감관들의 이러한 사회적, 역사적 형성과 발전에서 시사되고 있듯이, 인간의 유적 규정성은 인간의 자유로운 의식적 사회 활동에 놓여 있다. 여기서 간과해서는 안 될 것은, 인간의 이러한 의식적인 사회 활동이, 헤겔의 절대적 관념론에서나 보이는 소외된 정신의 추상적인 사유 활동이 아니라, 인간이 자연을 대상으로 하여 자신의 물질적 삶 자체와 삶의 수단을 부단히 생산한다는 점에서 자연에 대한 인간의 물질적 생산 활동과 다르지 않다는 사실이다. "생산의 방식은 도리어 이러한 개인들의 특정한 활동 양태이고, 그들의 삶을 표현하는 특정한 양태이며, 그들의 특정한 **삶의 방식**이다. 개인들은, 그들이 자신의 삶을 표현하는 그대로 존재한다. 그들이 무엇인지는, 그들의 생산과, 즉 그들이 **무엇을** 생산하고 **어떻게** 생산하는지와 일치한다. 이와 같이 개인들이 무엇인지는 그들의 물질적 생산 조건들 여하에 달려 있는 것이다."[52]라는 말에서 밝혀지고 있듯이, 인간의 본질과 존재는 곧 그의 생산 활동이거니와, 이와 같이 "인간의 존재"가 물질적 생산 활동과 함께 비로소 펼쳐지는 "그의 현실적인 삶의 과정"으로 규정되는[53] 한에서 다른 동물과 차이가 나는 인간만의 유적 존재 방식 또는 삶의 방식은 자신의 물질적인 삶과 삶의 수단을 생산하는 물질적 생산 활동에 달려 있게 마련이다. 요는 인간의 의식이란, 플라톤의 형이상학적인 관념론에서 그렇듯이 영혼이라는 기체에 달라붙어 있는 그의 정신적 속성이 아니라, 그저 자유로운 활동이라는 점에서 그의 활동이기는 하되, 추상적 사유 활동이기는커녕 물질적 생산 활동일 따름이라는 것이다. 이와 동시에 인간의 의식이란 "의식된 존재"[54]라는 점에서 그의 활동의 결과이기는 하되, 추상적 사유 활동의 결과이기는커녕 물질적 생산 활동의 결과라는 것이다. 한마디로 "의식이 삶을 규정하는 것이 아니라 삶이 의식을 규정한다."[55]라는 말이다.

그렇지만 인간은 유적 존재인 동시에 자연적 존재이기도 하다. 이미 언급된 대로 인간은 자연적 존재인 한에서 자연을 생존의 근거로 삼게 마련인데, 이것은 "자연이 인간의 **몸**이며, 인간은 죽지 않기 위하여 항구적인 과정에 걸쳐서 이 **몸**과 함께 존립해야 한다."[56]라는 것을 뜻한다. 이와 같이 "자연이 인간의 **비유기적인 몸**이 되"고 또

"인간이 자연의 일부분이 된다."[57]라고 한다면, 인간의 자유로운 의식적 활동의 무대는 의당 자연이 되어야 할 것이다. 그래서 인간은 자연적 존재로서 "자신의 본질의 **현실적인** 자연적 **대상들을** 갖게 된다."[58] 동물의 경우에는 몸이 곧 자연이지만, 달리 말하자면 몸의 생리적 조건들과 자연의 객관적 조건들이 무매개적으로 서로 간에 일치하고 각각 대응하지만, 적어도 의식의 유적 능력을 통해서 자유로운 사회적 실천을 수행하는 인간의 경우에는 몸이 그냥 아무런 매개 없이 자연의 객관적 조건들과 일치하는 것은 아니다. 인간에게는 사회적 실천 자체가 자신의 몸과 자연을 매개하는 고리가 된다. 인간의 의식적인 유적 능력 자체가, 한마디로 자유로운 의식적 활동 자체가 양자를 사회적 실천의 방식으로 매개한다는 말이다.

그래서 인간의 자연적 대상성 혹은 자연적 규정성은 유적 인간의 사회적 실천을 통해서 전개되는 자연적 대상에 대한 정립 또는 창조에서, 달리 말하자면 자연적 대상에 대한 실천적 인간화에서 성립하게 된다. 이것은 물론 인간이 자연적, 대상적 본질로서 자연에 대하여 능동적 지위에 서 있는 한에서 능동적 존재로 규정되기도 한다는 데에서 이미 암시되고 있던 바이기는 하지만, 궁극적으로는 의식이라는 인간의 유적 본질 능력에 힘입어서 인간이 자연의 객관적 조건들로부터 자유를 쟁취한 까닭이다. 여기에서 드러나고 있거니와, 자연에 대한 인간 의식의 자유가 인간으로 하여금, 동물과는 달리 자기 자신을 사회적 실천의 방식으로 자연과 매개시킨다. 그러나 거듭 강조하지만, 유적 인간의 자유로운 의식의 본질 능력은 헤겔의 관념론에서 그러하듯이 자연적 "대상들을 **사고**와 **사고의 운동**으로서 자기화하는 것",[59] 한마디로 자연적 대상에 대한 사변적, 추상적 자기화가 결코 아니다. 오히려 그것은 자연적 대상에 대한 유적 인간의 사회적 실천에서 실현된다. 그래서 자연적 "대상"은 "**대상화된 자기의식**(*vergegenständlichte Selbstbewußtsein*)"이나 "대상으로서의 자기의식"[60]이 아니라, 사회적 실천을 통해서 인간화된 자연적 대상이 된다.

대상적 존재라고 해서 인간이 동물처럼 자연적 대상들의 객관적 조건들에 철저하게 매여 있는 것은 아니다. 그렇기는커녕 인간은 자연 전체에 대해서 자유롭게 펼쳐지는 이러한 사회적 실천 또는 생산 활동을 통해서 "오직 대상들을 창조하고 정립할 따름이다."[61] 그러나 이러한 대상의 정립이나 창조는 인간에게 먼저 대상이 제공되어 있을 때에나 가능하다는 것을 놓쳐서는 안 된다. "대상적 존재는 대상적으로 작용한다. 만약 대상적 존재의 본질 규정 속에 대상적인 것이 없다면, 대상적인 존재는 대상적으로 작용하지 못할 것이다."[62]라는 말이 그것을 입증한다. 유적 인간의 자유로운 의식적 실천은 자연, 즉 그것이 수행되는 데에 합당한 자연적 대상들이 없다면, 어떠한 생산적인 결과도 낳지 못할 것이다. 그러나 이 자연적 대상들은, 그것들이 자유로운 의식적 실천의 대상으로 될 때에는, 조야한 자연적 대상들로 그냥 그치는 것이 아니라 도리어 인간의 유적 능력들을 실현시키는 데에 없어서는 안 되는 인간적 대상들로 전화한다. 이것은 "사회 속의 인간에게 대상적 현실이 인간의 본질 능력들의 현실로서, 인간의 현실로서, 그래서 인간의 고유한 본질 능력들의 현실로서 주어짐으로써, 그 인간에게는 모든 **대상**들이 그 자신의 **대상화**로서, 그의 개별성을 확증하고 실현시키는 대상들로서, 그의 대상들로서 주어진다."[63]라는 말에서 여실히 밝혀진다. 인간은 자연적, 대상적 존재로서 의당 자연적 대상들을 자유로운 인간 의식의 사회적 활동에 따라서 인간적 대상들로 개변시키게 마련이다. 이러한 맥락에서 인간의 대상 정립 또는 대상 창조는 인간 자신의 고유한 본질 능력들을 실현시키기 위해서 자연적 대상들을 실천적으로 인간적 대상들로 정립하고 창조한다는 것을 뜻할 뿐이다.

인간이 자신의 의식적인 사회적 실천을 통해서 자연의 객관적 조건들의 구속을 떠나서 자유를 쟁취하는 한, 인간의 자연적 규정성은 몸의 생리적 조건들과 자연의 객관적 조건들이 서로 무매개적으로 일치하고 대응하는 동물의 그것과는 달리, 그러한 자연의 질서 안에서 자연적 대상들을 인간적 대상들로, 즉 인간의 유적 본질 능력이나 감성적 능력이 각인되어 있는 인간적 대상들로 정립하고 창조한다는 뜻으로 보아야 한다. 이와 같이 인간이 자연의 무자비한 객관적 질서에 대해서 그것을 깨뜨리지 않으면서도 인간만의 자유를 획득하는 만큼, "인간은 동물보다 더 보편적이고 … 인간이 삶의 터전으로 삼고 있는 비유기적 자연의 영역은 더 보편적이"[64]게 마련이다. 이것뿐만이 아니다. "동물도 역시 생산하기는 하"되, 그저 "동물은 벌이나 비버나 개미 등이 그러하듯이 둥지, 즉 집을 짓는다."라는 점에서, 즉 "동물은 오로지 자기 자신이나 그 새끼에게 직접적으로 필요한 것만을 생산한다."라는 점에서 "일면적으로 생산하지만, 이에 비해 인간은 보편적으로 생산한다."[65] 그것은 인간이 자신의 유적 규정성에 따라서 자연에 대해서 의식적으로 자유를 획득한 까닭이다. 같은 이유로 해서 "동물이 직접적인 신체적 욕구의 지배 아래에서만 생산하는 데 반해서 인간 자신은 신체적인 욕구로부터 해방된 채 실로 이러한 욕구에 대한 자유 속에서 비로소 생산한다."[66] 역시 같은 이유에서 "동물은 자기 자신만을 생산하는 데 비해서 인간은 자연 전체를 재생산하고, 동물의 생산물이 무매개적으로 그것의 신체적인 몸에 속하는 데 비해서 인간은 그의 생산물을 자유롭게 대면한다."[67] 역시 위와 똑같은 연유로 해서 "동물은 그것이 소속되어 있는 종(種)의 수준과 욕구에 따라서만 만들어 내는 데 반해서 인간은 모든 종의 수준에 따라서 생산할 줄을 알고 대상에다 그 고유한 수준을 부여할 줄을 알며, 그래서 역시 인간은 미(美)의 법칙에 따라서 조형하기도 한다."[68]

위에서 차례로 언급되었듯이, 인간만의 이러한 생산의 양태나 성격과 생산의 보편성은, 인간이 의식의 본질 능력에 준해서 사회적 실천의 방식으로 자연으로부터 삶의 자유를 확보하는 한에서, 그의 유적 규정성에 근거를 둔다. 이러한 생산의 성격과 보편성은 비단 물질적 생산 활동에만 국한된 것은 아니다. "식물, 동물, 돌, 공기, 빛 등이 이론적으로는 자연과학의 대상으로서 또는 예술의 대상으로서 인간 의식의 일부분을 … 형성하듯이, 그것들은 역시 실천적으로는 인간 생활과 인간 활동의 일부분을 형성한다."[69]라는 말대로, 인간이 예술, 철학, 도덕, 과학, 국가, 법, 기술, 산업 등 이론적, 실천적 생산 활동[70]을 통해서 자연을 인간화하는 것도 자연에 대한 의식적인 사회적 실천의 자유라는 인간 자신의 유적 규정성 덕분이다. 결국 "자연은 이러한 생산을 통해서 **인간의** 작품과 인간의 현실로서 현상한다."[71]라는 말이다.

지금까지 전개된 논의에 의하면, 적어도 인간에게는 자연이 조야한 자연 혹은 즉자적인 자연으로 그치는 것이 아니라, 인간에 대한 자연, 즉 인간의 사회적인 생산 활동에 의해서 인간화된 자연으로 현상한다. 이러한 점에서 자연은 "**인간적** 본질"[72]을 띠게 된다. 반면에 인간이 자신의 유적 능력들을 성취하기 위해서 자연이라는 질료가 필요한 한에서, 인간은 "**자연적** 본질"[73]을 역시 띠게 된다. 다름 아니라 인간은 인간의 자연적 본질이라는 점에서 자신의 자연적 규정성을 확인할 수 있다. 인간이 자연적, 대상적 존재로서 자연을 자신의 유적 능력들을 실현시키고 발전시키는 데 없어서는 안 되는 대상으로 삼는다는 것이 그것이다. 한편 인간은 자연의 인간적 본질이라는 점에서 자신의 유적 규정성을 역시 확인할 수 있다. 인간이 자신의 자유로운 의식적인 사회적 생산 활동을 통해서 조야한 자연을 인간에 대한 자연이 되게끔 인간화한다는 것이 그것이다. 인간의 자연적 본질과 자연의 인간적 본질 내지는 인간의 자연적 규정성과 유적 규정성은 "자연과 인간이 각기 상대방을 통해서 존재한다."[74]라는 말마따나 서로 통일되어 있기는 하다. 물론 이와 같은 인간과 자연 사이의 통일성은 동물의 경우와 같이 즉자적, 무매개적으로 성립하는 것은 아니라는 것을 잊어서는 안 된다.

"의식적인 생명 활동이 인간을 동물적인 생명 활동과 곧장 구별한다. 바로 이러한 점을 통해서 인간은 비로소 유적 존재가 된다. 또는 인간은 비로소 의식적인 존재가 된다."[75]라는 말이나 "자유로운 의식적 활동이 인간의 유적 성격이다."[76]라는 말에서 드러나듯이, 인간의 유적 규정성이 의식의 본질 능력에 놓여 있다는 것은 분명하다. 다만 이 의식의 유적 규정성은 인간을 자연의 객관적 질서에 대해서 자유롭게 약동하도록 한다는 점에서, 그리고 그 의식이 인간의 유적, 자연적 본질로부터 소외된 정신이기는커녕 그의 사회적인 생산 활동에서 발현한다는 점에서, 인간은 그의 유적 규정성에 따라서 자연의 질서에 열려 있는 자유의 틈을 이용해서 자연을 실천적으로 자신의 대상세계로 가공한다. 달리 말하자면, 인간은 자연이라는 자신의 몸과 무매개적으로 대응하거나 일치하는 것이 아니라, 자연에 대한 의식의 이론적, 실천적 자유를 매개로 해서 자연과 사회적 생산의 방식으로 상대한다는 것이다. 그러한 한에서 인간이 상대하는 자연은 조야한 자연 자체가 아니라, 의식에 의해서 실천적으로 매개된 자연, 즉 인간에 대한 자연이 된다.[77] 사실 조야한 자연 자체는 인간에게 주어질 수 없다. 그것은 소외된 인간 정신의 눈에서나 드러날 수 있는 한갓된 추상적 자연에 지나지 않는다. 이러한 추상적 자연은, "자연도, 추상적으로 보면, 인간과 분리된 채 그 자체로 존립하는 것으로 보면, 인간에 대해서 **아무것도 아니다**."[78]라는 말대로, 현실적인 인간에게는 아무런 의미도 제공해 주지 못하는 헤겔적인 절대정신의 외화된 사유물에 불과하다. 결국 자연이 현실적인 인간에 대한 자연인 한에서, "인간의 역사에서 — 인간 사회의 생성 작용에서 — 형성되는 자연은 인간의 현실적인 자연일"[79] 따름인 것으로 보아야 한다.

이러한 맥락에서 인간은 자기 자신을 자연과 매개하는 방식으로 자연과 통일되어 있다. 말할 것도 없이 그 매개 방식은 바로 자유로운 의식의 본질 능력과 함께 전개되는 유적 인간의 사회적 생산 활동이다. 이것뿐만이 아니다. 유적 존재로 규정되는 인간의 유적 성격이 즉자적으로 존재하는 인간의 본질이 아니라, 오히려 "대자적(對自的)으로 존재하는 본질"[80]이라면, 인간은 역시 자연과 매개의 방식으로 통일되어 있되, 그것도 대자적으로 통일되어 있다고 말해야 할 것이다. 즉 자연으로서의 몸을, 몸의 생명 활동으로서의 유적 삶을, 그리고 유적 삶으로서의 사회적 생산 활동을, 다름 아니라 인간은 자신의 자유로운 의식과 의지의 대상으로 삼을 뿐만 아니라, 이렇게 그것들을 이론적 과학의 대상으로까지 고양시켜서 과학적 반성의 방식으로 고찰할 수 있다는 말이다.[81] 이러한 까닭에 인간은 동물의 경우와는 달리 자연과 매개적, 대자적으로 통일되어 있다고 보아야 옳을 것이다.

4. 결론

마르크스에 의하면, "동물은 아무것과도 '**관계하지**' 못하고, 더욱이 어떻게 하든지 간에 '**관계하지**' 못한다."[82] 이를테면 "동물에게는 다른 것에 대한 그의 관계가 관계로서 주어져 있지 않다."[83]라는 말이다. 그 이유는 이미 밝혀졌지만, 다시 언급하자면 동물들의 경우 유적 규정성과 자연적 규정성이 서로 즉자적, 무매개적으로 통일되어 있다는 것이다. 이에 반해서 인간은 자기 자신이나 자신의 동료들이나 자연에 대해서 스스로 관계하고 있는데, 그것은 사회와 자연에 대해서 자유의 틈을 허용하는, 심지어 자기 자신에 대해서까지 자유의 틈을 허용하는, 한마디로 사회와 자연에 대한 인간의 대자적 관계를 가능하게 하는 의식의 본질 능력을 가지고 있기 때문이다.

다시 말해서 인간의 경우 그의 유적 규정성과 자연적 규정성은 대자적, 매개적으로 통일되어 있기 때문이라는 것이다. 그래서 "인간은 지금 살아 있는 유로서 스스로 자기 자신과 관계함으로써 보편적인, 그래서 자유로운 본질로서 스스로 자기 자신과 관계한다."84)라는 말마따나, 인간은 자기 자신에 대해서 대자적으로 관계함으로써 비로소 동료들에 대해서도, 그리고 자연에 대해서도 관계 자체로서 존재한다.

그뿐만 아니라 인간이 대자적 본질로서 이론적으로든지 실천적으로든지 간에 스스로 자연에 대해서 관계한다는 것은 곧 인간이 자기 자신을 자연과 매개시키고 있다는 뜻으로 보아야 한다. 이러한 의미에서 인간은 자기 자신을 자연과 대자적, 매개적으로 통일시키고 있는 것이다. 달리 말하자면, 인간의 경우 그의 유적 규정성과 자연적 규정성은 대자적, 매개적으로 통일되어 있다는 것이다. 다만 인간의 유적 규정성과 자연적 규정성 또는 인간과 자연 사이의 통일성은 매개적인 만큼 매개의 고리가 있어야 하는데, 다름 아니라 의식이, 즉 인간의 물질적 생산 활동이 그것이 될 따름이다. 사정이 이와 같은 한, 인간은 대자적 본질로서 몸소 자신의 생산 활동을 통해서 자기 자신을 자연과 매개시킴으로써 자연과 통일시키게 마련이다. 자연과의 이러한 대자적, 매개적 통일 덕분에 인간은 자연적 본질을 띠게 되는 한편, 자연은 인간적 본질을 띠게 된다. 인간이 자신의 자연적 본질에 준해서 자연을 자신의 삶의 물질적 토대로 삼는다면, 자연은 인간에 대한 자연, 인간적 본질을 지닌 자연이 된다. 인간은 자연과 본질을 달리하는, 또는 자연보다 탁월한 본질을 지닌 자연의 주인이 아니라, 자연의 객관적인 질서에 의존해서 자연을 자신의 대상세계로 가공하는 자연적 존재다. 이에 비해서 자연은 인간의 온갖 감각적, 의식적인 유적 능력들에 화답하는, 그것도 인간과 본질적으로 평등한 위치에서 화답하는 인간적 존재다. 요컨대 인간은 이미 매개를 통해서 자연으로 전화한 인간이고, 자연은 이미 매개를 통해서 인간으로 전화한 자연이라는 말이다. 이와 같이 매개되지 않은 조야한 인간과 조야한 자연이 없다면, 인간과 자연 사이의 통일성은 기실 인간의 매개된 자연성과 자연의 매개된 인간성 사이의 통일성에 다름없을 것이다. 다만 이 경우 인간과 자연 사이의 이러한 상호 전화가 인간의 사회적, 물질적 생산 활동을 매개로 해서 성립할 따름이라는 것을 잊어서는 안 될 것이다.

그런데 결국 의식과 함께 자유롭게 전개되는 인간의 물질적 생산 활동의 본질적인 능력이 인간만의 유적 규정성이라면, 인간은 다름 아니라 바로 자신의 유적 규정성에 따라서 자연과 대자적, 매개적으로 통일되어 있는 셈이다. "자기 자신을 동물들과 구별하는 이러한 개인들의 **최초의** 역사적 행위는 그들이 사유한다는 데 있는 것이 아니라, 그들이 **자신의 생활수단을 생산하기** 시작한다는 데 있다."[85] 라는 말에서 드러나고 있듯이, 인간은 자신의 생활과 생활수단에 대한 물질적 생산을 역사 이래 부단히 수행하고 있다는 점에서 자기 자신을 동물과 구별하는 인간만의 고유한 유적 규정성을 획득하게 된다. 다름 아니라 인간의 유적 규정성은 소외된 정신의 활동에서나 나타나는 의식의 추상적, 사변적 사유작용에 있는 것이 아니라, 바로 물질적 생산 활동에 있다는 말이다. 이러한 인간의 유적 규정성이 인간을 자연과 통일시킨다. 요컨대 자연과 인간을 대자적, 매개적으로 통일시키는 것이 바로 인간 자신의 이러한 유적 규정성이라는 말이다.

인간이 물질적 생산 활동이라는 자신의 유적 규정성에 따라서 자연을 인간화시키는 방식으로 자신을 자연과 통일시킬 때, 비로소 "자연은 인간의 **비유기적인 몸**이 된다."[86] 나아가서 인간은 역시 자신의 유적 규정성에 따라서 자연이라는 자신의 몸을 자신의 대상세계로 창조하고 정립한다. 대상세계에 대한 이러한 인간의 실천적인 창조와 정립이 인간의 유적 규정성을 따르는 한, 거기에서 인간은 다시 자신의 유적 규정성을 확인할 수 있을 것이다. "**대상세계**의 실천적 산출, 비유기적 자연의 **가공**은 인간을 의식적인 유적 존재로서, 즉 자신의 고유한 본질인 유에 대해서, 또는 유적 존재인 자기 자신에 대해서 스스로 관계하는 존재로서 확증하는 격이 된다."[87]라는 말이나 "대상세계의 가공에서 인간은 비로소 자기 자신을 현실적으로 **유적 존재**로서 확증한다."[88]라는 말에서 밝혀지고 있듯이, 인간은 다름 아니라 바로 의식의 본질 능력과 함께 수행되는 물질적 생산 활동이라는 자신의 유적 규정성에 따라서 자연과 자기 자신을 통일시킴으로써 자연을 자신의 대상세계로 가공하는 한편 그렇게 산출된 대상세계에서 역시 자신의 유적 규정성을, 혹은 자기 자신을 유적 존재로 확인하게 되는 것이다. 이것으로 미루어 보더라도, 사실 자연과 인간 사이의 대자적, 매개적 통일성을 가능하게 하는 것은 바로 인간 자신의 유적 규정성이라는 것이 거듭 입증되는 셈이다.

여기서 놓쳐서는 안 될 것은, 인간의 유적 규정성이 또한 사회성을 뜻한다는 것이다. 이것은 이미 인간을 유적 존재로서 해명하는 데에서 암시된 바이지만, 인간이 의식적 존재답게 대자적인 자기관계를 통해서 동료 인간들에 대해서도 스스로 관계한다는 논의에서 여실하게 밝혀진 셈이다. 한 인간이 자신의 생활을 꾸려 나간다는 것은, "내가 **고유하게** 여기 존재한다는 것은 사회적인 활동**이다**."[89] 라는 말대로, 유적 인간의 사회적 활동이자 그 결과가 된다. 이와 같이 인간이 유적 존재인 이상, 인간의 의식도 사회적 의식이 되지 않을 수 없다. 그래서 "인간은 **유적 의식**(*Gattungsbewußtsein*)으로서 자신의 실질적인 **사회생활**을 확인하게 된다."[90]라고까지 피력할 수 있는 것이다. 물론 인간의 의식이 사회적인 유적 의식으로서 물질적 생산 활동에서 발현하는 한, 인간의 사회생활은 동료들과 더불어, 또 자기 자신과 동료들을 위해 자연을 대상으로 해서 인간 자신의 유적 생활과 그 생활수단을 생산할 수 있도록 전개되게 마련이다. 이를테면 "내가 나 자신으로부터 만들고 있는 것은 내가 나 자신으로부터 사회를 위하여 만든 것이되, 그것도 사회적 본질로서의 내 의식을 가지고 만든 것이다."[91]라는 말이다. 인간은 혼자서, 또 혼자만을 위해서 자연으로부터 인간적 대상들을 생산하는 것이 아니라, 어디까지나 동료들과 더불어, 또 사회를 위해서 생산하는 것이다.

사정이 이와 같은 한, 자연을 인간의 대상세계로 정립하기 위하여 그것을 인간화하는 데에는 사회적 인간의 사회적인 생산 활동이 필요하다. 가령 자연이 조야한 자연으로 머물기는커녕 '인간'에 대한 자연이 된다고 할 때, 홀로 있는 개인이 아니라 유적, 사회적 인간을 두고 '인간'이라고 하는 것이라는 말이다. 즉 자연은 유적, 사회적 인간에 대한 자연이라는 것이다. 마르크스가 "자연의 **인간적** 본질은 **사회적** 인간에 대해서만 존재한다."[92]라고 말하는 까닭도 여기에 있다. 이렇게 자연이 유적, 사회적 인간에 대한 자연이 될 때, "이 경우에나 비로소 자연은 사회적 인간에 대해서 **인간**과의 **유대**로서, 다른 사람에 대한 그의 현존재(Dasein)로서, 그에 대한 다른 사람의 현존재로서 존재하고 이에 못지않게 인간 현실의 생활 영역으로서 존재하는 한편 비로소 이 경우에서나 그의 고유한 **인간** 현존재의 **토대**로서 존재한다."[93] 그렇기 때문에 자연은 사회적 인간의 생산 활동을 통하지 않고서는 인간의 삶의 물질적 토대로 전화할 수가 없는 것이다.

결국 유적, 사회적 인간의 사회적 실천을 통해서나 "인간에 대한 자연은 인간이 된다."[94] 다시 말해서 사회적인 공간 안에서나 자연은 인간적 자연이 된다는 것이다. 이렇게 보자면 인간은 유적, 사회적 존재답게 사회 안에서나, 그것도 자신의 사회적 실천을 통해서나 자기 자신을 자연과 통일시킬 수 있는 것이다. 이러한 의미에서 마르크스는 "**사회**야말로 인간과 자연 사이의 완성된 본질 통일성(Wesenseinheit)이자 자연의 진정한 회복이며, 인간의 실행된 자연주의이자 자연의 실행된 인간주의다."[95]라고 말한다. 한마디로 사회의 울타리 안에서나 인간은 유적, 사회적 존재로서 자기 자신을 자연과 매개시키고, 나아가서 자기 자신을 자연과 통일시킬 수 있다는 말이다.

끝으로 반드시 짚고 넘어가야 할 문제가 있는데, 인간의 사회적 생산 활동을 매개로 하는 인간과 자연 사이의 통일성 또는 인간의 자연성과 자연의 인간성 사이의 통일성이 순환에 빠지지 않았는가 하는 점이다. 말하자면 인간의 사회적 생산 활동이 자연을 인간화시킬 수 있도록 자연을 대상으로 삼아서 전개되기 위해서는 먼저 인간이 자기 자신을 자연과 매개시켜야 하는데, 그 매개의 고리가 또한 인간의 사회적 생산 활동 이외에 다른 것이 아니라는 것이다. 이러한 점에서 자연과 인간 사이의 통일성에 관한 지금까지의 논의는 피할 길 없이 순환에 빠진 것은 분명하다. 그러나 인간과 자연 사이의 관계를 프로크루스테스의 침대(Prokrustesbett)처럼 논리적 규칙의 일의성(一義性)에 따라서 자르거나 늘이거나 하는 형식 논리학에서나 순환의 문제는 선결문제 요구의 오류(petitio principii)로 취급되지, 인간과 자연을 사태 자체의, 즉 인간과 자연 사이의 관계 자체의 구체성과 전체성에서 현실적으로 생생하게 다루고 있는 마르크스의 실천적 유물론에서는 어떠한 오류도 될 수 없다는 것을 간과해서는 안 된다.

이러한 순환의 문제는 비단 인간과 자연 사이의 통일성에만 국한된 것이 아니라, 여러 가지의 논의들에서 나타나고 있다. 예컨대 의식이 사회적 실천의 출발점이 되는 동시에 그것의 결과라는 것[96]도 그 하나다. 또한 "노동의 질료뿐만 아니라 주체로서의 인간도 운동의 결과인 만큼 운동의 출발점이 된다."[97]라는 말에서 보이듯이, 인간도 물질적 생산 활동의 출발점이 되는 동시에 결과가 된다는 것도 역시 그 하나다. 이 외에도 "사회 자체가 인간을 인간으로서 생산하듯이, 사회는 인간을 통하여 **생산된다.**"[98]라는 것도 그 하나의 실례가 된다. 이러한 논의들의 순환성은 논의 자체의 진실성을 훼손시키는 논리적 오류가 아니라, 논의되고 있는 사태 자체를, 그것이 존재하는 그대로 해명하는 데에 없어서는 안 될 정당한 방법적 절차다.

만일 우리가 이러한 순환성을 인정하지 않는다면, 필시 우리는 인간과 자연의 실유(existentia)에 대한 최초의 그릇된 관념론적, 신학적 전제에 휘말리게 될 것이다. 이를테면 인간과 자연을 비롯해서 존재하는 모든 것의 실유를 근거 지으면서 자신의 실유의 근거를 자기 자신 안에 가지고 있는 어떤 실유 자체, 즉 신(神)의 실유 자체를 관념론적, 신학적으로 가정하지 않을 수 없을 것이라는 말이다. 다른 것에 의해서 근거 지어지지 않은 자기 근거의 신적 실유를 신학적으로 가정한다면, 인간과 자연 사이의 통일성을 놓고 거론되는 순환성의 문제는 처음부터 문제로 제기조차 되지 않을 것이다. 게다가 거기에서는 아예 인간과 자연 사이의 통일성 자체가 발붙이지 못할 것이다. 왜냐하면 신적으로 정해진 본질(essentia)들의 위계질서에 따라서 인간이 자신보다 아래에 놓여 있는 자연을 지배할 뿐이지, 마르크스의 경우에서처럼 자연이 인간과 평등한 위치에서 인간으로 전화할 수는 없기 때문이다. 그러나 이것은, 솔직히 말해서, 신의 실유 자체를 다시 무엇이 근거 짓고 있는가를 따져야 한다는 점에서 무한퇴행에 빠지게 되는 함정이거나 문제가 되고 있는 사태 자체의 과학성 자체를 포기한 채 어두운 신앙으로 맹목적으로 도망치는 도피책이거나 할 것이다.

마르크스가 거론하는 바에 의하면, "누가 나의 아버지를 낳았고 누가 그의 할아버지를 낳았는가 등등"[99]의 물음에 대해서 차라리 우리는 "인간이 생식에서 자기 자신을 되풀이하는 그러한 과정에서 감각적으로 직접 볼 수 있는 **순환 운동**(*Kreisbewegung*)"[100]을 고수해야 한다. 그렇지 않으면 우리는 "누가 최초의 인간과 자연 일반을 낳았는가?"[101]라는, 논의되는 사태 자체의 특징에서 결코 답변될 수 없는 사이비 물음에 휘말리게 될 것이기 때문이다. 이 사이비 물음은 주어(인간)와 술어(신) 사이의 관계에 대한 관념론적인 "전도된 관점"에서나 나올 수 있는 "추상화의 산물"[102]에 지나지 않는다. 요컨대 "그대가 자연과 인간의 창조에 대해서 묻는다면, 그대는 이렇게 인간과 자연을 추상하는 격이다."[103]라는 말이다. 이것은 자기 자신은 "인간과 자연을 **존재하지 않는 것**으로 정립시켜" 놓고서 자신에게 "그것들을 **존재하는 것**으로" "증명해" 보이라고 상대방에게 억지로 강요하는 격에 불과하다.[104] 그래서 마르크스는 최초의 창조라는 잘못된 신학적 가정을 불러일으키는 자연과 인간에 대한 이러한 "**추상화**가 자연과 인간의 존재 여부에 대해서 아무런 의미도 없기"[105] 때문에 아예 창조에 대한 그릇된 관념론적, 신학적 가정을 포기할 것을 권고하고 있다.[106]

우리가 마르크스의 권고대로 그러한 신학적 가정을 버린다면, 적어도 인간과 자연 사이의 통일성에 관한 순환성이 바로 그 사태 자체의 사태성(Sachlichkeit)임을 인정하지 않을 수 없을 것이다. 달리 말하자면, 이러한 순환성은, 인간과 자연을, 혹은 양자의 관계를, 인간이 자연에 대해서, 자연이 인간에 대해서 존재하는 그대로 그 관계의 생생한 현실적인 구체성과 전체성에서 해명하기 위해서는 피할 수 없는, 차라리 사태 자체가 불가피하게 요구하는, 또한 사태 자체의 구체적, 전체적인 현실성을 긍정하는 논의의 정당한 방법적 절차가 될 수밖에 없다는 것이다. 인간과 자연 사이의 통일성 혹은 인간의 자연성과 자연의 인간성 사이의 통일성을 의식적인 사회적, 물질적 생산 활동이라는 인간만의 유적 규정성에서 다루고 있는 이 논의의 순환성도 역시 그 사태 자체의 불가피한 방법적 요구로 이해되어야 하지, 논의 과정에서 돌출하는 논리적 오류로 손쉽게 간주되어서는 안 될 것이다.

[주(註)]

1) K. Marx, *Ökonomisch-philosophische Manuskripte aus dem Jahre 1844*, MEW Bd. 40, Berlin, 1985(이하 *Manuskripte*로 약칭하여 표기함), S.543.
2) *Manuskripte*, S.543.
3) *Manuskripte*, S.544.
4) *Manuskripte*, S.544.
5) *Manuskripte*, S.545.
6) *Manuskripte*, S.536.
7) *Manuskripte*, S.538.
8) *Manuskripte*, S.586.
9) *Manuskripte*, S.587.
10) *Manuskripte*, S.587. 마르크스에 의하면, 헤겔의 절대적 관념론은 "**외화된**, 따라서 자연과 현실적인 인간으로부터 추상된 **사유**, **추상적** 사유[다]. ― **이 추상적 사유의 외면성** … 이 추상적 사유에 대해서 존재하는 **자연**. 자연이 이 추상적 사유에게는 외면적이다. 즉 추상적 사유의 자기상실이다. 추상적 사유는 자연을 역시 외면적으로, 즉 추상적으로 사유된 것으로서, 그러나 외화된 추상적 사유작용으로서 파악한다."(*Manuskripte*, S.572. 괄호 안은 필자의 첨언임)
11) *Manuskripte*, S.575.
12) *Manuskripte*, S.576-577.
13) *Manuskripte*, S.575.
14) 의식을 거쳐서 절대정신에 이르는 영혼의 도정을 기술(記述)하고 있는 헤겔의 『정신현상학(*Die Phänomenologie des Geistes*)』에서는 현상학적 기술의 이중 관점이 나타나고 있다. 즉 이 영혼의 도정을 단계마다 경험적으로 좇고 있는 일상인의 관점과 이 도정의 각 단계를 그것의 최종적인 목적지인 절대정신의 지평에서 미리 앞질러서 사유함으로써 도정 자체의 필연성을 이끌어 내는 철학자의 관점이 그것이다. 이 이중 관점의 문제에 대해서는, J. Hyppolite, *Genesis and Structure of Hegel's Phenomenology of Spirit*, trans. by S. Cherniak and J. Heckman, Evanston, 1974, 3-74쪽 및 R. Kroner, *Von Kant bis Hegel*, Bd. 2, Tübingen, 1977, S.362-372 참조.
15) 이에 대해서는 D. McLellan, *The Young Hegelians and Karl Marx*, 『청년 헤겔 운동』, 홍윤기 옮김, 학민사, 1983, 124-127쪽 및 138-140쪽 참조.
16) 이에 대해서는 같은 책, 129-130쪽 및 140쪽 참조.
17) 이에 대해서는 같은 책, 158쪽 참조.
18) 이에 대해서는, T. I. Oizerman, *The Making of the Marxist Philosophy*, 『맑스주의 철학 성립사』, 윤지현 옮김, 아침, 1988, 115-118쪽 참조. 앞으로 살펴보겠지만, 인간에게는 그의 감관들도 자연으로부터 타고난 생리적인 신체 조건

들이 아니라 인류의 사회적, 역사적 실천의 산물이 되고, 또한 자연도 인간의 유적 능력들을 실현시키기 위한 사회적 실천의 대상이 된다.

19) K. Marx, *Thesen über Feuerbach*, MEW Bd. 3, Berlin, 1978, S.533.

20) *Manuskripte*, S.579.

21) *Manuskripte*, S.512.

22) K. Marx und F. Engels, *Die deutsche Ideologie*, MEW Bd. 3, Berlin, 1978, S.21.

23) *Manuskripte*, S.578.

24) *Manuskripte*, S.577.

25) *Manuskripte*, S.577.

26) *Manuskripte*, S.578.

27) *Manuskripte*, S.578. 괄호 안은 필자의 첨언임.

28) *Manuskripte*, S.578.

29) *Manuskripte*, S.541.

30) *Manuskripte*, S.578.

31) *Manuskripte*, S.578.

32) *Manuskripte*, S.578.

33) *Manuskripte*, S.578.

34) *Manuskripte*, S.578-579.

35) *Manuskripte*, S.539.

36) *Manuskripte*, S.538-539.

37) *Manuskripte*, S.516.

38) *Manuskripte*, S.517.

39) *Manuskripte*, S.515.

40) *Manuskripte*, S.516. 괄호 안은 필자의 첨언임.

41) *Manuskripte*, S.516.

42) *Manuskripte*, S.516.

43) *Manuskripte*, S.516.

44) *Manuskripte*, S.516.

45) 고대 그리스 철학 이래로 인간은 이성적 동물(das vernünftige Tier)로 정의되고 있는데, 이성이 인간을 다른 동물과 구별하는 인간만의 종차(種差)가 된다는 점에서 인간은 초자연적, 초감성적 존재로, 즉 정신적 존재로 간주되고 있다. 그러나 마르크스는 이와 같은 관념론적인 인간관을 유물론적으로 전복시키고 있다. "이념, 표상, 의식 등의 생산은 우선 … 인간의 물질적 활동 및 물질적 교류와 직접적으로 관련된다. 인간의 표상작용, 사유작용, 정신적 교류 등은 이 경우 그의 물질적 태도의 직접적인 결과로 나타난다. … 인간은 자신

의 표상이나 이념 등의 생산자다. … 의식은 결코 의식된 존재와 다른 어떤 것이 될 수 없다."(K. Marx und F. Engels, *Die deutsche Ideologie*, S.26)라는 말이 그것을 증명한다. 그래서 인간은 인간 자신의 물질적 활동으로부터 소외된 정신적 존재이기는커녕, "자신의 물질적 생산과 물질적 교류를 발전시키는 인간"(같은 책, S.27)일 뿐이다. 이러한 까닭에 인간의 유적 규정성이 의식의 본질 능력에 있다고 해서, 이를 두고 관념론적으로 오해해서는 안 되고 마르크스의 유물론적 인간관에 따라서 사회적인 물질적 생산과 교류의 실천적인 주체성으로 이해해야 할 것이다.

46) *Manuskripte*, S.516.

47) *Manuskripte*, S.540.

48) *Manuskripte*, S.540.

49) *Manuskripte*, S.541.

50) *Manuskripte*, S.541.

51) *Manuskripte*, S.541-542.

52) K. Marx und F. Engels, *Die deutsche Ideologie*, S.21.

53) 같은 책, S.26.

54) 같은 책, S.26.

55) 같은 책, S.27.

56) *Manuskripte*, S.516.

57) *Manuskripte*, S.516.

58) *Manuskripte*, S.577.

59) *Manuskripte*, S.573.

60) *Manuskripte*, S.575.

61) *Manuskripte*, S.577.

62) *Manuskripte*, S.577.

63) *Manuskripte*, S.541.

64) *Manuskripte*, S.515.

65) *Manuskripte*, S.517.

66) *Manuskripte*, S.517.

67) *Manuskripte*, S.517.

68) *Manuskripte*, S.517.

69) *Manuskripte*, S.515.

70) "종교, 가족, 국가, 법, 도덕, 과학, 예술 등은 그저 생산의 특수한 방식일 따름이며, 생산의 일반적인 법칙 아래에 놓인다."(*Manuskripte*, S.537)라는 마르크스의 말대로, 인간의 이론적 활동도 물질적 생산에 근거를 둔 그 물질적 생산의 상부구조적 양태다. 이러한 점에서 인간의 이론적 활동도 인간의 소외된

정신의 추상적, 사변적 활동이 아니라, 자연을 인간화하는 물질적 생산 활동의 한 양태로 보아야 한다.

71) *Manuskripte*, S.517.

72) *Manuskripte*, S.537.

73) *Manuskripte*, S.543.

74) *Manuskripte*, S.545.

75) *Manuskripte*, S.516.

76) *Manuskripte*, S.516.

77) 이러한 이유에서 마르크스는 "인간적인 대상들은 무매개적으로 제공되는 자연 대상들이 아니다. … 자연적인 모든 것이 생성되어야 하듯이, 인간도 자신의 생성의 작용, 즉 … 역사를 갖는다."(*Manuskripte*, S.579)라고 말한다.

78) *Manuskripte*, S.587.

79) *Manuskripte*, S.543.

80) *Manuskripte*, S.579.

81) 이에 대해서는 *Manuskripte*, S.542-546 참조.

82) K. Marx und F. Engels, *Die deutsche Ideologie*, S.30.

83) 같은 책, S.30.

84) *Manuskripte*, S.515.

85) K. Marx und F. Engels, *Die deutsche Ideologie*, S.20.

86) *Manuskripte*, S.516.

87) *Manuskripte*, S.516-517.

88) *Manuskripte*, S.517.

89) *Manuskripte*, S.538.

90) *Manuskripte*, S.539.

91) *Manuskripte*, S.538.

92) *Manuskripte*, S.537.

93) *Manuskripte*, S.537-538.

94) *Manuskripte*, S.538.

95) *Manuskripte*, S.538.

96) 이에 대해서는 *Manuskripte*, S.516 및 K. Marx und F. Engels, *Die deutsche Ideologie*, S.30-31 참조.

97) *Manuskripte*, S.537.

98) *Manuskripte*, S.537.

99) *Manuskripte*, S.545.

100) *Manuskripte*, S.545.

101) *Manuskripte*, S.545.

102) *Manuskripte*, S.545.

103) *Manuskripte*, S.545.

104) *Manuskripte*, S.545.

105) *Manuskripte*, S.545.

106) 물론 이러한 추상화가 여전히 불식되고 있지 않은 것은 공산주의가 실현되기 이전까지 소외된 노동이 인간을 그의 노동의 생산물, 그의 생명 활동, 그의 유적 본질 및 자연으로부터 소외시키고 있기 때문이다(이에 대해서는 *Manuskripte*, S.517-518 참조). 이렇게 보자면, 소외된 노동을 통해서 역시 자신의 온전한 인간적 본질로부터 역시 소외된 정신에게나 모든 신학적 가정들은 그때마다 유령처럼 출몰하게 마련이다. 마르크스가 "**창조**는 … [소외된 정신에 지나지 않는] 민중의 의식으로부터 제거하기 무척 어려운 가상(假象)이다. 자연과 인간이 각기 상대방을 통해서 존재한다는 것은 그 민중 의식에게는 **파악될 수 없다.**"(*Manuskripte*, S.545. 괄호 안은 필자의 첨언임)라고 토로하는 것도 그러한 까닭에서다. 그러나 그가 보기에, "신들은 **근본적으로는** 인간 정신의 탈선의 원인이기는커녕 그 결과일"(*Manuskripte*, S.520) 따름이다. 한마디로 어떠한 신들이든지 간에 그것들은 소외된 노동의 원인이 아니라, 도리어 소외된 노동에 의해서 자신의 유적, 자연적 본질과 그 생산물로부터 소외되고만 정신의 결과에 지나지 않는다는 말이다. 따라서 신적 실유에 대한 잘못된 관념론적, 신학적 전제로부터 벗어나기 위해서는 당연히 소외된 노동을 극복하여 "인간 해방과 재회복"(*Manuskripte*, S.546)을 꾀하는 공산주의의 실현이 요구된다. 그뿐만 아니라 인간과 자연 사이의 통일성과 관련된 순환을 사태 자체의 긍정적인 성격으로 인정하기 위해서라도 역시 그러한 공산주의의 실현이 필요하다. 이러한 맥락에서 마르크스는 말하기를, "사회주의적인 인간에게나 **이른바 세계사 전체**는 인간 노동에 의한 인간의 산출 및 인간에 대한 자연의 생성과 다른 것이 아니다. 이것으로써 그는 자기 자신을 통해서 자신이 **탄생하였다**는 데에 대한, 즉 자신의 **발생 과정**에 대한 명약관화한, 반대할 수 없는 증거를 획득하게 된다. 인간과 자연의 **실재성**이 실천적으로, 감각적으로 명약관화해짐으로써, 인간에 대한 인간이 자연의 현존재로서, 인간에 대한 자연이 인간의 현존재로서 실천적으로, 감각적으로 명약관화해짐으로써, 어떤 **낯선** 본질에 관한, 자연과 인간 너머의 어떤 본질에 관한 물음－자연과 인간의 비실재성에 대한 시인을 포함하고 있는 물음－은 실천적으로 불가능해졌다. 이 비실재성의 부인인 **무신론은**, **신의 부정**이자 이 부정을 통해서 **인간의 현존재**를 정립하기 때문에, 더는 아무런 의미도 없다. 그러나 사회주의는 사회주의로서 그러한 매개를 더는 필요로 하지 않는다. 그것은 인간과 자연을 **실재하는 것**으로 파악하는 인간의 **이론적, 실천적으로 감각적인 의식**에서 출발한다."(*Manuskripte*, S.546)라고 한다. 이러한 입장으로 미루어 보더라도, 논의의 순환성을 논리적 오류로 거부하면서 이를 회피하고자 신적 실유에 대한 잘못

된 가정으로 도망치는 관념론적, 신학적 태도는 공산주의의 실현과 함께 소멸될 소외된 노동의 역사적 결과일 뿐, 어떠한 이론적, 실천적 타당성도 없는, 즉 어떠한 학문적, 정서적 설득력도 없는 그릇된 맹목에 지나지 않는다.

필자 약력

권순홍

군산대학교 철학과 교수. 연세대학교에서 철학박사학위를 받았다. 주요 저서 및 논문으로 『존재와 탈근거』, 『유식불교의 거울로 본 하이데거』, 「존재의 미의 물음과 불안의 방법적 기능」, 「하이데거와 타인의 문제」 등이 있으며, 역서로 『서양철학사』, 『사유란 무엇인가』 등이 있다.

김동규

연세대학교 철학연구소 연구원. 연세대학교에서 철학박사학위를 받았다. 주요 논문으로 「하이데거 철학의 멜랑콜리」, 「예술가의 자기 목소리: 예술가와 양심」, 「시와 죽음: 하이데거의 실존론적 시학연구」, 「죽음의 눈: 김수영 시의 하이데거적 해석」 등이 있으며, 역서로 『마르틴 하이데거, 너무나 근본적인』 등이 있다.

김원식

국가안보전략연구소 연구위원. 연세대학교에서 철학박사학위를 받았다. 주요 저서 및 논문으로 『주체사상과 인간중심철학』(공저), 『한중일 시민사회를 말한다』(공저), 「인권의 근거: 후쿠야마와 하버마스의 경우」, 「하버마스의 행위이론」 등이 있으며, 역서로 『하버마스와 현대사회』, 『이성의 힘』 등이 있다.

김희봉

그리스도대학 교양학부 교수. 독일 부퍼탈 대학에서 철학박사학위를 받았다. 주요 저서 및 논문으로 『현대문화와 철학의 새지평』(공저), 『동서사상의 만남』(공저), 「후설의 의식개념 비판과 지향성」, 「매스미디어와 폭력」 등이 있으며, 역서로 『당신은 어떤 세계에 살고 있는가 I』, 『철학의 거장들 4』 등이 있다.

문성훈

서울여자대학교 교양학부 교수. 독일 프랑크푸르트 대학에서 철학박사학위를 받았다. 주요 저서 및 논문으로 『하버마스가 들려주는 의사소통 이야기』, 『현대철학의 모험』(공저), 「사회비판의 다층성과 구조적 연관성」, 「물화와 인정망각」 등이 있으며, 역서로 『인정투쟁』, 『철학 오디세이 2』 등이 있다.

박남희

연세대학교 철학연구소 전임연구원, 철학아카데미 상임위원. 연세대학교에서 철학박사학위를 받았다. 주요 저서 및 논문으로 『비극적 실존의 치유자 야스퍼스』(공저), 『행복한 인문학』(공저), 「실현의 진리에서 존재윤리에로」, 「플로티누스의 산출과 가다머의 실현의 문제」, 「헤겔의 변증법에서 가다머의 해석학으로 들어가기」, 「실현의 주체로의 여성의 다움의 문제」, 「예술작품과 상품의 상호전환에 대한 철학적 고찰」, 「가다머의 교육철학」, 「의사소통으로서의 상품에 대한 철학적 고찰」 등이 있다.

선우현

청주교육대학교 윤리교육과 교수. 서울대학교에서 철학박사학위를 받았다. 주요 저서로 『사회비판과 정치적 실천』, 『우리 시대의 북한철학』, 『위기시대의 사회철학』, 『자생적 철학체계로서 인간중심철학』 등이 있으며, 역서로 『하버마스: 철학과 사회이론』, 『평등』 등이 있다.

양태범

연세대학교 철학과 강사. 독일 마인츠 대학에서 철학박사학위를 받았다. 주요 저서 및 논문으로 *Platon in der philosophischen Geschichte des Problems des Nichts, Das Problem des Nichtseienden in Platons Parmenides: Zur neuen Interpretation des Platonischen Dialogs Parmenides*, 「플라톤의 『소피스테스』편에서 '있지 않는 것'은 단순히 논리적인 부정인가?」, 「고르기아스의 세 명제와 에피데익티케 논증」, 「파르메니데스에서 '있다'와 '있지 않다'의 문제: 고대 희랍철학의 존재-신-논리적 구조와 관계하여」, 「『파르메니데스』 130a-135c에서 파르메니데스의 플라톤의 이데아론 비판」, 「토마스 아퀴나스의 신 존재 증명에서 다섯 가지 길과 그것의 형이상학적 구조」 등이 있다.

이경희

연세대학교 유럽사회문화연구소 전문연구원. 연세대학교에서 철학박사학위를 받았다. 주요 저서 및 논문으로 『개인의 본질』(공저), 『근대과학의 철학적 조명』(공저), 『서양근대철학의 열 가지 쟁점』(공저), 「데까르뜨의 도덕적 입장」, 「데까르뜨의 방법: 오해와 이해 사이」, "Individual and Community" 등이 있으며, 역서로 『오캄철학선집』 등이 있다.

이정은

연세대학교 철학과 외래교수. 연세대학교에서 철학박사학위를 받았다. 주요 저서로 『헤겔 대논리학의 자기의식 이론』, 『사랑의 철학』, 『사람은 왜 인정받고 싶어 하나』 등이 있고, 독일관념론 안에서 헤겔 법철학, 청년기 종교 저작, 그리고 여성철학과 관련된 다수의 논문이 있으며, 역서로 『여성주의 철학』(공역) 등이 있다.

정대성

연세대학교 철학연구소 전문연구원. 독일 보쿰 대학에서 철학박사학위를 받았다. 주요 논문으로 「자연법이론에 대한 청년헤겔의 비판」, 「막스 베버의 합리화 이론과 동양사상」 등이 있으며, 역서로 『청년헤겔의 신학론집』, 『헤겔의 종교론집 1』 등이 있다.

최소인

영남대학교 철학과 교수. 독일 마인츠 대학에서 철학박사학위를 받았다. 주요 저서 및 논문으로 *Selbstbewusstsein und Selbstanschauung*, 『가능성』(공저), 「칸트와 니체: 사이의 로고스와 거리의 파토스」, 「칸트의 비판 사상의 형성」 등이 있으며, 역서로 『감성계와 지성계의 형식과 원리들』 등이 있다.

이성의 다양한 목소리

▪

2009년 2월 20일 1판 1쇄 인쇄
2009년 2월 25일 1판 1쇄 발행

엮은이 / 현대철학연구소
발행인 / 전 춘 호
발행처 / 철학과현실사
서울시 종로구 동숭동 1-45
전화 579-5908 · 5909
등록 / 1987.12.15.제1-583호

ISBN 978-89-7775-683-0 03160
값 18,000원